D1923262

Jürgen Terhag
Populäre Musik

Perspektiven zur Musikpädagogik und Musikwissenschaft

herausgegeben
von Walter Gieseler und
Siegmund Helms

Band 13

Jürgen Terhag

Populäre Musik und Jugendkulturen

Über die Möglichkeiten und Grenzen der Musikpädagogik

1989
Gustav Bosse Verlag
Regensburg

Populäre Musik und Jugendkulturen

Über die Möglichkeiten und Grenzen der Musikpädagogik

von
Jürgen Terhag

1989
Gustav Bosse Verlag
Regensburg

ISBN 3 7649 2383 0
Druck: Offsetdruckerei Kurt Urlaub · 8600 Bamberg · Tel. 0951/32021

INHALTSVERZEICHNIS:

VORWORT

Nach der langen Diskussion um populäre Musik in der Schule sollte es eigentlich eine Binsenweisheit sein: Wenn eines der Ziele des Musikunterrichts darin besteht, Kindern und Jugendlichen die 'Ohren zu öffnen' bzw. offen zu halten und sie dadurch für die Schönheit von Musik zu sensibilisieren, ist bei Erreichung dieses Ziels der *Inhalt* des Unterrichts sekundär bzw. seine wichtigste Aufgabe besteht darin, die Schülerinnen und Schüler, nicht von Musik abzuschrecken, sondern sie dorthin zu führen.

Befragt man jedoch Erwachsene zur Rolle der Musik in ihrem Leben und zur Rolle ihres früheren Musikunterrichts, [1] fällt ein Vergleich für die Musikpädagogik oft miserabel aus. Man erhält den Eindruck, daß sich heute die Konzertsäle nicht *wegen*, sondern *trotz* des Musikunterrichts füllen.

Warum gelingt es im Musikunterricht so selten, zu einem Thema zu motivieren, das in der Freizeit für fast alle Schülerinnen und Schüler wichtig erscheint? Warum versuchen Musiklehrerinnen und -lehrer so selten - oder so verkrampft - , mit musikalisch 'naheliegenden' Unterrichtsinhalten wirksam und langanhaltend zu motivieren? Nach meinen Erfahrungen legen Schülerinnen und Schüler, die vier Jahre in einer Schulband gespielt haben, auch ohne die berüchtigte 'Rattenfänger-Intention' [2] später eher eine 'klassische' Platte auf als jene, denen vier Jahre lang explizit oder implizit nahegelegt wurde, dies zu tun.

Dies ist beileibe kein Rezept. Die Geschichte der deutschen Musikpädagogik ist ein beredtes Beispiel dafür, daß Musikmachen durchaus kein Allheilmittel ist. Die Einstellung der Lehrerinnen und Lehrer zum Unterrichtsgegenstand ist da viel entscheidender: So ist in der heutigen kulturellen Landschaft allein die in der Praxis der Musikpädagogik immer noch nicht überwundene Trennung der 'unterhaltenden' von den 'ernsten' Musikarten [3] als völlig anachronistisch anzusehen.

Obwohl solche Zusammenhänge bereits so oft beschrieben wurden, haben viele Pädagogen sie anscheinend noch nicht begriffen: Die Musikpädagogik kann ihrem gesellschaftlichen Auftrag nicht umfas-

---

1 Vgl. Kap.IV sowie die Gespräche in Kap.VI (ANHANG)

2 Vgl. Kap.III.1.1

3 Vgl. Kap.II.1 und Kap.IV

send gerecht werden, wenn man hier nicht konsequent und radikal umzudenken bereit ist. Wir werden sonst in einer auch von erwachsenen Jugendkulturen [4] geprägten, äußerst facettenreichen Kulturszene zu recht nicht mehr ernstgenommen.

Meine Motivation für die über zehnjährige Beschäftigung mit den Möglichkeiten und Grenzen einer Didaktik der populären Musik hat subjektive Gründe:

- Meine Achtung vor den Lebensabschnitten Kindheit und Jugend und ein damit eng verbundener Kulturoptimismus. Ein 'Kulturverfall' geht m.E. meist von Erwachsenen aus.

- Meine Liebe zur Musik allgemein und speziell zu dem, was unter 'populärer' Musik zusammengefaßt wird.

- Meine schönen Erinnerungen an eine musikalisch von Kirchenmusik und 'populärer Musik' geprägte Kindheit und Jugend.

- Meine Erfahrungen während des Schulmusikstudiums, als ich feststellen mußte, daß die von berufs wegen mit der Vermittlung von Musik Befaßten entweder 'meine' Musik nicht kannten - dann war ich mitleidig bis belustigt, oder daß sie diese Musik mißachteten - dann war ich enttäuscht bis erbost.

- Meine Erinnerung an die vielen Schülerinnen und Schüler, mit denen ich als Musiklehrer der Gesamtschule Leverkusen sechs Jahre lang die paradoxe Erfahrung machen konnte, daß unter Beachtung der Generationsschranken durch gemeinsames Musikmachen diese Schranken nicht mehr hindern, sondern das gegenseitige Verständnis fördern.

- Meine Ernüchterungen und Erfolge mit Studentinnen und Studenten der Universität Lüneburg, die mir weiter verdeutlichten, wann populäre Musik unterrichtbar und wann sie un-unterrichtbar ist.

Wer in meinem Zutrauen zur Kindheit und Jugend und zum Musikverständnis von Kindern und Jugendlichen einen Affront gegen die Erwachsenenwelt oder deren Musik sieht, liest diesen selbst hinein.

Ich möchte mich bei den vielen Musikern und Musikerinnen, Studenten und Studentinnen sowie bei den zahlreichen Schülern und Schülerinnen bedanken, die mich in Gesprächen und durch ihre Art, mit 'populärer' Musik umzugehen, immer wieder zur Weiterarbeit ermutigt haben.

Mein Dank gilt auch Walter Gieseler und Helmut Rösing, die mir durch ihre offene Haltung einerseits deutlich machten, daß es sich lohnt, als Musiker und Pädagoge an diesem Thema weiterzuarbeiten und die mich andererseits immer wieder daran erinnerten, wie ich als Wissenschaftler diese Thematik glaubwürdig vertreten kann. Die

---

[4] Zu diesem Begriff vgl. Kap. III.3.6.1

hiermit zwangsläufig verbundene Mühe hat sich für mich bereits mit dem letzten Wort dieser Arbeit gelohnt.

Die sechs Kapitel dieser Arbeit wurden nicht in der hier festgelegten Reihenfolge verfaßt; sie können also auch 'quer' gelesen werden. Besondere Bedeutung kommt den Kapiteln II und III zu; auch wenn sie für all diejenigen, die nicht an pädagogischen Fragen interessiert sind, zuweilen wohl ein wenig 'zäh' sind, erleichtern sie das Verständnis des gesamten Textes.

Die zahlreichen Zitate und wörtlichen Zitatausschnitte sind nicht Ausdruck mangelnder Formulierungslust, sie sollen vielmehr den 'Zeitgeist' verschiedener Epochen der Didaktik populärer Musik verdeutlichen helfen: Der folgende Text vermittelt so auch einen kommentierten Überblick über die deutschsprachige pädagogische Diskussion um populäre Musik.

Die vorliegende Arbeit wurde am 5.10.1988 vom Verfasser als Inauguraldissertation zur Erlangung des Doktorgrades der Erziehungswissenschaftlichen Fakultät der Universität zu Köln eingereicht.

Gutachter: Prof.Dr. Walter Gieseler und Prof.Dr. Klaus Körner

Tag der mündlichen Prüfung: 9.Mai 1989

I. EINLEITUNG

Ausgerechnet im Orwell-Jahr 1984 konnten die Musikstudenten der Gesamthochschule/Universität Wuppertal einem Seminaraushang düstere Zukunftsaussichten im Zusammenhang mit der fortschreitenden Entwicklung elektronischer Datenverarbeitung entnehmen:

> "Wenn es die Musikpädagogik nicht schafft, einen Standort zu finden, der (...) ihren spezifischen Wert bei der Schaffung des zukünftigen Menschen- und Gesellschaftsbildes möglichst für alle einsichtig demonstrieren kann und nicht nur den verderbten Zeiten nachjammert und Wunschforderungen anmeldet, dürfte dieses Fach aus dem Pflichtfächerkanon der allgemeinbildenden Schulen verschwinden." [5]

Nun ist die Hiobsbotschaft vom Aussterben des Faches Musik nicht neu; sie wird vielmehr fast regelmäßig verkündet, wenn es gilt, einer hochschulpolitischen Aussage Gewicht zu verleihen. Die Ernsthaftigkeit, mit der Ansgar JERRENTRUP, der Verfasser des Aufrufs an die Wuppertaler Studenten, die Zukunftsaussichten der Musikpädagogik analysiert, enthebt ihn jedoch dem Verdacht sensationsheischender Darstellung. So möchte er ausdrücklich "keine sciene-fiction-artigen Zukunftsbilder", sondern "schon jetzt vorfindbare Fakten" beschreiben, die er "lediglich ausweitet und auf das der Zeit nachhinkende Ausbildungswesen überträgt." [6]

Unter diesem Aspekt sind JERRENTRUPs Überlegungen und die Folgerungen, die sich aus seiner Prognose ergeben, auch für den Begründungszusammenhang der vorliegenden Arbeit entscheidend. Deswegen wird im folgenden zur genaueren Erklärung ein wesentlicher Aspekt des Papiers zusammengefaßt.

JERRENTRUP prophezeit eine Spaltung der Gesellschaft im musikalischen Bereich, bei der sich auf der einen Seite diejenigen befinden werden, die sich in der neuen Technik und ihren musikalischen Möglichkeiten auskennen, und auf der anderen Seite jene, die "dem traditionellen Kanon der abendländischen Kunstmusik anhänglich bleiben und ihn bewahren." [7] Nach JERRENTRUP werden die Musikstudenten des Jahres 1984 den Vertretern dieser beiden Welten später als Lehrer gegenüberstehen; er befürchtet, daß die zukünftigen Lehrer aufgrund mangelnder fachlicher Ausbildung der Aufgabe nicht gewachsen sein werden, diese Welten zusammenzubringen, und führt daher die junge Musiklehrergeneration zum erneuten Beweis dafür an, daß Ausbildungsinstitutionen im Fach Musik zu keiner hinreichenden fachlichen Kompetenz verhelfen.

An dieser Stelle ergibt sich ein erster Bezug zur vorliegenden Arbeit: Ob die Musikpädagogik tatsächlich die kultursoziologischen und bildungsspezifischen Auswirkungen neuer "Technologien" falsch einschätzt - die noch im Jahr 1984 lediglich auf altbekannte Wirkungen von Massenmedien fixierten Diskussionen auf der Bundes-

---

5 JERRENTRUP 1984
6 JERRENTRUP 1984, S.4
7 ebd.

schulmusikwoche [8] des VDS schienen daraufhinzudeuten - wird die Zukunft zeigen; daß die Musiklehrerausbildung zu keiner hinreichenden Kompetenz führt, läßt sich allenfalls befürchten. Das Ziel der vorliegenden Arbeit ist jedoch nicht der Blick in die Zukunft: Ich möchte vielmehr *jenseits aller Tagesaktualität* untersuchen, warum es Musikpädagogen an Schulen und Hochschulen entweder nur mühsam oder überhaupt nicht gelingt, das jeweils aktuelle Musikleben angemessen in ihre Aktionen und Reflexionen einzubeziehen.

Der Jazz mußte sich erst etablieren, um musikpädagogisch akzeptiert zu werden; im Bereich von Rock und Pop deutet sich ähnliches an. Musikpädagogen scheinen nach den Musikern, Komponisten und Musikwissenschaftlern immer die letzten zu sein, die aktuelle Formen der Musik für ihre Arbeit entdecken. Dies geschieht meist erst dann, wenn eine Musikart das 'Aufregende' eingebüßt hat und kommerzialisiert wurde. Es verwundert dabei nicht, daß Rockmusiker dem wachsenden musikpädagogischen Interesse an populärer Musik skeptisch gegenüberstehen und manche den Tod dieser Musik spätestens für jenen Tag prophezeien, da diese sich unumstritten in der Musikpädagogik behaupten kann.

Um Mißverständnissen vorzubeugen: hier soll nicht einer allen popmusikalischen Modeströmungen nacheifernden Musikpädagogik das Wort geredet werden. Es geht bei der vorliegenden Arbeit vielmehr um die Darstellung einer generellen, *von bestimmten Musikarten unabhängigen* Schwerfälligkeit der Musikpädagogik im Zusammenhang mit aktuellen Herausforderungen [9], um das Beharren auf Erprobtem, um die Bevorzugung von Rezepten vor Experimenten. Ursachen hierfür liegen u.a. in der einseitigen Betonung des kritischen Hörers, des Kunstwerks und der rationalen Analyse, drei Kriterien, nach denen aktuelle und experimentelle Musikäußerungen immer als zumindest fragwürdige Erscheinungen angesehen werden müssen.

Einen zweiten Bezug zwischen JERRENTRUPs Damoklesschwert und der vorliegenden Arbeit bildet der Begriff der Spaltung. Der Autor vergleicht die von ihm prophezeite Spaltung der Gesellschaft mit dem, "was in ähnlicher Weise die Gesellschaft in den 50er Jahren (damals durch den Einbruch der Rockmusik in die abendländische Musiktradition) gespalten hat und noch heute nachwirkt." [10] In der vorliegenden Arbeit möchte ich der Frage nachgehen, warum durch die Musikpädagogik in der Vergangenheit solche Spaltungen nicht verhindert, sondern eher noch vertieft wurden. Ein typisches Beispiel ist die unselige Aufteilung der Musik in 'unterhaltende' und 'ernste' Bereiche. Diese Trennung - eine terminologische Besonderheit im bundesrepublikanischen Sprachraum - wurde stets besonders ausführlich innerhalb der Musikpädagogik diskutiert, wo sie auch heute noch trotz gegenteiliger Behauptungen zumindest eine empirisch feststellbare Realität darstellt, wie in Kapitel IV deutlich wird.

Bei der Frage nach den Ursachen für die Haltung vieler Musikpädagogen läßt sich in diesem Zusammenhang ein unfreundliches Verdikt

---

8 Thema: Medieninvasion - die kulturpolitische Verantwortung der Musikpädagogik

9 Vgl. hierzu Kap.III.3

10 JERRENTRUP 1984, S.3

über das "Gesellschaftsbild des Gymnasiallehrers" [11] heranziehen: "(...) der Gebildete darf und muß sich über das materielle Leben erheben; einer Verpflichtung, die 'ungeistige' Zivilisation in sein Denken einzubeziehen oder sogar für ihre Humanisierung tätig zu sein, unterliegt er nicht. Im Gegenteil." [12]

Diese Beschreibung läßt sich auf die Einstellung zahlreicher Musikpädagogen zur populären Musik übertragen: Viele verweisen heute wie zu IRMERs Zeiten das Phänomen Rockmusik als Musik "musikalischer Analphabeten" [13] ins Triviale und vergrößern die Kluft zwischen 'E' und 'U', indem sie das Niveau der populären Musik verächtlich machen anstatt *den Versuch zu unternehmen, dieses Niveau zu heben*, was durchaus auf längere Sicht möglich ist, wie unvoreingenommene Ansätze beweisen.

Hier ist es durchaus berechtigt, den Einbruch populärer Musik in die Musikpädagogik während der späten 70er und 80er Jahre als bisher einmaliges Phänomen zu bezeichnen: "Niemals zuvor war der Fall eingetreten, daß eine von weiten Kreisen der etablierten Musikpädagogik als negativ bewertete musikalische Ausdrucksform sich dennoch ihren festen Platz im Musikunterricht aller Schulstufen erobern konnte." [14]

Den dritten Bezug zwischen JERRENTRUPs Aufruf und der vorliegenden Arbeit bildet sein leiser Vorwurf an die Adresse der zeitgenössischen Komponisten, Musikwissenschaftler und -pädagogen, sie hätten es im Gegensatz zu Popmusikern durch ihre Distanz zu den neuen Techniken versäumt, einen Einfluß auf deren technische Entwicklung und musikalische Verwertbarkeit zu nehmen, obwohl die Möglichkeiten und Probleme, die sich durch computerunterstütztes Komponieren und Musizieren ergeben, zumindest der kritischen (!) Untersuchung und Erprobung durch die Genannten wert gewesen wären; so bleiben nach JERRENTRUP auch in diesem Bereich wieder einmal die Musikindustrie und die Popmusiker sowie deren "meist äußerst dürftiges musikalisches-ästhetisches Bewußtsein" unter sich, wodurch die Musikwelt um weitreichende Veränderungen "im Sinne einer musikalischen Revolution" [15] gebracht werde.

Dieser Zusammenhang läßt sich wiederum auf das hier interessierende Verhältnis von Musikpädagogik und populärer Musik übertragen: Durch das weitgehende Ignorieren dieser Musik (beispielsweise in der Lehrerausbildung) hat es die Pädagogik versäumt, einen möglichen Einfluß auf das derzeitige Musikleben zu nehmen. Damit hat sie der populären Musik keinen Dienst erwiesen, was man ihr nicht unbedingt verübeln kann; sie hat jedoch auch sich selbst und ihrem Ansehen in der Gesellschaft geschadet, was im Gegensatz dazu bedauerlich ist.

Letzteres wird erst dann richtig deutlich werden, wenn durch den Generationswechsel diejenigen an gesellschaftlichen und politischen Schaltstellen sitzen, die, egal ob sie heute "Klassik"

---

[11] PROSS 1969
[12] PROSS 1969, Nachwort
[13] IRMER 1967, S.54
[14] SCHÜTZ 1985, S.275f
[15] JERRENTRUP 1984, S.4

oder "Pop" bevorzugen, ihren Musiklehrer nur als Wetterer gegen populäre Musik in Erinnerung haben. Auch heute bereits läßt sich bei Diskussionen außerhalb des musikpädagogischen Elfenbeinturmes immer häufiger feststellen, daß der Musikpädagogik aufgrund ihres restaurativen Erscheinungsbildes nicht zugetraut wird, Musik zeitgemäß und allumfassend zu berücksichtigen. Diese Erfahrung machen nicht nur Schulfunkredakteure beim Gespräch mit Kollegen anderer Redaktionen, wenn letztere schlicht nicht glauben, daß innerhalb der Musikpädagogik immer noch um populäre Musik gerungen wird, [16] sondern auch Mitglieder der Musiklehrerverbände beim Gespräch mit jungen Kulturpolitikern und Lehrer bei Elternsprechtagen.

Die wichtige Frage HOPFs, ob "große Musik der Vergangenheit" von der Musikpädagogik "in die Gegenwart und Zukunft gerettet werden kann" [17], ist eng mit der Frage verbunden, ob die Musikpädagogik in der heutigen Kulturszene, in der auch zahlreiche Formen der populären Musik ihren festen Platz haben, ernstgenommen wird. In diesem Zusammenhang ist es äußerst schädlich, wenn die Versuche, Versäumtes nachzuholen, und dadurch das Bild der Musikpädagogik in der Öffentlichkeit zu korrigieren, von seiten der 'etablierten' [18] Musikpädagogik immer wieder als ein Nachgeben gegenüber den Hörgewohnheiten der Schüler hingestellt wird. So freut sich HOPF, daß der Unterrichtsgegenstand populäre Musik "sein Interesse verloren hat, wenn er überhaupt irgendwann - außer in den Köpfen von Musikpädagogen, die den leichten Weg gehen wollten - vorhanden war." [19]

Um im sprachlich verwirrenden HOPFschen Bild zu bleiben: die angemessene Berücksichtigung populärer Musik ist ein *mühsamer* Weg; sein Beschreiten ist jedoch lohnend, da Schule und populäre Musik sich gegenseitig befruchten könnten, vorausgesetzt, die Musikpädagogik stellt vernünftige Wegweiser auf.

---

[16] RÜSENBERG 1982, S.8
[17] HOPF 1985, S.55
[18] Zum Begriff der 'etablierten' Musikpädagogik vgl. Kap.II.2.3
[19] HOPF 1985, S.53

II. DEFINITIONSPROBLEMATIK

Diesem Kapitel kommt entscheidende Bedeutung zu: Definitionen im Zusammenhang mit populärer Musik und Jugendkultur nehmen nicht nur einen wesentlichen Teil der mit diesen Begriffen verbundenen Problematik vorweg, sie *sind* bereits Teil der Problematik. Aus diesem Grund habe ich Kapitel II mit Definitions*problematik* überschrieben: Es umfaßt sowohl die Begriffsdefinition als auch die Problematisierung des Themas.

- Im ersten Abschnitt (Kap.II.1) geht es um 'Ernste Musik' und 'Unterhaltungsmusik' sowie um die Frage, warum eine inzwischen als fragwürdig betrachtete und nicht schlüssig zu definierende Terminologie in musikpädagogischen Zusammenhängen immer noch Verwendung findet. Anstatt die müßige Diskussion um das Begriffspaar erneut aufzunehmen, werden einige Vorteile einer 'übergreifenden' Terminologie näher beleuchtet.

- Der zweite Abschnitt widmet sich einer definitorischen Trennung, deren Berechtigung es zu überwinden gilt: In Kap.II.2 wird zwischen 'alternativen' und 'etablierten' Bereichen der Musikpädagogik unterschieden, die sich im Zusammenhang mit populärer Musik gegenseitig zu behindern scheinen.

- Bei der Definition von 'Populärer Musik, Popularmusik, Rock, Pop' wird wie bei der 'U'- und 'E'-Musik die nicht mögliche Fixierung fließender Übergänge zugunsten einer weitergehenden pädagogisch bestimmten Terminologie aufgegeben: So umfaßt Kap.II.3 die Differenzierung von 'Populärer Musik' in 'Schüler-Musik' und 'Schul-Musik'. Diese aus den Bedingungen einer pädagogisch bestimmten Terminologie entwickelte Trennung erhält im Begründungszusammenhang der vorliegenden Arbeit eine entscheidende Bedeutung.

Die in diesem Kapitel zu entwickelnde Terminologie soll eine neue Blickweise bei der Beurteilung musikpädagogischer Literatur im Zusammenhang mit Rock, Pop und Jazz sowie die Vorbereitung einer angemesseneren didaktischen Analyse dieser Genres (Kap.III) ermöglichen.

1. 'Unterhaltungsmusik' und 'Ernste Musik'

Die Unterscheidung von 'Unterhaltungsmusik' und 'Ernster Musik' spielt für die vorliegende Arbeit eine untergeordnete Rolle, da diese nach musikimannenten Kriterien sinnlosen Begriffe lediglich die bereits an anderer Stelle [1] analysierte *frühe* Diskussion um populäre Musik in der Schule [2] bestimmt haben.

1.1. Die pädagogische Übernahme einer sinnlosen Terminologie

Die durch die GEMA eingeführte Terminologie ist nur im deutschen Sprachraum gebräuchlich und wurde auch hier im Grunde von Anfang an als zumindest fragwürdig angesehen. Die müßige Diskussion um das Begriffspaar soll deswegen hier nicht erneut aufgenommen werden, da bereits zahllose Aufsätze [3] den nahtlosen Übergang zwischen diesen Abrechnungskategorien der Verwertungsgesellschaft

---

1 Vgl. KNOLLE 1979; LUGERT 1984

2 Vgl. Kap. III.1/III.2

3 DAVIDTS,J./VERLINDEN,A.: "Kritische Anmerkung zum Begriffspaar 'E-und U-Musik'" in: ZfMP 7/79, S.15ff; Regensburg 1979
EITNER,H.: "Das Hauptproblem war der Text. Über die Entstehung eines 'Rockrequiems'" in: nmz 8/9 82, S.15, Regensburg 1982
FRISIUS,J.: "Eine dilettantische Streitrede wider die Musik des gehobenen Anspruchs" in: ZfMP 9/82, S.53ff, Regensburg 1982
GRASSMANN,B.: "Wohin mit dem Kunstwerk? Der veränderte Werkbegriff und seine Rolle in der Schule" in: ZfMP 11/80, S.172ff, Regensburg 1980
KEMMELMEYER,K.J.: "Traditionsanspruch und Hörwirklichkeit - eine unlösbare Antinomie für den Musiklehrer?" in: ZfMP 7/79, S.23ff, Regensburg 1979
KESTING,J.: "Salon- Thesen zu einem gesellschaftlichen Ort der Musik im 19.Jahrhundert" in: MuB 7-8/77, S.377ff, Mainz 1977
KOMMA,K.M.: "Kriterien des musikalischen Kitsches" in: MuB 6/76, S.307ff, Mainz 1976
LUGERT,D.: "DER 'ANDERE' BEETHOVEN - Ein Kommentar zum Kommentar" in: PMiU 2/81, S. 4ff, Lüneburg 1981
MEYER-DENKMANN,G.: "Pop und Avantgarde" in MuB 11/74, S.606ff, Mainz 1974
MEYER-DENKMANN,G.: "Das Problem der Musikpädagogik mit der Neuen Musik als Problem des Musiklehrers mit der Neuen Musik" in: MuB 1/88, S.11ff, Mainz 1988
MILLER,M.: "Ein E für ein U vorgemacht - Musikpädagogik und Rockmusik" in: Anschläge 1/78 (Archiv für populäre Musik) S.132ff, Bremen 1978
DE LA MOTTE-HABER,H.: "Die Schwierigkeit, Trivialität in der Musik zu bestimmen" in: MuB 6/76, S.301ff, Mainz 1976
SCHMIDT-JOOS,S.:"Unterhaltung ist Kultur - Kultur ist Unterhaltung" in: MuB 12/77, S.657ff, Mainz 1977
SEIBOLD,W.: "Beat und Kunstmusik. Zwei unvereinbare Gegensätze für die Schulmusik?" in: MuB 4/72, S.172ff, Mainz 1972
SOUSTER,T.: "Rock, Beat, Pop - Avantgarde" in: MuB 4/72, S.177ff, Mainz 1972

hinlänglich deutlich machen:

- Wird die musikimmanente Sinnlosigkeit der Begriffe bereits durch eine Gegenüberstellung der 'ernsten' "Kleinen Nachtmusik" und der 'unterhaltenden' Freejazz-Improvisation deutlich,

fällt aus Sicht der Rezeptionsforschung auf, daß weder das Hörverhalten noch Konzertpublika nach 'U' und 'E' zu unterscheiden sind:

- So bekunden beispielsweise Fans experimenteller 'U'-Genres (New Jazz, experimenteller Rock) häufiger eine Vorliebe für avantgardistische 'E'-Bereiche als Klassikhörer [4], ein Grenzverkehr zwischen den GEMA-Provinzen, vor dem die Vokabeln der 'U-E'-Terminologie versagen.

- Sieht man davon ab, daß 'Unterhaltungshörer' auch in der 'E'-Musik zu finden sind, existieren *innerhalb* eines jeden Genres der 'U'-Musik völlig unterschiedliche Rezeptionshaltungen. [5]

Neuere Ansätze vermeiden daher die Trennung von 'U' und 'E' oder verstehen sich bewußt als übergreifend wie beispielsweise der von RAUHE und FLENDER angebotene "Schlüssel zur Musik" als "Ein radikal neuer Ansatz, Musik (gleichgültig ob E- oder U-Musik) zu verstehen" [6].

Obwohl die 'U-E'-Terminologie inzwischen als überholt gelten kann, scheint ihr innerhalb der Musikpädagogik durchaus eine gewisse Bedeutung zuzukommen; in der vorliegenden Arbeit sollen einige der pädagogischen Probleme mit Rock, Pop und Jazz mit der Übernahme dieser unsinnigen Terminologie in einen wechselseitigen Zusammenhang gebracht werden:

Sowohl bei der kritischen Analyse musikpädagogischer Literatur [7] als auch bei der stichprobenartigen Untersuchung des Verhältnisses von Musikpädagogen zur populären Musik [8] entsteht der Eindruck, die 'U-E'-Terminologie unterscheide musikpädagogische Konzepte treffender als Musikarten. Aus diesem Grund soll im folgenden immer wieder die Frage gestellt sein, warum diese sinnlose Terminologie gerade in der Musikpädagogik auf wie mir scheint besonders fruchtbaren Boden gefallen ist. [9]

1.2. Beispiele für eine 'übergreifende' Terminologie

1.2.1. Publizistische Früchte angelsächsischer Offenheit

Im angelsächsischen Sprachraum besteht die Trennung zwischen 'U'- und 'E'-Musik nicht. Dies ist sicher einer der Gründe für den im

---

4 Vgl. MEYER-DENKMANN 1988
5 LUGERT 1981/2; DOLLASE et al. 1986
6 RAUHE/FLENDER 1986
7 Vgl. hierzu Kap. III
8 Vgl. hierzu Kap.IV
9 Vgl. hierzu Kap.II.3.1

Vergleich mit dem deutschen Sprachraum unbefangeneren pädagogischen Umgang mit populärer Musik.[10] Ein Beispiel für die Vorteile der 'übergreifenden' Sprachregelung und die publizistischen Früchte des Verzichts auf starre Einteilungen bietet das in London erscheinende publizistische Insider-Projekt 'Ré-Records Quarterly Magazine'[11], das sich an einen mit der deutschen Terminologie nicht mehr zu fassenden Adressatenkreis wendet. So bleibt ein an den Nahtstellen von 'E' und 'U' interessierter deutschsprachiger Leser bei Informationen wie den folgenden vermutlich noch für nicht absehbare Zeit auf das englische Wörterbuch angewiesen:

> "Ré-Records Quarterly Magazine (provides) a unique insight into the workings of experimental, radical and progressive popular musics from all over the world. Each issue offers a selection of recordings - concert extracts, commisssioned works, archive-material, items introducing 'unknowns' - and a wide variety of articles (practical, theoretical, and critical), written chiefly by musicians. Ré-Records Quarterly Magazine exists to inform and nourish a community of shared expertise: to engage with music, we need to be informed, - to live through such an expertise rather than simply to operate a consumers taste."[12]

Neben der inhaltlichen Breite der hier angebotenen Informationen über populäre Musiken (!) erstaunt den deutschsprachigen Leser die hier verwendete Terminologie: Das Erstaunen gilt nicht nur dem mehrere 'Popularmusiken' implizierenden Plural, sondern auch der Tatsache, daß hier die als 'experimentell, radikal und progressiv' gekennzeichneten Musikarten gleichzeitig 'populär' genannt werden. Die Vermutung liegt nahe, daß der auch im Deutschen mittlerweile in Frage gestellte Popularitätsbegriff[13] hier nur noch als Worthülse betrachtet werden kann.

Wie bereits im Namen erkennbar, wird die Zeitschrift 'Ré-Records Quarterly Magazine' vierteljährlich zusammen mit jeweils einer Schallplatte veröffentlicht. Seit der Ausgabe 1/1987 sind die Hefte auch ohne entsprechende Platte zu erhalten, obwohl der Herausgeber betont, "that the magazine is only *half* the project - the record is still integral to the whole."[14]

In der Erstausgabe finden sich auf der Platte Joseph Racaille, Kalahari Surfers, Steve Moore, The Lowest Note, Stefano Delu, Adrain Mitchell, 5uu's, Mission Impossible, Mikolas Chadima, Lars Hollmer, Lindsay Cooper und Chris Cutler & Conrad Bauer, das Magazin enthält Beiträge von Steve MOORE, Ed de BORAGE, Robert WYATT, Ferdinand RICHARD und Peter BLEGVAD.

Im zweiten Heft schreiben u.a. Ian KERKHOF über Musik und Zensur in Südafrika und Josef VLCEK über die tschescheslowakische Rezep-

---

[10] Vgl. VULLIAMY/LEE 1982
[11] CUTLER,CHR.(Hrsg.): Ré-Records Quarterly Magazine, November Books/Ré-Records, London
[12] CUTLER 1987, S.63
[13] Vgl.LUGERT 1983/3 sowie Kap.II.3
[14] CUTLER 1987, S.2

tion der angelsächsischen Pop-Presse, im dritten Magazin finden sich u.a. Beiträge zur "Kunst des Rock'n Roll in Ungarn" und zur "Krise bei der Produktion populärer Songs" sowie eine kritische Analyse "Neuer Musiktechnologien" von Herausgeber CUTLER [15] usw.

Im vierten Heft fragt Greil MARCUS "We are the World?", Robert MATTHEWS macht sich Gedanken über analoge und digitale Tonerzeugung und -aufnahme, Ed BAXTER fragt nach neuen Songs und Yashushi UTSONUMIYA stellt "Sound Control Systems" vor. [16]

Die im folgenden vorgestellten, kurzen Beispiele sollen nicht nur die Frage provozieren, warum eine solche Zeitschrift auf dem ansonsten unüberschaubar reichen deutschen Zeitschriftenmarkt fehlt, sondern auch ansatzweise verdeutlichen, welche inhaltlichen Qualitäten durch die terminologische Trennung und das dahinterstehende Denken im deutschen Sprachraum verhindert werden.

1.2.2. Zwei Komponisten aus Rock und Musique-Concrète im Gespräch zwischen 'E' und 'U'

Im deutschen Sprachraum ist die Veröffentlichung ernstzunehmender Fachgespräche [17] im Bereich zwischen 'U' und 'E' eher die Ausnahme; die bekannteren Gesprächsteilnehmer stammen zudem selten aus dem 'E'-Bereich. Die dem deutschen Sprachraum eigene Berührungsangst zwischen 'E' und 'U' erschwert hier die Teilnahme anerkannter 'E'-Musiker [18] und damit den für beide Seiten anregenden qualifizierten Gedankenaustausch.

Im 'Ré-Records Quarterly Magazine' findet sich dagegen ein Gespräch zwischen Tim HODGKINSON, einem "composer and performer shaped in the world of experimental rock music", [19] und dem bekannten Musique-Concrète-Komponisten Pierre SCHAEFFER. In diesem Interview über das Verhältnis von neuen (technischen) musikalischen Mitteln zur klassischen Kompositionstradition [20] versuchen die Gesprächspartner zu analysieren, inwieweit die neuen Techniken einen Einfluß auf verschiedene musikalische Genres gewonnen und allgemein den Umgang mit Musik verändert haben.

SCHAEFFER umschreibt das schon bekannte resignierende Fazit seiner musikalischen Arbeit und seiner Suche nach einer 'neuen' Musik: "Unseligerweise brauchte ich vierzig Jahre, um zu erkennen, daß nichts möglich ist außer DoReMi (...) Mit anderen Worten, ich habe mein Leben verschwendet." [21]

Zur Veranschaulichung der Art, wie die Gesprächspartner zwischen

---

15 Alle in: CUTLER 1986
16 Alle in: CUTLER 1986/2
17 Vgl. GIESELER/HOFFMANN,R. 1979; GIESELER/HOFFMANN,B. 1981; KREFT 1981; 'Übergreifende' Ansätze sind auch zu finden in 'Jazzthetik - Zeitschrift für Jazz und Anderes', Münster
18 Vgl. beispielsweise die unterschiedliche Haltung bekannter Dirigenten wie H.v.Karajan und L.Bernstein
19 CUTLER 1987, "Editorial"
20 HODGKINSON 1987, S.4ff
21 HODGKINSON 1987, S.4ff; hier: S.5 (Übersetzung: J.T.)

'E' und 'U' wechseln und sich sozusagen über 'Musik als Ganzes' unterhalten, sei hier ein kurzer Ausschnitt aus dem Gespräch übersetzt:

Im Zusammenhang mit natürlichen und elektronisch erzeugten Geräuschen als musikalischen Werten gibt SCHAEFFER den "Generationen junger Musiker", die heutzutage an ihren Synthesizern "festhängen, bei denen man die Frequenz, die Lautstärke und das harmonische Spektrum völlig kontrollieren kann" [22], zu bedenken, daß zu dem Willen, Musik zu machen, der Verzicht auf die Hoffnung gehören muß, eine 'neue' Musik zu erfinden:

> "HODGKINSON: So ist neue Musik also unmöglich?
>
> SCHAEFFER: Wenn das Neue von neuen Instrumenten, Theorien oder Sprachen kommen soll, ja. Was bleibt dann? Barockmusik. Hat es Sie noch nie verwundert, daß wir die erhabenste Musik der westlichen Welt, die Musik Bachs, als barock bezeichnen? Verrückt. [23] Sogar Bachs Zeitgenossen nannten sie barock. Bach lebte in einer Zeit der Synthese, er fügte neue Instrumente und neue Theorien zusammen; er nahm vom Mittelalter, von den instrumentalen Neuentwicklungen seiner Zeit, von den Italienern und machte daraus eine Musik, die so eindeutig aus verschiedenen Stücken zusammengesetzt war, daß sie barock genannt wurde. Gleichzeitig traditionell und neu. Heute gilt Vergleichbares: Wenn unsere Zeitgenossen ihre lächerlichen Technologien, Systeme und 'neuen' musikalischen Sprachen aufgeben und erkennen, daß es keinen Weg *aus* der traditionellen Musik gibt, werden wir es erleben, daß wir im 21.Jahrhundert auf eine barocke Musik zurückgehen können.
> Solch eine Musik ist bereits in der populären Musik vorgeformt - nicht, daß ich sie besonders schätze. Jazz, Rock usw., die Musik der 'Massen'-Kultur, (...) diese Art der Gebrauchsmusik eben, die meist zum Tanzen, zum Lieben usw. Verwendung findet, das ist eine barocke Musik, eine Mischung aus Elektrizität und DoReMi." [24]

Dieser kurze Ausschnitt vermag zu verdeutlichen, daß das Resultat eines solchen Gespräches nicht billige Verbrüderung, sondern die Aufgabe von Berührungsängsten ist. Dadurch wird deutlich, daß an den Nahtstellen zwischen 'U' und 'E' vergleichbare Fragestellungen auftauchen, deren Lösung nicht nur Musikwissenschaft und -pädagogik, sondern auch das allgemeine Musikleben weiterbrächten.

1.2.3. 'Reflektierende Rockmusiker' als authentische Informanten für Musikwissenschaft und -pädagogik

Seitdem weite Teile der populären Musik dem pubertären Umfeld entwachsen sind, gibt es eine steigende Anzahl von Musikern, die ihr ganzes Leben lang die Entwicklung dieser Musik beobachtet und mitgestaltet haben. Diese Musiker beschreiben vieles angemessener

---

22 HODGKINSON 1987, S.4ff; hier: S.6

23 Der französische Ausdruck 'baroque' bedeutet soviel wie 'grob zusammengezimmert'

24 HODGKINSON 1987, S.4ff; hier: S.6f

als Musikwissenschaftler auf der einen oder Rockjournalisten auf der anderen Seite: In den von Musikern verfaßten Aufsätzen in 'Ré-Records Quarterly Magazine' fehlt beispielsweise sowohl

- das 'pubertäre' Element, das bundesdeutsche *Pädagogen* häufig noch mit der gesamten populären Musik verbinden, indem sie letztere mit 'Jugendmusik' gleichsetzen [25], als auch
- das 'theorielastige' Element, das viele bundesdeutsche *Popularmusiker* mit jeder Art von musikbezogener Theorie und Reflexion verbinden.

Vielleicht liegt in solchen wechselseitigen Unterstellungen und in den daraus entstehenden Mißverständnissen auch einer der Gründe dafür, daß man in Deutschland

> "zwar die Geschichte der afro-amerikanischen Popmusik in den USA und Südamerika über die Jahrzehnte hinweg auch sehr gut auch anhand deutscher Literatur nachvollziehen kann, aber so gut wie nichts Vergleichbares über die historischen Entwicklungsprozesse der deutschen Popmusikszene findet. Und dies, obwohl sich im Humus des populären Musiklebens sicherlich eminente öffentliche und private Erlebnisse und Erfahrungen vieler Menschen abgespielt haben, und dort gewiß das Zentrum der Vergangenheit unserer popmusikalischen Gegenwart zu suchen ist - ob man es nun gern sieht oder nicht" [26]

Es ist eine der herausragenden Besonderheiten des 'Ré-Records Quarterly Magazine', daß dessen Autoren auch einen guten Ruf als Musiker besitzen; so ist dem Kenner nicht nur der italienischen Musikszene der Autor Franco FABBRI auch als Musiker ein Begriff: FABBRI spielte lange Zeit bei 'Macchina Maccheronica', einer unter Insidern hochgeschätzen Formation. [27] Seine Aussagen sind daher

---

25 Dieser verzerrte pädagogische Ausblick auf populäre Musik gründet vermutlich in der Tatsache, daß in pädagogischen Arbeiten zur populären Musik der 'pubertäre' Teil dieser Genres immer eine herausragende Rolle spielen wird, besonders wenn diese Arbeiten sich mit dem Unterricht in allgemeinbildenden Schulen beschäftigen.

26 RITZEL/STROH 1985, S.69

27 Vgl. hierzu: RIETH 1982, S.11: "Eine der interessantesten europäischen Formationen ist die Mailänder Gruppe 'Macchina Maccheronica'. Sie hat sich - im Gegensatz zu fast allen Rockgruppen - seit fünfzehn Jahren beständig weiterentwikkelt und ist an der Grenze zum freien Spiel angelangt. 1967 als das Beat-Sextett 'Stormy Six' gegründet und zunächst mit den Rolling Stones auf Tournee, wendete sie sich zu Beginn der Siebziger Jahre Protestsongs zu, setzte auf akustische Gitarre, beschäftigte sich mit Theodorakis, arbeitete mit Theatergruppen, wandte sich wieder der Elektronik zu, erweiterte sich durch Bläser und streifte schrittweise die Fesseln ab, die einem der Rock anlegt, wenn man ihn als Maske begreift.(...)
Die neue Lp (...) wird wohl ebenfalls ein Meilenstein in der musikalischen Entwicklung zwischen sogenannter E-(rnster) und U-(nterhaltungs)Musik setzen."

als authentische Ergänzungen derjenigen Gedanken zu betrachten, die sich auf Rock spezialisierte Wissenschaftler und Rockkritiker über ihr Spezialgebiet machen.

Der Wert dieser Ergänzung besteht dabei im anderen Hintergrund des praktizierenden Musikers, wenn FABBRI beispielsweise seinen lesenden Kollegen zu bedenken gibt, sie "sollten nicht vergessen, daß der Wind, den der Punkrock (und der post-Punk New Wave) entfacht hat, auch Frischluft in die mehr radikalen, experimentellen Rockgruppen gebracht hat" [28]

Natürlich werden ähnliche Feststellungen auch von Wissenschaftlern und Rockkritikern gemacht, die Überlegungen eines reflektierenden Musikers sind jedoch in ihrer Direktheit im Detail häufig präziser und überzeugender; so schwingt anstelle einer lediglich beobachtenden Erfahrung eine *erlittene* mit, wenn FABBRI die Krise in Teilen der Rockmusik während der Siebziger Jahre beschreibt:

> "gegen Ende der Siebziger wurden wir doch alle mit dem Bedeutungsverlust einer Angleichung konfrontiert, die wir alle zu beweisen versucht hatten: Je komplexer, je näher an der Komplexität der Wirklichkeit, desto besser (sowohl ästhetisch als politisch). Wir mußten entdecken, wie sehr diese Annahme an bestimmte Publika gebunden war, die wiederum zu einer bestimmten Generation gehörten, an eine bestimmte politische und ideologische Atmosphäre, und bezogen auf bestimmte wirtschaftliche Bedingungen, die sich relativ schnell änderten bzw. verschwanden." [29]

Nicht nur die dem Wissenschaftler schwer mögliche direkte Ansprache des Lesers durch die Aussagen 'aus erster Hand' hat überzeugende Vorteile, auch die kondensierte Darstellung ausgedehnter stilistischer Entwicklungen ergänzt vorteilhaft die wissenschaftliche Betrachtungsweise populärer Musik:

> "Lange Stücke mit atonalen, barocken oder Strawinky'schen Fragmenten machten Platz für kurze Songs; große Besetzungen lösten sich in Trios und Quartette auf; was Fred Frith zum Bild einer Art Selbst-Recycling der 'alten' experimentellen Gruppen verdichtete." [30]

Die Schlüsse, die FABBRI zieht, sind durchaus bestechend:

> "Das ist wiederum ein Beweis dafür, daß das, was man die 'Entwicklung der musikbezogenen Produktionszwänge' nennen könnte, nicht unveränderbar ist: Es hängt deutlich vom jeweiligen Kontext ab. Es gibt kein feststehendes Kriterium für 'Musikalität', keinen standardisierten Lernprozeß (wie wär's einmal mit einem Ver-Lern-Prozeß?), keine Mindest- oder Höchstfertigkeit, Koordinationsfähigkeit, 'Gefühl' für Rhythmus oder affektiven Ausdruck. Trotzdem können natürlich durchschnittliche Standardniveaus in einem bestimmten Genre

---

[28] FABBRI 1987, S.37 (Übersetzung: J.T.)
[29] FABBRI 1987, S.38f
[30] FABBRI 1987, S.38

zu einer bestimmten Zeit spezifiziert werden." [31]

Aufgrund dieser Überlegungen kommt FABBRI in seinem Aufsatz zu ungewöhnlichen Definitionen, die trotz ihrer 'Unwissenschaftlichkeit' für musikwissenschaftliche und -pädagogische Beschäftigung mit populärer Musik von Bedeutung sind:

> "Es gibt unterschiedliche 'Musikalitäten', die man nach ihrer 'Temperatur' unterscheiden könnte: Am unteren Skalenende stünden dann Bachs 'Kunst der Fuge' und Stockhausens 'Klavierstück XI'; Conlon Nancarrows 'Musik für Player Piano' und Stockhausens 'Studie II' einige Grade höher noch in der sehr kalten Region; Jimi Hendrix irgendwo in der heißen Region und an der Spitze vielleicht Cecil Taylor (oder Captain Beefheart, oder AC/DC?)." [32]

Solche unorthodoxen, jedoch einleuchtenden theoretischen Überlegungen werden gleichsam aus der Praxis erläutert, ein Verfahren, das auch die Musikpädagogik sich zu eigen machen könnte:

> "Obwohl diese Skala anscheinend die verschiedenen Stufen der physischen Beteiligung (involvement) an der Schaffung eines musikalischen Ereignisses zu 'messen' scheint, sagt das überhaupt nichts über den Wert der Musik selbst: Die Tatsache, daß Nancarrow sich selbst bloßstellte, er habe die Löcher in die Papierwalze des Pianos einfach 'designed', oder die, daß George Martin und John Lennon dem Tontechniker vorschlugen, Verse und Strophen von verschiedenen Versionen von 'Strawberry Fields Forever' zusammenzuschmeißen, machen diese Musiken kein Stück minderwertiger als die Unmengen von bedeutungslosen Resultaten mißbrauchter Begabung und Schweiß, wie sie in der sogenannten Fusion-Musik vorkommen." [33]

Mit diesen exemplarischen Ausschnitten soll die Notwendigkeit der Zusammenarbeit betont werden: Musikpädagogen müßten und könnten nicht nur Musikwissenschaftler und Rockkritiker, sondern auch praktizierende *Musiker* zur Zusammenarbeit auffordern. Voraussetzung hierfür wäre auf seiten der Musikpädagogik ein offenes Gesprächsangebot ohne Überheblichkiet und übertriebene Pädagogisierungsversuche. Daß Popularmusiker unter solchen Voraussetzungen zur Zusammenarbeit durchaus bereit und fähig sind, beweist u.a. das große Angebot 'alternativer' Workshopangebote, die sich vom Jazz aus [34] auf den gesamten Bereich populärer Musik ausweiten.

1.2.4. Deutschsprachige Musikwissenschaftler zwischen 'E' und 'U'

Auch im deutschsprachigen Raum sind zwischen Musikwissenschaft, Jazz, Pop und Rock durchaus Ansätze zur Zusammenarbeit erkenn-

---

[31] ebd.
[32] ebd.
[33] ebd.
[34] Vgl. ORTMANN 1986; ders. 1988; vgl. auch Kap.II.2.4

bar [35], wobei die an Rock interessierten Musikwissenschaftler anscheinend immer noch rechtfertigend zur Kunstmusik schielen, was KNEIF beispielsweise den Vorwurf der Rockfans einbringt, Rockmusik werde "für ihn erst dann interessant, wenn sie ein bestimmtes Niveau erreicht hat - einfaches Dreikordspiel, fetziges Losrocken war nie sein Thema". [36] Trotz dieser durchaus berechtigten Kritik [37] zeigt auch die deutschsprachige musikwissenschaftliche Forschung an den Nahtstellen von 'U' und 'E' interessante Ergebnisse und eröffnet neue Sichtweisen, wie die im folgenden skizzierten Ausführungen KNEIFs über Trivialität beweisen.

Da die Trivialitätsdiskussion zusammen mit dem dornigen Problem musikbezogener Wertung einen Bereich darstellt, in der Musikpädagogen allenfalls dilettieren [38], sind letztere hier besonders auf die Unterstützung durch die Musikwissenschaft angewiesen.

KNEIF führt aus, daß Rockmusik an der Nahtstelle zur 'E'-Musik besonders anfällig für Trivialisierung wird:

> "Je mannigfaltiger ihre Formen, je reichhaltiger ihre Harmonien, je unkonventioneller ihre melodischen Zeilen - desto gefährlicher (sic;J.T.) die Nähe zum trivialen Bereich. (...) Trivialisierung entsteht dabei nicht durch ein Abgleiten ins Niedere, sondern umgekehrt durch ein 'Hinaufrutschen' in den Bereich höherer Kunstmusik. Anders formuliert: während im höheren Kunstbereich Trivialität immer mit Niveauverlust einhergeht, wird sie in der Rockmusik gerade dadurch heraufbeschworen, daß künstlerische Intentionen erhoben werden, Intentionen, welche die Rockmusik ehemals nicht besaß." [39]

Ungeachtet der immer wieder durchscheinenden Wertung - Trivialisierung ist stets eine Gefahr - behauptet KNEIF,

> "daß es triviale Kompositionsmerkmale als solche nicht gibt. Ein als trivial empfundenes Merkmal ergibt sich vielmehr aus einem Vergleich mit anderen Kompositionen, dadurch also, daß der Hörer es auf andere Werke bezieht. (...) Das gehörte Werk wird vielmehr in eine bewegliche, von Hörer zu Hörer unterschiedliche Struktur einbezogen, deren Elemente die jeweils bekannten, mit dem gehörten Werk zeitlich, gattungsmäßig oder sonstwie vergleichbaren Kompositionen sind. (...) Die ästhetische Urteilsbildung befindet sich, als eine Folge von solchem imaginären Mobile, in einem grundsätzlich offenen, nie abgeschlossenen Prozeß" [40]

---

35 Vgl. hierzu u.a. die Arbeiten von KNEIF, JOST, JERRENTRUP, KRAMARZ sowie die Veröffentlichungen des ASPM (Arbeitskreis Studium Populärer Musik)

36 SPENGLER 1987, S.219

37 "Es gibt heute so etwas wie Avantgarde-Rock, dessen Experimentierfreudigkeit mit dem damit verbundenen Risiko, von nur wenigen gehört zu werden, den Experimenten neuer Musik kaum nachsteht" (in: KNEIF 1976/1, S.312)

38 Vgl. LUKSCH 1987

39 KNEIF 1976/1, S.313

40 KNEIF 1976/1, S.312

Die ästhetische Urteilsbildung durch Vergleich bestimmt nach KNEIF auch die Gegenüberstellung von Rock und Kunstmusik. Hier stehen jedoch frühe Rocktitel beispielsweise von Chuck Berry "ganz außerhalb der europäischen Tradition (...) und (ermöglichen) somit kaum Vergleiche. Solange sich die Rockmusik in diesem Niemandsland befand (...), war sie gegen den Vorwurf gefeit, trivial zu sein. 'Trivial' ist nämlich ein Vorwurf, der einem künstlerischem Anspruch gilt, indem man ihn bezweifelt" [41]

So konnte Rockmusik erst durch den von einigen Rockmusikern seit Mitte der 60er Jahre erhobenen künstlerischen Anspruch 'trivial' werden.

Solche musikwissenschaftlichen Überlegungen sind erkenntnisbildend im Zusammenhang mit den Nahtstellen zwischen 'U' und 'E', sie überlassen jedoch die für den *Musikunterricht* wichtigen Bereiche populärer Musik [42] allein den damit überforderten Pädagogen. Letztere sind jedoch neben den Forschungsergebnissen der Psychologen, Soziologen und Rezeptionsforscher auch auf die Unterstützung der systematischen Musikwissenschaft angewiesen. Wenn KNEIF dann lediglich über den "listigen Pädagogen" lästert, dessen Entdeckung der Rockmusik "von nicht weniger Blindheit zeugt als der Umstand, daß der Musikwissenschaftler bisher gar nichts entdeckt hat", [43] macht er es sich zu einfach: Die Blindheit sollte durch das Resultat beiderseitiger Anstrengungen möglichst bald als Kinderkrankheit gelten können.

---

41 KNEIF 1976/1, S.313
42 Vgl. hierzu Kap.II.3
43 KNEIF 1975, S.20

2. 'Etablierte' und 'alternative' Musikpädagogik

2.1. Über eine unsinnige Spaltung der Musikpädagogik

"Was ist, bitte schön, die 'offizielle Fachdidaktik'?" fragt Christoph RICHTER in seiner Antwort auf einen Leserbrief und vermutet, der Leserbriefschreiber habe "einer Sache einen Namen gegeben, die es gar nicht gibt. Es wäre schön, wenn es so bliebe." [44]

Anscheinend ist es RICHTER entgangen, daß auch in einer von ihm mitherausgegebenen Zeitschrift bereits Jahre zuvor von 'offizieller' Musikpädagogik die Rede gewesen ist. [45] Vielleicht bezieht er sich sogar selbst auf dieses Phänomen, wenn er von "musikdidaktischen Provinzen" im Zusammenhang damit spricht, daß "die didaktische Beschäftigung mit der Pop- und Rockmusik zunehmend die Fragestellungen der allgemeinen (sic;J.T.) Musikdidaktik übernimmt und - was noch wichtiger ist - sie befruchtet" [46] oder im Zusammenhang der Theorie-Praxis-Diskussion erwähnt, es gebe "neuerdings auch in der Musikerziehung so etwas wie eine alternative Bewegung (...): Da soll möglichst nur unterrichtet werden, was Schüler mögen und kennen (...) [47]

Obwohl in solchen Verlautbarungen eine Ahnung von spaltenden Prozessen innerhalb der Musikpädagogik zu spüren ist, wird die Gefahr einer Spaltung von 'etablierter' Seite offensichtlich verdrängt: Die Vertreter der 'etablierten' Musikpädagogik sehen weder die terminologische Spaltung noch deren inhaltliche Ursachen gerne, da sie dazu neigen, sich als 'die' Musikpädagogik zu verstehen; ihnen gilt der Begriff 'Musikpädagogik' als Oberbegriff für alle inhaltlichen und personellen Komponenten der wissenschaftlichen Beschäftigung mit der Vermittlung von Musik an Schulen und Hochschulen.

Die 'etablierte' Musikpädagogik existiert also nur aus 'alternativer' Sicht, dient diese Unterscheidung doch letztlich den 'alternativen' Musikpädagogen dazu, sich von ihren 'etablierten' Kollegen abzusetzen. Es ist daher auch kein Zufall, daß Begriffe wie 'inoffizielle' oder 'alternative' Musikpädagogik tatsächlich nicht gebräuchlich sind, sieht man einmal von wertenden Umschreibungen wie 'Praktikerdidaktik' [48] ab.

Unabhängig von terminologischen Spitzfindigkeiten ist seit geraumer Zeit eine fortschreitende, konzeptionell und personell eingrenzbare Spaltung der Musikpädagogik zu beobachten. Diese Spaltung ist wesentlich mehr als ein Theorie-Praxis-Konflikt. Sie hat auch nur bedingt mit der Diskussion um handlungsorientierte

---

[44] RICHTER 1987/1, S.260
[45] LUGERT 1984, S.341
[46] RICHTER 1987, S.433
[47] RICHTER 1982, S.619 (Die häufigen Zitate RICHTERs liegen nicht in seiner Einstellung zur Thematik begründet, sondern in der Tatsache, daß der Verfasser des 'Editorials' in 'Musik und Bildung' sich häufig geradezu als Sprachrohr der 'etablierten' Musikpädagogik zu verstehen scheint.)
[48] Vgl. Gespräch III (ANHANG)

Unterrichtsmodelle [49] zu tun. Bei einer drohenden Spaltung der Musikpädagogik geht es um die völlige Abkehr zahlreicher Musiklehrerinnen und Musiklehrer - vor allem der jüngeren Mitglieder der erwachsenen Jugendkulturen [50] - von theoretischen *und* praktischen Implikationen dessen, was man die offiziellen Lehrmeinungen der Musikpädagogik nennen könnte.

Die hieraus sich ergebende Spaltung ist inhaltlich eng mit populärer Musik verknüpft: Ebenso wie Rock, Pop und Jazz als exemplarische zeitgenössische Herausforderungen an die Musikpädagogik gelten können, ist auch die drohende Spaltung der Musikpädagogik am Umgang mit diesen Genres festzumachen.

Dies zu belegen und Ursachen sowie Gefahren einer möglichen Spaltung aufzuzeigen ist ein Ziel dieses Kapitels. Da das Ziel der Sensibilisierung für die Gefahren einer Spaltung eng dem Ziel der Verhinderung bzw. Überwindung dieser Spaltung verbunden ist, werden im folgenden die Begriffe 'etablierte' und 'alternative' Musikpädagogik in der Hoffnung auf ihre lediglich vorübergehende Bedeutung stets in Anführungsstriche gesetzt.

Im Verlauf der Geschichte der Musikpädagogik käme ihre Spaltung in 'etablierte' und 'alternative' Bereiche nicht überraschend: Ergab sich "die Notwendigkeit zur Erweiterung des musikpädagogischen Gedankengebäudes (...) aus der Einsicht, daß sich der Musikunterricht der längst vom offiziellen Musikleben abgespaltenen jugendlichen Teilkultur anzunehmen habe" [51], so ist die drohende Spaltung der Musikpädagogik eine Folge der mangelnden praktischen Umsetzung dieser Erweiterung in 'etablierten' Kreisen:

> "Etablierte Schulbuchverlage haben bisher kein geschlossenes Unterrichtsmaterial zu Themenbereichen der Jugendkultur (...) vorgelegt. (...) Unterrichtseinheiten zu populärer Musik, denen eine systematische sozialgeschichtliche und kulturellpolitische Konzeption zugrundeliegt, sind meist das Werk einzelner engagierter Lehrerinnen und Lehrer mit persönlicher Rockgeschichte" [52]

Hier ist die dringende Frage geboten, ob jeder im populären Bereich Unterrichtende zur Konstruktion einer derart umfassenden Konzeption in der Lage sei. Die Verneinung dieser Frage führt zum Kernproblem einer mögliche Spaltung: Die sich enttäuscht von der 'etablierten' Musikpädagogik Abwendenden sind häufig zum Dilettieren gezwungen, da sie eigentlich auf den 'etablierten' Sachverstand angewiesen wären. Bei der Ausbildung von Musikern wie Pädagogen bleibt "der Popularmusiksektor sich selbst überlassen (...). Hier entwickeln sich in der Mehrzahl Autodidakten (...)" [53]

Die Didaktik populärer Musik in den Händen 'pädagogischer Autodi-

---

[49] Vgl. FISCHER 1982

[50] Zum Begriff der 'erwachsenen Jugendkulturen' siehe Kap. II.3.6.1

[51] FISCHER 1986, S.319

[52] KNAUF/WICKERT 1983, Vorwort, S.7

[53] RÖSING 1985/2, S.49

dakten' zu belassen wäre verhängnisvoll [54] für ein derart sensibles Thema, zumal gerade die engagierten Lehrerinnen und Lehrer mit der vielzitierten 'persönlichen Rockgeschichte' [55] als Mitglieder der erwachsenen Jugendkulturen [56] besondere Schwierigkeiten bei der didaktischen Analyse von populärer Musik haben. [57]

Pädagogische Probleme mit populärer Musik resultieren damit auch aus der Tatsache, daß 'alternative' Musikpädagogen sich alleingelassen fühlen:

> "'Popmusik in der Schule? Niemand hat uns während unseres Studiums und in der 2.Phase der Lehrerausbildung diesbezüglich Zusammenhänge vermittelt (...), wie sollen wir das Schülern im Unterricht vermitteln?' In diesem Zitat (...) manifestiert sich das ganze Dilemma einer etablierten Schulpädagogik, für die 25 Jahre Rockmusik, Jugendsubkultur und Jugendbewegung zumindest didaktisch kaum existierten und die sich viele Jahre lang an populärer Musik und ihrer Einbeziehung in die Lehrpläne (...) vorbeimanövriert hat." [58]

So greifen die 'alternativen' Lehrerinnen und Lehrer zur Selbsthilfe, wobei Ausmaß und Organisationsgrad dieses Engagements sehr unterschiedlich ausfallen: Während die meisten lediglich für ihren eigenen Unterricht oder die Fachgruppe an ihrer Schule Materialien erstellen und erproben, arbeiten andere in regionalen Gruppen, Arbeitskreisen oder 'alternativen' Musikschulen zusammen. [59]

Einige überregionale Arbeitskreise [60] erreichen durch Gründung eigener Publikatonsorgane sowie die Durchführung von Lehrerfortbildungen und bundesweiten Rockwettbewerben einen Organsationsgrad, der eine Spaltung der Musikpädagogik geradezu zu institutionalisieren scheint.

2.2. Ziele der 'alternativen' Musikpädagogik

Eine der Gemeinsamkeiten der 'alternativen' Musikpädagogik besteht im Ziel, "einen für Schüler und Lehrer machbaren Unterricht zu ermöglichen" [61], wobei "die langjährigen Erfahrungen im Schulalltag absoluten Vorrang vor allen theoretischen Erwägungen haben." [62] Diese immer wieder beschworene und in ihrer Einseitigkeit problematische Praxisnähe ist häufig Ausdruck einer resignativen bis theoriefeindlichen Haltung 'alternativer' Pädagogen, verursacht durch das verspätete oder unangemessene Reagieren der

---

[54] Vgl. hierzu: SCHÜTZ 1986

[55] RINNE 1982/2, S.2; KNAUF/WICKERT 1983, Vorwort

[56] Zum Begriff 'erwachsene Jugendkulturen' vgl. Kap.II.3.6.1

[57] Vgl. hierzu Kap. II.3.6 sowie III.3.3

[58] RINNE 1982, S.2

[59] Vgl. hierzu auch Kap.II.2.4, III.4 und VI.2 (ANHANG)

[60] Arbeitskreis für Rock und Pop in der Schule (Mülheim/Ruhr), Arbeitskreis Rockdidaktik (Gelsenkirchen), Musikunterricht kreativ (Braunschweig), Musikschule Ohrwurm (München) etc. Vgl. hierzu auch Kap. III.4

[61] FIRLA 1986/1, S.96

[62] ebd.

'etablierten' Musikpädagogik auf populäre Musik.

Damit ist 'dilettantische' schulische Beschäftigung mit Rock, Pop und Jazz weder diesen Unterrichtshemen noch den vereinzelten Unterrichtsversuchen ohne genügende theoretische Überlegungen anzulasten: Unreflektierter und lückenhafter Umgang mit populärer Musik ist die zwangsläufige Folge des Mangels an gesicherten musikpädagogischen und -wissenschaftlichen Erkenntnissen aufgrund verspäteter oder halbherziger Reaktionen der 'etablierten' Musikpädagogik.

So fragt RINNE im Editorial der 'alternativen' Zeitschrift ROCKPAED geradezu ratlos, warum sich "viele Jugendliche praktisch jeden Plastik-Sound und alles, was in der Szene gerade 'in' ist (...), als 'ihre' Musik aufschwatzen" [63] ließen; er bedauert, daß "sich bisher noch kein Team aus Musikwissenschaftlern, Medienforschern, Pädagogen, Soziologen und Politologen zusammengefunden" [64] habe, um diese und andere Fragen lösen zu helfen, die all jenen auf den Fingern brennen, die sich mit Jugendlichen und deren Verhältnis zur populärer Musik in Schule und Freizeit beschäftigen.

Es wäre also längst überfällig, daß sich auch die 'etablierte' Musikpädagogik der Thematik umfassend und angemessen annähme, nicht zuletzt, um die Mitwirkung derjenigen Lehrerinnen und Lehrer zurückzugewinnen, die sich enttäuscht von dieser Musikpädagogik abgewandt haben.

2.3. Definition von 'etablierter' und 'alternativer' Musikpädagogik

Da die Benutzung von Ausdrücken für 'etablierte' oder 'offizielle' Bereiche der Musikpädagogik vor allem den 'alternativen' Pädagogen zur Absetzung dient, sei diese Trennung in der ausdrücklichen Hoffnung auf ihre vorübergehende Gültigkeit wie folgt beschrieben:

- Unter '<u>etablierter' Musikpädagogik</u> verstehen zahlreiche im Unterrichtsalltag stehende Musikpädagogen das in Fachzeitschriften beschriebene und von Hochschulen, Bezirksseminaren und musikpädagogischen Verbänden repräsentierte offizielle Bild der bundesdeutschen Musikpädagogik sowie die von dieser Pädagogik vertretenen Ansichten über alle musikalischen und pädagogischen 'Neuerungen'. [65]

- Nach dieser Definition gehören zur '<u>alternativen' Musikpädagogik</u> diejenigen Pädagogen, die Begriffe wie 'etablierte' oder 'offizielle' Musikpädagogik benutzen, um sich selbst damit von irgendetwas abzusetzen.

---

[63] RINNE 1982/2, S.2

[64] ebd.

[65] Hierunter fallen nicht nur Rock, Pop und Jazz, sondern auch Neue Musik und Avantgarde; zur Vergleichbarkeit pädagogischer Haltungen zu populärer und Neuer Musik vgl. MEYER-DENKMANN 1988

Damit manifestiert sich 'alternative' Musikpädagogik nicht nur in jenen Musiklehrerinnen und -lehrern, die sich in ihrem Schulalltag enttäuscht bis resigniert von 'etablierten' Verlautbarungen, Zeitschriften und Fortbildungstagungen zurückziehen, sie umfaßt auch Einzelinitiativen im Bereich populärer Musik [66] sowie Aus- und Fortbildungsveranstaltungen für Jazz- und Rockmusiker [67], die über ihre Aufgaben zur Ausbildung von Amateurmusikern hinaus zunehmend in das Vakuum eindringen können, das durch die Mißachtung bzw. die stiefmütterliche Behandlung musikalischer und pädagogischer Neuerungen durch 'etablierte' Musikpädagogen entsteht.

Das für ihre Unterscheidung wichtige Verhältnis von 'etablierter' und 'alternativer' Musikpädagogik zur populären Musik soll im Rahmen der Literaturanalyse [68] dargestellt werden.

2.4. Die 'alternative' Fortbildungsszene

Ein in Quantität und Qualität nicht zu unterschätzender Teil 'alternativer' Musikpädagogik manifestiert sich in der anwachsenden Fortbildungsszene : [69] Ausgehend von den zahlreichen großstädtischen Initiativen entstehen inzwischen auch in Kleinstädten immer mehr 'alternative' Musikschulen, bei denen die deutliche Präsenz von Musiklehrerinnen und Musiklehrern - derzeit durch die Lehrerarbeitslosigkeit noch verstärkt - auffällt. Die freiwilligen Aussteiger sowie die durch Arbeitslosigkeit verhinderten Einsteiger begründen ihr Engagement häufig mit dem Versagen 'etablierter' Musikpädagogik im Zusammenhang mit populärer Musik:

> "Wie oft bedeutet Musikunterricht fast ausschließlich den winzig kleinen Ausschnitt der klassischen Musik (in den bayerischen Lehrplänen gibt es keine ernst zu nehmende andere Musikrichtung: Unter dem Begriff Umweltmusik stehen dort in derselben Reihenfolge: Werbemusik, Schlager, Jazz)? Daß Musikunterricht ganz anders sein kann, zeigen in München 25 Musiklehrer, die sich zur Musikschule OHRWURM zusammengeschlossen haben." [70]

---

66 Vgl. hierzu Kap.III.4

67 Vgl. hierzu Kap. II.2.4

68 Vgl. hierzu Kap.III.: In diesem Kapitel wird zunächst das Verhältnis der 'etablierten' Musikpädagogik zur populären Musik (III.1/III.2) analysiert, dann wird die 'alternative' Musikpädagogik an zwei Beispielen exemplarisch vorgestellt (III.4), um schließlich am Beispiel der sog. 'Neuen deutschen Welle' (III.5) Unterschiede und Gemeinsamkeiten im Verhältnis der 'alternativen' und der 'etablierten' Musikpädagogik zur besonders problematischen aktuellen populären Musik deutlich zu machen, hier vor allem unter dem Aspekt, daß die heute 'alternativen' Musikpädagogen aller Voraussicht nach die 'etablierten' von morgen sein werden.
So wird in Kap. III.3 deutlich, daß sich mittlerweile die Unterschiede zwischen 'etablierter' und 'alternativer' Musikpädagogik auf der inhaltlichen Ebene verringern.

69 Vgl.: ORTMANN 1986; ders. 1988

70 Musikschule Ohrwurm in ORTMANN 1986, S.108

"Seit dem Wintersemester gibt es die Jazz & Rock Schule Freiburg, die aus einer privaten Initiative von Freiburger Musikern und Lehrern entstanden ist.
Neben dem Instrumentalunterricht (..) gibt es (..) Harmonielehre, Gehörbildung und Rhythmik. Ab Sommersemester '87 neu: Arrangement, Musikwerkstatt für Kinder, Jazzchor, Percussionunterricht." [71]

Den imposanten Umfang der Fortbildungsszene stellt u.a. der von Peter ORTMANN (Akademie Remscheid) herausgegebene "Jazz-Fortbildungsatlas" [72] unter Beweis. Der Herausgeber betont, die zahlreichen Aktivitäten verdankten ihre Existenz u.a. auch der Tatsache, daß die 'etablierten' musikpädagogischen Institutionen "nicht der wachsenden Nachfrage gerecht werden." [73]

Im Rahmen dieser schulähnlichen Einrichtungen entstehen zunehmend Angebote, die über den instrumentalen Einzel- und Gruppenunterricht hinausgehen: "Der Musikunterricht (sic;J.T.) wird erteilt in folgenden Stilbereichen: Rock, Funk, Blues, Jazz, Pop, Klassik, Lateinamerik./spanische Musik, Volksmusik/Folklore." [74]

Ebenso rasch wächst das Angebot an Kursen wie "musikalische Früherziehung für Kinder ab 4-6 Jahre, Allgemeine Musiklehre, Harmonielehre, Rhythmik, Gehörbildung, Arrangement, Komposition" [75], Wochenendkurse für "Kinder und Eltern" mit einer "Unterrichtsgruppe für Kinder", die "speziell für absolute Anfänger und rhythmisch Unerfahrene gedacht ist" und "in einigermaßen ruhiger Atmosphäre stattfinden" [76] soll.

Es wird nicht nur musiziert, die Teilnehmer erhalten auch "zu den einzelnen Unterrichtseinheiten (...) Arbeitsblätter mit detaillierten Angaben zu den entsprechenden Musikbeispielen und Verweisen auf Literatur" [77]

Entstehen hier 'alternative' Schulen als Konkurrenz für die allgemeinbildenden 'Etablierten'? Natürlich sind solche Entwicklungen und die durch sie entstehende kulturelle und pädagogische Vielfalt prinzipiell zu begrüßen, zumal die möglicherweise entstehende Konkurrenz auch das Geschäft der 'etablierten' Pädagogik beleben würde. Die 'alternativen' Schulen [78] erreichen jedoch im Gegensatz zur allgemeinbildenden Schule nicht *alle* Jugendlichen: Aufgrund erstens der Kosten des privaten 'alternativen' Unterrichts und zweitens der schichtspezifischen Schwellenängste könnten die 'alternativen' Angebote letztlich dazu führen, daß Musikmachen sich auch im populären Bereich auf sozial Privilegierte beschränkt.

---

71 Jazz & Rock Schule Freiburg in ORTMANN 1986, S.109
72 ORTMANN 1986; ders. 1988
73 ORTMANN 1986, 3.Umschlagseite
74 Musikschule Ohrwurm in: ORTMANN 1986, S.108
75 ebd.
76 Kulturzentrum Altenmelle in: ORTMANN 1986, S.12f
77 VANEK,U.: "Einführung in den Jazz I und II" in: ORTMANN 1986, S.37
78 Vgl. auch VI.2.1 (Anhang)

Unter dem Aspekt der Chancengleichheit wäre es somit problematisch, wenn der Musikunterricht an allgemeinbildenden Schulen durch die wachsende Bedeutung 'alternativer' Angebote seine Bedeutung als Vermittlungsinstanz für Musik verlöre. Auch deswegen ist das Eingehen auf die musikalischen und pädagogischen Neuerungen an allgemeinbildenden Schulen - und damit im 'etablierten' Rahmen - nötig.

Das Problem kann nur behoben werden an der Nahtstelle von 'alternativer' und 'etablierter' Musikpädagogik während der ersten und zweiten Lehrerausbildungsphase, es wird jedoch hier noch nicht so deutlich als Problem erlebt, weil die 'alternative' Seite in der Hauptsache durch junge Musikstudenten, -referendare und -lehramtsanwärter repräsentiert wird, die aufgrund mangelnder Praxiserfahrung das von der 'etablierten' Musikpädagogik entworfene Bild für Realität halten und sich gerade deswegen später angesichts des 'Praxisschocks' enttäuscht von der 'etablierten' Musikpädagogik abwenden. [79]

---

79 Vgl. dazu LUTTMANN 1982

3. Populäre Musik

Populäre Musik ist erst dann sinnvoll in die Schule zu integrieren, wenn es der Musikpädagogik gelingt, einerseits die pädagogische Sonderstellung dieser Musik zu überwinden, ohne sie andererseits dadurch ihrer besonderen Funktion für Jugendliche zu berauben. Dieser *Mittelweg zwischen Schülerorientierung und Pädagogisierung* erfordert eine differenzierte Analyse der mit dem Thema verbundenen Begriffe vor dem Hintergrund einer pädagogisch bestimmten Terminologie. Erst wenn diese Terminologie zu gleichen Teilen der Pädagogik *und* der populären Musik gerecht wird, ist eine sinnvolle didaktische Analyse von Rock, Pop und Jazz möglich.

3.1. Gründe für eine pädagogisch bestimmte Terminologie

In seinem programmatischen Beitrag "'Populäre Musik' - Ein untauglicher Begriff?" verwirft Wulf-Dieter LUGERT pädagogische Begriffsbildungen als einengend: "Einmal geschaffen, neigen sie zu einem Eigenleben, verselbständigen sich von ihrem Inhalt, werden statisch und meist unbrauchbar." [80]

LUGERT beschreibt treffend die generellen Schwächen musikbezogener Begriffsbildungen, bei denen Unvergleichbares miteinander verglichen wird und Widersprüche auf der Hand liegen: "Rockmusik ist keine Neue Musik, die 'Kleine Nachtmusik' ist ernste Musik, Pink Floyd ist Unterhaltungsmusik, der Schlager ist keine Volksmusik..." [81] Die sinnlosen Fragen, wieviel Prozent der Bevölkerung ein Stück gut finden müßten, um es zur populären Musik zu rechnen oder ob quantitativ unpopuläre Rockmusik trotzdem 'populär' sei, empfiehlt der Autor als "ein ergiebiges Thema für eine ambitionierte Dissertation mit dem Ziel, altem Unsinn neuen hinzuzufügen." [82]

Auch Franz NIERMANN versucht, "der inhaltlichen Beschränkung und Verarmung, die im Bereich der Musikdidaktik bisweilen von der definitiven Festschreibung von Begriffsbedeutungen ausgeht" zu entgehen, um "der Komplexität und Widersprüchlichkeit der zu reflektierenden unterrichtlichen Praxis zu entsprechen." [83]

Begriffe wie populäre Musik oder Popularmusik sind ebenso sinnlos wie die Unterteilung in 'U'- und 'E'-Musik. Sie wurden auch von den Experten, die sich im November 1986 zur Gründung des ASPM [84] getroffen hatten, nicht geklärt; anstelle seines Referates "Was ist Popularmusik? Versuch einer Definition?" regte LUGERT auf dieser Veranstaltung eine Diskussion darüber an, den Begriff Popularmusik nicht mehr zu benutzen, da dieser erstens Musikstile zusammenfasse, die sich nicht zusammenfassen ließen und zweitens immer noch in seiner ursprünglich pejorativen Bedeutung benutzt würde, durch welche die so bezeichneten Stilarten gegenüber 'nicht-populärer' Musik abgewertet würden.

---

80 LUGERT 1983/3, S.3
81 ebd.
82 ebd.
83 NIERMANN 1987, S.24
84 'Arbeitskreis Studium Populärer Musik'

Nach ausführlicher, kontrovers geführter Diskussion waren die Teilnehmer der Gründungstagung sich lediglich darüber einig, daß Popularmusik ein künstlicher Begriff sei, der Unzusammenfaßbares zusammenfasse. Das ist nicht weiter erstaunlich, da auf dieser Tagung Musikpädagogen und Musikwissenschaftler anwesend waren: *Musikimmanent* oder *rezeptionssoziologisch* sind die hier strittigen Begriff nicht zu klären. Aus *pädagogischer* Sicht jedoch kann die Verwendung eines Sammelbegriffs für unterschiedliche Musikarten, die ähnlichen didaktischen Bedingungen unterworfen sind oder waren, durchaus sinnvoll und hilfreich sein: So gibt es aus pädagogischer Sicht beispielsweise Gemeinsamkeiten zwischen Jazz, Rock und Pop, die deren Zusammenfassung unter populäre Musik nahelegen, auch wenn dies musikimmanent widersprüchlich erscheint. Dies soll im folgenden erläutert werden.

Jeder heute unterrichtende Musikpädagoge wird zumindest ahnen, was mit Formulierungen wie 'Der Problemkreis Unterhaltungsmusik' oder 'Das Phänomen populäre Musik' gemeint ist, und sich zu diesen Themen äußern können. [85] Der Zusammenhang ist bezeichnend: Pädagogen reden im Zusammenhang mit Pop, Rock und Jazz entweder von Phänomenen oder von Problemen [86]. Im pädagogischen Gebrauch bezeichnen populäre Musik oder 'U'-Musik damit weniger bestimmte Genres als einen bestimmten *Problemkreis*. [87]

Dies hat seine Ursache darin, daß die pädagogischen Probleme mit populärer Musik im Unterrichtsalltag eher Gemeinsamkeit [88] stiften als ihr uneinheitlicher und wechselnder musikalischer Inhalt. Begriffe wie populäre Musik sind im Unterrichtsalltag allenfalls als Abgrenzung zur 'Klassik' und damit als Nachfolger des unglücklichen Begriffs 'U'-Musik sinnvoll. Sprachlich und als Gattungsbegriff betrachtet sind sie wertlos.

Das Beharren der Musikpädagogen auf sinnlosen Begriffen ist damit

---

85 Dies wurde auch bei allen Vorgesprächen zur 'Stichprobenartigen Untersuchung' deutlich; vgl. Kap.IV

86 "Popularmusik (dieser unselige Begriff, der nur von Musikpädagogen verwendet wird!) ist ein 'Phänomen' (wer hätte jemals von dem 'Phänomen' Kunstmusik reden hören?)"
"Für die Schüler ist Popmusik kein Problem, nur für Lehrer" (in: SCHOENEBECK 1982, Ss.6 u.11) "Rock ist nicht immanent als Musik zu sehen, sondern als 'Phänomen'" (BIELEFELDT 1985, S.868)

87 Vgl. hierzu die Literaturanalyse in Kap.III: Unabhängig von der Musikart konstatieren Musikpädagogen zu unterschiedlichen Zeiten die immergleichen pädagogischen Probleme mit ihren Schülern, als da wären: maßloser Konsum, Kritiklosigkeit, Manipulierbarkeit durch die Musikindustrie, mangelndes Interesse an den herkömmlichen Inhalten des Musikunterrichts usw.

88 Diese Einstellung hat durchaus Analogien im Verhältnis vieler Jugendlicher zur populären Musik: Eine Musik verursacht besonders dann unterrichtliche Probleme, wenn für Jugendliche außermusikalische Aspekte dieser Musik wichtiger werden als musikimmanente.

vorwiegend außermusikalisch begründet, [89] obwohl diese Begriffe nach musikbezogenen Kriterien definiert scheinen, unter denen dann freilich New Jazz oder experimenteller Rock weder 'populär' noch 'unterhaltend' sind, unter denen die Rolling Stones längst nichts mehr mit Jugendkultur zu tun haben usw. Hier liegt vermutlich einer der Gründe dafür, daß Musiker und Vertreter anderer mit populärer Musik befaßter Wissenschaften den Musikpädagogen immer wieder Ignoranz [90] vorwerfen: Durch ihre pädagogische Sicht der Dinge werden letztere veranlaßt, stilistisch nicht zusammengehörende Genres in einen definitorischen Topf zu werfen, was einem Nichtpädagogen sinnlos erscheinen muß, zumal frühe Negativbeispiele geradezu von völlig mangelhafter Kenntnis [91] jugendbezogener Freizeitkultur zeugen. [92]

Die Verwendung von Sammelbezeichnungen ist jedoch aus pädagogischem Blickwinkel auch heute noch sinnvoll, weil aus dieser Sicht schulische *Probleme* der 50er Jahre beim Thema 'Jazz' mit denen der frühen 80er beim Thema 'Neue Deutsche Welle' vergleichbar sind. [93]

Die musikimmanente Kategorisierung von populärer Musik, Rock, Pop usw. sowie die jugendsoziologische und kulturtheoretische Beschäftigung mit Massenmusik, Subkulturen, Jugendmusik und -kultur usw. ist keine Aufgabe für Musikpädagogen. [94] Letztere sollten

---

89 Beispielsweise in unterrichtlichen Problemen (vgl. Kap. III. 2.4.)

90 "Daß im Umgang des Lehrers mit Rockmusik die geforderte Wirklichkeitsnähe sich nicht immer einstellen will, gehört zu den selbstkritischen Erfahrungen des pädagogischen Alltags. 'Musikpädagogischer Pop' ist ein Teil jenes Sonderbereiches, den Adorno einmal musikpädagogische Musik nannte, ein auch terminologisch abgesondertes, weitgehend veraltetes Segment, das sich keineswegs mit dem gegenwärtigen Stand der Rockmusik deckt." (KNEIF 1979, S.517)

91 Wenn beispielsweise in den 60er Jahren mit Skiffle- und Rock'n Roll-Musik gerade jene Musikarten "in den musikpädagogischen Beiträgen durchweg (wenn überhaupt) als 'Schlager' behandelt werden, die nicht zuletzt auch im Verständnis vieler Jugendlicher (...) eine Abgrenzung gegenüber dem (deutschen) Schlager darstellen." (KNOLLE 1980,S.237) oder

- wenn sich in den 70er Jahren das Kapitel 'Popmusik' im Lehrwerk 'Resonanzen' auf die Schlager 'Trödler Abraham', 'Mein Name ist Hase', 'Schicksalsmelodie' und mit der deutschen Version von 'Tea for two' beschränkt, obwohl 'Popmusik' im gleichen Kapitel definiert wird als "Schlager, Schnulze, Skiffle, Jazz, Beat, Folksong, Chanson..." (NEUHÄUSER et al. 1975 S.175ff)

92 Jedoch auch die musikwissenschaftliche Terminolgie erscheint hier problematisch, weil sie häufig mit Methoden arbeitet, die im Zusammenhang mit aktueller Musik ungünstig sind: So beispielsweise die "Vorgehensweise der Musikwissenschaft, (...) den Fragen nach musikalisch stilistischen Einflußgrößen, nach historischer und soziologischer Relevanz und den Aufgaben der Publikation von chronologischen und systematischen Ordnungen" nachzugehen. (JERRENTRUP 1981, S.2)

93 Vgl. dazu Kap.III.1. und III.5.

94 Vgl. JOST 1987

zwar immer wieder gezielte Fragen an Kollegen aus Musikwissenschaft, -psychologie und -soziologie stellen und sich hier Rat holen, vorrangig sind jedoch fachspezifische, also pädagogische Schwerpunkte zu erkennen und zu bearbeiten:

Die besondere Aufgabe der Musikpädagogik im Zusammenhang mit populärer Musik besteht in der Beschäftigung mit Möglichkeiten und Grenzen der Vermittlung dieser Musik im schulischen, hochschulischen und im Freizeitbereich. Für diese Aufgaben ist eine Terminologie zu entwickeln, deren Begriffe die pädagogischen Überlegungen widerspiegeln, aus denen sie erwachsen sind.

Natürlich lassen sich kulturtheoretische, rezeptionspsychologische und jugendsoziologische Aspekte letztlich nicht von pädagogischen Betrachtungen trennen, die Musikpädagogen sollten jedoch ein größeres Selbstbewußtsein mit einem unverwechselbaren fachspezifischen Problembewußtsein verknüpfen. Gleichzeitig sollten sie die noch vorhandenen Berührungsängste gegenüber der Musikerszene aufgeben und auch hier Selbstbewußtsein entwickeln: Angemessen berücksichtigt, ist der pädagogische Aspekt für die populäre Musik durchaus wichtig. Musikpädagogen haben hier eine - bisher oft vernachlässigte - Verantwortung durch die prinzipielle Einfluß*möglichkeit* auf alle Konsumenten und Produzenten populärer Musik und damit auf diese Musik selbst, wobei sie sich fragen lassen müssen, ob dieser Einfluß wie bisher eher im Provozieren von Reaktionen gegen die Institution Schule [95] bestehen oder ob er konstruktiv, musikbezogen und partnerschaftlich sein soll.

Die in diesem Kapitel zu entwickelnde Terminologie ist damit eine strikt pädagogische. Es läßt sich vermuten, daß das musikimmanent begründete Ringen um die genau abgrenzende Terminologie wohl nie zum Ziel führen wird. Dieses Ringen soll in der vorliegenden Arbeit nicht fortgeführt werden: Der sinnlose Streit um Worthülsen - was unterscheidet 'Pop' von 'Rock', was gehört zur 'U'-Musik? - ist unter pädagogischen Gesichtspunkten nicht so entscheidend wie die im folgenden entwickelte Unterteilung populärer Musik in pädagogisch eher problematische und eher problemlose Bereiche.

Die Benutzung einer eigenen, pädagogisch bestimmten Terminologie soll dabei nicht als fachspezifische Eigenbrötelei mißverstanden werden, sondern im Gegenteil ein selbstbewußtes, kompetentes Einbeziehen *pädagogischer* Aspekte, Aufgaben und Probleme in die Gesamtdiskussion aller mit populärer Musik befaßter Wissenschaften signalisieren.

3.2. Die allgemeine Verwendung der Begriffe Popularmusik und populäre Musik

Der häufig geäußerte Vorwurf, Begriffe wie populäre Musik oder Popularmusik würden ausschließlich von Wissenschaftlern und Pädagogen [96] benutzt, scheint zunehmend seine Berechtigung zu verlie-

---

[95] Vgl. Songs wie 'School's out' (A.Cooper), 'The Wall' (Pink Floyd), 'Hurra, die Schule brennt' (Extrabreit)

[96] "Popularmusik (dieser unselige Begriff, der nur von Musikpädagogen verwendet wird!)" (SCHOENEBECK 1982, S.11)

ren:

> "Manchmal (...) drängte sich der Vergleich direkt auf: an Miles Davis, an seine Symbiose von Jazz, Freitonalität und Populärmusik." [97]
> "Rock Session. Magazin der Populären Musik" [98]
> "Offene Jazz-Haus-Schule. Schule für Populäre und Improvisierte Musik" [99]
> "Der Deutsche Rockmusikerverband präsentiert: Woche der Popularmusik im Bereich Rock & Pop" [100]

Diese Beispiele veranschaulichen, daß beide Begriffe dabei sind, sich auch außerhalb pädagogisch-wissenschaftlicher Diskussionen zu etablieren. Hier muß also ein "gewisser allgemeingültiger und praktikabler Konsens (...) zugrundeliegen; ohne jegliche terminologische Übereinstimmung" könnte dieses "Begriffssystem doch nicht so reibungslos funktionieren." [101]

Bei Begriffsbildungen im populären Bereich besteht eine generelle Diskrepanz zwischen dem Tempo musikalischer Entwicklungen und wissenschaftlicher Reflexion:

> "Die tiefe Kluft zwischen dem Bereich der musikalischen Kreativität oder Produktivität und der Ebene der wissenschaftstheoretischen Durchdringung (...) macht es (...) möglich, daß gerade im Popularbereich neue Termini auftauchen, die bisweilen schon bei oberflächlicher Betrachtung musikwissenschaftlich gar nicht verwendbar sind." [102]

Weiterhin ist zu bedenken, daß Kurzlebigkeit und Austauschbarkeit der Begriffsbildungen für neue Stile *innerhalb* der populären Musik auch marktstrategisches Kalkül sein können, mit neuen Begriffen [103] neue oder scheinbar neue musikalische Inhalte zu verkaufen.

In der Amateurmusiker- und Fortbildungsszene, die inzwischen ein umfangreiches Programm 'alternativer' Organisationen umfaßt [104], gehören die Begriffe populäre Musik und Popularmusik inzwischen zum normalen Sprachgebrauch, wobei sie meist die Erweiterung ehemaliger Jazz-Kurse um Rock und Pop kennzeichnen sollen:

> "In den USA sind erfolgreiche Studio- und Bühnenmusiker seit geraumer Zeit in mehreren Stilrichtungen zuhause. Auch in Deutschland scheint ein stilistisch erweiterter Horizont im Bereich der populären Musik neue Perspektiven für eine aktive

---

97 Kölner Stadt-Anzeiger v. 19./20. April 1986
98 Hrsg. HUMANN/REICHERT und HARTMANN/POTT, Reinbek b. Hamburg
99 ORTMANN 1986, S.111
100 DEUTSCHER ROCKMUSIKERVERBAND: "Woche der Popularmusik '87", vom 7.9.-12.9.1987 im Lüneburger Glockenhaus
101 JERRENTRUP 1981, S.5
102 JERRENTRUP 1981, S.4
103 Vgl. die Schaffung der Begriffe 'progressive Popmusik' (60er Jahre) oder 'Neue Deutsche Welle' (Beginn der 80er Jahre; vgl.Kap.III.5.)
104 Vgl. Kap.II.2 und ORTMANN 1986

und erfolgreiche Teilnahme am kulturellen Geschehen zu ermöglichen." [105]
"Ziel der begleitenden pädagogischen Ausbildung ist die Befähigung zur Lehrtätigkeit im Bereich von Jazz- und Popularmusik" [106]
"Für Musiker von Jazz und Popular music war es schon immer schwierig, die richtige Ausbildung zu erhalten. Die meisten Konservatorien bieten keine umfassenden Programme, und die interessierten Musiker sind gezwungen, sich jahrelang vor allem mit theoretischen Studien zu plagen." [107]

Insgesamt betrachtet hat sich in der hochschulnahen Amateurmusikerszene der Ausdruck populäre Musik für die Teilbereiche Rock, Pop und Jazz durchgesetzt. Typische Formulierungen lauten beispielsweise: "Die LAG Jazz [108] veranstaltet in ganz Niedersachsen Seminare und Workshops im Bereich der populären Musik (Jazz-Rock-Pop)." [109]

Die hochschulnahe Amateurmusikerszene geht zwar vom Jazz aus, es ist jedoch zu beobachten, daß immer mehr Nachwuchsmusiker aus Rock und Pop die zur populären Musik erweiterten Workshopangebote nutzen, wobei zu vermuten ist, daß sich diese Tendenz noch verstärken wird: "Die Kurse bilden damit eine dritte Säule des Aus- und Fortbildungssystems im Jazz-, Rock und Popbereich, wobei der Jazz - noch - die meisten Angebote für sich in Anspruch nehmen kann" [110]

Hochschul- und jazzferne Amateure sowie Profimusiker würden sich dagegen praktisch nie als 'Popularmusiker' bezeichnen oder angeben, sie machten populäre Musik. Auch in Musikerzeitschriften [111] wird diese Terminologie gemieden. Je näher Musiker oder Journalisten einer bestimmten Musik sind, desto detaillierter wird ihre Terminologie. [112]

3.3. Populäre Musik und Popularmusik im pädagogischen Sprachgebrauch

In der pädagogischen Diskussion haben sich inzwischen die Begriffe populäre Musik bzw. Popularmusik durchgesetzt.

Der besonders problematische Sammelbegriff <u>Popularmusik</u> wird vor allem im Hochschulbereich benutzt, wobei er wie in der Fortbildungsszene meist die Erweiterung des bereits etablierten Jazzan-

---

105 ORTMANN 1986, S.43
106 ORTMANN 1986, S.106
107 FREIES MUSIKZENTRUM MÜNCHEN in: ORTMANN 1986, S.101
108 Landesarbeitsgemeinschaft Jazz
109 ORTMANN 1986, S.103
110 ORTMANN 1986, letzte Umschlagseite
111 Fachblatt, Keyboards, Spotlight/Musik Spezial etc.
112 Selbst innerhalb eines für Außenstehende relativ geschlossenen Stils wie Punk sind die 'Insider' verärgert "daß ich alle Namen Fakten, Ereignisse und Stile (von Punk und New Wave; J.T.) in einem Aufwasch verarbeite" (HUMANN et al. 1982, S.80)

gebots um Rock und Pop kennzeichnen soll.[113] Zwar können alle Aussagen über populäre Musik inhaltlich auch auf Popularmusik bezogen werden, in der vorliegenden Arbeit wird der Begriff Popularmusik jedoch vermieden bzw. nur in Ausnahmefällen[114] als identisch mit populärer Musik verwendet.

Der Begriff Popularmusik mag grammatisch als ein zusammengesetztes Substantiv praktikabler sein, sprachlich ist er jedoch sinnlos, da er eine ungenaue Übersetzung des englischen 'popular music' darstellt - richtig übersetzt müßte es eben populäre Musik heißen. Bei der Übertragung aus dem Englischen soll vermutlich das Adjektiv populär umgangen werden, denn zur hier zusammengefaßten Musik gehört im deutschen Sprachgebrauch auch immer Unpopuläres[115], ein Widerspruch, der beim Ausdruck 'Populäre Musik' eher deutlich wird als beim zusammengesetzten 'Popularmusik'.

Die terminologische Ungenauigkeit beruht u.a. in der deutschen Übertragung des im Angelsächsischen rezeptionssoziologisch-quantitativ benutzten Begriffs als genrespezifisch-stilistische Bezeichnung. Vom lateinischen Ursprung 'popularis' ist Popularmusik nicht direkt ableitbar; zugegebenermaßen spitzfindig aus dem Lateinischen abgeleitet erhält Popularmusik eine lediglich amüsante Bedeutung:

> "Bei der letzten Mitgliederversammlung des Musikschulverbandes wurde diskutiert, ob ein 'Fachbereich Popularmusik' eingerichtet werden solle. Gleich schaut also der musikalisch, aber nicht so sehr sprachlich begabte junge Mensch nach, um erkennen zu können, wie das populär ausgedrückt heißen könnte: 'Popular', liest er, 'Mitglied der altröm. Volkspartei'. Schon legt er sein Klavier beiseite, denn der Musik wegen in eine Partei eintreten, das will er nicht; zumal er auch die Geschäftsstelle der altrömischen Volkspartei im Telefonbuch nicht finden kann."[116]

Ein Zeichen dafür, daß die Begriffe populäre Musik und Popularmusik auch im musikpädagogischen Sprachgebrauch problematisch[117] sind, ist die Tatsache, daß sie fast immer mit Einschränkungen oder erläuternden Erklärungen versehen werden müssen:

- "Der Modellversuch Popularmusik umfaßt die Sparten Rock/Pop, Liedermacher, Musical/Chanson und Jazz/jazzverwandte Musik. Die Einbeziehung des Jazzbereichs ergab sich aus der Erkenntnis, daß der Jazz viele Bereiche der Popularmusik geprägt hat und auch heute noch stilistisch beeinflußt,

---

113 Vgl. Modellversuch Popularmusik (Hamburg), Studiengang Jazz/Popularmusik (Köln), Jazz- und Popularmusikausbildung (Graz), Popularmusik (Wien)

114 Beispielsweise in den Gesprächen in Kap.VI (ANHANG) oder in Zusammenhängen wie 'Popularmusiker/in' o.ä.

115 Vergleichbares gilt hier für 'U-Musik' und 'E-Musik'

116 KÖLNER STADT-ANZEIGER vom 2./3. Mai 1987

117 "Insgesamt scheinen Begriffe wie 'populäre Musik' oder 'Popularmusik' allerdings wenig hilfreich zu sein, da sie ihren Gegenstand äußerst unzureichend eingrenzen." (LUGERT 1985/1, S.24)

obwohl sich z.B. die Rockmusik in ihrer Grundhaltung und ihrem Lebensgefühl generell vom Jazz unterscheidet." [118]

- "In der Bundesrepublik Deutschland besteht seit einigen Jahren (...) kein Dissens mehr über die Notwendigkeit einer Didaktik zeitgenössischer populärer Musik, womit in erster Linie Bereiche der Pop- und Rockmusik gemeint sind." [119]

- "Verpflichtender Bestandteil des Studiums ist eine einsemestrige Vorlesung Popularmusik 1: 'Pop, Rock, Jazz - ein historischer Überblick'" [120]

Ein Blick auf die musikpädagogische Literatur zeigt hier, daß auch die Begriffe Jazz, Pop und Rock nie schlüssig definiert worden sind. So schwankt beispielsweise die musikpädagogische Verwendung der Begriffe Rock und Pop zwischen Übereifer und Zurückhaltung: Während sich Musikpädagogen in frühen Veröffentlichungen stets neu um musikimmanente Definitionen und Kategorisierungen bemühen, bei denen diese Genres in ein meist unangemessenes und immer veraltetes System von Klassifikationen und Subklassifikationen [121] gezwängt werden, tun sie sich in zeitlich späteren Veröffentlichungen äußerst schwer mit Begriffsbildungen: Es wird zwar sehr viel geschrieben und geredet über die Bestandteile populärer Musik sowie deren Gegensätzlichkeiten und Gemeinsamkeiten, man ist jedoch äußerst zurückhaltend bei der Benutzung einer genretrennenden Terminologie, da man diese immer glaubt bis ins Letzte musikalisch begründen und hieb- und stichfest definieren zu müssen.

Eine Folge dieser Zurückhaltung ist die Benutzung letztlich undefinierter Begriffe zur Kennzeichnung musikalischer Stile oder 'Phänomene' [122] und zur Abgrenzung sich überschneidender Genres, wobei "offensichtlich hier etwas im Argen (liegt), wenn (...) die Titel der in Deutschland erschienenen Fachbücher und -aufsätze klar zwischen 'Popmusik' und 'Rockmusik' unterscheiden und man bei der Durchsicht nicht selten feststellen muß, daß eigentlich über die gleichen Musikstücke, Interpreten und Stilrichtungen gesprochen wird." [123]

---

[118] RAUHE in RÖSING 1985, S.16f

[119] LUGERT 1985/1, S.24

[120] HUBER in RÖSING et al. 1985, S.57

[121] Hier ist von 'Raga-Beat' über 'Psychedelic Pop' bis zu 'Baroque-Rock' nahezu jede Kombination zu finden - Vgl. die Veröffentlichungen von RAUHE, STORB u.a. während der zweiten Hälfte der 60er Jahre

[122] Hier werden je nach Zeitpunkt der Veröffentlichung bzw. nach dem Forschungsschwerpunkt u.a. Sammelbegriffe wie 'Unterhaltungsmusik, Popularmusik, populäre Musik, Populärmusik', Gattungsbezeichnungen wie 'Jazz, Rock, Pop', übergreifende Gattungsbezeichnungen wie 'afro-amerikanische Musik, improvisierte Musik' oder 'Phänomene' wie 'Massenmusik, Jugendmusik, Musik der Subkultur' verwendet.

[123] JERRENTRUP 1981, S.5

Teilweise wird Pop übergreifend [124] benutzt, wobei dieser Begriff in Extremfällen den gesamten Bereich dessen umfaßt, was zwischen seichter 'U'-Musik und 'Klassik' angesiedelt wird:

> "Das 'Pop' im Titel fassen die Herausgeber weit. Es ist als Gegenbegriff zur reinen Unterhaltungsmusik und zur klassischen Musik gewählt. Alle Musikgruppen, die sich zwischen Blues, Folk, Jazz, Liedermachern, Pop und Rock bewegen, wurden aufgenommen. Auch Kleinkunst ist in Grenzfällen mit dabei." [125]

Hier ist eindeutig das gesamte Spektrum der populären Musik gemeint. Dieser besonders weiten Definition von Pop ließen sich noch zahlreiche - bzw. zahllose - andere hinzufügen.

Ebenso wird Rock übergreifend [126] benutzt, wobei auch unter diesem Begriff nahezu das gesamte Spektrum populärer Musik verstanden wird. Da Rock und Pop ein sich vielfach überschneidendes Gesamtgebiet ist, verwendet BAACKE die beiden Begriffe - obwohl getrennt geschrieben - als *einen* Begriff singularisch. [127]

In den letzten Jahren wird auch der Jazz - obwohl meist 'unpopulär' - immer häufiger zur populären Musik gerechnet. Im Argumentationszusammenhang der vorliegenden Arbeit machen jedoch Rock und Pop den wesentlichen Bestandteil der populären Musik aus.

Allgemein bleibt festzuhalten, "daß der Sprachgebrauch in der Literatur uneinheitlich ist. So wird z.B. 'Popmusik' teilweise als Bezeichnung für eine 'progressive' Stilrichtung innerhalb des Gesamtspektrums gebraucht (...) und steht dann auf einer Ebene mit 'Beat' und 'Rock', teilweise jedoch stellt 'Popmusik' auch nur eine Abkürzung für 'Populäre Musik' dar" [128]

Die Bezeichnung Popmusik für ein *progressive* Richtung der populären Musik kann als zeitlich auf die 60er Jahre begrenzt und damit als lediglich historisch sinnvoller Ausdruck gelten: Zu dieser Zeit vereinigte Pop noch "die Assoziationsbereiche Beat, Rock, Subkultur, Protest u.ä.", inzwischen hat er sich inhaltlich ständig weiter aufgesplittert und "die Konnotation der 'Antihaltung der Jugendlichen gegen die vorgefundenen gesellschaftlichen Bedingungen, gegen die Welt der Erwachsenen' weitgehend verloren." [129] Heute werden Popmusik oder Pop vor allem für den besonders kommerziellen oder den von der Musikindustrie bestkontrollierten Bereich populärer Musik benutzt.

---

[124] Vgl. u.a. BORRIS 1977, DEUTSCHE PHONO-AKADEMIE 1977, HARTWICH-WIECHELL 1974, BROCK/MOSER 1981

[125] PUYPLAT 1982, S.15

[126] Vgl. u.a. NIERMANN 1987, SCHMIDT-JOOS/GRAVES 1973, SCHÜTZ 1982, SPENGLER 1987

[127] "Rock und Pop lebt nicht nur von musikalischer Weiterentwicklung, sondern..." oder "Die Feindschaft der Außenstehenden, die Rock und Pop auf sich zog..." oder "Rock und Pop ist in vielfacher Weise zwiespältig" (Alle in: BAACKE 1985, S.17ff)

[128] KNOLLE 1980, Anmerkung 1

[129] SCHÜTZ 1982, S.16

In diesem Zusammenhang werden die Begriffe Pop, Jazz und Rock auch wertend benutzt, wobei vor allem Jazz- und Rockfans über Pop die Nase rümpfen: Nicht nur die jugendlichen Fans jedoch, auch Pädagogen vermischen hier Definition mit Wertung:

> "Wir schlagen vor, zwischen Rock-Musik und Pop-Musik zu unterscheiden. Wir definieren Rock-Musik als Musik von unten, die in jugendkulturellen Strömungen und Szenen entsteht, (...) Ausdruck und Medium dieser Szenen ist, die einem kollektiven Findungs- und Verständigungsprozeß, der Erzeugung eines Wir-Gefühls dient und mit subversiven und Protestelementen versetzt ist. Rock ist somit ein soziales Ereignis und ein Phänomen (sic;J.T.). Pop-Musik ist demgegenüber alle Musik mit Breitenwirkung (...), die 'von oben', aus den Musikabteilungen der Medienabteilungen (kommt und) innerhalb des jugendlichen Musikkonsums immer dominanter (wird).Diese Geschmacksverschiebung hängt mit der Entwicklung des gesellschaftlichen Klimas hin zum Konformismus, Konservativismus, Aufstiegs- und Elitebewußtsein zusammen." [130]

Hinter der häufig anzutreffenden Vermischung von Begriffsbildung und Wertung auch *innerhalb* des Bereiches populärer Musik [131] stehen mehr oder weniger deutliche Idealvorstellungen der jeweils 'höher' bewerteten Musik; Rock- und Jazzmusiker versuchen immer wieder, sich gegenüber dem Pop- und Schlagergenre abzusetzen, obwohl "Popmusik mitnichten das homogene, standardisierte, unkreative Einerlei" ist, als das Jazz- und Rockfans sie darstellen: "In ihrer abgrenzenden, eindimensionalen Stellungnahme zur Popmusik entpuppen sich die versammelten Argumente als Vorurteile." [132]

In der derzeitigen Diskussion sind drei musikpädagogische Terminologieansätze zusammenzufassen, die jedoch alle zu eng gefaßt sind, um die Probleme des Einbezugs jugend- bzw. freizeitorientierter Musik in Schulen und Hochschulen angemessen zu beschreiben:

1. Die Bezeichnungen Rock- oder Popmusik bzw. Konstruktionen wie Rock/Pop werden übergreifend benutzt [133]

Diese Begrenzung populärer Musik auf Rock und/oder Pop vermag die Probleme des Einbezugs freizeit- und jugendorientierter Musik in den Musikunterricht nicht angemessen darzustellen, da es sich bei diesen übergreifenden Problemen um

- genre-unabhängige Generationsprobleme und um

---

130 KNAUF/WATSON in: RÖSING et al. 1985, S.42f

131 Hinter der Reihenfolge Pop/Rock/Jazz (= von 'unten' nach 'oben') oder Jazz/Rock/Pop (von 'oben' nach 'unten') steckt eine unausgesprochene Qualitätsrangfolge: Die dieser Abstufung widersprechenden Formulierungen Pop/Jazz/Rock oder Jazz/Pop/Rock ist dagegen seltener üblich (Ausnahme: Titel der ASPM-Tagung 1987 in Hamburg: "Rock/Pop/Jazz - Vom Amateur zum Profi")

132 beide Zitate in: SCHÜTZ 1982, S.18

133 Vgl. BAACKE, JERRENTRUP, KNAUF/WICKERT, KUHNKE/MILLER/SCHULZE, NIERMANN, SCHÜTZ, SPENGLER, WIECHELL etc.

- musikunabhängige Probleme der Institution Schule handelt.

So gehört rückblickend ebenso der Jazz [134] in diesen thematischen Zusammenhang wie - und darauf hinzuweisen erscheint mir besonders wichtig - zukünftig jede andere zeitgenössische Herausforderung an den Musikunterricht.

2. Unter populärer Musik wird alles zwischen Schlager und experimentellem Rock oder Jazz verstanden.

Aus der Sicht des Musikwissenschaftlers oder des Popularmusikers ist dies eine zu vage Definition, da sie Stile zusammenfaßt, die nur minimale musikalische Gemeinsamkeiten aufweisen. Diese Vorbehalte sind auch aus pädagogischer Sicht berechtigt, da unter methodischen Aspekten der experimentelle Rocktitel und der Tageshit unvereinbare Gegensätze darstellen: So müssen experimenteller Rock und Jazz bezüglich der Schülermotivation prinzipiell zur schwer vermittelbaren Musik gerechnet werden, womit sie pädagogischen Bedingungen unterliegen, die denen mit Tageshits diametral gegenüberstehen. [135]

3. Populäre Musik wird als ein zeitlich übergreifender Begriff benutzt, unter den auch historische, populär gewesene und/oder seiende Musikstücke zu fassen sind. Diese Terminologie faßt Rock, Pop und Jazz mit populärer historischer Musik zu einer 'zeitunabhängig populären' Musik [136] zusammen.

Diese in letzter Zeit vorgeschlagene Definition ist zwar bezüglich ihrer didaktischen Konsequenzen wesentlich einleuchtender als die beiden anderen. Hier bleibt jedoch der für populäre Musik wichtige Aspekt ihrer jugendkulturellen Bedeutung unberücksichtigt: Auch wenn eine 'zeitunabhängig populäre' Musik vielleicht musikimmanente und in Ansätzen rezeptionspsychologische Geschlossenheit aufweist, ist das populäre *historische* Musikstück heute völlig anderen didaktischen Bedingungen unterworfen als beispielsweise Rock und Pop, da bei historischer Musik die Besonderheiten wegfallen, die den schulischen Umgang mit Jugendkulturen bestimmen.

Aus diesen Gründen wird die musikpädagogische Analyse weder durch eine Zusammenfassung des Gesamtspektrums von Jazz, Rock und Pop zur populären Musik noch durch eine weite Definition im Sinne einer 'zeitunabhängig populären Musik' vorangebracht. Alle Kategorisierungsansätze verstellen den Blick auf die charakteristischen Zusammenhänge zwischen Jugendkultur und populärer Musik in der Schule.

Im folgenden sollen die sprachlichen und die musikbezogenen

---

134 Vgl. Kap.III.1 sowie HOFFMANN 1980

135 Hierzu nur ein Beispiel: Obwohl in KNOLLEs Definition beide Bereiche zur populären Musik gerechnet werden, erschweren beim experimentellen Rock die mangelnde und beim Hitparadenpop die Übermotivation eine unterrichtliche Berücksichtigung.

136 Vgl. LUGERT 1983/3 sowie Gespräch II (ANHANG)

Aspekte des Begriffs populäre Musik gegenübergestellt werden, um schließlich eine musik*pädagogisch* sinnvolle Definition vorzuschlagen:

3.4. Die pädagogisch bestimmte Definition populärer Musik

Je nach Blickwinkel erhält der Begriff populäre Musik unterschiedliche Bedeutungen:

- Im Wortsinn umfaßt er allgemein jede Musik, die unter bestimmten Bedingungen eben *populär* (gewesen) ist: Im 18. Jahrhundert war andere Musik populär als heute, was uns nicht daran zu hindern braucht, diese Musik als heute noch populär zu bezeichnen: Hier handelt es sich also um den Begriff 'populär' in jenem weiten, nicht auf das 20. Jhdt. eingeschränkten Sinn, der eine weitverbreitete und beliebte [137] Musik bezeichnet.

- In der pädagogischen Diskussion wird unter populärer Musik jedoch vor allem das gefaßt, was immer häufiger mit Hilfskonstruktionen wie 'Pop-Rock-Jazz' oder 'Pop/Rock/Jazz' umschrieben [138] wird. Hier faßt populäre Musik unterschiedliche musikalische Genres zu *einem* Begriff zusammen, weil diese vergleichbare pädagogische Probleme aufwerfen und ansatzweise aus denselben musikalischen Wurzeln stammen, nämlich der Vermischung afrikanischer und euro-amerikanischer Musiziertraditionen.

Vor allem bei den oben genannten Hilfskonstruktionen spricht man die Bestandteile der populären Musik zwar gemeinsam an, weil sie unter bestimmten pädagogischen, publizistischen oder wissenschaftlichen Aspekten Gemeinsamkeiten aufweisen, man vermeidet jedoch, einen gemeinsamen *Begriff* für musikalisch unterschiedliche Genres zu verwenden, was u.a. damit zusammenhängt, daß man sich berechtigterweise scheut

1. das Gesamtgebiet von Jazz, Rock und Pop als 'populär' zu bezeichnen

2. die historische und die Neue Musik implizit als 'unpopuläre' Musik übrig zu lassen.

Trotz dieser Einschränkungen ist die Benutzung des Begriffs populäre Musik für die pädagogische Analyse von Musik sinnvoll und hilfreich, da die so eingegrenzten Musikarten im Hinblick auf ihre

---

137 RAUHE grenzt den Begriff 'Popularität' ab von den Begriffen Simplizität, Banalität und Trivialität; er leitet ihn in Anlehnung an SCHWAB ab "von den lateinischen Formen *popularis* und *popularitas* (...), die adjektivisch im Sinne von 'volkstümlich, volksfreundlich, für das Volk bestimmt, dem Volk angenehm, gemeinfaßlich, gemein, demokratisch', und substantivisch in der Bedeutung von 'Gefälligkeit gegen das Volk, volkstümliches Benehmen' verwendet wurden" (RAUHE 1974, S.1f)

138 Vgl. die Gespräche im Anhang dieser Arbeit

Didaktik eigenen, abgrenzbaren Bedingungen unterworfen sind:

- In bezug auf Methodik, Schülermotivation, instrumentale Fähigkeiten und Fertigkeiten von Schülern und Lehrern (Musiklehrerausbildung) sowie bezüglich des Moments der Improvisation und der Diskrepanz zwischen Klassenunterricht und Musizieren im Bereich von Arbeitsgemeinschaften [139] wirft populäre Musik nicht nur spezielle Schwierigkeiten auf, sie bietet auch als Gesamtgebiet charakteristische Chancen.

Da also sowohl auf der Ebene konkreter Unterrichtsplanung als auch in der Musiklehrerausbildung zahlreiche Gemeinsamkeiten zwischen Rock, Pop und Jazz auftreten, werden sie im folgenden unter dem Begriff populäre Musik zusamengefaßt, wobei

- beim Pop der unterhaltsame, schnellebige Aspekt dominiert (Hitparadenpop, aktuelle Popmusik [140], Tagespop, Schlager),

- unter Rock die Musik in der Nachfolge von Rhythm & Blues, Rock'n Roll, Beat usw. verstanden wird

- Jazz heute nur bedingt zur populären Musik gerechnet werden kann, da er aufgrund größerer Distanz zu Schülern ähnlichen pädagogischen Bedingungen unterworfen ist wie die 'Klassik'. Jazz kann damit pädagogisch als der geschlossenste Begriff gelten, obwohl prinzipiell die Übergänge zwischen diesen drei Bestandteilen der populären Musik fließend [141] sind.

Von dieser Sprachregelung unberührt bleibt selbstverständlich, daß abgesehen von ihren musikimmanenten Unterschieden diese drei Genres natürlich auch pädagogischen Eigengesetzlichkeiten unterworfen sind, die jedoch im Vergleich zu den pädagogischen Gemeinsamkeiten [142] und durchaus auch aufgrund vergleichbarer musikalischer Wurzeln sekundär erscheinen.

Auch diese Terminologie bleibt wie jede an Genres orientierte für den pädagogischen Gebrauch unbefriedigend, da ihre Begriffe nicht systematisch entwickelt, sondern der Umgangssprache entnommen sind. Für den pädagogischen Sprachgebrauch ist eine Terminologie hilfreicher, die die besonderen Schwierigkeiten und Chancen populärer Musik verdeutlicht. Diese bestehen vor allem im widersprüch-

---

139 Vgl. hierzu die Bemerkungen von FIRLA über die Unmöglichkeit rocktypischen Musizierens im Klassenverband (Gespräch III, Anhang)

140 Hier sind der Schwerpunkt der jugendlichen Musikvorlieben und - nicht von ungefähr gleichzeitig - die größten Probleme der Musikpädagogik (vgl. Kap.III.2.4) mit populärer Musik zu sehen: Dieser Bereich ist ein Teil der in Kap.II.3.5 beschriebenen Schüler-Musik.

141 'Jazzpop', 'Rockjazz', 'Rockpop' etc. existieren sprachlich und musikalisch also auch, wobei die Tatsache, daß diese Übergänge fließend sind, einen der Gründe dafür darstellt, daß man Jazz, Rock und Pop zur populären Musik zusammenfassen kann.

142 Schülermotivation, Methodik, Ausbildung der Musiklehrer, das Moment der Improvisation etc.

lichen pädagogischen Stellenwert populärer Musik:

3.5. Schüler-Musik und Schul-Musik

Populäre Musik vereinigt wie kein anderes Unterrichtshema problemlose und sehr problematische Aspekte: Einerseits könnte man aufgrund der gewachsenen pädagogischen Akzeptanz gegenüber populärer Musik vermuten, sie stelle für den Musikunterricht kein Problem mehr dar, andererseits korrespondiert "mit der bei Schülern nicht selten anzutreffenden skeptischen oder gar ablehnenden Haltung gegenüber Versuchen, *ihre* Musik im Unterricht zu thematisieren, (...) die Beobachtung so mancher Musikpädagogen, daß sich populäre Musik keineswegs ohne weiteres für die Zwecke des Musikunterrichts pädagogisieren läßt." [143]

Diese Beobachtung führt bei BAACKE zu dem Fazit, Rock und Pop als Bestandteile der Jugendkulturen ließen sich nicht in den Unterricht transportieren [144]; NIERMANN behauptet, Rockmusik und ihre Rezeption ließen sich "mit den Maximen und den weitgehend üblichen Formen der schulischen Erziehung nicht in Einklang bringen" und die "Vorbehalte vieler Lehrer und Schüler, diese Musik in den Unterricht einzubeziehen, (seien) durchaus begründet." [145] SPENGLER stellt die Frage, ob die Pädagogik nicht letztlich unzuständig für populäre Musik sei [146] und ich selbst habe bereits 1984 die These von der Un-Unterrichtbarkeit populärer Musik vertreten [147] und dafür auch jede Menge Beifall von der falschen Seite erhalten.

Andererseits beweisen die 'alternative' Fortbildungsszene, die Existenz zahlreicher regionaler Schülerbandfestivals, die positiven Erfahrungsberichte von Lehrerinnen und Lehrern, die steigenden Abonnentenzahlen der Lüneburger Zeitschrift 'Populäre Musik im Unterricht' sowie erfolgreiche Lehrerfort- und Ausbildungsmodelle, daß populäre Musik an Schulen und Hochschulen sinnvoll und gewinnbringend eingesetzt werden kann.

Diese beiden Seiten der Popularmusikdidaktik können nur dann beschrieben und verglichen werden, wenn sie auch eine Entsprechung in der Terminologie finden. Deswegen soll im folgenden der Begriff populäre Musik differenziert werden, wobei die eher problematische Seite populärer Musik als Schüler-Musik und die eher problemlose als Schul-Musik definiert wird:

Def.1: Unter Schüler-Musik wird diejenige Seite der populären Musik verstanden, die aus außermusikalischen Gründen Schwierigkeiten bei ihrer Einbeziehung in Schule und Unterricht verursacht.

---

[143] KNOLLE 1980, S.257
[144] BAACKE 1985, S.32
[145] NIERMANN 1987, S.6
[146] SPENGLER 1987, S,221ff
[147] Vgl. TERHAG 1984

Unter Schüler-Musik werden somit keine bestimmten Genres zusammengefaßt; der Begriff umfaßt vielmehr

- jugend- und subkulturelle Aspekte der populären Musik,
- den Umgang der Jugendlichen mit 'ihrer' Musik,
- die Rolle dieser Musik in Alltag und Freizeit,
- ihre Bedeutung bei der Identitätssuche,
- jugendspezifische Hörgewohnheiten sowie
- jugendliche Ansprüche an Musik.

Damit kennzeichnet der Begriff Schüler-Musik die in Kap.III geschilderten pädagogischen Probleme, die entstehen, wenn Schülerinnen und Schüler irgendeine Musik

- zur Lösung entwicklungsbedingter Probleme sowie zur Bewältigung oder Verdrängung (vorerst) unlösbarer Probleme [148] benötigen (Kap. III.2.4.2) und infolge dessen

- einen Schutzmechanismus gegenüber jeglicher pädagogischer Beeinflussung aufbauen, dessen Wirksamkeit einige Bereiche populärer Musik als un-unterrichtbar erscheinen läßt (Kap. III.2.4.6).

Def.2: **Unter Schul-Musik werden die in der Regel problemlos zu unterrichtenden Bereiche populärer Musik zusammengefaßt.**

Damit umfaßt Schul-Musik heute vor allem die Genres Pop und Rock, dazu einige Bereiche des Jazz und sämtliche Mischformen dieser drei Gattungen. Genre-unabhängig betrachtet umfaßt Schul-Musik

- ältere, jedoch musikalisch schülernahe populäre Musik,
- im Klassenverband relativ 'authentisch' zu reproduzierende populäre Musik,
- von einer ganzen Klasse bevorzugte populäre Musik
- von Lehrern und Schülern gleichermaßen bevorzugte populäre Musik (Evergreens, Musik der verschiedenen Revivals, o.ä.)
- sowie die von populärer Musik ausgehende 'schnelle' Motivation der Schüler, die jedoch meist auf diese Musik beschränkt bleibt.

Eine Negativentwicklung von Schul-Musik verkörpert der 'Schulpop' als die allzu einfache Pädagogisierung der populären Musik in einem stilistischen Niemandsland. [149]

---

148 Die Tatsache, daß derart grundsätzlich anmutende Probleme im Zusammenhang mit Musikunterricht diskutiert werden, hängt damit zusammen, daß sich jugendkulturelle Opposition seit den 50er Jahren auch durch musikalische Tätigkeit manifestiert. Der Begriff der 'musikalischen Tätigkeit' hier in Anlehnung an W.M.STROH: "somit realisiert das Aussuchen einer Schallplatte oder die Diskussion über einen Star-Artikel aus BRAVO oder der Streit mit den Eltern über ein Lautstärke-Abkommen musikalische Tätigkeit, nicht jedoch der Kauf eines Schmuckstücks bei klassischer Hintergrundmusik" (STROH 1984, S.11)

149 Vgl. hierzu: KNEIF 1979 und TERHAG 1987 sowie Gespräch II (ANHANG)

Wie hier deutlich wird, hängt der Unterschied zwischen Schul-Musik und Schüler-Musik und somit das Gelingen von Unterrichtsversuchen mit populärer Musik also wesentlich von den personalen Bedingungen der jeweiligen schulischen Situation ab: Auf der Lehrerseite sind hier Ausbildung und Sozialisation, auf der Schülerseite Schulform und Klassenstufe entscheidend. Bei der didaktischen Analyse von populärer Musik ist somit auch die zu erwartende Übereinstimmung zwischen Lehrern und Schülern zu untersuchen. Dabei verliert die *musikalische* Analyse der Teilbereiche Rock, Pop und Jazz an Bedeutung: Um didaktische Entscheidungen fällen zu können, sind musikalische Struktur, Herkunft und Genrezugehörigkeit eines Stükkes zweitrangig gegenüber der Tatsache, ob dieses Stück beispielsweise jugendkulturell geprägt ist oder nicht.

3.6. Schüler-Musik als Jugendkultur

Ein zentraler Bestandteil der Schüler-Musik wird in der Literatur meist unter dem Begriff 'Jugendkultur' zusammengefaßt, der jedoch nicht unabhängig vom jeweiligen Zeitgeschehen definiert werden kann: Mit Formulierungen wie 'jugendkulturelle Identität' o.ä. sind zwar generationsübergreifende Phänomene angesprochen, diese müssen jedoch nicht jede Generation von Jugendlichen auf die gleiche Weise prägen. Aus diesem Grund soll der Begriff im folgenden stets im Plural benutzt und durch die Begriffe Erwachsenenkulturen und erwachsene Jugendkulturen ergänzt werden.

3.6.1. Erwachsenenkulturen und erwachsene Jugendkulturen

Die folgenden Definitionen gehen weit über die reine Begriffsbestimmung hinaus: Sie sollen inhaltlich deutlich machen, daß es sinnlos und unzulässig ist, wenn Erwachsene in den Prozeß der gegenseitigen Beeinflussung zeitlich aufeinanderfolgender Jugendkulturen eingreifen. Der Begriff

- *Erwachsenenkulturen* soll im folgenden die Gesamtheit etablierter Werte darstellen, gegen die Jugendliche ihre generationstypische Identität zu entwickeln versuchen.

- *erwachsene Jugendkulturen* soll jene Erwachsenen kennzeichnen, die angesichts mehrerer Generationen von Jazz-, Rock- und Popfans zwar über authentische jugendkulturelle Erfahrungen mit populärer Musik (z.B. Rock'n'Roll, Beat, o.ä.) verfügen, jedoch aufgrund ihres Alters und ihres sozialen Einflusses zu den Erwachsenen zu rechnen sind, was jedoch vor allem pädagogische Vertreter dieser erwachsenen Jugendkulturen häufig nicht einsehen wollen oder können.

Die verschiedenen Generationen von Erwachsenen, die seit dem Entstehen musikgeprägter Jugendkulturen [150] privat oder von berufs wegen mit diesem Phänomen konfrontiert werden, haben durch ihr von Wertverschiebungen beeinflußtes Erziehungsverhalten immer wieder

---

[150] Hier werden meist die 50er Jahre als Beginn angegeben; vgl. BAACKE 1985, KNOLLE 1979

neue jugendliche Reaktionen provoziert und dadurch auch das Erscheinungsbild der Jugendkulturen verändert: Vereinfacht gesagt [151] provozierte die eher konservative und spießige Generation der Nachkriegseltern [152] die rebellische Jugend der 50er ("Halbstarke") und 60er Jahre ("beat-generation"), wohingegen die eher aufgeschlossene Elterngeneration der 70er Jahre eher angepaßte Jugendkulturen ("Poppers") provozierte.

Durch ihren Versuch, mit einer jugendkulturellen Identität sich gegenüber der Erwachsenenwelt zu behaupten, wollen Jugendliche "ihre tatsächliche Ohnmacht in der Gesellschaft ausgleichen", wozu "sie ständig zu neuen, phantasievollen Stil-Erfindungen gezwungen" sind, um die "Symbol-Opposition gegen die Erwachsenen-Normen aufrechterhalten" und die "lebenswichtige Subkultur intakt" halten [153] zu können. Hierbei gestaltet sich der Versuch des Aufbaus einer wirklich neuen, für eine bestimmte Jugendgeneration typischen Identität zusehends schwieriger, weil die Mitglieder von erwachsenen Jugendkulturen immer geschickter und toleranter mit jugendkulturellen Erscheinungen umgehen: Trotz der positiven Besetzung von Begriffen wie Jugendlichkeit [154] und trotz der verständnisvollen Haltung junger Erwachsener sind die generationstypischen Machtverhältnisse gleich geblieben: Die erwachsenen Eltern, Lehrer und Politiker sind im Besitz der gesellschaftlichen Macht, von der Jugendliche abhängig sind.

Diese Grundpositionen werden sich vermutlich nicht ändern, daher müssen Pädagogen Möglichkeiten finden, angemessen auf Jugendkulturen zu reagieren, indem sie mit viel Fingerspitzengefühl den Einfluß anderer Erwachsener deutlich machen, ohne ihn einfach durch pädagogischen Einfluß zu ersetzen:

Die Erwachsenen, die aus verschiedenen Motiven und mit unterschiedlichem Wirkungsgrad auf musikgeprägte Jugendkulturen einzuwirken versuchen, sind Musikpädagogen und Musikproduzenten. Hier sind diese beiden völlig unterschiedlichen, von seiten der Musikpädagogik häufig als Gegenspieler betrachteten [155] Vertreter der Erwachsenenwelt durchaus vergleichbar: Die von Musik beeinflußte Identitätssuche Jugendlicher wird von Musikpädagogik und Musikindustrie *gleichermaßen gestört*. Dennoch existieren Unterschiede bezüglich des Wirkungsgrades und der grundsätzlichen Intention von Musikindustrie und -pädagogik:

---

151 Um im folgenden vor dem Hintergrund pädagogischer Veröffentlichungen diese Begriffe deutlich zu machen, erweisen sich pauschalisierende Formulierungen wie 'Erwachsene' oder '68er' als unumgängliche terminologische Vereinfachungen, die nicht verschleiern sollen, daß es weder *den* Jugendlichen noch *die* 80er Jahre gibt.

152 Vgl. hierzu u.a.: COHN 1972; FRITH 1981; OPASCHOWSKI 1971; SPENGLER 1987;

153 SCHIRMER 1982, S.240

154 OPASCHEWSKI spricht in diesem Zusammenhang von "'Halbjugendlichkeit' als dem Resultat übertriebener Jugendorientierung" (OPASCHEWSKI, zit. nach SPENGLER 1987, S.74)

155 Vgl. Kap.III.1/III.2 sowie das Modell der 'offensiven Musikpädagogik' in: MEYER 1974

Die wesentlich einflußreichere Musikindustrie geht in einem Wechselspiel von Ursache und Wirkung auf jugendliche Bedürfnisse ein und beeinflußt diese zugleich, wobei letztlich nicht eindeutig zu klären ist, ob die Industrie Jugendkulturen prägt oder umgekehrt. Für Schüler sind diese Zusammenhänge unwichtig: Für sie muß in beiden Fällen der Eindruck entstehen, die Industrie orientiere sich an jugendlichen Bedürfnissen.

Ein ausschließlich defensives musikpädagogisches Konzept, das den Einfluß der Musikindustrie einzuschränken versucht, schränkt dagegen in den Augen der Schüler auch die mit musikindustriellen Produkten eng verbundene Bildung einer jugendkulturellen Identität ein: So empfinden Schülerinnen und Schüler jugendkulturelle Themen im Musikunterricht häufig als störenden Eingriff in 'ihre' Welt, weil sie den für die Musikpädagogik fatalen Schluß ziehen müssen, die Schule *behindere* und die Musikindustrie *fördere* die Suche nach jugendkultureller Identität, obwohl die Pädagogik bekundetermaßen auf das Wohl der Schüler und die Industrie ausschließlich auf den kommerziellen Erfolg abzielt.

Die heikle Aufgabe, den Einfluß der Musikindustrie deutlich zu machen, ihn jedoch nicht einfach durch einen pädagogischen ersetzen zu dürfen, verlangt nach einer sensiblen didaktischen Analyse jugendkulturell geprägter Musik. Diese Analyse können Musikpädagogen dann nicht in befriedigendem Umfang leisten, wenn sie Jugendkulturen nur unter dem Aspekt der 'Konkurrenz' zur Musikindustrie betrachten. Die pädagogische Berücksichtigung populärer Musik ist jedoch vielfach von diesem Konkurrenzgedanken geprägt: Zu allen Zeiten werden die Ohnmacht gegenüber der Musikindustrie und die scheinbare [156] Bedrohung der Erwachsenen- durch Jugendkulturen von Musikpädagogen wesentlich ausführlicher thematisiert als die musikbezogene Analyse dieser 'Bedrohung'. Nur aus dem Konkurrenzgedanken gegenüber der Musikindustrie ist zu erklären, daß es Musikpädagogen so lange verborgen geblieben ist, daß sich im jugendkulturellen Bereich etwas Ernstzunehmendes entwickelt hat. [157]

3.6.2. Die Entwicklung verschiedener Jugendkulturen

Durch das Zusammenwirken von *speziellen* zeitgeschichtlichen Bedingungen für eine Jugendgeneration (z.B. Nachkriegssituation, Vietnamkrieg, oder Umweltverschmutzung) mit den *allgemeinen* entwicklungspsychologischen Bedingungen für 'die' Jugend (z.B. Pubertät,Identitätskrise) entsteht in frühen Jugendkulturen die Gleich-

---

[156] Der geringe Einfluß 'klassischer' Musik liegt beispielsweise u.a. in einer aus dem Gegensatz zwischen 'U'- und 'E'-Musik herrührenden sozialen Schwellenangst begründet (vgl. LUGERT 1983/1, S.165)

[157] Das "Standardrepertoire des deutschen Schulmusikers (erfuhr) im Laufe der 70er Jahre eine sachte Erweiterung: Singbare Hitparadennummern, zusammen mit den nunmehr verbeamteten Fans von ehedem zu Oldies geworden, (...) schlichen sich in die Schule, mit etwas Verzögerung auch in viele Liederbücher - in den gezielt für den Schulgebrauch konzipierten erschienen sie bezeichnenderweise zuletzt." (GIES 1987, S.666)

artigkeit einer ganzen Jugendgeneration. In Bezug auf Wertvorstellungen, Mode, Rezeptionsverhalten u.ä. gibt es 'die' Jugend, deren Musikpräferenzen sich häufig zum ausgiebig untersuchten[158], jedoch letztlich nie hinreichend fixierbaren Generationsgeschmack verfestigen: Jugendgenerationen wie 'die' Halbstarken, 68er, Poppers, Punks etc. haben alle 'ihre' Musik.

Das ist inzwischen anders: Mit der fortschreitenden Entwicklung populärer Musik wird deren immer schon vorhandene Aufsplitterung in verschiedene musikalische und außermusikalische Stilbereiche stets deutlicher.[159] Einerseits erscheint es mittlerweile sinnlos, von einer Musik 'der' Jugend zu reden[160], andererseits führen entwicklungsbedingte, 'typische' Jugendreaktionen immer wieder zu ähnlichen Identifikationsmustern gegenüber der Erwachsenenwelt. Eine dieser generationsübergreifenden Reaktionen ist die mehr oder weniger ausgeprägte Skepsis gegenüber erwachsenen Intentionen im Zusammenhang mit populärer Musik:

Obwohl Jugendliche heute beispielsweise völlig unterschiedliche Bereiche populärer Musik bevorzugen, reagieren sie durchaus vergleichbar auf das Eindringen von Erwachsenen in ihre heterogene musikalische Welt. Eine Anbiederung durch Erwachsene scheint die Unterschiede zwischen verschiedenen Jugendstilen zu verkleinern, indem sie deren Gemeinsamkeit gegenüber den Erwachsenenkulturen bzw. den erwachsenen Jugendkulturen deutlich macht.

Jugendliche sorgen heute und vermutlich auch in Zukunft stets dafür, daß 'ihre' Musik auch weiterhin nur ihnen gehört. Zu wissen, *was* eigentlich dieses Besitzergefühl ausmacht, scheint dabei weniger entscheidend zu sein als die stillschweigende Übereinkunft in der Art einer sozialen Konvention: Dies ist 'unsere' Musik. Vergleichbares gilt für Personen: Jemand 'gehört dazu'. Nur in den seltensten Fällen werden hier Erwachsene 'dazugehören', was von Mitgliedern der erwachsenen Jugendkulturen häufig übersehen wird.

Die Generationszugehörigkeit spielt hier also eine entscheidende Rolle. Erwachsene haben in ihrer Jugend anders gedacht und gefühlt als heutige Jugendliche, weswegen sie die eigenen jugendkulturellen Erfahrungen nur bedingt auf nachfolgende Jugendgenerationen übertragen können: Eltern, Pädagogen und Jugendforscher werden nicht nur beim neuesten Hit, sondern vor allem auch in der Beurteilung generationstypischer Identifikationsmuster ständig hinterherhinken.

Mitglieder der erwachsenen Jugendkulturen (z.B. Musiklehrer mit Rockerfahrung) dürfen sich also nicht als Vertreter *einer* generationsüberspannenden Jugendkultur betrachten, die es vermutlich nie geben wird: Meist sind die Ziele einer Jugendkultur erst dann erreicht, wenn diese bereits Erwachsenenkultur ist.

---

158 Vgl. BONFADELLI, PAPE, SHELL-STUDIEN, WIECHELL etc.

159 Vgl. LINDNER 1983

160 Dies hat die musikpädagogische Konsequenz, daß nicht mehr eine ganze Klasse prinzipiell durch populäre Musik im Unterricht zu motivieren ist. Zu musikbezogenen Präferenzen vgl. auch LUGERT 1981/2; PAPE/BECK 1986; BASTIAN 1983/2

Damit umschreibt die Aufeinanderfolge musikgeprägter Jugendkulturen durchaus auch die zeitgeschichtliche Entwicklung, wobei es kaum übertrieben scheint, im politischen Bereich die Protestgeneration der 60er Jahre mit der späteren Gründung der alternativen Parteien und die nachfolgende Discogeneration mit der sogenannten 'Wende' Anfang der 80er Jahre in Verbindung zu bringen.

Existieren in den Jugendkulturen der 60er Jahre noch relativ strenge Regeln, wie ein 'richtiger' Jugendlicher sich zu verhalten und auszusehen habe, werden diese durch nachfolgende, scheinbar 'angepaßte' Jugendkulturen in Frage gestellt: Als Ergebnis dieser sehr widersprüchlichen Jugendkulturen ist es den Jugendlichen der späten 80er Jahre unbeschadet ihres jugendlichen Ansehens möglich, mit kurzen *oder* langen Haaren herumlaufen, die GRÜNEN *oder* die CDU zu wählen usw.

3.6.3. Die Unterschiede zwischen verschiedenen Jugendgenerationen

Die Diskrepanz zwischen verschiedenen Jugendkulturen wird besonders deutlich am Beispiel der in den 70er Jahren mit Discomusik konfrontierten Mitglieder der damaligen erwachsenen Jugendkulturen. Um sich erfolgreich von diesen Erwachsenen abzusetzen, *muß* die Jugendkultur der 70er Jahre 'clean' und angepaßt werden. Nur so sind Eltern, Lehrer und Sozialarbeiter zu provozieren: Vereinfacht gesagt müssen sich die Kinder einer Generation erwachsener Jugendlicher wie Erwachsene benehmen, um sich von ihren Eltern abzusetzen.

Übertragen auf den musikalischen Bereich veranschaulichen diese Zusammenhänge sowohl die Abhängigkeit der Jugendkulturen von außermusikalischen Bedingungen als auch die kurze Aufeinanderfolge verschiedener Jugendgenerationen. Letztere sind vergleichbar bezüglich des Versuchs, neue Muster für eine generationstypische Identität zu entwickeln, jedoch völlig unterschiedlich bezüglich des - beispielsweise musikbezogenen - Inhalts dieser Muster.

Damit werden die jugenkulturellen Werte der 60er Jahre bereits der Discokultur der 70er Jahre nicht mehr gerecht, in der Tanzschule und Film, Bügelfalte und Krawatte aufregender sind als Protest und lange Haare, bei der die emotionalen Rufe nach 'community' und 'flower power' ersetzt werden durch eine stets demonstrierte Lässigkeit und 'coolness', die aus Fünfzehnjährigen kleine Erwachsene macht, die vor sauberen Spiegeln in hellerleuchteten Discos ihre neu einstudierten, Schritt für Schritt festgelegten Discotänze zur Schau stellen und nichts dabei finden, wenn 'Lili Marleen' auch in deutscher Discofassung vor der Kaserne steht.

Es kann einerseits als Resultat einer Etablierung des Phänomens Jugendkultur, andererseits als Gegenbewegung zur 'community-Ideologie' der Jugendkulturen der 60er Jahre verstanden werden, daß zeitlich spätere Jugendkulturen sich "wie das indische Kastensystem" [161] in verschiedene Jugendstile aufsplittern. Diese Tendenz wird wiederum von der - von Erwachsenen kontrollierten - Musikin-

---

[161] SCHIRMER 1982, S.238

dustrie weidlich ausgenutzt: Die

> "Zersplitterung Jugendlicher in immer neue Gruppenstile und Stammes-Subkulturen ist in den letzten Jahren auch kräftig durch die Freizeit-Industrie beschleunigt worden. Sie reagiert inzwischen flexibel auf neue Strömungen und ist in der Lage, innerhalb kurzer Zeit entlegene subkulturelle Ecken in ihre Marktplätze zu verwandeln" [162]

Die Industrie stellt sich schneller als die Musikpädagogik auf jede veränderte Situation ein bzw. verändert diese selbst. Dennoch versuchen Vertreter dieser beiden Bereiche der Erwachsenenwelt, die sich ständig verändernde äußere Form der immergleichen jugendspezifischen Probleme für ihre ideellen (Musikpädagogik) und wirtschaftlichen (Musikindustrie) Ziele ausnützen.

Auf seiten der Industrie setzt hier längst auch die kommerzielle Verwertung des Phänomens sich wandelnder Jugendkulturen an: Man bietet inzwischen nicht nur aktuellen Rock und Pop für Jugendliche an, sondern ein auf erwachsene Jugendkulturen erweitertes und auf jede Konsumentengruppe zugeschnittenes Programm. Damit ist die Rock- und Popindustrie von einer jugendgeprägten und jugendprägenden Branche zum generationsübergreifenden Lieferanten für populäre Musik geworden, wobei die stets durch die Wachstumsideologie forcierte Schnellebigkeit jugendkultureller Moden und die marktwirtschaftlich günstige Verdammung alles 'Alten' auch die altersmäßige Präferenzstruktur im Bereich populärer Musik bestimmen.

Wie bisher deutlich wird, ist für Angehörige unterschiedlicher Jugendkulturen häufig bereits ein *Verstehen* der durch populäre Musik ausgelösten Mechanismen unmöglich; die Mitglieder der älteren Jugendkulturen *erahnen* allenfalls die Mechanismen, die zu ihrer Jugendzeit ähnlich abgelaufen sind. Hier müssen immer wieder Mißverständnisse wie die zwischen erwachsenen Beatfans und jugendlichen Discofans oder falsche Gemeinsamkeiten zwischen erwachsenen Rockfans und jugendlichen Punkfans entstehen. Daher erscheint die Benutzung *eines* singularischen Begriffs ('Jugendkultur') für die seit den 50er Jahren beobachteten kulturellen Entwicklungen mehrerer Generationen von Jugendlichen ungünstig. Die Stars der Eltern gehören in den Augen von Jugendlichen immer zu den Erwachsenenkulturen:

> "Mick Jagger wurde von englischen Punkern als 'alter Opi', 'reiches Arschloch' klassifiziert und nicht anerkannt usf. Gehören Erwachsene, die weiter Rock-Platten (ihrer Generation) hören, *dadurch* noch zur Jugendkultur? Antwort: Kaum, wenn man die hier vorgelegten Definitionskriterien anlegt." [163]

Diese im folgenden beschriebenen, allgemein auf Jugendkulturen übertragbaren Definitionskriterien verdeutlichen in der Tat, daß Erwachsene hier nur begrenzten Zugang haben. Einige der für Rockmusiker angegebenen typischen Merkmale (nach BAACKE) können in modifizierter Form auch als übergeordnete Kennzeichen dafür be-

---

[162] ebd.
[163] BAACKE 1985, S.28

trachtet werden, zu welcher Jugendkultur jemand gehört, welches Ansehen er im jugendkulturellen Rahmen genießt usw.:

(1) eine jugendliche 'personality', die vor allem bestimmt wird durch die erotisch-sexuelle Attraktivität
(2) der Sound der Musik, die jemand macht bzw. hört
(3) Kleidung
(4) Bewegung, Tanz
(5) der Umgang mit stilbildenden Objekten [164]

Von Erwachsenen mitgetragene Jugendkulturen können damit keine *Jugend*kulturen mehr sein. Trotzdem ist heute der Unterschied zwischen Erwachsenen- und Jugendkulturen nicht mehr so groß wie während der 50er und frühen 60er Jahre: Damals existierten keine erwachsenen Jugendkulturen im oben definierten Sinne: Die Nachkriegserwachsenen, deren Jugend ideologisch vom Nationalsozialismus okkupiert oder schlichtweg 'ausgefallen' war, hatten besonders wenig Verständnis für Jugendliche. "Nicht umsonst heißt der 'Klassiker' über die Halbstarkenkrawalle dieser Jahre: 'Jugendliche stören die Ordnung'." [165]

3.6.4. Pädagogische Konsequenzen

Das ausführliche Eingehen auf Unterschiede zwischen Erwachsenen- und Jugendkulturen soll die Bedeutung der Person der Unterrichtenden im Zusammenhang mit populärer Musik in der Schule verdeutlichen. So liegt einer der Gründe dafür, daß in der Musikpädagogik derart erbittert [166] über jugendkulturelle Themen gestritten wird, sicherlich in Ansätzen auch in Generationskonflikten begründet: Über die Diskussion musikbezogener Werturteile hinaus kann die musikpädagogische Reaktion auf populäre Musik als ein typisches Beispiel für die Auseinandersetzung der Generationen gelten. Diese Auseinandersetzung kann jedoch nicht als durch die wachsende Integration populärer Musik in den Musikunterricht beendet gelten. Sie dauert vielmehr durch die ständige Mißachtung eines Ausgleichs von Distanz und Nähe unvermindert an:

- Ein Erwachsener *ohne jugendkulturelle Erfahrungen* kann Jugendliche in wesentlichen Bereichen nicht verstehen. Hier liegen die Ursachen für die *frühen* pädagogischen Probleme mit populärer Musik [167], bei denen Pädagogen mit für sie völlig unverständlichen Provokationen durch Jugendliche konfrontiert werden

- Aber auch demjenigen Erwachsenen, der Popmusik *in einer früheren Jugendkultur* miterlebt hat - und das wird immer der Fall sein - bleiben wesentliche generationsprägende Momente verborgen. Hier liegen die Ursachen für *heutige und künftige* pädagogischen Probleme mit populärer Musik [168], bei denen Pädagogen der erwachsenen Jugendkulturen sich als Experten für Jugend-

---

[164] Vgl. BAACKE 1985, S.21f
[165] ZIMMER 1983, S.7
[166] Vgl. Literaturanalyse in Kap.III, KNOLLE 1979 sowie v.SCHOENEBECK 1982
[167] Vgl. hierzu Kap.III.1 und III.2
[168] Vgl.hierzu Kap.III.3

probleme fühlen und dann beispielsweise als Rockliebhaber die Pophörgewohnheit ihrer Schüler noch heftiger bekämpfen als die 'klassisch' orientierten Kollegen.

Übertragen auf die pädagogische Situation bedeutet dies, daß kaum ein Pädagoge die Schüler-Musik so angemessen zu erfassen vermag, daß er von Schülerinnen und Schülern als Gesprächspartner in diesem Bereich akzeptiert wird; außerdem wird die hiermit verbundene Musik den Unterrichtenden häufig nicht zusagen. Wenn deren Interesse jedoch pädagogischer Natur ist, werden sie zwangsläufig auch Kriterien an die Beschreibung und Beurteilung der Musik anlegen, die ein anderes musikalisches Bewußtsein, ein pädagogisches Interesse o.ä. widerspiegeln.

Je weiter nun die musikbezogene Weltanschauung der Lehrer vom Schülerinteresse entfernt ist, desto eher entsteht die Gefahr von Mißverständnissen, doch selbst im aufgeschlossenen Lehrer sieht ein skeptischer oder lernunwilliger Schüler bei kleinsten Fehlern oder Ungenauigkeiten den Eindringling, der ihn 'seiner' Musik entfremden will. Aus diesem Grund bauen Schülerinnen und Schüler den später beschriebenen Schutzmechanismus auf, der sie auch für Informationen taub werden läßt, die sie vielleicht angenommen hätten, wenn ihr Lehrer nicht von Schüler-Musik ausgegangen wäre:

> "Denn ein Jugendlicher, der sich durch Rock von der Erwachsenenwelt abgrenzen will, wird mit Protest oder Kommunikationsverweigerung reagieren, sobald seine Musik nur als Lockmittel verwendet wird, er in Wirklichkeit aber über sie pädagogisch beeinflußt werden soll." [169]

Bei der didaktischen Analyse von populärer Musik geht es damit nicht primär um bestimmte Musikarten, sondern um Einstellungen von Lehrenden und Lernenden gegenüber einer zu 'behandelnden' Musik. Natürlich gilt dies für *jede* Musik; bei populärer Musik kommen jedoch jene Schwierigkeiten hinzu, die ihre Ursache im ungelösten Widerspruch zwischen freizeitorientierter, außermusikalisch bestimmter Musik und arbeitsorientierter, musikimmanent bestimmter Schulatmosphäre haben. [170]

In diesem Zusammenhang kann echte "Solidarität zwischen den Generationen, die davon ausgeht, daß Ältere und Jüngere bei der Bewältigung gesellschaftlicher Probleme aufeinander angewiesen sind" [171] nur durch die von SPENGLER skizzierte "Strategie von Distanz und Nähe" [172] erreicht werden. Der kriegerische Ausdruck 'Strategie' erscheint hierbei ungünstig, jedoch durchaus sympto-

---

[169] SPENGLER 1987, S.216

[170] KNOLLE verweist in diesem Zusammenhang in Anlehnung an HABERMAS auf die "Funktionszuweisungen an das Freizeitverhalten"; diese "ergeben sich wesentlich aus den spezifischen Merkmalen der beruflichen bzw. der schulischen Arbeitssituation und spiegeln somit ein als komplementär aufgefaßtes Verhältnis von Arbeitsbereich und Freizeitbereich wider." (KNOLLE 1980, S.259; vgl. auch: BASTIAN 1983; KNOLLE 1975; KNOLLE 1979; TERHAG 1984)

[171] SPENGLER 1987, S.226; vgl.auch: BAACKE 1979, S.210

[172] SPENGLER 1987, S.225ff; Vgl. auch Kap.III.3

matisch.

Mit einer friedfertigeren Vokabel umschrieben geht es um das *Prinzip von Distanz und Nähe*: Nähe ist gewährleistet, wenn ältere Generationen die Jugendlichen im Streben nach Neuorientierung wirklich ernstnehmen; Distanz ist jedoch gefordert, wenn Erwachsene mit scheinbarem Verständis für alles [173] den für beide Seiten wichtigen, deutlich spürbaren Gegenpart ihrer Erwachsenenrolle verleugnen oder unterdrücken. Nur durch ein Ausbalancieren dieser beiden Forderungen wird es möglich, ohne "Anbiederung und Verständnisheuchelei, (...) ideologisches Vereinnahmen, Aufsaugen und Eingliedern der Rockmusik durch die Pädagogik" eine "konstruktive Auseinandersetzung mit erwachsenen Gegenspielern" voranzutreiben, wozu "auch Solidarität zwischen den Generationen notwendig ist, um die gemeinsame Zukunft zu sichern." [174]

Dabei müssen die Pädagogen aus den Reihen erwachsener Jugendkulturen und die "jungen Jugendforscher" [175] auch die bitteren Seiten der Feststellung ertragen, daß "Abgrenzung von der Erwachsenenwelt für den Entwicklungsprozeß zunächst unentbehrlich ist." [176]

Zusammenfassend läßt sich folgendes auf die pädagogische Diskussion um populäre Musik übertragen:

- Jugendkulturen entwickeln sich nicht unbeeinflußt von Erwachsenenkulturen; daher sind immer mindestens zwei Generationen gleichzeitig zu betrachten, die sich gegenseitig bedingen: War in der Musikpädagogik die Diskussion um 'U'- und 'E'-Musik noch vom Gegensatz zwischen den Nachkriegs-Erwachsenenkulturen und den entstehenden Jugendkulturen geprägt, ist die heutige Diskussion um eine Didaktik populärer Musik zum großen Teil im Lichte des Gegensatzes zwischen erwachsenen Jugendkulturen und Jugendkulturen zu sehen.

- Die Beeinflussung von Jugendkulturen ist im Sinne eines ständigen Generationskonflikts zu sehen, der von den Erwachsenen in Musikindustrie und -pädagogik gesteuert wird: So erweckt die Diskussion um eine Didaktik der populären Musik in manchen Fällen den Eindruck, den Jugendlichen sollten hier die Werte erwachsener Jugendkultur aufgedrängt werden. Überspitzt formuliert hat dies dazu geführt, daß das "'Anarchy'-Gebrüll der Sex Pistols, der 'White Riot' der Clash und die 'Blank Generation' von Richard Hell & The Voidoids (...) nur bei den wenigen Jugendlichen Eindruck hinterlassen (hatten), die (...) noch nicht oder nicht mehr von der latzbehosten Sozialarbeiterkultur der Achtundsechziger vereinnahmt waren." [177]

Wie eingangs erwähnt, sind einige Bereiche der Schüler-Musik in

---

173 "unter dem Motto: 'kommt nur her, wir machen alles mit." (BAACKE 1982, S.119)

174 SPENGLER 1987, S.216; vgl. auch SPENGLER, S.221ff sowie Kap.III.3

175 ZIMMER 1983, S.9

176 SPENGLER 1987, S.216

177 KRÖHER 1982, S.45

diesem Zusammenhang un-unterrichtbar. Sie sollten als un-unterrichtbar akzeptiert werden, da sonst die Musikpädagogik in den Verdacht gerät, lediglich den musikbezogenen Einfluß auf die Jugend zurückgewinnen zu wollen, der ihr durch die technischen Mittler, die Musikindustrie usw. genommen wurde.

Un-Unterrichtbarkeit ist besonders dann zu konstatieren, wenn bei der unterrichtlichen Beschäftigung mit Schüler-Musik

- das erforderliche Abstraktionsniveau eines Unterrichtsthemas für Schüler im Widerspruch zum Freizeitcharakter populärer Musik steht,

- die Musikpädagogik nicht mit der Schnellebigkeit der Entwicklung Schritt zu halten vermag [178]

- der problematische Aspekt der Wertung hinzukommt [179], durch den Schülerinnen und Schüler sich im Bereich 'ihrer' Musik in besonderem Maße mitbewertet [180] fühlen. Dies gilt freilich auch umgekehrt: Die Musik der Lehrerinnen und Lehrer wird auch von Schülern mitbewertet, was für Unterrichtende durchaus ein Problem darstellen kann.

3.7. Verschiedene Ansätze zur didaktischen Analyse populärer Musik

Dieses Kapitel dient der Konkretisierung der oben entwickelten pädagogisch bestimmten Terminologie. So sollen im folgenden einige Ansätze für die didaktische Analyse von Schul-Musik und Schüler-Musik vorgestellt und verglichen werden. Obwohl diese beiden Seiten der populären Musik mit völlig verschiedenen Analysemethoden untersucht werden müssen, darf die jeweilige Analyse nicht isoliert betrachtet werden: *Schul-Musik und Schüler-Musik sind als getrennt zu analysierende und doch zusammengehörende Seiten der populären Musik zu betrachten.*

Die Aufgabe der Pädagogen besteht hier in der Zusammenfügung von Schul-Musik und Schüler-Musik; dieses Zusammenfügen erfordert ein bei vielen Lehrerinnen und Lehrern noch zu entwickelndes Gespür für die Möglichkeiten und vor allem die Grenzen der Pädagogik. Eine effektive Ausbildung von Musiklehrerinnen und -lehrern im populären Bereich müßte also über praxisbezogene, auf Schul-Musik bezogene Fähigkeiten hinaus auch auf die Analyse der Schüler-Musik erweitert werden. Auch hier müßten beide Bereiche der populären Musik berücksichtigt werden: Betrachtet man nur die Schüler-Musik, kommt man wie BAACKE [181] zu dem Schluß, populäre Musik gehöre nicht in die Schule. Bei der Beschränkung auf Schul-Musik dagegen

---

178 "Zudem waren selbst wohlmeinende Lehrkräfte immer hoffnungslos hinter der aktuellen Rockentwicklung zurück" (SPENGLER 1987, S.218)

179 Wenn die Schüler beispielsweise unterschiedlichen Jugendkulturen angehören

180 "Wenn ich Popmusik in Bausch und Bogen abqualifiziere (...), qualifiziere (ich) ihre Hörer gleich mit ab" (SCHOENEBECK 1982, S.6; vgl.auch: KNOLLE 1980, S.269f)

181 Vgl. Kap.II.3.7.1

entfallen die mit der jugendkulturellen Seite der populären Musik verbundenen pädagogischen Probleme, wodurch die didaktische Berücksichtigung dieser Musik allzu problemlos und u.U. zu billigem 'Schulpop' verdünnt wird.

Wie auch in der Literaturanalyse [182] deutlich wird, ist die gleichzeitig angemessene Analyse von Schüler-Musik *und* Schul-Musik die Ausnahme: So lassen sich die im folgenden zusammengefaßten Überlegungen zwar auf Schüler-Musik (BAACKE/SPENGLER) und Schul-Musik (JOST) übertragen, sie lassen jedoch noch kein schlüssiges Konzept bezüglich des <u>Zusammenhangs</u> zwischen diesen Seiten der populären Musik erkennen.

3.7.1. Soziologische Analysen von Schüler-Musik

Die naheliegende Erkenntnis, daß Jugendkulturen einem ständigen Wandel unterliegen, der inzwischen mehrere Generationen von Jugendlichen hervorgebracht hat, bleibt der deutschsprachigen Wissenschaft erstaunlicherweise noch bis zur Mitte der 80er Jahre verborgen:

> "Dieses Phänomen ist relativ neu: Die Rock'n Roller der 50er Jahre sind inzwischen 50 Jahre und haben selbst erwachsene Kinder bzw. Enkel - die Teilnehmer der 68er Bewegungen sind auch Väter, 'Erwachsene' in Amt und Würden; es gibt inzwischen Gruppen (Teds), die ihre Väter (Großväter) wiederentdecken, und andere, die dies gerade ablehnen. Kurz: Die Jugendkulturen bestehen nicht mehr nur aus 'Jugendlichen', und es steht *auf Dauer*, und je länger die Jugendkulturen (hier immer gerechnet seit den 50er Jahren) ihre eigene Historizität schaffen, das Problem, wie weit jemand dazugehört oder nicht. Die Rockzeitschrift *Rolling Stone* wird beispielsweise eher von Vätern gelesen, und dies ist vielleicht ein Grund, daß sie sich zunächst gegen die Punk-Bewegung (als eine Bewegung der Söhne) abgrenzte, sie negativ beurteilte und nicht aufnahm - dies erfolgte erst später [183]

In seinem Aufsatz über "Pop- und Rockmusik und Jugendkulturen" [184] faßt der von Musikpädagogen früher häufig zitierte Dieter BAACKE seine Erkenntnisse über populäre Musik in fünfzehn kondensierte Aussagen, aus denen er das folgende, wesentlich seltener zitierte Fazit zieht:

> "Rock und Pop als Bestandteil der Jugendkulturen läßt sich nicht in den Unterricht transportieren: Dies würde ja bedeuten, den Musikunterricht zum Milieu der Jugendkultur zu machen. Dies ist nicht möglich." [185]

Der Einbezug populärer Musik in den Unterricht stellt nach BAACKE den Versuch dar, "mit freilich untauglichen Mitteln -, gerade abgelehnte Kontrolle und Definitionsmacht der Erwachsenen durch

---

[182] Vgl. hierzu Kap.III.3
[183] BAACKE 1985, S.27f
[184] BAACKE 1985
[185] BAACKE 1985, S.32

Musikunterricht doch durchzusetzen." [186]

Angesichts dieser Einschränkungen kann der Musiklehrer allenfalls "bestimmte Elemente des jugendkulturellen Milieus erklären, zu verstehen suchen und auch den Teilnehmern der Jugendkulturen besser verstehbar machen: dazu gehören

- Herkunft und Traditionen der Rockmusik
- Sozialgeschichte der Rockmusik
- Kenntnis von Stilen, Interpreten, Texten,
- Erörterung der Grenzen musikalischer Behandlung," [187]

Bis auf den letzten Vorschlag beziehen sich die hier aufgeführten Elemente auf das, was in der vorliegenden Arbeit unter dem Begriff der Schul-Musik zusammengefaßt und von der Schüler-Musik getrennt wird. Auch BAACKE geht also davon aus, daß einige Aspekte der populären Musik leichter als andere in die Schule zu integrieren sind. Hieraus ließe sich durchaus die dieser Arbeit zugrundeliegende pädagogische Differenzierung populärer Musik ableiten.

Die Grenzen zwischen Schul- und Schüler-Musik sind nach BAACKE nur unter besonderen Bedingungen aufzuweichen: Unter Aufgabe der traditionellen "Lehrerrolle und damit (...) Ausdehnung des eigenen Engagements auf außerunterrichtliche Bereiche" hält der Autor es für "nicht unmöglich, sich mit Jugendlichen in ihrer Szene zu solidarisieren"; außerdem sei es möglich, jugendkulturelle Aspekte in einem fächerübergreifenden Projekt darzustellen, wobei jedoch immer beachtet werden muß, daß dieses schulische Projekt "Jugendkultur demonstriert, aber nicht Jugendkultur ist" [188], eine Einschränkung, die für jede schulische Berücksichtigung von populärer Musik gelten sollte.

BAACKE führt aus, daß Jugendkultur bis in die 50er Jahre nichts mit Popmusik, sondern in Deutschland beispielsweise mit der Wandervogel- und Arbeiterjugendbewegung zu tun hatte: "Bis in die 50er Jahre (dieses Jahrhunderts) bemühte sich die Teenagermusikszene, durch 'Wohlanständigkeit' die Akzeptanz von Eltern und Lehrern zu gewinnen." [189] Erst in der Mitte der 50er Jahre entsteht eine musikbezogene Jugendkultur, deren Mitglieder "sich als eine besondere Altersklasse im Lebenszyklus konstituieren und über das Medium Pop und Rock sich gegenüber den Erwachsenen offensiv absetzen." [190]

In dieser Zeit wird Jugendkultur als ein musikbeeinflußtes Phänomen zum erstenmal für den Musikunterricht interessant; aus dieser Zeit stammen auch die ersten hier analysierten musikpädagogischen Reaktionen auf populäre Musik, bezeichnenderweise über den Jazz, der vor dem negativen Hintergrund des Rock'n'Roll erst 'didaktisierbar' geworden ist. [191] In den 50er Jahren setzt auch

---

[186] ebd.
[187] ebd.
[188] BAACKE 1985, S.33
[189] BAACKE 1985, S.17
[190] BAACKE 1985, S.18
[191] Vgl. hierzu Kap. III.1

KNOLLEs textkritische Untersuchung [192] im Zusammenhang mit populärer Musik an.

Seit den 50er Jahren läßt sich somit eine Parallelentwicklung von Jugendkultur und populärer Musik feststellen: Die zunächst eher harmlos sich gebende Jugendkultur der 50er Jahre, u.a. verdeutlicht durch brave, geglättete Songtexte ohne politisches Anliegen oder bewußte jugendkulturelle Identität, wird im Verlauf der 60er Jahre mehr und mehr von einer Jugendkultur abgelöst, die sich *zusammen* mit der Musik dieser Zeit immer deutlicher als bewußte Opposition gegen die Erwachsenenkultur versteht: Rock ist in den späten 60ern nicht mehr "nur eine Musik, die für den gleichzeitigen Konsum durch einen jugendlichen Massenmarkt produziert wird; diese Musik hat darüber hinaus ideologische Bedeutung: Ehrlichkeit, Authentizität, Kunstcharakter, nicht-kommerzielle Interessen, Alters- und Lebensstil-Gleichheit von Produzenten und Publikum. (...) Nicht nur die Musiker, sondern auch die Produzenten und Manager sind nun jung, stammen aus 'my generation'." [193]

Das Absetzen von der Erwachsenenkultur wird in den 60er Jahren besonders bewußt erlebt: "'Jugend' verstand sich als Altersklasse, die *eines* ablehnte: die Zukunft als Erwachsener (mit Beruf, Familie, Rollenzwängen, meist beschrieben als grau, leer, abgetakelt, sinnlos). Die Jugendzeit wird sozusagen der Versuch, die sozialstrukturelle Prägung des Lebenszyklus in modernen Gesellschaften zu durchbrechen in der Absolutsetzung einer Altersphase." [194]

Die ideologische Bedeutung von Jugendkultur in den 60er Jahren (nach BAACKE Ehrlichkeit, Authentizität, Kunstcharakter, nichtkommerzielle Interessen, Alters- und Lebensstil-Gleichheit von Produzenten und Publikum [195]) bestimmt jedoch nicht mehr die jugendkulturellen Werte der späten 70er und der 80er Jahre.

BAACKE weist in verschiedenen Aufsätzen immer wieder auf die Grenzen der Pädagogik und ihre partielle Unzuständigkeit im Zusammenhang mit Schüler-Musik hin. Vergleichbares beschreibt SPENGLER [196]. Beide Autoren machen jedoch nur andeutungsweise Vorschläge zur Berücksichtigung dessen, was in der vorliegenden Arbeit unter Schul-Musik verstanden wird, obwohl diese Bereiche eng zusammengehören. Während die jüngeren Autoren - teilweise praktizierende Rockmusiker - den problemlosen Bereich der Schul-Musik angemessen beschreiben, thematisiert BAACKE eher Aspekte der Un-Unterrichtbarkeit. Die angemessene Berücksichtigung populärer Musik verlangt jedoch ein integrierendes Konzept ihrer problematischen und problemlosen Seiten.

3.7.2. Musikimmanente Analysen von Schul-Musik

Obwohl Schul-Musik hier als tendenziell problemloser Bereich

---

192 KNOLLE 1979
193 BAACKE 1985, S.19
194 BAACKE 1985, S.20
195 BAACKE 1985, S.19
196 Vgl.SPENGLER 1987, S.215ff

populärer Musik dargestellt wird, fehlt auch in diesem Bereich eine systematische Übertragung musikpädagogischer Veröffentlichungen auf die Lehrerausbildung. So beendet Ekkehard JOST seinen Beitrag über die Problematik der Popularmusikforschung [197] mit einem Plädoyer für die *musikbezogene* Analyse von populärer Musik, die vor allem der Ausbildung von Musiklehrerinnen und -lehrern zugute käme:

> "Ich bin der Meinung, daß gerade in dieser Richtung wir Musikwissenschaftler und Musikpädagogen in ganz besonderem Maße gefordert sind. Denn wir sind die einzigen (und nicht die Soziologen und Literaturwissenschaftler), die diese Arbeit leisten können, auch wenn wir selbst während unseres Studiums in der Regel nicht speziell dafür ausgebildet wurden." [198]

JOST, der selbst über sozialpsychologische Themen [199] veröffentlicht hat, betont, daß auch dies nicht das Fachgebiet von Musikwissenschaftlern und -pädagogen sei, trotzdem scheuten "wir uns nicht, im Hinblick auf die Durchleuchtung der gesellschaftlichen Hintergründe von Popularmusik fleißig zu dilettieren." [200]

Auch JOST spricht hiermit deutlich zwei Bereiche der Popularmusikforschung an: Die *musikbezogene* Seite wird einer *gesellschaftsbezogenen* Seite gegenübergestellt, für deren Durchleuchtung weder Musiker noch Pädagogen geeignet erscheinen. Den von Musikpädagogen immer wieder überinterpretierten außermusikalischen Zugang zur populären Musik beschreibt JOST als den falschen Weg:

> "Die These, daß musikalische Genres wie Rock, Schlager usw. ausschließlich soziologisch dechiffrierbar und einer musikalischen Analyse nicht zugänglich seien, ist unhaltbar und stellt lediglich eine Ausflucht derer dar, die mit ihren herkömmlichen, an der abendländischen Kunstmusik erprobten Analysemethoden an den meisten Gattungen von Popularmusik scheitern müssen." [201]

Das Ausweichen der Pädagogen und Wissenschaftler in die außermusikalische Analyse führt u.a. dazu, daß weite Felder der populären Musik weiterhin als unerforscht gelten können. Somit ist dieses Ausweichen mitverantwortlich für die unhaltbare Situation an Ausbildungsstätten [202]:

> "Nirgendwo im weiten Feld der musikwissenschaftlichen oder musikpädagogischen Literaturproduktion wird - umfassend und auf vorbildhafte Weise - unseren Studenten vorgemacht: Wie nähert man sich diesen Musiken, worauf kommt es in den einzelnen musikalischen Genres an? Wie sind die Stücke gemacht? Wo ist das gattungs- oder stilspezifisch Allgemeine, wo das Besondere? Gibt es genrespezifische Quali-

---

197 JOST in RÖSING 1987/1
198 JOST in RÖSING 1987/1, S.37
199 JOST 1976
200 JOST in RÖSING 1987/1, S.37
201 JOST in RÖSING 1987/1, S.36
202 Vgl. hierzu die Gespräche im Anhang dieser Arbeit

tätskriterien, welche sind dies?" [203]

Hier sind alle Bereiche der populären Musik angesprochen; JOST rechnet zwar avancierte Formen des Jazz (ab Bebop) nur noch bedingt zur populären Musik - für avancierte Rockformen gilt Vergleichbares, dennoch verlangen alle Bereiche der populären Musik "besonders insoweit sie auf nicht notierten Gestaltungsmitteln basieren - nach ähnlichen Analysemethoden." [204]

Hier ist vor allem die Musikwissenschaft gefordert, dem dringenden Bedürfnis der Musikpädagogik nach sinnvollen Analysen und Methoden des gattungsimmanent angemessenen Umgangs mit populärer Musik nachzukommen. Hierbei kann die *gattungsimmanente* Vorgehensweise beispielsweise gesichert werden durch eine Berücksichtigung der Erkenntnis von Musikethnologen, "daß man sich der Musik fremder Kulturen mit jeweils adäquaten Mitteln zu nähern habe und nicht in ethnozentristischer Manier die eigenen abendländischen Standards und Kategorien auf die fremde Kultur übertragen dürfe" [205] Diese Erkenntnis ist nach JOST übertragbar auf die musikwissenschaftliche Beschäftigung mit populärer Musik, "selbst wenn sie - wie etwa der Schlager - geographisch auf dem eigenen kulturellen Boden gewachsen ist." [206]

Vor allem dieser letzte Vorschlag erscheint konsequent und die angeregte Methode erfolgversprechend. Obwohl JOST den Aspekt Schüler-Musik überhaupt nicht thematisiert, schärft sein Plädoyer für die musikbezogene Analyse populärer Musik den Blick für eine entscheidende Bedingung der didaktischen Analyse von Schüler-Musik und Schul-Musik: Jede der mit diesen Themen befaßten Wissenschaften muß ihren je speziellen Zugang zu ihrem Forschungsgegenstand finden, was bisher in der Pädagogik nur ansatzweise geschehen ist.

Die Bedeutung des JOSTschen Plädoyers besteht somit u.a. darin, daß der Autor hier trotz seiner früheren Analyse außermusikalischer Faktoren der Popmusikrezeption [207] diese Faktoren von den musikimmanenten trennt und sie zunächst außen vor läßt. Das Plädoyer ließe sich im Zusammenhang der vorliegenden Arbeit auf die Forderung nach einer musikimmanenten Analyse der Schul-Musik übertragen.

Ebenso wie BAACKE vermeidet JOST die strikte Begrenzung auf vereinzelte Genres der populären Musik. Die beiden Ansätze können daher als übergreifend betrachtet werden. Zu einer sinnvollen Analyse von Schüler- und Schul-Musik müßten beide Ansätze kombiniert werden, wobei JOST den Weg zur Analyse von Schul-Musik und BAACKE den zur Analyse von Schüler-Musik weist.

Der entscheidende Zusammenhang zwischen Schul- und Schüler-Musik läßt sich in Anlehnung an das im folgenden Kapitel dargestellte Konzept LEMMERMANNs herstellen, das als analytisches Modell wertvoll ist, vom Autor jedoch bezüglich der populären Musik nur

---

[203] JOST in RÖSING 1987/1, S.36
[204] ebd.
[205] JOST in RÖSING 1987/1, S.35
[206] ebd.
[207] JOST 1976

unzureichend gefüllt worden ist. [208]

3.7.3. Möglichkeiten der Zusammenfassung soziologischer und musikimmanenter Analysen

Die von Heinz LEMMERMANN bereits in den 70er Jahren [209] vorgestellte Konzeption von Mikro- und Makroanalyse kann bei konsequenter Übertragung auf didaktische Probleme mit populärer Musik durchaus hilfreich sein: Die von LEMMERMANN u.a. am Beispiel des Schlagers konkretisierte Trennung von musikimmanenten und außermusikalischen Analyseformen bietet sich für die getrennte und doch zusammengehörende Analyse von Schul- und Schüler-Musik eher an als die von zahlreichen Autoren abgelehnte [210] Beschränkung auf die rein musikbezogene Werkanalyse oder die ausschließlich außermusikalische - häufig sozio- oder psychologisierende [211] - Analyse.

Ausgehend von der These Zofia LISSAs, daß zum Verstehen von Musik musikalische und metamusikalische Aspekte zu berücksichtigen [212] seien, beschreibt LEMMERMANN die

- <u>Mikroanalyse</u> als "die bewußte Zuwendung dem einzelnen Werk gegenüber" und die
- <u>Makroanalyse</u> als "die bewußte Zuwendung dem das Werk bedingenden Zusammenhang gegenüber." [213]

Da eine so verstandene Makroanalyse sich nach LEMMERMANN nicht auf die Analyse einer Großform (als Gegensatz zur Analyse von Einzelbestandteilen wie Thema oder Motiv) beschränkt, sondern auch außermusikalische Zusammenhänge einschließt, können die beiden vom Autor detailliert beschriebenen Analysebereiche [214] als adäquate Analyseformen für die didaktische Analyse von populärer Musik verwendet werden. Diese Analyse umfaßt damit in der

- <u>Mikroanalyse</u> die gattungsimmanent angemessene musikbezogene Analyse der Schul-Musik
- <u>Makroanalyse</u> die soziologische und rezeptionspsychologische Analyse der Schüler-Musik

Musikpädagogen müssen weder die soziologische Analyse von Schüler-Musik noch die musikbezogene Analyse von Schul-Musik leisten; sie sollten sich vielmehr bei den Kollegen aus Musikwissenschaft und Jugendsoziologie Rat holen und zielgerichtete Forschungen anregen. Die Aufgabe der Musikpädagogik besteht zunächst in der Trennung und dann in der eventuellen Zusammenführung von Schul- und Schüler-Musik.

---

208 Vgl. TERHAG 1979, S.62ff
209 LEMMERMANN 1977
210 Vgl. LEEB 1974; KNOLLE 1979; SCHÜTZ 1982
211 Vgl. hierzu Kap.III.2
212 LISSA 1973
213 LEMMERMANN 1977, S.259
214 LEMMERMANN 1977, S.263ff

Im Rahmen dieser pädagogisch begründeten Begriffstrennung wird eine *umfassende* didaktische Analyse populärer Musik vorbereitet, nach der bei jedem Unterrichtsthema aus diesem Bereich tendenziell erkennbar werden müßte, welche *Art* von Problemen bei diesem Thema auftauchen könnte. Dabei ist ein Unterrichtsthema, eine Unterrichtsreihe, ja sogar ein einzelner Song tendenziell nach der Einordnung in folgendes Schema - beispielsweise in der Sachanalyse einer Unterrichtsvorbereitung - seinem voraussichtlichen Problemgehalt entsprechend zu analysieren:

```
                         POPULÄRE MUSIK

     SCHÜLER-MUSIK <-----------------------> SCHUL-MUSIK
                                |
                                |
  päd. eher problematisch <-------> päd. eher unproblematisch
                                |
            Freizeit <--------------------> Schule
                                |
          Nähe <--------------------------> Distanz
                                |
 außermusikalisch bestimmt <---------------> musikbezogen
                                |
     makroanalysierbar <---------------> mikroanalysierbar
```

Durch diese schematische Darstellung wird beispielsweise die rein musikimmanente schulische Berücksichtigung populärer Musik [215] als problemlos erkennbar. Je eher sich ein Thema in die linke Seite der Grafik einordnen läßt, d.h. je deutlicher es außermusikalisch bestimmt, freizeitbezogen und damit jugendkulturell geprägt ist, desto gründlicher muß die didaktische Analyse auch berücksichtigen, ob dieses Thema sich überhaupt für den (Musik-) Unterricht eignet. Bei eher problematischen Themen aus dem linken Bereich der Grafik [216] müssen Unterrichtende besonders beachten, daß "der Jugendliche das Recht auf eine eigene Sphäre haben (muß), in die ihm kein Erwachsener - pädagogisch intendiert oder nicht - dreinredet." [217]

Damit spiegelt diese pädagogisch bestimmte Differenzierung populärer Musik unterrichtliche Erfahrungen wie die folgenden wider:

- Wenn ein Rocktitel nicht mit elementaren außermusikalischen Schülerbedürfnissen verbunden ist, kann er wesentlich problemloser im Unterricht eingesetzt werden als ein musikimmanent vergleichbarer Titel, der jedoch aus sozial- oder entwick-

---

215 Beispiele: 'Geschichte der Rockmusik', 'Ostinate Formen in der Popmusik', 'Blues', 'Wir komponieren einen Hit', 'Instrumente der Popmusik', o.ä.

216 Beispiele: 'Manipulation durch populäre Musik', 'Der Musikmarkt', 'Die Hitparade', 'Original und Bearbeitung', 'Musik und Jugend', 'Musikgeschmack', 'Hörgewohnheiten', 'Musik und Wertung' etc.

217 SPENGLER 1987, S.221

lungspsychologischen Gründen von Schülern im Unterricht abgelehnt wird.

- Obwohl viele Schüler einen besonders aktuellen und häufig in der Freizeit gehörten Poptitel vehement im Unterricht ablehnen, kann ein musikalisch vergleichbarer älterer Titel ohne weiteres im Unterricht verwendet werden.

Wie in der Literaturanalyse der vorliegenden Arbeit [218] dargelegt wird, hat gerade die mangelnde Differenzierung der populären Musik und die ständige Vermischung von Schul- und Schüler-Musik zu vielen unterrichtlichen Problemen geführt. So sind fatalerweise die frühen Ansätze der Musikpädagogik [219] nahezu alle im linken, problematischen Teil der Grafik anzusiedeln. Erst durch ihre ansatzweise getrennte Analyse sind inzwischen auch Möglichkeiten des problemlosen Einbezugs populärer Musik in die Pädagogik [220] sichtbar geworden.

Die pädagogischen Aufgaben im Zusammenhang mit Schul- und Schüler-Musik bestehen u.a. in der Lösung der folgenden Fragen im Bereich von Schule und Hochschule:

1. FRAGEN IM BEREICH DER ALLGEMEINBILDENDEN SCHULEN:

- Wie kann man populäre Musik lehren und lernen?

- Wann wird eine Musik un-unterrichtbar? Muß sie un-unterrichtbar bleiben?

2. FRAGEN IM HOCHSCHULBEREICH:

- Im Rahmen welcher Studiengänge ist es sinnvoll und möglich, populäre Musik in die Hochschulausbildung zu integrieren: in schulpädagogischen Studiengängen, in Instrumentallehrer-Studiengängen, in einem Studiengang [221] für zukünftige Berufsmusiker?

- Welche Qualifikationen müssen Hochschullehrer und Lehrbeauftragte im populären Bereich vorweisen?

- Wann ist ein Studium als erfolgreich abgeschlossen anzusehen? Ist populäre Musik 'prüfbar'?

3. ALLGEMEINE FRAGEN:

- Ist es möglich, daß die Musikpädagogik über Schule, Musikschule und Nachwuchsförderung einen indirekten Einfluß auf populäre Musik ausüben kann? Ist ein solcher Einfluß sinnvoll?

---

218 Vgl. Kap.III.1. und III.2.

219 Vgl. RAUHE, WIECHELL etc.

220 Vgl. Kap.III.3

221 Vgl. den Modellversuch Popularmusik in Hamburg oder die Jazzstudiengänge in Köln, Graz etc.

- Ist die Pädagogik der populären Musik letztlich eher förderlich oder wird hier durch Verschulung eine lebendige Musikkultur zerstört?

- Mit welchen Methoden ist populäre Musik zu unterrichten? Welche Aufgaben bieten sich im populären Bereich für den instrumentalen Einzelunterricht, welche Aufgaben verlangen eher die Einführung von Gruppenunterricht? Wie ist das Verhältnis von (Musik-) Theorie und Praxis?

III KRITISCHE ANALYSE DER PUBLIZISTISCHEN REAKTIONEN AUF POPULÄRE MUSIK

In diesem Kapitel soll versucht werden, durch Literaturanalysen einerseits und Gespräche andererseits die Entwicklung der pädagogischen Reaktionen auf populäre Musik näher zu beleuchten. Die Analyse musikpädagogischer Veröffentlichungen sowie die Gespräche mit einigen ihrer Autoren [1] sollen dabei die Entwicklung von musikpädagogischem Denken in Zusammenhang mit der Herausforderung durch populäre Musik beschreiben.

Die Inhalte dieser Herausforderung sind in diesem Zusammenhang prinzipiell austauschbar: Populäre Musik wird im folgenden ganz allgemein betrachtet als eine *aktuelle Herausforderung an ein der Tradition verpflichtetes Fach*. Damit sind Rock, Pop und Jazz lediglich *Anlaß* für die Frage, ob und wie ein Fach, das über lange Zeit die Bewahrung und Vermittlung der Tradition als seine wichtigste Aufgabe angesehen hat, überhaupt in der Lage ist, angemessen auf Herausforderungen zu reagieren, die inhaltlich mit dieser Aufgabe kollidieren können.

Natürlich zählt auch die Neue Musik zu den zeitgenössischen Herausforderungen an den Musikunterricht; dennoch hat die vorliegende Arbeit nicht 'zufällig' populäre Musik zum Gegenstand, läßt sich doch die von aktuellen Herausforderungen ausgehende Bedrohung für die Musikpädagogik an Rock, Pop und Jazz geradezu idealtypisch analysieren: Immerhin ist die Meinung formuliert, populäre Musik stelle die größte Herausforderung dar, "der sich Schulmusiker in der Geschichte jemals gegenüber gesehen haben, inhaltlich allenfalls vergleichbar der Herausforderung, die die 'dionysische' Musik für Platon dargestellt hat, keineswegs aber im Umfang der Provokation." [2]

Der Begriff 'Reaktionen' in der Überschrift dieses Kapitels soll verdeutlichen, daß im Zusammenhang der hier zu analysierenden musikpädagogischen Veröffentlichungen auch von 'Gegenreaktionen' der Musikszene gesprochen werden kann, daß hier also durchaus eine *gegenseitige Beeinflussung* stattgefunden hat:

Zahlreiche Veröffentlichungen betonen, die Pädagogik werde von populärer Musik herausgefordert, wobei auch das Vokabular entsprechend kämpferisch wird: Jugendliche als "die direkten Kontrahenten der Musikerzieher" [3] müssen der Konkurrenz durch "Konsumentenerzieher" [4] entrissen werden, wozu die "offensive

---

1 Siehe Kap.VI.1 (Anhang)
2 WIECHELL 1975, S.147
3 ebd.
4 IRMER 1977, S.6

Musikpädagogik" [5] ihren "Stachel im Fleisch der Schlagerindustrie" [6] versenken soll. In der vorliegenden Arbeit soll nun als weiterführender Gedankengang die Vermutung untersucht werden, daß sich umgekehrt auch Bereiche der musikbezogenen Jugendkultur gegen (musik)pädagogische Vorstellungen und Ziele [7] entwickelt haben.

Die hier deutlich werdende Implikation einer Mitverantwortung der Musikpädagogen an den von ihnen beklagten Zuständen stellt durchaus keine Überschätzung des Musikunterrichts an allgemeinbildenden Schulen dar, weil

- alle Schlagersänger, Rockmusiker, Konsumenten und Produzenten eine Schule besucht haben oder besuchen und

- die Institution Schule als Vermittlerin von Tradierenswertem ein typisches Instrument zur Durchsetzung der Erwachsenenkulturen darstellt und sich daher hervorragend als Antibild eignet.

Für Schule und Musikunterricht hätten sich in der Vergangenheit durchaus Möglichkeiten geboten, die wortreich beklagte Situation zu verändern. Volker SCHÜTZ beschreibt beispielsweise die Bereitschaft von Schülern, "schulische Eingriffe in ihre außerschulischen musikbezogenen Interessen zuzulassen, sobald sie spüren, daß ihre damit verbundenen existentiellen Bedürfnisse und Probleme ernstgenommen werden und daß der Unterricht nicht darauf zielt, ihre musikbezogenen Verhaltensweisen in Frage zu stellen, sondern sie zu verstärken und zu erweitern." [8]

Unter anderen, bezüglich populärer Musik jedoch eher negativen Vorzeichen sehen kritische Musikpädagogen bereits in den 70er Jahren größere Einflußmöglichkeiten der Musikpädagogik als ihre pessimistischen [9] Kollegen: Ausgehend von der Behauptung, die 'Schlagerdidaktik' verschleiere ihre wahren Ziele, bemerkt Heinz MEYER

> "Wenn man es also gut meint mit der Schlagerdidaktik, dann muß man ihr unterstellen, daß sie letztlich der Schlagerindustrie Sand ins Getriebe streuen will, und sei's durch (scheinbar objektive, wertfreie) Verbraucheraufklärung. Darin unterscheidet sich die heutige Musikdidaktik keineswegs von der gestrigen. Allerdings gab diese ihre Absichten offen zu. (...)
> Die dringlichere Frage ist jedoch: Wie soll 'Verhaltensände-

---

5 MEYER 1974, S.625

6 MEYER 1974, S.624

7 Vgl. Songs wie 'School's out' von A.Cooper oder den Slogan 'We don't need no education' (Pink Floyd) sowie die generell schul- und arbeitsferne Grundstimmung der musikbezogenen Freizeitkultur Jugendlicher. KNOLLE beschreibt hier in Anlehnung an HABERMAS ein komplementär aufgefaßtes Verhältnis von Arbeits- und Freizeitbereich (KNOLLE 1979) Es ist durchaus denkbar, daß die skeptische bis ablehnende Haltung der Schule bewußt in die Gestaltung populärer Musik übernommen worden ist.

8 SCHÜTZ 1982, S.167

9 Vgl. hierzu Kap.III.2

rung in Richtung auf Emanzipation' unabhängig von der Erörterung des Wertproblems motiviert werden? Anders ausgedrückt: Warum soll sich jemand - Konsumzwang hin, Konsumzwang her - von etwas befreien, das für ihn nun einmal einen Wert hat? Dubiose Geschäftspraktiken sind in einer kapitalistischen Marktordnung nichts Ungewöhnliches; also wird Aufklärung über das 'Geschäft mit Schlagern' kaum etwas bewirken, solange der Wert der Ware selbst nicht in Frage gestellt wird, oder besser: solange die Minderwertigkeit der Ware selbst nicht evident ist. Aber dieses Problem wird von der Schlagerdidaktik nur mit spitzen Fingern angefaßt (...): Besonders redlich ist das nicht."[10]

Hier ist treffend der Zwiespalt geschildert, in den eine dem Bildungsauftrag verpflichtete Musikpädagogik hineingeraten kann: Sollen die Musikpädagogen nun *gegen* oder *mit* Pop und Rock unterrichten? Der Weg zu einem Unterricht *mit* populärer Musik wird im oben angeführten Zitat von SCHÜTZ vorgezeichnet. MEYER propagiert den Musikunterricht *gegen* die populäre Musik bzw. die dahinterstehende Industrie, wobei er sich allerdings ausdrücklich auf den 'schlechten Schlager' bezieht:

> "Entweder die Schlagerdidaktik versteht sich als Stachel im Fleisch der Schlagerindustrie, oder als deren billigster Promotor, oder als keines von beidem. Ernsthaft wollen kann sie nur das erste; im zweiten Fall müßte sie verboten werden, im dritten wäre sie schon von den beabsichtigten Wirkungen her - von den tatsächlichen ganz zu schweigen - überflüssig."[11]

Aus diesen Überlegungen entwickelt MEYER trotz des ungleichen Kräfteverhältnisses zwischen Schule und Schlagerindustrie das Modell einer offensiven Musikpädagogik. Die hier deutlich werdende Haltung und die von ihr inspirierten Unterrichtsversuche haben jedoch häufig das Gegenteil ihrer Intention erreicht. So soll die Literaturanalyse dieses Kapitels verdeutlichen, daß auch die Haltung der erkärten Gegner populärer Musik und der in diesem Bereich Uninformierten sowie deren Versuche, den Schülern ihre Musik auszureden und ihnen stattdessen die Kunstmusik nahe zu bringen, dazu führen kann, den 'circulus vitiosus' von Konsumzwang und Hörgewohnheit [12] fester zu schliessen. Hierfür sprechen verschiedene Gründe:

- Zahlreiche Schüler reagieren auf Manipulationsversuche ihrer Lehrer mit einem Schutzmechanismus, der alle vom Lehrer kommenden Informationen abprallen läßt (Kap.III.2.4.5.), seien diese auch noch so 'begründet'.

- Der Unterricht von uninformierten Kritikern der populären Musik läßt diese Lehrer eher als 'akademisch vorgebildete Discjockeys' agieren (Kap.III.2.4.4.) und führt dadurch auf seiten der Schüler zur kritiklosen Übernahme der Freizeitmu-

---

[10] MEYER 1974, S.624f
[11] MEYER 1974, S.625
[12] Vgl. hierzu Kap.III.2.4

> sik in die Schule [13] und auf seiten des Lehrers zu einer gefährlichen Überheblichkeit [14] seinen Schülern gegenüber, was weder dem Unterrichtsthema noch den Schülern zugute kommt.

Vor dem Hintergrund dieser Feststellungen ist hochschulpolitisch die grundsätzliche Frage zu diskutieren, ob nicht das Gegenteil der folgenden Behauptung eher zutreffe, gerade weil in diese Diskussion auch die "Pop- und Rock-Woge im Bereich Musikunterricht der Hauptschule (...) einbezogen werden" müßte [15]

> "Nach vorherrschender Meinung sollte die Ausbildung (der Musiklehrer) an den Musikhochschulen durchgeführt werden. Nur die Musikhochschulen, die ihre musikpädagogischen Defizite in den letzten Jahren erkannten und korrigierten, sind dazu in der Lage, das Instrumentarium für eine solide und gründliche Ausbildung anzubieten. Die Universitäten = ehemalige 'Pädagogische Hochschulen' sind dazu nicht fähig, weil sie auf dem Hintergrund historischer Entwicklungen nie in die Lage versetzt wurden, ein angemessenes Ausbildungsinstrumentarium zu realisieren." [16]

Hier stellt sich die Frage, wie die traditionell ausgerichtete Ausbildung an Musikhochschulen ein angemessenes Ausbildungsinstrumentarium für den populären Bereich schaffen will. Wenn die Musikpädagogik ihre durchaus noch vorhandenen 'musikpädagogischen Defizite' nicht wirklich beseitigt, werden WIECHELLs Befürchtungen doch noch zutreffen, die bereits früh bemerkte,

> "daß ein Hiatus zwischen der gesellschaftlichen Rolle der Musik und der Rolle klafft, die die Musikerzieher und die Musikerziehung in dieser Gesellschaft spielen. Zum Teil ist dieser Hiatus ein von uns selbst verschuldeter und wir müssen alle Kräfte daransetzen, um unsererseits dem Auftrag gerecht zu werden, der daraus resultiert, daß wir ein obligatorisches Fach an allgemeinbildenden Schulen zu vertreten haben. Noch" [17]

Im folgenden werden zunächst 'etablierte' und 'alternative' Reaktionen auf populäre Musik verglichen: Nach der Analyse früher Reaktionen (Kap.III.1/III.2.) werden erste Ansätze zu einer Didaktik der populären Musik untersucht (Kap.III.3.) und zwei 'alternative' Einzelinitiativen exemplarisch beschrieben (Kap.III.4.), um dann am konkreten Beispiel der zeitlich überschaubaren 'Neuen Deutschen Welle' (Kap.III.5) die besonderen und unterschiedlichen Schwierigkeiten zu verdeutlichen, die 'etablierte' und 'alternative' Musikpädagogen mit der besonders aktuellen Popmusik, dem Hitparadenpop, haben.

Vor allem in den ersten Abschnitten dieses Kapitels soll es keinesfalls darum gehen, rückblickend die inzwischen größtenteils

---

[13] Vgl. hierzu: SCHÜTZ 1986
[14] Vgl. hierzu: TERHAG 1984
[15] HOPF/LIMBERG 1984, S.11
[16] ebd.
[17] WIECHELL 1975, S.176

überwundenen Anfangsschwierigkeiten offensichtlich überforderter Musikpädagogen zu beklagen, zumal diese bereits ausführlich in der Dissertation von KNOLLE [18] beschrieben sind. Wichtiger ist vielmehr die Tatsache, daß angesehene musikpädagogische Fachzeitschriften im Bereich populärer Musik auf den ersten Blick überhaupt kein Konzept haben: Völlig mangelhafte Aufsätze wie die hier stellvertretend vorgestellten von GRÖSSEL (Kap.III.2.1.) und STORB (Kap.III.2.2.) werden offensichtlich unredigiert veröffentlicht und finden sozusagen reißenden Absatz [19], während die aus Sicht der populären Musik vermutlich angemesseneren Beiträge wie die von FIRLA zurückgehalten oder gar nicht erst abgedruckt werden. [20]

Hierdurch entsteht auf den zweiten Blick der Verdacht, die Musikpädagogik habe im populären Bereich sehr wohl ein Konzept gehabt, das jedoch auf Unterdrückung oder zumindest äußerst widerwilliger Berücksichtigung dieser Musik basiert: Ebenso wie Teile der Neuen Musik werden Rock, Pop und Jazz als zeitgenössische Herausforderungen, die das Selbstverständnis der Musikpädagogik berühren, nicht aus Begeisterung für die Sache selbst berücksichtigt, sondern um der immer wieder aufgestellten Forderung [21] entsprechen zu können, im Musikunterricht seien alle Gattungen und Stile zu berücksichtigen.

Hier entsteht die weit über die Integration von populärer Musik hinausreichende Frage, ob institutionsähnliche Organe wie musikpädagogische Verbände und Fachzeitschriften überhaupt in der Lage sein *können*, ihr Fachgebiet im zeitgenössischen Bereich angemessen darzustellen. Um neben der wichtigen Pflege der Musiktradition auch den unbequemen Formen zeitgenössischer Musikarten gerecht werden zu können, bedarf es jedenfalls anderer Bedingungen als jener, die musikpädagogisches Denken im Zusammenhang mit populärer Musik geprägt haben.

1. Erste Fragen nach den Interessen der Jugendlichen (50er und 60er Jahre)

Vergleicht man die Entwicklung von populärer Musik und Musikpädagogik, fällt zunächst auf, daß bis in die 80er Jahre hinein (Kap. III.5.) die Pädagogik der Musik hinterhergehinkt ist: So wird eines der Pionierwerke, Wilhelm TWITTENHOFFs Schrift 'Jugend und Jazz' (1953), ziemlich genau dann veröffentlicht, als der Jazz gerade vom Rock'n'Roll abgelöst zu werden beginnt. [22] Auch die ersten pädagogischen Veröffentlichungen über 'Jazz in der Schule' [23] werden zu einer Zeit verfaßt, als der Jazz bereits zur Erwachsenenkultur gehört und beginnt, sich vor dem 'negativen' Hintergrund des Rock'n'Roll zu etablieren:

> "Jeder weiß heute, daß der echte Jazz ständig mit Rock'n'Roll, mit verkitschter Tanzmusik und mit musikalischem

---

18 KNOLLE 1979
19 Vgl. hierzu Gespräch I (ANHANG)
20 Vgl. hierzu Gespräch III (ANHANG)
21 vgl. KAISER 1982; RICHTER 1987
22 TWITTENHOFF 1953
23 GIESELER/SCHULZ-KOEHN 1959

> Klamauk verwechselt wird. Sollte nicht der Musiklehrer gerade hier seine dringlichste Aufgabe sehen, mit dem echten Jazz den Klamauk zu vernichten?" [24]

Diese 'Zeitverschiebung' zieht sich durch die gesamte Entwicklung der Musikpädagogik: Die Beatles erfahren besondere Wertschätzung nach dem Auseinanderbrechen der Gruppe, Jimi Hendrix ziert runde zwanzig Jahre nach seinem Tod das Titelbild von 'Musik und Bildung' [25] usw.

Obwohl später deutlich werden wird, daß auch mit der besonders *aktuellen* populären Musik schulische Probleme verbunden sind, die teilweise ähnlich schwer wiegen wie das 'Hinterherhinken', [26] bleibt zunächst festzustellen, daß eine Musikart anscheinend erst dann der pädagogischen Berücksichtigung für wert befunden wird, wenn sie sozusagen vom Ruch des ganz Aktuellen, des Schnellebigen, befreit ist: Nur eine Musik, die sich bewährt hat, findet Einlaß in den Musikunterricht. [27]

Dieses Grundprinzip einer der Tradition verpflichteten Musikpädagogik wird in den 50er Jahren anscheinend einfach auf den Bereich der populären Musik übertragen, was zur Folge hat, daß jugendkulturell geprägte Musikarten erst als Erwachsenenkulturen oder als erwachsene Jugendkulturen [28] Einlaß in die Schulen finden.

1.1. Motive und Ziele der Musikpädagogen

Nach v.SCHOENEBECK sind im wesentlichen drei musikpädagogische Motive zu unterscheiden, populäre Musik in den Musikunterricht einzubeziehen:

> "1. Die Hoffnung auf das Interesse der Schüler,
> 2. Der Wunsch, die Schüler über populäre zur Kunstmusik zu führen,
> 3. Die Absicht, durch die Differenzierung von 'echt' und 'unecht' bzw. 'gut' und 'schlecht' im Bereich der populären Musik hier immanente Wertmaßstäbe aufzustellen." [29]

Die von v.SCHOENEBECK angeführten Zitate bestätigen diese ihre Thesen:

zu 1) So stellt GIESELER beispielsweise im Zusammenhang mit dem ersten Motiv in Aussicht, "daß die Schüler beim Thema 'Jazz'

---

[24] GIESELER in: GIESELER/SCHULZ-KOEHN 1959, S.4
[25] Heft 6/87, Mainz 1987
[26] Vgl. hierzu Kap. II.3.6 und III.2.4: Im Zusammenhang mit 'Un-Unterrichtbarkeit' ist gerade aktuelle populäre Musik als äußerst problematisch anzusehen.
[27] Dieses Phänomen durchzieht auch die Antworten des offenen Fragebogens auf die Frage, welche Bereiche populärer Musik im Musikunterricht berücksichtigt werden. (vgl. Kap. IV. 1.2.3.3)
[28] Zum Begriff 'erwachsene Jugendkulturen' vgl. Kap.II.3.6.1
[29] SCHOENEBECK 1982, S.7

sehr aufmerksam und interessiert mitgehen, vielleicht sogar mehr als sonst. Denn sie merken, daß eine Frage angeschnitten wird, die sie alle angeht. Sie spüren weiterhin, daß der Lehrer ihnen bewußt entgegenkommen will, und sind dankbar dafür." [30]

zu 2) Das zweite Motiv äußert sich in der musikpädagogischen Zuversicht, daß man "von der pop-music mit ihren verschiedenen Aspekten, wie Jazz, Folklore, Barock, Elektronik usw., ausgehen und zur sogenannten Kunstmusik hinführen" könne [31], denn beispielsweise der Jazz könne "in der Schule nie ein Ziel sein, sondern mit seinen Möglichkeiten den Weg zu unserer großen abendländischen Musik bahnen helfen." [32]

zu 3) Das dritte Motiv für Musikpädagogen findet sich in STORBs Bemerkung, Schüler müßten selbständig begründen lernen, ob eine Musik gut oder schlecht sei, wobei der Leser den Eindruck erhält, das Ergebnis dieser Wertung stünde auf Lehrerseite bereits fest, wenn die Autorin fragt, ob denn eine Beatles-Komposition den Vergleich mit Schubert- oder Schumann-Liedern aushalte. [33] In diesem Zusammenhang betont GRÖNING, den Schülern würden Wertungen "nicht oktroyiert, sie sollen (sic;J.T.) sie selber finden." [34] Allein diese Formulierung läßt erkennen, daß es dem Verfasser trotz seines akzeptablen Bemühens in letzter Konsequenz darum geht, "die Bazillen der Trivialmusik" auszutreiben. [35]

Selbst der spätere Initiator des Hamburger 'Modellversuchs Popularmusik' versichert in frühen Veröffentlichungen, die Beschäftigung mit Jazz komme dem Musikunterricht vor allem deswegen zugute, weil "die Behandlung der Kunstmusik wesentlich erleichtert wird und weniger Zeit beansprucht, wodurch wir die für die Jazzbehandlung geopferte Zeit schnell wieder einsparen." [36] Die Musiklehrer sollen dabei bedenken, "daß jede Kritik am Jazz und jede Höherbewertung der abendländischen Kunstmusik zunächst nur von seiten der Schüler kommen darf, weil uns die Klasse sonst für voreingenommen und dem Jazz gegenüber ungerecht hält." [37]

Es kann als Indiz für die Sensibilität des Themas 'Lehrermotivation' gelten, daß solche und ähnliche Motive später zunehmend auch von ihren Verfassern (selbst-?) kritischer gesehen und als "'Rattenfängermethode - Vom Beat zur Kunstmusik" [38] abgelehnt werden. Eine noch bissigere Unterteilung liefert MAHR mit dem 'partnerschaftlichen Unterwanderungsprinzip' und dem 'Rattenfängermotiv', bei denen das Ziel der Musiklehrer, die Hinführung zur Kunstmusik, entweder erreicht werde mit dem Kursthema 'Original und Bearbeitung' oder "durch gelegentliche Konzession an den Geschmack des

---

30 GIESELER in: GIESELER/SCHULZ-KOEHN 1959, S.80f
31 STORB 1969, S.438
32 GIESELER in: GIESELER/SCHULZ-KOEHN 1959, S.82
33 STORB 1969, S.438
34 GRÖNING 1970, S.44
35 GRÖNING 1970, S.37
36 RAUHE 1962, S.101
37 RAUHE 1962, S.102; vgl. hierzu Gespräch VII (Kap.VI.1.7)
38 RAUHE 1969, S.451

jeweiligen 'Durchschnittschülers' (...) In der Praxis meist: 3 Stunden Popmusik per Schülerreferat, dann 10 Stunden Kursthema 'Das sinfonische Prinzip' oder ähnliches." [39]

Den Weg von Pop zur Kunstmusik skizziert MAHR wie folgt:

> "Der Lehrer baut sich als Partner des Schülers auf, der alles versteht und auf der gleichen Ebene mit ihm im Unterricht seine ureigensten Interessen verhandelt. Er beginnt z.B. mit 'Pictures at an Exhibition' von Emmerson (sic;J.T.), Lake & Palmer und streut dann listig das Mussorgskysche Original ein, im Vertrauen darauf, daß hinter dem teilweise gut gemachten Plagiat die überragende Qualität des Originals ihre heilsame Wirkung entfaltet" [40]

Ebenso kritisch wie MAHR lehnt auch FINGER es später ab, "Verfahren anzuwenden, die populäre Musik als Köder einplanen, um Schüler gefügig zu machen, wobei man letzten Endes naiv auf ein Wertbewußtsein setzt, das offenbar aus dem Nichts erwachsen soll." [41]

Diese kritischen Ausführungen lassen eine offenere Einstellung zum Thema 'Populäre Musik in der Schule' vermuten; wie problematisch dieses Thema jedoch ist, wird durch die Tatsache deutlich, daß sowohl die (hier kritisch betrachteten) Äußerungen STORBs und RAUHEs als auch zeitlich spätere Äußerungen GIESELERs [42] in ihrem Grundtenor der populären Musik wesentlich aufgeschlossener gegenüberstehen als die (hier aufgeschlossen wirkenden) Aussagen MAHRs und FINGERs:

So versichert FINGER im gleichen Aufsatz immerhin, sie "überlasse es mit gutem Gewissen einer späteren Zeit, über das ästhetische und geistige Niveau der sich karnickelhaft vermehrenden kulturellen Äußerungen unserer Epoche zu Gericht zu sitzen" [43] In der Bezeichnung 'karnickelhaft' wird nach v.SCHOENEBECK deutlich, daß sich FINGERs Ironie "als pure von Abscheu gezeugte Häme decouvriert" und dabei "nicht nur sachlich völlig unangemessen, sondern auch zutiefst inhuman" [44] sei.

Auch MAHRs Verhältnis seinen Schülern gegenüber erscheint im gleichen Aufsatz in einem seltsamen Licht, wenn er seinen 'Ausgangspunkt' beschreibt als "die heilsame Erschütterung jugendlichen Selbstvertrauens in punkto Hörfähigkeit. Noch weit unterhalb der Adornoschen Fiktion vom 'adäquaten Hören' lassen sich vom Klavier oder von Plattenbeispielen aus einfache Höraufgaben erstellen, an denen sich durch mangelhafte Bewältigung eigene Erfahrung darüber gewinnen läßt, in welchem Maße Hörfähigkeit verkümmert oder gar nicht ausgebildet wird, wenn das Ohr erst einmal an häufigen Konsum dumpf dröhnenden Schalls gewöhnt wurde,

---

[39] MAHR 1981, S.181
[40] ebd.
[41] FINGER 1981, S.184
[42] Vgl. hierzu HELMS 1984
[43] FINGER 1981, S.184
[44] SCHOENEBECK 1982, S.6

der mit bis zu 100 Phon Stärke die Discotheken terrorisiert." [45] Für FINGER wiederum ist diese "Schocktherapie (...) in ihrem negativen Ansatz jedoch pädagogisch indiskutabel." [46]

An der unsachlichen Verbissenheit, mit der Musikpädagogen sich über ihre eigenen Ziele und Motive geradezu in die Haare geraten - die hier zitierten Beispiele nehmen sich gegenüber zahlreichen Leserbriefen noch harmlos aus, werden erneut die Bedeutung und die Sensibilität dieser heiklen Thematik deutlich.

Zusammenfassend läßt sich festhalten, daß die Haltung der frühen 'Befürworter' populärer Musik äußerst zwiespältig erscheint: So wollen einige von ihnen diese Musik "keineswegs aufwerten, im Gegenteil. Die kritische Behandlung von Schlager und Jazz sollte den Schülern zeigen, wieviel besser doch die Musik von Bach, Mozart, Beethoven u. dgl. sei." [47]

Wie an den Äußerungen MAHRs und FINGERs im Vergleich mit denen von STORB, RAUHE und GIESELER dargelegt, muß man bei Veröffentlichungen über populäre Musik sehr deutlich zwischen dem tatsächlichem Anliegen eines Autors und dessen Formulierung unterscheiden, da sich einige der zunächst aufgeschlossen wirkenden Äußerungen bei näherem Hinsehen als hinter 'Verbalprogessismus' [48] versteckte Vorbehalte entpuppen:

Es ist tatsächlich auf den ersten Blick schwierig, Gegner und Befürworter populärer Musik zu unterscheiden; hier entsteht der Eindruck von Unredlichkeit oder Heimlichkeit: So müssen sich anscheinend gerade die 'heimlichen Befürworter' populärer Musik gegenüber ihren Kollegen mit der Pflichtbemerkung absichern, das eigentliche Ziel des Musikunterrichts bleibe natürlich die Pflege der Tradition, wohingegen die 'versteckten Kritiker' populärer Musik aus ihrer scheinbar offenen Grundeinstellung häufig die Legitimation ableiten, anschließend populäre Musik in Bausch und Bogen zu verdammen.

Andererseits wird beim Vergleich der frühen mit späten Äußerungen offensichtlich, daß bei vielen Gegnern populärer Musik ein Gesinnungswandel stattgefunden haben muß; unbeantwortet bleibt die Frage, ob "es sich dabei um Lernprozesse handelt oder um Opportunismus (...); auf jeden Fall haben (die Gegner populärer Musik) sich dadurch selbst in Widerspruch zu ihrer Theorie gebracht." [49]

Dieser Sachverhalt wird von Heinz MEYER anschaulich zugespitzt auf die für die Didaktik populärer Musik entscheidende, 'naive' Frage, welche Ziele diese denn nun tatsächlich verfolge. [50]

---

[45] alle in: MAHR 1981, S.182
[46] FINGER 1981, S.184
[47] LUGERT 1984, S.340
[48] Vgl. hierzu: GIESELER 1977
[49] LUGERT 1985/1, S.24
[50] MEYER 1974 (vgl. hierzu auch die Einleitung zu diesem Kapitel)

2. Reaktionen auf Rock und Pop (60er und frühe 70er Jahre)

Nachdem der Jazz sich zunächst im Musikunterricht, dann auch an Hochschulen und in Lehrwerken zunehmend durchgesetzt hat, tasten die ersten Aufsätze zum Thema Rock und Pop, in den 60er Jahren meist unter 'Beat' zusammengefaßt, noch sehr vorsichtig im für die Musikpädagogik neuen Gebiet.

Auch wenn den meisten Veröffentlichungen Unangemessenheit vorgeworfen werden kann, muß rückblickend allein der meist heftig umstrittene [51] Versuch, sich im musikpädagogischen Bereich mit Rock und Pop auseinanderzusetzen, als verdienstvoll gewertet werden, geschieht dies doch in Zeiten,

> "in denen die ersten Forderungen nach einer Einbeziehung von 'Popularmusik' (HAHN, RAUHE, REBSCHER, SEGLER, ZIMMERSCHIED u.a.) in den Musikunterricht tiefgreifende Kontroversen hervorriefen. Hätte man es nicht schwarz auf weiß, so würde man heute kaum mehr für möglich halten, in welcher Weise gegen die unterrichtliche Behandlung sogenannter Unterhaltungsmusik, in die man auch den Jazz einbezog, polemisiert wurde." [52]

2.1. Unangemessene Ansätze

Auch bei den Reaktionen auf Rock und Pop wird wie beim Jazz die Unangemessenheit zahlreicher Beschreibungsversuche besonders dann deutlich, wenn man sie mit der damals gerade aktuellen Musik vergleicht: So beschreibt GRÖSSEL zu einer Zeit, als jeder Beatfan sich heftigst vom Schlager distanziert [53] hätte, die "Tendenzen des Schlagers und einige typische Merkmale der eigentlichen Beatle-Musik". [54]

Neben der völlig unklaren Terminologie [55] ist auch GRÖSSELs Ansatz unangemessen, den Beat mit Kriterien traditioneller Analyse auf Melodik, Harmonik, Vortragskunst (sic;J.T.), Phrasierung und Artikulation [56] hin zu untersuchen: So bemängelt der Autor, daß Phrasierung im Beat "von vorneherein kleingeschrieben" und die Gitarre aufgrund mangelnder harmonischer Wendigkeit "als Begleitinstrument nicht ideal" sei - der Autor hält hier köstlicherweise eine 'Tastenharmonika' für geeigneter. [57]

Diejenigen Musikwissenschaftler, die sich später angemessener mit Rock und Pop befassen, erklären diese frühe Polemik gegen populäre Musik u.a. damit, daß in vielen Fällen bereits die Terminologie

---

[51] Vgl. hierzu Gespräch I in Kap.VI (ANHANG)

[52] LUGERT 1984, S.340

[53] Die Rockmusik jener Zeit war gerade eine Reaktion *gegen* den Schlager und seichte Unterhaltungsmusik. (Vgl. hierzu KNOLLE 1980, S.273 und SCHÜTZ 1982, S.20)

[54] GRÖSSEL 1969, S.438

[55] Was ist beispielsweise die 'eigentliche Beatle-Musik'?

[56] GRÖSSEL 1969

[57] GRÖSSEL 1969, S.438

und der musikwissenschaftliche Ansatz [58] der Kritiker zu Fehleinschätzungen führen mußte. So liegt nach KRAMARZ beispielsweise GRÖSSELs geradezu wütender Verriß des Beat-Gesangs in dem Umstand begründet, "daß der Gesang Träger der ekstasefördernden Ausstrahlung war und bei voreingenommenen Musikkritikern geradezu Entsetzen auslöste." [59] Das besonders deutliche Zitat GRÖSSELs über den Beatgesang soll hier im Wortlaut untersucht werden:

> "Jähe Ausbrüche wilden Geschreis, sozusagen fortissimo-Wirkungen, sind keine Seltenheit. Sie sind aber für den Musikkenner weniger eindrucksvoll. Wer schreit, überzeugt nicht, erst recht nicht, wenn er elektrisch verstärkt schreit. Man müßte für diese klangliche 'Aufgeblasenheit' eine Nadel erfinden, die ihr die Luft abläßt wie einem Gummitier. Dann würde ihre Unwichtigkeit und Lächerlichkeit schnell offenbar werden." [60]

Nimmt man GRÖSSELs Artikel ernst und versucht, den Kern der wütenden Aussagen auszumachen, wird man durchaus fündig: Natürlich ist ein mit mehreren tausend Watt verstärkter Gesang dynamisch 'aufgeblasen'; ohne Mikrofon wäre er nicht mehr derselbe. Jedoch: der entscheidende Eindruck, den Rockgesang hervorrufen soll und der nach GRÖSSEL dem 'Musikkenner' bezeichnenderweise verborgen bleibt, entsteht gerade durch die 'Aufgeblasenheit', vor allem durch die von KRAMARZ beschriebene ekstasefördernde Ausstrahlung des Gesangs, die man allerdings keinesfalls als 'außermusikalisch' abtun [61] und dann erleichtert von der musikbezogenen Analyse trennen kann: Musik und ihre Wirkung sind im Bereich ekstatischer Musik untrennbar miteinander verbunden, daher ist die ausschließlich musikimmanente Analyse bereits in ihrem Ansatz zum Scheitern verurteilt.

KRAMARZ stellt dem GRÖSSEL-Zitat ein Bild von SCHMIDT-JOOS entgegen, in dem dieser den Rhythm & Blues mit einer Maschine vergleicht, zu deren Beherrschung "es einer jahrelangen Erfahrung mit ekstatischen Klängen bedarf. Die Beat-Jugend ist dabei, die Hebel zu meistern." [62] Vor dem Hintergrund dieses Bildes ist KRAMARZ zuzustimmen, wenn er GRÖSSEL vorwirft, mit seiner ablehnenden Haltung die *Leistung* der jugendlichen Beatmusiker zu verkennen. [63]

KRAMARZ macht jedoch - aus musikwissenschaftlicher Sicht verständlich - die Bedeutung dieser seiner Aussage für die *pädagogische* Berücksichtigung populärer Musik nicht deutlich genug: In solchen

---

58 Vgl. hierzu KNEIF 1976, ders. 1979, ders. 1980/1

59 KRAMARZ 1983, S.135

60 GRÖSSEL 1969, S.441

61 "Das wichtigste am Rock'n'Roll ist nicht die Musik, sondern die Show"; "Eine amerikanische Lehrerin, die Studenten eine Einführung in Musik gab, fragte einmal, ob der sich ständig wiederholende Baß bei der Popmusik nicht langweilig sei. 'O', antwortete der Student, 'darauf achten wir nicht.'"; Beat ist " keine Musik zum Zuhören, sondern ein Ereignis zum Sozialkontakt. Bei den aktuellen Musikhappenings ist die Musik Nebensache. (alle in: STORB 1970)

62 SCHMIDT-JOOS (zit. nach KRAMARZ 1983, S.135)

63 KRAMARZ 1983, S.135

Mißverständnissen nämlich liegen einige der Ursachen für fehlerhafte und unangemessene musikpädagogische Betrachtungen über populäre Musik: So beschreibt GRÖSSEL mit seiner negativ gemeinten Aussage das exakte Gegenteil, nämlich eine gattungsimmannente *Leistung* der Musiker. Damit geht seine Aussage völlig am Wesen einer Musik vorbei, in der die *Art* der dynamischen 'Aufgeblasenheit' als das gattungsimmanente Qualitätskriterium 'Sound' durchaus über die Musik einer Gruppe entscheiden kann.

Insgesamt betrachtet ist der GRÖSSEL-Aufsatz in seiner Beschränkung auf musikimmanente Analyse ein Beispiel für frühe musikpädagogische Fehlinterpretationen populärer Musik. Eine umfassende Analyse erfordert Methoden, für die "Kategorien sowohl der Darstellung wie der Bewertung noch zu entwickeln sind." [64] Wie fragwürdig dagegen die mit Wertung verknüpfte musikimmanente Analyse ist, wird deutlich, wenn GRÖSSEL zugesteht, daß ternäre Phrasierung oder Verschiebung der Taktschwerpunkte "kein Mangel an künstlerischer Qualität sein" müssen. [65]

Durch solche Aussagen haben die Pädagogen nicht eben dazu beigetragen, das ohnehin geringe Interesse von Rock- und Jazzmusikern an der Schule und an pädagogischen Fragestellungen zu verstärken; statt einer möglichen Annäherung von Schule und populärer Musik findet zunächst eine deutliche Entfremdung statt, zu der auch sicherlich die Tatsache beigetragen hat, daß einige Pädagogen zwar wohlwollend, aber schlecht informiert und übereifrig versuchen, populäre Musik 'schulfähig' zu machen:

2.2. Übereifrige Ansätze

Obwohl einige Musikpädagogen bereits gegen Ende der 60er Jahre erkannt haben, daß populäre Musik mehr ist als ein musikalisches Phänomen [66] und darauf aufbauend fragen, ob populäre Musik als Unterrichtsgegenstand oder als Erfahrungsbereich der Schüler [67] einzustufen sei, versuchen übereifrige Pädagogen zunächst, diese Musik ohne genügende Hintergrundinformation für den Musikunterricht aufzubereiten.

So versichert Ilse STORB zwar, man könne als Informant "nicht genug informiert sein" über die zu behandelnde Musik, glaubt jedoch, diese Information könne "schnell erfolgen, wenn man z.B. illustrierte Zeitschriften und Schallplattenlisten durchblättert (...), ab und zu den Melody Maker kauft" usw. [68] Solche Informationen führen dann zu Beschreibungen wie der folgenden, die einschließlich des nahezu obligatorischen Bach'schen Trompetenzitats unangemessene musikpädagogische Behandlung von populärer Musik veranschaulicht:

> "Eine historische Anleihe sucht der Beat bei der Barock-Musik. Es entsteht der sogenannte *Barock-Rock* (Pop-Gruppe

---

[64] BAACKE 1968, S.63
[65] GRÖSSEL 1969, S.440
[66] KRAUS 1969
[67] KNOLLE 1975
[68] STORB 1970, S.545

> Procol Harun [sic;J.T.]). Sie spielt auch Soul-Beat mit expressiver Singstimme dargeboten. - Die Beatles verwenden in der Nummer Penny Lane, wie erwähnt, ein Trompetenzitat aus dem 2. Brandenburgischen Konzert." [69]

Anscheinend funktioniert auch der Informationsfluß unter den im Popbereich Publizierenden nicht besonders gut, hätte sich STORB doch bereits ein Jahr vor dieser konfusen Beschreibung wesentlich differenziertere Analysen beim Kollegen RAUHE besorgen können, in denen dieser verschiedene Stilrichtungen des Beat beschreibt und ihren raschen Wechsel als Wettlauf der Musiker mit der alles kommerzialisierenden Musikindustrie erklärt. [70]

Ilse STORB gehört sicherlich nicht zu den Verächtern populärer Musik - ganz im Gegenteil, dennoch wird sie in ihren damaligen Aufsätzen dieser Musik einfach nicht gerecht, auch wenn es der engagierten Verfasserin der ersten 'Informationen zur Pop-Musik' vielleicht noch am ehesten gelingt, zur "Erzeugung von multimedialem, assoziierendem, akustisch-optischem, mobilem, 'living' Total-Theater" [71] in einer musikpädagogischen Fachzeitschrift beizutragen. So scheinen durch die folgende, nahezu unverständliche Beschreibung der "Pop-Welt", zu gleichen Teilen Faszination und Verunsicherung:

> "Das Pop-Theater verwendet pop-action als Stilmittel. Der Pop-Film engagiert Pop-Stars zur Darstellung von Hippie-Satiren. Das Pop-cabaret dreht Schlager 'durch die Mühle', reinigt die Gehörgänge. Pop-Verlage geben Pop-Zeitschriften heraus. Religiöser Pop dringt in die Gottesdienste ein. Politischer Pop versucht sich im 'underground' als Revolution. Das neueste pop-musical 'Hair' soll (?;J.T.) alle Elemente der pop-music und der Hippie-Welt enthalten. Als pop-avantgardistisch in der Musik gilt es, außereuropäische Musikinstrumente (...) und elektronische Elemente zu verwenden. - 'Popige' 'mixed media'-parties werden in Pop-Lokalen zelebriert, die adäquate Pop-Kleidung in den popartig aufgemachten pop-shops mit Pop-poster-Dekor gekauft." [72]

Auch bei bestem Willen der Autorin haben solche Zeilen die Annäherung zwischen Schule und populärer Musik eher verzögert als vorangebracht: So werden einerseits die Pop-Insider durch die zahlreichen sachlichen Fehler [73] und die unklare Intention vermutlich in ihrem Vorurteil bestätigt, von der Musikpädagogik sei bezüglich ihrer Musik nichts zu erwarten; andererseits dient den Gegnern populärer Musik der feuilletonistisch anmutende STORBsche Stil als ein Indiz für die 'Unwissenschaftlichkeit' popbezogener musikpädagogischer Ansätze.

---

[69] STORB 1970, S.544
[70] RAUHE 1969
[71] STORB 1969, S.438
[72] STORB 1969, S.434
[73] Vgl. hierzu Kap.III.2.4.7

2.3. Gemeinsamkeiten der ersten Ansätze

Bei der Lektüre der ersten musikpädagogischen Aufsätze über populäre Musik wird kein gemeinsames pädagogisches oder wissenschaftliches Konzept erkennbar. Aus heutiger Sicht untersuchen nur wenige der zahlreichen Arbeiten ihren Untersuchungsgegenstand angemessen und keiner kann auch nur als Ansatz zu einer Didaktik populärer Musik gelten. Allein beim erkenntnisleitenden Interesse der Musikpädagogen sind Gemeinsamkeiten auszumachen. So zeigt die Analyse von Motivation, Zielen und Methoden gewisse Parallelen, die im folgenden aufgezeigt werden sollen.

2.3.1. Motivation der Musikpädagogen zum Umgang mit populärer Musik

Der populären Musik wurde zunächst nicht um ihrer selbst willen musikpädagogische Beachtung zuteil, sondern vor allem aus Sorge um die gefährdete Jugend. Angesichts der Tatsache, daß es "gegen alle Empirie (wäre) zu denken, daß der ungeheure Konsumfluß irgendwie aufzuhalten oder zu steuern sei" [74], untertitelt GRÖNING das Kapitel 'Pädagogische Folgerungen' mit einem griffigen Slogan, der auch geeignet wäre, die Motivation der Musikpädagogen zur Beschäftigung mit populärer Musik zusammenzufassen: "If you cannot beat it, join it!" [75]

Auch Dörte WIECHELL sieht in populärer Musik eine "immerpräsente Droge, das Stimulans zu Tagträumen sentimental-assoziativer Art (...). Glaubt man als Musikerzieher diese Bedürfnisse bei Schülern beobachtet zu haben, dann *muß* man Popmusik und Schlager in der Schule behandeln." [76]

Bereits fünfzehn Jahre zuvor hat SCHMIDT-JOOS vor den Gefahren der "Geschäfte mit Schlagern" gewarnt, da hier oft "musikalischer und textlicher Ausschuß - aufpoliert und synthetisch auf Hochglanz gebracht - an Unmündige herangetragen wird. Es geht um das Millionengeschäft mit Millionen Gutgläubigen, um den Raubbau an der Seele, um die Verarmung der Gefühlswelt. Das sind die wirklichen Gefahren der Geschäfte mit Schlagern." [77]

In dritten Band der von ihm herausgegebenen 'Schriftenreihe zur Musikpädagogik' betont JAKOBY die negativen Folgen des Konsumzwangs:

> "Über die technischen Mittler wird der Jugendliche von einer mit allen Raffinessen des Managements arbeitenden Vergnügungsindustrie manipuliert und in einen musikalischen Konsumzwang hineingestellt, der sich auf die Differenzierungsfähigkeit meist negativ auszuwirken scheint. Um so zwingender ergibt sich die Notwendigkeit, diesen Bereich von Musik in die Aktionen und Reflexionen des Musikunterrichts einzubezie-

---

74 GRÖNING 1970, S.37
75 ebd.
76 WIECHELL 1975, S.8
77 SCHMIDT-JOOS 1960, S.158

hen." [78]

Wie hier deutlich wird, hat sich bezüglich der Motivation der Musikpädagogen während der 50er und 60er Jahre keine wesentliche Änderung ergeben.

2.3.2. Zielvorstellungen in der Musikpädagogik

Den musikpädagogischen Zielsetzungen bei der Berücksichtigung von populärer Musik kommt, wie bereits in Kap.III.1.1 deutlich geworden, entscheidende Bedeutung zu. Dies gilt rückblickend um so mehr, als

- beim Vergleich der Entwicklung von Rock, Pop und Jazz einerseits und ihrer pädagogischen Berücksichtigung andererseits deutlich wird, daß den Zielen zwar größte Bedeutung zugemessen wird, daß jedoch - wenn überhaupt - nur ein Bruchteil dieser Ziele je erreicht worden ist,

- die unterschiedlichen Zielvorstellungen im Zusammenhang mit populärer Musik und Jugendkulturen als einer der wesentlichen Unterschiede zwischen 'etablierter' und 'alternativer' Musikpädagogik angesehen werden können,

- erst durch die Änderung der beiderseitigen Zielvorstellung sich seit Mitte der 80er Jahre [79] eine langsame Annäherung von 'etablierter' und 'alternativer' Musikpädagogik abzuzeichnen scheint.

Die frühen Ziele der Musikpädagogen, populäre Musik in die Schule zu integrieren, sind eine konsequente Folge ihrer Sorge um die gefährdete Jugend. So beziehen sich die wichtigsten Ziele auf musikbezogene Konsumerziehung und -differenzierung durch eine Erziehung zum bewußten, kritisch distanzierten Hören:

GRÖNING leitet aus seiner Untersuchung des Angebots an populärer Musik die Forderung ab, den Schüler zum "richtigen Gebrauch" der Massenmedien und zur "kritischen Auswahl" anzuleiten. [80] Auch für WIECHELL "kann das Ziel nur noch heißen: Relativierung und Distanzerzeugung durch Information und Reflexion sowie Hinführen zu einem selbst- (und nicht außen-) gesteuerten Konsum." [81]

Vermutlich haben die meisten der schulischen Probleme mit Rock, Pop und Jazz ihren Ursprung in solchen Zielen, weil deren Erreichen einige der mit dieser Musik verbundenen Bedürfnisse geradezu in ihr Gegenteil verkehren würden. Dadurch ergeben sich bei den Zielvorstellungen paradoxe Widersprüche, die MAHR zusammenfaßt als

> "ein wie auch immer verschwommener Konsens, durch Musik dem jungen Menschen eine Art Lebenshilfe zu geben (die letztlich

---

[78] JAKOBY in: GRÖNING 1970, S.3
[79] Vgl. hierzu Kap.III.3 und III.5
[80] GRÖNING 1970, S.48
[81] WIECHELL 1975, S.49

> in einer differenzierteren Genußfähigkeit besteht) und dabei Einsichten über Machart und Hintergründe des 'Heilmittels Musik' zu vermitteln, also dem Patienten die Medizin zu verabreichen, ihn aber gleichzeitig darüber aufzuklären, was er da schluckt." [82]

In Zielformulierungen wie der 'differenzierten Genußfähigkeit' wird die generelle Zwiespältigkeit musikpädagogischer Überlegungen deutlich. Solche Ziele wirken nach FINGER "wie eine Kapitulation. Ist schon nicht mehr als 'Genießen' erreichbar, dann doch wenigstens 'differenziertes'." [83]

Am Beispiel dreier Zielbeschreibungen im Zusammenhang mit populärer Musik [84] verdeutlicht die Autorin, daß sich

> "Didaktiker jedweder Couleur (...) durch den von Justus Mahr apostrophierten 'verschwommenen Konsens' aus(zeichnen). Narzißmus der Formulierung scheint den allmählichen Verlust an faßbaren Zielen zu kaschieren; denn die genannten Vorstellungen berühren dilettierend psycho-akustische und philosophisch-anthropologische Bereiche. Wen wundert es, wenn der Schulmusiker in seiner praktischen Arbeit nicht imstande ist, auf diese größtenteils diffusen Ziele hinzuarbeiten." [85]

Die von FINGER exakt beschriebene Zwiespältigkeit durchzieht zahlreiche musikpädagogische Zielvorstellungen im Zusammenhang mit populärer Musik und Jugendkulturen. So soll nach WIECHELL das jugendliche Bewußtsein geschärft werden "für das, was man tut, wenn man Probleme mit solcher Musik verdrängt. Vertrieben sollte keiner werden aus diesem 'Paradies', falls es für ihn eines ist, aber er sollte sich nach dem Unterricht an Schlagern nicht mehr herausreden dürfen, er wisse nicht, was er tut." [86]

Das aus jugendlicher Sicht durchaus problematische kritisch-distanzierte Hören ist jedoch für die Musikpädagogik stets ein unverzichtbarer Schritt auf ihrem Weg zum Ziel einer erfolgreichen 'Konsumerziehung'. In einem Bericht über 70 Schulfunk-Wunschkonzerte von Radio Bremen, zu denen 11.000 Kinder und Jugendliche ihre Musikwünsche mit Begründungen und Stellungnahmen eingeschickt

---

[82] MAHR 1982, S.182

[83] FINGER 1981, S.183

[84] - Werner Hahn: "Der Schüler soll durch eine differenzierte Wahrnehmungsfähigkeit zu höherem Genuß wie auch zu kritischer Distanz befähigt werden."
- Jochen Unbehaun: "Strukturierung der musikalischen Umwelt zum Zwecke des ihr jeweils angemessenen Umgangs, was Hebung der Genußfähigkeit und Differenzierung der musikalischen Verhaltensweisen beinhaltet"
- Dieter Zimmerschied: Aktives Musizieren, aktives Hören, bewußtes Genießen in anspruchsvoller Wahl und in rational gesteuerter Emotionalität ebenso wie in emotional gesteuerter Rationalität - das sind Ziele des Musikunterrichts, die nun aus dem Gärungsprozeß seiner Geschichte entstanden sind." (Alle in: FINGER 1981, S.184)

[85] FINGER 1981, S.184

[86] WIECHELL 1975, S.36

haben, betont v.IRMER, daß

> "79 Prozent aller Jugendlichen - einschließlich der Absolventen höherer Lehranstalten - als musikalische 'Analphabeten' angesehen werden können. Sie konsumieren zwanghaft billigste musikalische Massenware (...) und sind von sich aus nicht in der Lage, musikalische Erscheinungen nach Qualitätsmaßstäben zu beurteilen, wenn man sie nicht systematisch dazu anleitet." [87]

Neben der Gewißheit, daß Jugendliche andere Qualitätsmaßstäbe zur Beurteilung 'musikalischer Erscheinungen' anlegen als v.IRMER, entsteht hier die Frage, was die Autorin denn nun unter dieser systematischen 'Anleitung' versteht: Damit ist die Frage nach der Legitimation unterrichtlicher Manipulation gestellt, die in (III.2.4.3.) genauer untersucht wird.

Auch in der Wortwahl wird die Fragwürdigkeit der Ziele v.IRMERs deutlich, wenn sie betont, "wie bildungsfähig diese Jugendlichen sind, die keine Schuld daran tragen, daß sie musikalisch 'unterentwickelt' sind und daher dem Konsumzwang der Freizeitindustrie unterliegen." [88]

Dörte WIECHELL hat die Diskrepanz zwischen den Zielen der Musikpädagogen und der Funktion populärer Musik durchaus erkannt: Sie gibt zu bedenken, "daß der verbreitetste Zugriff auf Popmusik und Schlager ein primär affektiver, der Umgang mit ihnen lustbetont ist, die Gemeinsamkeit aller dieser Ziele aber darin besteht, daß sie rationale Klarheit vorantreiben helfen sollen" [89]

Angesichts dieser Einsicht geradezu unverständlich, regt die Autorin trotzdem an, "mit viel Arbeit und Selbstdisziplinierung (...) gegenständliches Hören, d.h. ein von den eigenen Bedürfnissen abgetrenntes strukturell-analytisches Hören" [90] zu üben.

Solche Aussagen gehen eindeutig über alle Zielvorstellungen hinaus, die im Zusammenhang mit populärer Musik erreichbar und sinnvoll erscheinen, weil "die Berücksichtigung außermusikalischer Faktoren von Popmusik (...) bei der Autorin (...) hinter musikimmanente Analysen" [91] in unangemessenem Maß zurücktreten: Der von WIECHELL angestrebte, geradezu unterkühlt wirkende Umgang mit populärer Musik *kann* Schüler nicht dazu bewegen, diesem Unterrichtsthema irgendetwas abzugewinnen, weil hier jegliche außermusikalische Funktion von Musik unter den Tisch gefallen ist.

So sieht WIECHELL den kognitiven Umgang mit Musik allgemein belastet von "der in den meisten Elternhäusern genährten Überzeugung, Musik sei zur Unterhaltung und Entspannung da." [92] Über ihr Lernziel, "junge Menschen kontrolliert und dosiert mit dem Flucht-

---

87 IRMER 1967, S.54
88 ebd.
89 WIECHELL 1975, S.51
90 WIECHELL 1975, S.51
91 SCHOENEBECK 1982, S.13
92 WIECHELL 1975, S.51

raum 'rauschhafte Musik' umgehen zu lehren" [93], scheinen die Musikpädagogen vergessen zu haben, daß selbstverständlich jede Musik *auch* zur Unterhaltung und Entspannung da ist.

2.4. Unterrichtliche Konsequenzen: Über die Un-Unterrichtbarkeit populärer Musik

Didaktische Reflexionen wie die hier dargestellten bleiben nicht ohne unterrichtliche Konsequenzen, sind sie doch vermutlich das Muster für viele hilflose Musiklehrer, die nur wenig über populäre Musik und noch weniger über Jugendkulturen wissen, sich nach folgendem 'Rezept' zu verhalten:

> "Zu Anfang des Unterrichts läßt man sich von den Schülern ohne Einschränkung Beatplatten oder sogenannte Lieblingsplatten mitbringen, die man ruhig wahllos spielen lassen kann. Dann sollte man versuchen, die Schüler für die sozialen Zusammenhänge und die Ursachen des Beat zu interessieren." [94]

Hier soll populäre Musik ihrer Funktion beraubt und zum Arbeitsmaterial umfunktioniert werden, was in der Praxis dann vielleicht so aussieht wie im folgenden Beispiel einer Musikstunde, das von seinem Autor, einem Musiklehrer und -fachleiter, als ein "nicht untypisches Beispiel" bezeichnet wird:

> "Der Lehrer betritt die lärmende Klasse, geht zur Stereo-Anlage, legt die Platte einer Pop-Gruppe auf, läßt 10 Minuten hören, stellt dann die Frage, was für und gegen diese Musik spricht: Befürworter und Gegner reden laut aufeinander ein. Der Lehrer ruft zur Versachlichung der Diskussion auf, die Schüler bezichtigen sich gegenseitig - zum Teil laut rufend - eines 'schwachsinnigen' Musikgeschmacks. Der Lehrer legt eine andere Platte auf, diesmal die Lieblingsplatte der 'Gegengruppe': Die Lautstärke schwillt während des 'Hörens' an, Gelächter und Rufen quer durch die Klasse. Der Lehrer schreibt die Namen der beiden Gruppen an die Tafel und dazu noch 'pro' und 'contra', bittet um sachliche Argumente, gar um musikalische Kriterien. In der hinteren Reihe beschäftigen sich einige mit dem Weitergeben einer Schulmappe, der notorische Raucher kommt vor und bittet, die Toilette aufsuchen zu dürfen. Einer sagt: 'Gitarren, Schlagzeug und Elektronik', darf es an die Tafel schreiben, doch es paßt nicht unter das Bewertungskriterium 'contra', da es ein rein deskriptiver Beitrag ist; der Lehrer wischt es wieder aus, schaut auf die Uhr und teilt, da die Zeit weit fortgeschritten ist, Arbeitsbögen zur Auswertung des Schülergeschmacks aus (Er ist Referendar und 'zieht eine Unterrichtseinheit durch' mit dem Titel 'Popmusik als Ausdruck jugendlicher Selbstdarstellung'). Fünf Schüler suchen in ihren Mappen nach einem Schreibgerät, die übrigen reden, der Lehrer gibt Anweisungen zum Ausfüllen; hinten ruft einer, seine Mappe sei weggekommen, der Raucher kommt wieder herein, einer hat aus dem Arbeitsblatt einen Papierflieger gebastelt und läßt ihn durch

---

[93] WIECHELL 1975, S.48
[94] STORB 1970, S.545

die Klasse segeln, der Lehrer verwarnt ihn, und da klingelt es, die Stunde ist zuende: Vier Blätter kommen zurück, etwa 15 bleiben auf den Bänken und auf dem Boden liegen, die Klasse verläßt lärmend den Raum, der Lehrer trägt ins Klassenbuch das Stichwort 'Popmusik' ein, der Klassenbuchführer nimmt es an sich und sagt im Hinausgehen: 'Ich finde das gut, daß Sie mit uns Popmusik machen, das macht wenigstens Spaß'" [95]

Jeder, der bereits im populären Bereich unterrichtet hat, weiß, daß dieses Beispiel - durchaus realistisch - einige der Probleme veranschaulicht, die beim Unterrichtsthema 'Popmusik' entstehen können. Auch nach Meinung zahlreicher im Unterrichtsalltag stehender Kolleginnen und Kollegen [96] kann die hier beschriebene Situation als nicht untypisch bezeichnet werden.

Einige der hier explizit und implizit deutlich werdenden Probleme beim 'Thema Pop' sollen in den folgenden Kapiteln im Hinblick auf ihre Ursachen analysiert werden; diese Ursachen können sowohl im *Verhalten der Schüler* als auch in den *Vorstellungen der Pädagogen* (Literaturanalyse) begründet liegen.

Der Versuch der Trennung dieser beiden Ursachen kann hier jedoch nur teilweise 'objektiv' geschehen, da in einer auf zitierbare Vorlagen angewiesenen Arbeit das Verhalten der Schülerinnen und Schüler in der Regel auch durch Pädagogen beschrieben wird: So bleibt man bei der Beschreibung der Schülerbedürfnisse und -reaktionen entweder auf die meist von Pädagogen durchgeführten Untersuchungen über Schülerhörgewohnheiten [97] oder auf Randbemerkungen in pädagogischen Publikationen angewiesen.

Angesichts dieser Situation erscheint es mir durchaus legitim, meine eigenen, langjährigen Erfahrungen mit dem Unterrichtsthema 'populäre Musik' als Lehrer und vor allem auch als Schüler sowie zahllose Gespräche mit Schülern und Lehrern in die Analyse der musikpädagogischen Literatur, der 'Lehrerseite' also, mit einzubeziehen, wohl wissend, daß meine Erfahrungen subjektiv und besonders die Schülererlebnisse während der 70er Jahre heute nur noch unter Vorbehalt heranzuziehen sind.

2.4.1. Die 'zerstreute' Rezeption von populärer Musik im Unterricht

Die MAHRsche Schilderung unterrichtlicher Schwierigkeiten mit der Popmusik ist nach Hildegard FINGER zwar "mit Sicherheit Abbild durchlittener Realität (und es ist nicht ganz fair, sie einem Lehramtsanwärter anzulasten), die mit blamabler Schonungslosigkeit Kardinalfehler des Unterrichtens *allgemein* aufdeckt: nämlich sich

---

95 MAHR 1981, S.180

96 Die verschiedenen hier angesprochenen Meinungen begegneten mir während meiner über zehnjährigen Beschäftigung mit dieser Thematik durch ein im Laufe der Zeit sensibilisiertes Rezeptionsverhalten in Gesprächen (Kap.IV) und bei der Literaturanalyse (Kap.III).

97 LUGERT 1981/2; PAPE 1971/1; ders. 1973

der Sache *und* dem Schüler gegenüber inadäquat zu verhalten. Eine solche Duplizität der Fehler kann nur im Chaos enden" [98]

Die Autorin hat jedoch nicht erkannt, daß heute wie zu dieser Zeit über "das inzwischen bis zum Überdruß diskutierte Problem Pop" [99] noch nicht genug diskutiert worden ist: Zur schulischen Bewältigung von populärer Musik gibt es zwar auch damals schon "zahlreiche Anregungen; die meisten neueren Lehrwerke integrieren den sog. populären Bereich; der Akzent liegt auf Analysen und Untersuchungen des Umfeldes." [100] Solche 'Analysen und Untersuchungen des Umfeldes' nach dem folgenden Muster sind jedoch vom Ansatz her zum Scheitern verurteilt:

> "Ist das Interesse an einer Diskussion über die sozialen, textlichen und künstlerischen Gegebenheiten von Pop-art und Pop-music geweckt, müßte es möglich sein, die Entwicklung der Popmusik zu besprechen. Schließlich könnte man mit Schülern die verschiedenen und die neuesten Richtungen der Popmusik zu unterscheiden versuchen." [101]

Solche didaktisch-methodischen Ansätze,die zudem stets als selbstverständlich voraussetzen, daß Schüler sich eine Behandlung ihrer Freizeitmusik im Unterricht wünschen [102], führen dann verständlicherweise häufig zu dem Ergebnis, daß die Schüler die Behandlung 'ihrer' Musik langweilt. Der Verlauf einer solchen Stunde sieht dann oft so aus, daß die Schüler sich laut zu unterhalten beginnen, sobald 'ihre' Musik im Unterricht ertönt. [103] Damit ist der Musikunterricht endgültig zum - mehr oder weniger gemütlichen - Beisammensein mit "zerstreuter Rezeption" [104] von Hintergrundmusik verkommen.

Das Erklingen freizeitorientierter Musik verdeutlicht unangenehm die schulische Lernsituation, da diese Musik eben keine Musik zum ruhigen Zuhören ist, wie nahezu alle Musikpädagogen übereinstimmend feststellen. Vermutlich ist das laute Unterhalten die geringste der physischen und psychischen Aktivitäten, die einen Schüler befähigen, populäre Musik 'richtig' [105] zu rezipieren und den durch sie entstehenden affektiven Druck zu kompensieren.

---

[98] FINGER 1981, S.183
[99] FINGER 1981, S.184
[100] ebd.
[101] STORB 1970, S.545
[102] Auch wenn einige Schüler diesen Wunsch ihren Musiklehrern gegenüber immer wieder äußern, zeugt bereits dessen generelles Voraussetzen von mangelndem Einfühlungvermögen in das Verhältnis von Schülern der 60er Jahre, auf die sich musikpädagogische Autoren immer wieder ausdrücklich beziehen ("Die solidarisierte Beat-Generation ist eine völlig neue Generation" in: STORB 1970, S.543), zu 'ihrer' Musik.
[103] Vgl. hierzu: BRÖMSE/KÖTTER 1971, S.13 sowie MAHR 1981
[104] BENJAMIN 1963
[105] Der absichtlich unklar belassene Begriff der 'richtigen' Rezeption wird hier bewußt als Gegensatz zum immer wieder benutzen Begriff des 'angemessenen' Hörens benutzt, um zwei gegensätzliche, jedoch undefinierte Anforderungen an den Hörer zu charakterisieren.

Solche immer wieder beschriebenen Musikstunden wären trotz 'zerstreuter Rezeption' durchaus zu verkraften, wenn letztere nicht nahezu regelmäßig aufträte. Nicht nur im Fall von Rock und Pop wird das von Pädagogen meist angestrebte über das 'bloße Anhören hinausgehende' Hören von den Schülern nicht gewünscht, um die Musik nicht 'kaputtzumachen': Sie soll nicht versachlicht, ihre Atmosphäre nicht durch rationale Analyse zerstört werden.

2.4.2. Unterschiedliche Ansprüche an populäre Musik im Unterricht

Schüler und Lehrer sind sich zwar anscheinend einig darüber, daß populäre Musik keine Musik zum 'bloßen' Zuhören ist; was jedoch über das Zuhören hinaus zu tun sei, darüber herrschen entgegengesetzte Vorstellungen, da Schüler und Lehrer mit populärer Musik im Musikunterricht verständlicherweise völlig verschiedene *Ansprüche* verbinden.

Bei der Beschreibung dieser Ansprüche entsteht das oben erläuterte Problem, daß die Schüleransprüche meist auch durch Lehrer artikuliert werden: Da steht dann das (von einer Pädagogin formulierte) Bedürfnis der Schüler "zur zeitweiligen kognitiven Selbstauslöschung" [106] dem Anspruch der 'etablierten' Musikpädagogik gegenüber, populäre Musik könne ihre Selbstverständlichkeit als Unterrichtsgegenstand dadurch beweisen, daß "sie sich in die Ziele und Arbeitsweisen des Musikunterrichts voll integriert (...und) - wie alle anderen Bereiche - mit hohen Ansprüchen daherkommt: hinsichtlich des Musizierens, hinsichtlich ideenreicher, kenntnisreicher und aspektreicher Analysen und Interpretationen (...)" [107]

Das Erkennen dieser nicht nur im populären Bereich auftretenden Diskrepanz zwischen verschiedenen Ansprüchen würde den Musiklehrern als analysegewohnten Fachleuten in Erinnerung rufen, daß auch ihnen häufig erst nach der ansatzweisen Überwindung der eigenen 'Berührtheit' eine kognitive Betrachtung von Musik möglich geworden ist und verdeutlichen, daß diese Überwindung als durchaus problematisches Ziel des Musikunterrichts nicht um jeden Preis auf Kosten des Musik-Erlebens erreicht werden sollte.

Die Mehrzahl der Autoren in den hier untersuchten Publikationen verlangt von den Schülern zumindest implizit, daß diese über die außermusikalischen Ansprüche ihrer popbezogenen Weltanschauung hinauswachsen; umgekehrt müßten Musiklehrer in die Lage versetzt werden, über die Ansprüche einer *musikbezogenen* Weltanschauung hinauszusehen und ihr Fach kritisch in Frage zu stellen: Es ist *nicht* immer sinnvoll, Schüler zum 'angemessenen' Hören anzuleiten, denn hierbei entsteht die Gefahr, daß, so paradox dies auch klingen mag, ein wichtiger Bereich ihres musikalischen Erlebens beschnitten wird, was emanzipatorische Lernziele geradezu in ihr Gegenteil verkehren würde.

Die Musikpädagogik muß nicht immer dem ZIMMERSCHIEDschen Anspruch an den Musikunterricht folgen, den Schüler auf den Weg vom "reißt

---

[106] WIECHELL 1975, S.7
[107] RICHTER 1984, S.339

mein Inneres in Stücke" zum "kann ich Gefallen dran finden" zu führen,[108] weil dieser Weg bei der Verwendung von "Musik als Mittel für ein gebildetes Gespräch" enden könnte, die ZIMMERSCHIED an anderer Stelle[109] zu Recht als Alptraum bezeichnet hat.

2.4.3. Fragen nach der Legitimation unterrichtlicher Manipulation

In vielen Aufsätzen wird allein durch die Wortwahl deutlich, daß der Unterricht 'an' populärer Musik das Ziel haben soll, die Schüler zu beeinflussen: In ihrem Vorwort wendet sich WIECHELL an den "Kollegen, der an (sic;J.T.) Pop bereits experimentiert hat."[110] An anderer Stelle betont sie, ein Schüler solle "sich nach dem Unterricht an (sic;J.T.) Schlagern nicht mehr herausreden dürfen, er wisse nicht, was er tut."[111]

Die ersten Versuche der Musiklehrer, *an* populärer Musik zu 'experimentieren' statt *mit* ihr zu unterrichten und der Wille zahlreicher Schüler, diese Experimente nicht mit 'ihrer' Musik und damit letztlich mit sich selbst machen zu lassen, hat das frühe Scheitern einer Didaktik populärer Musik vorbestimmt. So ist es für Musikpädagogen als musikanalytisch geschulte Fachleute bereits schwierig einzusehen, daß es völlig verschiedene Arten des 'angemessenen' Hörens gibt und daß Musik auch eine dienende Funktion haben kann:

> "Trotz (sic;J.T.) aller Aufklärung über das eigene Verhalten werden sich Schüler, die Popmusik lieben, nicht davon abbringen lassen, täglich stundenlang bei unerträglicher Lautstärke unerträgliche Musik zu hören. Wer hätte das Recht, ihnen das vorzuwerfen? Nur der, der ihnen bessere Musik anzubieten weiß! Auf diese Chance sollte die Musikpädagogik nicht verzichten; es ist ihr eigentlicher Auftrag."[112]

In diesem Fall ist der häufig etwas überzogen wirkenden[113] Kritik v.SCHOENEBECKs durchaus zuzustimmen: "Wenn jemand die Jugendlichen fremdbestimmt, dann wollen die Pädagogen dies tun (...), ganz uneigennützig und zum Besten der Jugend und der Gesellschaft und der abendländischen Musikkultur."[114]

Auch die folgende Warnung ZIMMERSCHIEDs ist hier anscheinend nicht beachtet worden: "Auf den Geschmack der jungen Menschen einzuwirken kann nur mittelbares, niemals unmittelbares Ziel der Musikpädagogik sein. (...) Unmittelbare Geschmacksbildung gerät leicht in die Nähe einer wenn auch noch so gut gemeinten Manipulation, die gleichzeitig Macht ausübt und ästhetische Selbstfindung verhindert."[115]

---

108 ZIMMERSCHIED 1971, S.57
109 ZIMMERSCHIED 1971, S.79
110 WIECHELL 1975, S.4
111 WIECHELL 1975, S.36
112 HENNEBERG 1974, S.621
113 Vgl. hierzu Kap.III.4.3
114 SCHOENEBECK 1982, S.15
115 ZIMMERSCHIED 1971, S.60

Die hier deutlich werdende einfühlsame Grundhaltung wird jedoch abgeschwächt durch des Autors Definition einer 'mittelbaren' Geschmacksbildung: "Mittelbar insofern, als ästhetische Kriterien sich ohnehin einstellen, wenn dem Hörer eine dem Kunstwerk angemessene Hörhaltung nahegebracht werden konnte." [116] ZIMMERSCHIED geht es also bei genauerem Hinsehen doch um ziemlich eindeutige 'Geschmacksbildung', was auch angesichts des Bildungsauftrages der Schule durchaus verständlich erscheint. Gerade durch die in der unklaren Terminologie deutlich werdende Einstellung des Autors wird er jedoch eher das Gegenteil erreichen.

Das zentrale unterrichtliche Problem stellt sich in diesem Zusammenhang wie folgt dar: Die meisten der hier zitierten Musikpädagogen wollen die Hörgewohnheiten, den Geschmack und letztlich die Schüler selbst beeinflussen. Selbst wenn man jedoch eine 'gutgemeinte' oder 'mittelbare' Manipulation akzeptierte, entstünden unterrichtliche Probleme: Viele Schüler sind im Anschluß an die 'zerstreute Rezeption' häufig nur solange motiviert, bis die Musik verklungen ist, da eine Diskussion ohne gegenseitiges Verständnis - ja ohne Verstehen - nicht nur unfruchtbar, sondern auch langweilig ist. Langeweile jedoch ist gefährlich für jeden Unterricht, und so besteht der 'Ausweg' vieler Musiklehrer im ungünstigsten Fall erfahrungsgemäß darin, nach dem Vorspielen der Platte lediglich Titel, Interpreten und andere den Schülern sowieso bekannte Fakten aufzuzählen. So führt der Versuch zur 'Geschmacksbildung' letztlich zum Gegenteil, nämlich zur "unkritische(n) Verlängerung freizeitbezogener Konsumptions- und Hörgewohnheiten in den Musikunterricht hinein." [117]

Ähnliches wird auch im nächsten Kapitel deutlich: Ein die populäre Musik prinzipiell ablehnender Musiklehrer läuft viel eher Gefahr, als 'Discjockey' die kritiklose Haltung seiner Schüler zu unterstützen.

2.4.4. Der Musiklehrer als Discjockey

Der im vorangegangenen Kapitel beschriebene Unterricht läßt den Musiklehrer als "billigsten Promotor der Schlagerindustrie" [118] oder als "akademisch vorgebildeten Discjockey" [119] agieren.

Das Bild vom plattenauflegenden Musiklehrer durchzieht zahlreiche musikpädagogische Veröffentlichungen: WALDINGER gibt einem Kollegen "völlig recht, wenn Sie weder ein schlecht bezahlter (und wohl auch nicht überzeugender) 'Disc-Jockey' sein möchten, noch ein naiver Handlanger der Unterhaltungsindustrie" [120] BARTELS formuliert besonders wertend, "Musiklehrerinnen und -lehrer müßten sich (...) zum discjockey degradieren. Damit unvereinbar - zumindest auf dauer - ist der anspruch jeder schule, lehren zu wollen" [121]

---

116 ZIMMERSCHIED 1971, S.60
117 SCHÜTZ 1982, S.13
118 MEYER 1974, S.624
119 WEHRLE 1971, S.362
120 WALDINGER 1985, S.128
121 BARTELS 1982, S.51

Auch FINGER beschreibt den 'Musiklehrer-Discjockey' äußerst negativ: Dieser Lehrer "hat seinen Beruf verfehlt: Er stellt sich methodischen Schwierigkeiten nicht, verlangt Widerstandsbewältigung aber auch nicht von seinen Schülern; er mißbraucht die Sache Musik, weil er sie nicht *vermittelt*, und unterfordert seine Schüler, weil er sie geistig und menschlich im Stich läßt" [122]

Die Motivation eines Lehrers, populäre Musik auf diese bequeme Weise in den Unterricht zu integrieren, entspringt erwartungsgemäß nicht immer dem generellen Befürworten dieser Musik. FINGER lehnt es im Zusammenhang mit dem 'Musiklehrer-Discjockey' ab, "der Musikpräferenz der Schüler - aus welchen Gründen auch immer - nachzugeben." [123] Hier ist der in Gedankenstriche gesetzte Teil des Satzes zu betonen: Als 'Discjockey' fungiert nicht nur der Popfan unter den Musiklehrern, sondern ungewollt auch und gerade derjenige, der als Popverächter lediglich 'Aktuelles' bieten will oder seine Schüler billig motivieren, 'jung' wirken oder "geschickter als andere seine klassische Musik verkaufen" [124] möchte.

Auch die sinngemäß häufig angewandte Bezeichnung des Musiklehrers als eines 'akademisch vorgebildeten' Discjockeys ist in sich widersprüchlich: So stellt WEHRLE die Verneinung der Frage: "Soll Musikunterricht überhaupt noch zum musikalischen Kunstwerk führen?" als einen Grund für die Existenz dieses 'akademisch vorgebildeten' Discjockeys dar. [125]

Nimmt man den Begriff 'akademisch' ernst und bezieht folgerichtig die Musiklehrerausbildung in die Überlegungen mit ein, würde sich der Widerspruch in der WEHRLEschen Terminologie gerade dann auflösen, wenn man populäre Musik in die Musiklehrerausbildung aller lehrerausbildenden Institute mit einschlösse: Bei einer Hochschulausbildung, die nur dem Ziel der 'Hinführung zum musikalischen Kunstwerk' (WEHRLE) Rechnung trägt, kann der Lehrer im Popbereich kaum mehr als ein Discjockey sein, wohingegen die Berücksichtigung der populären Musik an den Hochschulen dem angehenden Lehrer zumindest Grundkenntnisse vermitteln und somit das 'Oberflächenexpertentum' eines Discjockeys verhindern würde.

Festzuhalten gilt, daß auch Autoren, aus deren Beiträgen eigentlich die zwingende Notwendigkeit der schulischen und hochschulischen Berücksichtigung von populärer Musik deutlich wird, dies nicht erkennen und sich statt dessen gegen diese Berücksichtigung wehren: So behauptet WEHRLE, daß "mit Sicherheit beim Eindringen von Pop, Beat und Musical in den Schulunterricht" ein "klassischer Fall von Konsumzwang" entstünde. [126]

Gerade das Gegenteil ist der Fall: Der ohnehin bestehende Konsumzwang kann, wenn überhaupt, dann nur durch schulische Aufklärung bewußt gemacht werden. Didaktische Ansätze, die populäre Musik und

---

122 FINGER 1981, S.184
123 FINGER 1981, S.184
124 MEYER 1974, S.627
125 WEHRLE 1971, S.361
126 WEHRLE 1971, S.361

Jugendkulturen generell verdammen und sie aus der Schule ausschließen wollen, tragen so u.U. eher dazu bei, daß sich die Hör- und Konsumgewohnheiten der Schüler unreflektiert oder gerade aus Opposition zum ständig über 'ihre' Musik wetternden Lehrer festigen.

Diese Festigung - das soll im folgenden Kapitel dargelegt werden - stellt für zahlreiche Schüler keine bloß pubertäre Opposition gegen Erwachsenenkulturen dar, sie ist häufig vielmehr das Resultat eines Sperrmechanismus zum Schutz der mit populärer Musik "verbundenen existentiellen Bedürfnisse". [127]

2.4.5. Das Problem des Schutzmechanismus

Wenn das schulische Interesse an Jugendkulturen rein pädagogischer Natur ist, werden häufig die falschen Kriterien an die Beschreibung und Beurteilung dieses Phänomens gelegt. Je weiter die musikbezogene Weltanschauung der Lehrer und die popbezogenen Interessen der Schüler auseinanderdriften, desto eher entsteht natürlich die Gefahr von Mißverständnissen, doch selbst im aufgeschlossenen Lehrer sehen skeptische oder lernunwillige Schülerinnen und Schüler bei kleinsten Fehlern und Ungenauigkeiten einen Eindringling, der sie 'ihrer' Musik entfremdem will, ein Verdacht, der gar nicht so abwegig ist:

Die Funktion von populärer Musik für Jugendliche wird auch bereits in frühen Arbeiten immer wieder be- und umschrieben als

- Daseinserleichterung,Affektidentifikation und vitale Ekstase[128]
- Fluchtvehikel aus einer nicht bewältigten Umwelt [129]
- Ausdruck des Protests [130]
- Mittel zum Sozialkontakt [131]
- Erweiterung des Vorstellungsbereichs einer Eigenwelt der Jugend [132]
- Mittel zur Erfahrung subkultureller Identität [133]

Wenn die mit populärer Musik und Jugendkulturen befaßten Musikpädagogen tatsächlich derartige Funktionen in den Jugendkulturen erkannt haben und sich folglich darüber im klaren sind, was das Ziel der Bewußtmachung dieser Funktionen für Jugendliche bedeuten muß,

---

127 SCHÜTZ 1982, S.167
128 LEMMERMANN 1978, S.318ff
129 WIECHELL 1985, S.37
130 BAACKE 1968
131 STORB 1972, S.189
132 BORRIS 1973, S.187
133 BELL 1968

sind die beispielsweise von WIECHELL operationalisierten Ziele [134] im Zusammenhang mit Rock und Pop als äußerst problematisch anzusehen: So darf es beispielsweise nicht Resultat des Musikunterrichts werden, Jugendliche der Funktion populärer Musik durch Bewußtmachung dieser Funktion u.U. zu berauben.

Angesichts des offensichtlichen Erkennens der jugendkulturellen Bestimmtheit populärer Musik ist das musikpädagogische Ziel der Bewußtmachung solange fragwürdig, wie die Musikpädagogik nichts an die Stelle solcher Musik setzen kann, was diese Funktion an deren Stelle erfüllt; andernfalls müssen die Musikpädagogen sich den Vorwurf gefallen lassen, den Schülerinnen und Schülern etwas wegnehmen zu wollen, für das sie selbst keinen Ersatz anbieten können.

---

[134] Beispiele: "Der Schüler soll etwaige Neigungen zu sentimental-assoziativem oder regressiven Hören bei sich und anderen erkennen können, ihren möglichen Gründen nachgehen und seinen eigenen psychischen Haushalt bewältigen lernen, indem er sie entweder bewußt als wegen seiner situativen Bedingtheit nötige Hörformen auf Zeit akzeptiert oder abzubauen trachtet"
Solche Ziele sollen erreicht werden, indem der Schüler "sich zu rationaler Distanz gegenüber (Schlager und Popmusik) zumindest zeitweilig zwingt" und "seine eigene psychische Situation in ihrer etwaigen Identifikationsbedürftigkeit, Manipulierbarkeit, Regressionsbereitschaft erkennen lernt, Einsichten in die etwaigen Gründe gewinnt und Strategien zu ihrer Behebung entwickelt"
Beim Schlager sollen die Schüler u.a. "Reizwörter im Text auswendig aufschreiben", diese "nach Kategorienzugehörigkeit interpretieren können", "Wortklasseanalysen vornehmen" und anschließend die "Wörter daraufhin überprüfen, ob sie besser in einem Märchen oder auf der Nachrichtenseite einer seriösen Tageszeitung zu finden wären" (wäre folglich der Text eines musikpädagogisch für 'gut' befundenen Schlagers auch gut für die Nachrichtenseite?)
Weiterhin sollen Schüler "die Grundprinzipien der stereophonischen Aufnahmetechnik begreifen" und in einer dreispaltigen Anordnung (links - Mitte - rechts) die Aufstellung der Klangerzeuger bei der Aufnahme zu rekonstruieren suchen" sowie "dabei erkennen, daß das Identifikationsobjekt aufnahmetechnisch in das Zentrum gerückt wird." Weiterhin sollen sie "Unebenheiten erkennen, die im Refrain durch die Ungeübtheit des Sängers entstanden sind" usw.
Die wenigen Ausnahmen des anderthalbseitigen Zielkatalogs, die den Bedürfnissen der Schüler ansatzweise entgegenkommen, sind bezüglich ihres Lerneffektes als unklar oder unsinnig anzusehen: so der Versuch, "durch Versuch und Irrtum die optimale Sitzordnung einer größeren Gruppe vor einer Stereowiedergabeanlage" herauszufinden oder der Versuch, die "überschlagende Oberstimme selbst auf Band zu singen"
Das einzige unter dem Aspekt der Schülerzentrierung etwas sinnvollere Ziel ist das "Umschneiden der Schallplatte auf Tonband", wobei die Funktion der Pegel erfahren werden soll. (Alle in: WIECHELL 1975, S.49f und 151ff)

Die in den hier untersuchten Zielen deutlich werdende pädagogische Zuversicht, Schülerinnen und Schüler würden sich durch schulischen Einfluß 'ihrer' Musik kritischer zu- oder gar von ihr abwenden, muß angesichts der elementaren Bedeutung populärer Musik für die Entwicklung und das Leben von Jugendlichen [135] als illusorisch bezeichnet werden, wie die Zwiespältigkeit früher Ansätze deutlich macht:

Wie soll beispielsweise den Schülern die Fluchtmöglichkeit in 'ihre' Musik erhalten bleiben - "vertrieben werden soll niemand aus diesem 'Paradies'" - und gleichzeitig ihr Bewußtsein geschärft werden "für das, was man tut, wenn man Probleme mit solcher Musik verdrängt"? [136] Wenn ein Jugendlicher wirklich 'weiß, was er tut', wenn er mit Rock oder Pop Probleme verdrängt, dann benötigt er dieses "Fluchtvehikel" [137] nicht mehr; wenn er andererseits die Verdrängungsmöglichkeit durch populäre Musik noch braucht, wird er jeden Eingriff als bedrohlich abweisen und sich gegen ihn wehren.

---

135 KNOLLE unterscheidet in Anlehnung an REIMANN 'manifeste' von 'latenten' Funktionen populärer Musik in der Freizeit von Jugendlichen, wobei er als manifeste Funktion "die Wirkung eines Gegenstandes oder einer Handlung im Hinblick auf die Erfüllung eines bestimmten Zwecks bezeichnet, wenn sie vom Subjekt sowohl beabsichtigt als auch wahrgenommen wird, und als latente Funktion, wenn die Wirkung zwar eintritt, aber weder beabsichtigt ist noch dem Subjekt bewußt wird."
Nach dieser Definition beschreibt KNOLLE als manifeste Funktionen: populäre Musik als
- Rückzugsbereich (Ablenkung von Alltagsproblemen)
- Erlebnis von 'Action' (unmittelbare Bedürfnisbefriedigung, sofortiges Ausleben von Handlung und Ergebnis)
- Ausdruck von Befindlichkeit und Selbstverständnis (Narzißtischer Genuß der eigenen psychischen Befindlichkeit im Spiegel der Musik, Ausdruck des Selbstverständnisses von Musikern und Zuhörern als Information zum Selbstverständnis der anderen Jugendlichen)

und als latente Funktionen: populärmusikbezogenes Freizeitverhalten als
- Prozeß sekundärer Sozialisation (Entwicklung, Erprobung und Durchsetzung von kulturellen und und sozialen Werthaltungen und Verhaltensweisen, Erweiterung des kulturellen und sozialen Erfahrungshorizonts, Ermöglichung von informellen Spielräumen expressiven Verhaltens und diffuser Selbstdarstellung bzw. Fremderfahrung)
- Konsum von Waren (Ausrichtung des Freizeitverhaltens auf eine stereotype, kurzfristige Bedürfnisbefriedigung unter Verkümmerung produktiver, innovativer und überhaupt aktiver Bedürfnisse und Fähigkeiten)
- konstitutiver Faktor sozialer und kultureller Erfahrung (bezüglich der Texte populärer Musik. Lebens- und Sprachhilfe durch Texte: Interpretation von Erfahrungen sowie der ihr zugrundeliegenden sozialen Wirklichkeit, die danach die eigenen, unmittelbaren Erfahrungen antizipierend anleiten und tendenziell sich selber angleichen.

(Vgl. hierzu KNOLLE 1980, S.261f)

136 Beide Zitate: WIECHELL 1975, S.36

137 ebd.

Die hier deutlich werdende Diskrepanz zwischen außermusikalischen Bedürfnissen und Unterrichtszielen manifestiert sich immer wieder in der kompletten Immunität populärer Musik gegen Wertungen Außenstehender, seien letztere auch noch so 'begründet'. RITZEL/ THIELE haben ähnliche Verhaltensweisen beobachtet:

> "Auf Befragen äußern Schüler etwa ab der 6. Klasse Geringschätziges über den deutschen Schlager (...). Eine Untersuchung für das ZDF hat 1973 festgestellt, daß allerdings zwischen offizieller Bekundung (...) und tatsächlicher Nutzung eine erhebliche Diskrepanz besteht" [138]

WIECHELL stellt in diesem Zusammenhang fest, daß die Schülermotivation beim Unterrichtsthema populäre Musik denkbar schlecht entwickelt sei: Zunächst würde der Vorschlag "zwar häufig noch stürmisch begrüßt, vor allem, wenn das Thema neu ist; sobald die Sache dann aber 'in Arbeit ausartet', machen sich Desinteresse und gar Feindseligkeit breit." [139]

Dieses Verhalten der Schüler ist vermutlich ein Resultat der in Kap.III.2.3.2 analysierten WIECHELLschen Ziele: Sobald das Thema für Schüler nicht mehr 'neu ist' - d.h. sobald sie die pädagogischen Intentionen durchschauen - entstehen verständlicherweise Desinteresse und Feindseligkeit.

Die skeptische Grundhaltung zahlreicher Schülerinnen und Schüler gegenüber dem Unterrichtsthema populäre Musik ist somit auch als ein Resultat ihrer Betroffenheit einzustufen: Sie brauchen 'ihre' Musik und möchten die mit ihr verbundenen Funktionen auch weiterhin erfüllt sehen: "In jeder Klasse mit Dreizehnjährigen sitzen die 5 bis 80%, die die Schlager, anonym befragt, zu ihrer Lieblingsmusik erklärt haben (...) Sie haben ehrlich empfundene Angst, aus ihrem Traumland aufgescheucht zu werden"

Diese beim Schlager beobachteten Sperren werden bei Rock und Pop noch deutlicher. Hier existieren gleich mehrere Schutzmechanismen:

> "der dritte Hemmschuh bei der Behandlung von Popmusik, gerade da, wo sie am typischsten ist, liegt in der Musik selbst. Auch gutwillige Schüler, lange mit der Arbeit an solcher Musik vertraut, versagen ersichtlich vor dem affektiven Appellcharakter, starren benommen auf ihr weißes Blatt, das lediglich am linken Rand die Beobachtungsaufgaben enthält und sehen sich nach 17 Minuten 'In-a-gadda-da-vida' (Iron Butterfly) oder 'Dark Star' (Grateful Dead) in der Tat außerstande, etwas über sie auszusagen."

Die hier deutlich werdende, u.a. durch falsche oder überzogene Zielsetzungen [140] entstandene 'Unfähigkeit' der Schüler, sich kognitiv mit populärer Musik auseinanderzusetzen sowie die fehlende Anerkennung ausschließlich musikimmanent begründbarer Empfehlungen

---

[138] RITZEL/THIELE 1981, S.173ff

[139] Die folgenden Zitate alle in: WIECHELL 1975, S.53f

[140] Vgl. Kap.III.2.3.2

kann als ein Sperr- oder Schutzmechanismus [141] bezeichnet werden, der bei empfindlichen Schülerinnen und Schülern bereits durch Störungen der Lehrer-Schüler-Kommunikation ausgelöst wird, die im nächsten Kapitel verdeutlicht werden sollen.

2.4.6. Sprachprobleme gegenüber einer 'sprachlosen Opposition'

Die mangelnde Sachkenntnis, die bei zahlreichen Autoren aufgrund vielleicht verständlicher, aber nicht zu akzeptierender Voreingenommenheit festzustellen ist, manifestiert sich nicht nur auf der inhaltlichen, sondern auch und besonders auf der sprachlichen Ebene.

Die Sprache der Musikpädagogik im Zusammenhang mit populärer Musik ist häufig sehr nachlässig: Der 'unredigierte' Eindruck zahlreicher früher Publikationen muß beim skeptischen Leser Mißtrauen sowohl hinsichtlich der Sachkenntnis ihrer Autoren als auch hinsichtlich einer offensichtlich halbherzigen Motivation erwekken.

Dabei ist gerade die Sprache ein äußerst empfindlicher Bereich nicht nur bei Publikationen [142] über populäre Musik, sondern auch bei ihrer 'alltäglichen' schulischen Berücksichtigung: Ein Pädagoge, der von seinen Schülern als Gesprächspartner akzeptiert werden will, muß in extremer Weise den die Kommunikation ermöglichenden Code beachten, der im Zusammenhang mit BAACKEs Begriff der "sprachlosen Opposition" [143] als ein Zeichen- und Symbolsystem bezeichnet werden kann, dessen korrekte Benutzung darüber entscheidet, ob der Benutzer der Sprache 'dazugehört'.

Die jugendgeprägte Alltagssprache und ihre ständig wechselnden Modejargons sind für Jugendliche von entscheidender Bedeutung: Bestimmte Ausdrücke für ein und denselben Sachverhalt (wie für 'gut' in zeitlicher Reihenfolge: 'knorke, dufte, klasse, irre, super, geil') prägen einerseits ein bestimmtes Zeitgefühl und dienen andererseits zum Absetzen von erwachsenen Jugendkulturen: Hierzu wird der von der Psycholinguistik dargestellte Zusammenhang zwischen Bedeutung und Situation [144] von den Jugendlichen bewußt zur "Antisprache" [145] verändert, die sich häufig unterscheidet "durch regionale Gebundenheit und ihre Spezifizierung in bestimmten Untergruppen wie Punks, Popper, Rocker, politisch motivierte Gegenkulturen oder Fan-Gruppen." [146]

Hier wird auch in Zukunft bei jeder Berücksichtigung von Schüler-Musik das Problem entstehen, zwischen den Extremen der plumpen *Anbiederung an die Sprachgewohnheiten der Schüler* und des gegenseitigen *Nicht-Verstehens* abzuwägen, eine Abwägung, die sehr viel

---

[141] Vgl. hierzu: TERHAG 1984, S.347f

[142] Vgl. hierzu auch das Gespräch mit Franz FIRLA über dessen stilistische Gratwanderungen zwischen Rock und Schule (Gespräch III, Kap.VI [ANHANG])

[143] BAACKE 1968

[144] Vgl. HÖRMANN in: KOCH 1974, S.138ff

[145] PEINEMANN 1980, S.59

[146] ETZOLD 1983/1

Fingerspitzengefühl auf seiten der Lehrenden voraussetzt.

Wer dann jedoch Gruppennamen und Titel falsch schreibt wie "Jimmi Hendrix" [147], "Procol Harun" [148], "Emmerson, Lake & Palmer" [149] "Elvis Presly", [150] "She's living home" [151], falsche Bezüge herstellt wie "Nach dem Vorbild der Beatles entwickelten sich (...) die Rolling Stones" [152] oder geradezu amüsant 'The medium is the message' als "Das Medium ist Massage" übersetzt [153] - was witzigerweise dem McLUHAN-Zitat im wortspielerischen Sinne durchaus gerecht würde, der wird von seinen Schülern, die in dieser Beziehung empfindlich und ungerecht sind, als Laie betrachtet:

> "Der sich als 'Fachmann' in diesen Sachen gerierende Musiklehrer wird, da er kaum die schnell wechselnden Moden aufgrund eigener Erfahrungen mitvollziehen kann, sehr schnell als ein sich anbiedernder Erwachsener identifiziert, der erstens sowieso nicht auf dem neuesten Stand ist und zweitens im Musikunterricht immer nur an rein musikalischen Einzelheiten herumfragt, wo der ganze Komplex gefühlsmäßig doch Wichtigeres, allerdings schwerer zu Benennendes beinhaltet." [154]

Wie bisher deutlich wurde, mußten die frühen Reaktionen der Musikpädagogik auf populäre Musik dazu führen, daß diese Musik in wesentlichen Bereichen un-unterrichtbar blieb. Die in diesem Kapitel beschriebenen unterrichtlichen Konsequenzen und die sie verursachenden psychologischen und sprachpsychologischen Phänomene werden vermutlich immer wieder bei der unterrichtlichen Berücksichtigung *jeder* Art von eher schülerzentrierter oder freizeitorientierter Musik auftauchen, denn nicht nur Rock und Pop passen häufig nicht in die Schule. [155]

---

147 STORB 1970, S.544

148 STORB 1970, S.544

149 MAHR 1981, S.181

150 STORB 1970, S.544

151 STORB 1969, S.434 (Richtig müßte es heißen 'She's *leaving* home', das Beispiel verkehrt den Beatles-Text also in sein Gegenteil; wer ihn auf dieser Basis interpretiert, kann selbstverständlich nicht zu gültigen Aussagen kommen.)

152 STORB 1970, S.544 (Die Stones entwickelten sich gerade *gegen* das 'Vorbild' der Beatles)

153 STORB 1970, S.545

154 MAHR 1981, S.181 Die entscheidende Erkenntnis, daß der Musiklehrer sich im Zusammenhang mit der 'Musik der Schüler' als Laie zu erkennen geben muß, läßt noch einige Jahre musikpädagogischen Bemühens lang auf sich warten: "Falls es dem Lehrer gelingt, seine internalisierte Rolle als Autorität tatsächlich hinter sich zu lassen und sich in die Lerngruppe einzugliedern, besteht die Chance einer gegenseitig befruchtenden Zusammen-Arbeit mit den Schülern." (SCHÜTZ 1982, S.175)

155 "Die 'Un-Unterrichtbarkeit' von Rockmusik ist freilich nur ein Beispiel für vieles andere, was (...) ebenfalls nicht in die Schule paßt und im Hinblick auf das, was die Schüler umtreibt, 'un-unterrichtbar' ist" (RICHTER 1986/3, S.633)

Damit fordert die "Diskussion über die Un-Unterrichtbarkeit von Rock-Musik (...) zu Überlegungen heraus, wie weit auch andere ('traditionelle') Musik ununterrichtbar ist", weil sie zeigt, "wie vieles der Unterricht von Erscheinungen und Wirkungen der Musik ausblendet oder ausblenden muß, wenn er die institutionellen unterrichtlichen Gegebenheiten nicht auflösen will." [156]

Diese Diskussion fordert weiterhin dazu auf, den scheinbar 'problemlosen' Umgang der Rockbefürworter und der 'alternativen' Musikpädagogen genauer zu untersuchen, um festzustellen, wie die Musikpädagogik mit jenen aktuellen Herausforderungen umgeht, die ihren Ursprung im jugendkulturellen Milieu und in Generationskonflikten haben.

Um die pädagogische Sonderstellung der populären Musik aufzulösen, soll bei der folgenden Analyse des aktuellen Diskussionsstandes im Zusammenhang mit populärer Musik gefragt werden, wie Pädagogen über Rock, Pop und Jazz hinausgehend mit *aktuellen Herausforderungen* umgehen.

---

[156] RICHTER 1987/2, S.433; es ist hier durchaus als ein Zeichen für das "Zusammenrücken der musikdidaktischen Provinzen" (ebd.) und damit zur Überwindung der sinnlosen Trennung von 'etablierter' und 'alternativer' Musikpädagogik anzusehen, wenn die Musikpädagogen erkennen, daß solche "Fragen, die den Umgang mit dieser Musik (= populärer Musik, J.T.) betreffen, auch für andere Musikarten gelten und (...) die allgemeinen musikdidaktischen Fragestellungen (bereichern)." (ebd.)

3. Aktuelle Herausforderungen der Pädagogik zwischen Ablehnung und Pädagogisierung (späte 70er und 80er Jahre)

Wie bereits die Kapitelüberschrift deutlich macht, soll dieser Teil der Literaturanalyse über die populäre Musik hinausgehend den *übergeordneten Aspekt aktueller Herausforderungen* an Schule und Unterricht näher beleuchten. Die im Zusammenhang mit populärer Musik sichtbar gewordenen Probleme werden dadurch mit anderen - vergangenen und zukünftigen - Herausforderungen an die Pädagogik vergleichbar, um so künftig einige der Fehlentwicklungen, die mit der Herausforderung durch populäre Musik verbunden waren und sind, verhindern zu können. Denn: Selbst wenn es zutrifft, daß Rock, Pop und Jazz "die *größte* Herausforderung darstellen, der sich Schulmusiker in der Geschichte der Musikerziehung jemals gegenüber gesehen haben" [157], sind die *grundlegenden Mechanismen von Ablehnung und Pädagogisierung* bei sämtlichen anderen aktuellen Herausforderungen (Neue Musik [158], Elektronik [159], Musikvideos [160] etc.) durchaus vergleichbar:

- Nach anfänglicher Skepsis wird das zunächst Abgelehnte häufig 'entschärft' und in *verwässerter Form* in den Musikunterricht einbezogen. Durch diese Pädagogisierung wird im negativen Fall die Herausforderung durch elektronisch-technische Neuerungen auf das 'handliche' Playback zum Mitsingen beschränkt; Neue Musik wird zum nahezu beliebigen 'Drauflosklöppeln', populäre Musik zum nicht mehr authentischen 'Schulpop' usw.

- Aktuelle Themen werden durch ihre Reduzierung auf 'Didaktisierbares' und durch das im Schulalltag erforderliche Zurückgreifen auf 'Rezepte' zu *plakativen Ausschnitten* verdünnt: Von den Möglichkeiten der Technik scheint sich vor allem der Preset-Synthesizer [161] durchzusetzen, Neue Musik wird auf 'Wozzek' reduziert, Pop auf 'Yesterday' usw.

Ein weiteres gemeinsames Merkmal aller aktuellen Herausforderungen ist die schlechte Ausbildungssituation an Hochschulen und das Desinteresse vieler Lehrerinnen und Lehrer. [162] Erst wenn eine aktuelle Herausforderung nicht mehr 'aktuell' ist, sind diese Hemmnisse teilweise zu überwinden. Nicht von ungefähr umfaßt das Unterrichtsangebot der 'alternativen' Musikschulen [163] genau diejenigen Bereiche, die derzeit unter dem Begriff der aktuellen Herausforderungen zusammenfaßbar sind: populäre Musik, Neue Musik, Musiktechnologie,etc.

Für eine Analyse der pädagogischen Annahme von Herausforderungen bietet populäre Musik sich derzeit an, weil sie sich genau an der

---

[157] WIECHELL 1975, S.147 (Hervorhebung:J.T.)

[158] Vgl.MEYER-DENKMANN 1988

[159] Vgl.JERRENTRUP/TERHAG 1987 sowie das Vorwort der vorliegenden Arbeit

[160] Vgl.NIERMANN 1987, S.165ff

[161] Synthesizer mit werkseitig unveränderbar einprogrammierten Klangfarben

[162] Vgl. SCHAFFRATH et al. 1982

[163] Vgl. Kap.II.2 und VI.2.1

Nahtstelle zwischen Ablehnung und Pädagogisierung befindet: Pop, Rock und Jazz gelten mittlerweile als 'vermittlungsrelevant'; der wachsende Konsens über ihre unterrichtliche Verwendung geht einher mit der steigenden Anzahl von Veröffentlichungen, die auch aus der Sicht populärer Musik angemessen sind. Es bleibt zu vermuten, daß neue, noch unbekannte aktuelle Herausforderungen an den Musikunterricht längst existieren.[164]

Das übergeordnete Thema aktueller Herausforderungen bestimmt auch die Auswahl der im folgenden analysierten Texte; diese Auswahl mag sich in der derzeitigen pädagogischen Diskussion um populäre Musik lückenhaft oder ungewöhnlich ausnehmen, werden doch die in dieser Diskussion selten thematisierten problematischen Ansätze (Kap.III. 3.2/III.3.3) ausführlicher analysiert als die angemesseneren (Kap. III.3.4). Diese 'verzerrte' Auswahl liegt darin begründet, daß besonders der *problematische* Aspekt aktueller Herausforderungen untersucht und gefragt werden soll, wodurch eine problematische in eine eher ausgewogene Annahme aktueller Herausforderungen überführt werden könnte.

Ein entscheidendes Kriterium für die Annahme der Herausforderung populäre Musik ist die *Balance zwischen Distanz und Nähe*: Rock, Pop und Jazz sind einerseits aus der Distanz, oder lediglich 'aus pädagogischen Gründen', nicht zu verstehen (Kap.III.3.2); wenn Lehrerinnen oder Lehrer andererseits jedoch auf diese Musik 'total

---

164 Betrachtet man nur die Rockmusik, verleitet dieser Sachverhalt möglicherweise zum resignierenden Fazit, die Jugendkulturen seien 'aufgesogen' und damit geschwächt worden: "Was sich schon zu Beginn des Jahres 1985 andeutete, kann heute mit Gewißheit festgestellt werden: Ein verbrauchter, vor sich hinkränkelnder Punk und seine kommerziellen, fast schon maroden New-Wave-Ableger sind von einer fünften Rock-Generation abgelöst worden - dem Heavy-Metal-Rock. Der Wechsel fand nicht so spektakulär statt wie einst beim Punk, sondern entwickelte sich eher unauffällig, jedoch unaufhaltsam." (SPENGLER 1987, S.228)
Der hier bereits anklingende Pessimismus wird anschließend kurzerhand von der Musik auf die allgemeine Situation der Jugendlichen übertragen: "Möglicherweise geht aber auch die große Zeit der Rockmusik langsam zu Ende. Denn die Freisetzung des Jugendalters, hervorgerufen vom politischen, gesellschaftlichen und technischen Wandel seit den 50'er Jahren, welcher somit nicht zuletzt auch Ursache und Auslöser jener Rockkulturen wurde, tendiert heute eher wieder in das Gegenteil. (...) Wenn also eine so verstandene Emanzipation des Jugendalters ihrem historischen Ende entgegengeht, dann geht die Rockmusik mit." (SPENGLER 1987, S.231)
Dieses so resignative wie nostalgische Fazit spiegelt eine für erwachsene Jugendkulturen typische Stimmung wider, die gleichzeitig mit dem Ende der eigenen Jugendzeit das Ende 'der' Jugend heraufzubeschwören scheint. Solche pessimistischen Haltungen unterschätzen die aus der Ablösung von den Erwachsenen entstehende Kraft neuer Jugendgenerationen und sind damit für die übergeordnete Thematik der aktuellen Herausforderungen an Schule und Unterricht zu vernachlässigen (vgl.Kap.III.3.3.2).

abfahren', besteht die Gefahr, daß sie ihre Schüler gleich mit überfahren (Kap.III.3.3). Der hier für den Unterricht zu fordernde Ausgleich von Distanz und Nähe ist auch im wissenschaftlichen Umgang mit populärer Musik entscheidend: So soll im folgenden deutlich werden, daß zu distanzierte ebenso wie zu distanzlose Ansätze die pädagogisch intendierte Annahme aktueller Herausforderungen eher erschweren.

Da Distanz und Nähe zur populären Musik auch zu den Unterscheidungskriterien für 'etablierte' und 'alternative' Musikpädagogik gehören, sollen diese beiden Bereiche der Musikpädagogik zunächst im Zusammenhang mit aktuellen Herausforderungen untersucht werden:

3.1. Die Beeinflussung der 'etablierten' durch die 'alternative' Musikpädagogik

Die inhaltlichen Unterschiede zwischen 'etablierter' und 'alternativer' Musikpädagogik beginnen sich langsam aufzulösen; stammen doch die in diesem Kapitel analysierten Ansätze - zumeist Dissertationen - aus dem Umfeld von Hochschulen und Universitäten, basieren auf Publikationen in anerkannten Musikverlagen und sind damit als Beiträge der 'etablierten' Musikpädagogik zu betrachten.[165]

Rückblickend wird dabei deutlich, daß inhaltliche Anstöße zur Berücksichtigung populärer Musik in der Regel von der 'alternativen' Musikpädagogik ausgegangen sind. Die ersten Unterrichtsversuche mit dieser Musik sind nicht in ein durchdachtes didaktisches Konzept eingebettet, sie werden vielmehr von den im Unterrichtsalltag stehenden Praktikern - hochqualifiziert bis hemdsärmelig - durchgeführt. Da langfristige Einflüsse auf den Musikunterricht (Richtlinien, Lehrerausbildung etc.) nur von der 'etablierten' Musikpädagogik ausgehen, kann populäre Musik erst als integrierbar gelten, seitdem sie auch im 'etablierten' Rahmen eher ernstgenommen wird.

Über populäre Musik hinausgehend läßt sich also rückblickend feststellen, daß

- die pädagogische Berücksichtigung einer aktuellen Herausforderung (z.B. der populären Musik) nicht von der 'etablierten', sondern von der 'alternativen' Musikpädagogik ausgeht,
- zunächst (im Bereich populärer Musik teilweise noch heute) im 'alternativen' Bereich authentischer und oft auch auf höherem qualitativen Niveau praktisch gearbeitet wird,
- einige der 'etablierten' Pädagogen (und Wissenschaftler) sich auch nach langer Zeit noch gegen jegliche pädagogische und musikalische 'Neuerung' zu sperren scheinen.[166]

Die pädagogische Berücksichtigung populärer Musik verdeutlicht

---

165 Zum Verhältnis 'alternativer' Musikpädagogik zur populären Musik vgl. das folgende Kap.III.4

166 Vgl. Kap.III.3.2

damit eine 'Bewegung von unten', die, vom Interesse der Schülerinnen und Schüler ausgehend, über die im Unterrichtsalltag stehenden Lehrer allmählich bis in die Hochschulen vorgedrungen ist. Im Verlauf dieser Entwicklung wird deutlich, daß die an populärer Musik gewonnenen pädagogischen Erfahrungen und Erkenntnisse auch auf andere Inhalte des Unterrichts übertragbar sind und somit das allgemeine methodische Repertoire des Musikunterrichts bereichern.[167]

Damit verdeutlicht der wachsende Einbezug populärer Musik auch den Zusammenhang zwischen Jugend- und Erwachsenenkulturen: Jugendkulturen setzen sich mit Hilfe erwachsener Jugendkulturen durch, wobei die Jugendkulturen wie zuvor die erwachsenen Jugendkulturen ihren sub- oder gegenkulturellen Charakter einbüßen. Dieser Prozeß wird je nach Standpunkt positiv oder negativ bewertet: Positiv gesehen verdeutlicht er die Stabilisierung von Jugendkulturen bzw. eine Bereicherung der Erwachsenenkulturen, negativ betrachtet geht es um die Domestizierung der Jugendkulturen bzw. um eine Unterwanderung der Erwachsenenkulturen.

Es bleibt abzuwarten, ob sich der Annäherungsprozeß zwischen Erwachsenen- und Jugendkulturen im Fall der populären Musik längerfristig als fruchtbar oder als für eine der beiden Seiten - oder für beide - hemmend erweist. Hemmend erscheint ein solcher Prozeß immer dann, wenn er aus einseitigem Blickwinkel betrachtet wird, wobei der Blickwinkel der Erwachsenenkulturen (Kap.III.3.2) von dem der erwachsenen Jugendkulturen (Kap.III.3.3) zu unterscheiden ist:

3.2. Ansätze aus dem Blickwinkel der Erwachsenenkulturen

Wie in Kap.III.1 und III.2. deutlich wird, sind viele der frühen Ansätze zur populären Musik deshalb dieser didaktischen Herausforderung gegenüber unangemessen, weil sie versuchen, Rock und Pop mit der Elle der Kunstmusik zu messen. Dieser Blickwinkel führt zwangsläufig zum Ergebnis, daß populäre Musik hinsichtlich aller eigens zu ihrer Analyse ersonnenen 'Komponenten'[168] letztlich als minderwertig gegenüber jenen Gattungen gelten muß, aus deren Blickwinkel diese 'Komponenten' formuliert sind.

So bleiben auch die angemesseneren der frühen didaktischen Ansätze (HAHN, HELMS, KLEINEN, PAPE, RAUHE, REBSCHER, WIECHELL, ZIMMERSCHIED u.a.) der populären Musik gegenüber zu distanziert, da deren Autoren die jugendlichen Bedürfnisse vorwiegend aus dem besorgten Blickwinkel der Erwachsenenkulturen betrachten. Solche Ansätze bleiben dadurch stets entweder

- der Kunstwerkbetrachtung verpflichtet, wodurch bezüglich populärer Musik immer ein schiefes Bild entstehen muß, oder sie

- lassen das Gefühl der direkten Betroffenheit vermissen; ihre Haltung ist eher die der verständnisvollen Erwachsenen, die

---

[167] Vgl. RICHTER 1987/2

[168] Zur vielzitierten Komponententheorie vgl. RAUHE 1973

'notgedrungen' auf populäre Musik eingehen zu müssen glauben.

Geht man davon aus, daß zur überzeugenden Darstellung eines Unterrichtsthemas auch die eigene Berührtheit gehört, wird die Problematik der nur 'verständnisvollen' Haltung deutlich: In der Schule erscheint es in einigen Fällen durchaus sinnvoller, überhaupt nicht auf populäre Musik einzugehen als gegen innere Überzeugung. Da populäre Musik jedoch mittlerweile einen wichtigen Bestandteil des Musikunterrichts darstellt, ist wiederum die Hochschuldidaktik gefordert, Studentinnen und Studenten auf den Umgang mit dieser aktuellen Herausforderung vorzubereiten.

So müßte beispielsweise im Zusammenhang musikalischer Analyse vermittelt werden, daß wesentliche Merkmale der populären Musik erst bei Überwindung der eigenen Distanz sichtbar werden: "Die bewußt vom gefühlshaften Erleben der Musik ausgehende Analyse entdeckt nicht nur potentiell wichtigere Details und Zusammenhänge als die rein deskripitive, sie setzt auch von vornherein andere Prioritäten - möglicherweise solche, die der musikalischen Substanz angemessener sind." [169]

Die Tatsache, daß solche für den an sachliche Analyse gewohnten 'Klassiker' vermutlich sehr ungewöhnlichen Bedingungen bisher in der Musiklehrerausbildung nicht berücksichtigt werden, führt dann immer wieder zu den mehr oder weniger hilflosen Unterrichtsversuchen, mit denen sich teilweise überforderte Praktiker [170] in den Fachzeitschriften äußern:

Ein Beispiel bietet der Gymnasiallehrer, der "als Nicht-Experte zu diesem Thema das Wort zu ergreifen" [171] versucht, wobei er der Rockmusik gegenüber jedoch völlig distanziert bleibt: Trotz seines redlichen Bemühens auch um praktische Vermittlung zieht er sich immer wieder auf das außermusikalische Terrain zurück, in dem sich distanzierte Beobachter der Rockmusik besser auszukennen scheinen:

Der Autor thematisiert nach der ausführlichen Analyse eines Woodstock-Films vier Aspekte der Vermittlung von Rockmusik: Rockmusik-Medien; Rock-Kommerz; Rock-"Begriffsverwirrung" (er belehrt seine Schüler über die Unterschiede zwischen "Sophisticated Rock, Rockjazz, Jazzrock, Folksong, Folkrock, NDW"...); Rock-"Selbstdarstellung bzw. Sekundärliteratur". Nach diesen ausführlicher beschriebenen Aspekten gerät der Aspekt Rock-Selbermachen äußerst kurz; ein nichtssagender Satz scheint für die 'Praxis' zu reichen: "Praktisches Musizieren (sollte nicht zeitlich isoliert geschehen, sondern den Unterricht immer wieder ergänzen)" [172]

---

[169] NIERMANN 1987, S.152; Emotion auch auf seiten der Lehrenden wird häufig gefordert; Vgl. GÜNTHER/KAISER 1982; FIRLA 1983; FRISIUS 1982; LEEB 1974; MEYER-DENKMANN 1974; PÜTZ 1985; RICHTER 1986; SPEICHERT 1977; TSCHAKERT 1974; ZIMMERSCHIED 1981 u.a.

[170] Vgl. BIELEFELDT 1985; GOEBEL 1981; KOPERSKI 1987; LUKSCH 1987, MAHR 1981; RAUE 1982; SCHULTE/TORKEL 1988; UNGER 1982; auch: SCHÖNHERR 1982

[171] BIELEFELDT 1985, S.867

[172] BIELEFELDT 1985, S.870

Zusammen mit den Bemerkungen, "Musik kommt im Film zwar auch vor, sehr viel sogar. Aber die Zwischensequenzen sind viel aufschluß-reicher" und "Manche Passagen (des Films; J.T.) werden überschlagen, vor allem zu lang geratene (sic; J.T.) Musiknummern", [173] entsteht hier der Eindruck der völligen Distanz zum Eigentlichen, zur Musik.

Es ließen sich hier noch zahllose andere Beispiele anführen; wohlgemerkt sollen die Versuche der distanzierten Praktiker hier nicht verunglimpft, sondern lediglich die Schwierigkeiten dieses distanzierten Umgangs mit populärer Musik verdeutlicht werden. Durch die Zeilen dieser Veröffentlichungen spricht das redliche Bemühen, sich mit einer aktuellen Herausforderung auseinanderzusetzen, ihre Distanz verhindert jedoch den 'direkten Draht' zur Musik und damit zu den Schülern.

Diese Distanz ist nur zu durchbrechen, wenn *Schülerinnen und Schüler* als Experten an der Planung und Gestaltung des Unterrichts beteiligt werden, wobei jedoch häufig ein neues Problem entsteht: Auch das 'Expertentum' der Schüler bleibt oftmals auf Außermusikalisches beschränkt; viele Schüler zeigen sich zwar durchaus in der Lage, ihre Musik genau zu differenzieren, entwikkeln jedoch in vielen Fällen weder Terminologie noch Lust, diese Differenzierung im Musikunterricht vorzunehmen. Einmal mehr bleibt damit zur Vorbereitung sinnvollen Unterrichts im populären Bereich nur die Verbesserung der Lehrerausbildung.

Auch übertragen auf die hochschulische Ebene kann eine eventuell vorhandene Distanz durch die Zusammenarbeit zwischen verschiedenen Generationen - hier von Dozenten und Studenten [174] - überwunden werden. Vermutlich profitieren beide Seiten von einer solchen Zusammenarbeit.

Im folgenden soll verdeutlicht werden, daß selbst im derzeitigen Stadium zwischen Ablehnung und Pädagogisierung populärer Musik noch aktuelle Veröffentlichungen vorliegen, die wie mir scheint die 'Fronten' zwischen Erwachsenen- und Jugendkulturen aufrechterhalten möchten. Dabei sind unwissenschaftliche (III.3.2.1) und kulturpessimistische (III.3.2.2) Standpunkte auszumachen:

3.2.1. Unwissenschaftliche Ansätze

Einen extrem unangemessenen Ansatz liefert Fernando SALAZAR, der noch im Jahr 1987 durch populäre Musik die niederen Instinkte geweckt sieht: "Praktisch ist die gesamte Moderne Musik eine involutive, komponiert von und für das niedere Ich." [175] Auch wenn diese sprachlich und inhaltlich verworrene Darstellung nicht ernstzunehmen ist, kann sie hier veranschaulichen, in welchem Umfang Erwachsene sich von populärer Musik und ihrem Umfeld

---

173 BIELEFELDT 1985, S.869

174 Einen gangbaren Weg verdeutlichen hier die Veröffentlichungen von PAPE, der häufig auch Jüngere mit einbezieht (vgl.:PAPE/VERHEES 1981; PAPE/BECK 1986/1; dies.: 1986/2; dies.: 1987)

175 SALAZAR-BAÑOL 1987, S.21

herausgefordert sehen:

> "'Um eine Nation zu vernichten, bedarf es keiner Atombomben; es genügt, die moralischen Strukturen der Jugend durch diabolische Musik, Drogen, Zigaretten, Alkohol und Sex zu zerstören. Wenn wir so weitermachen, werden wir in Kürze eine Generation von Geisteskranken haben...' (Ein Journalist)" [176]

Dieses 'Zitat' auf dem Einband - der 'Journalist' wird nicht weiter nachgewiesen - verdeutlicht den gedankenlosen Umgang des Autors mit dem derzeit äußerst wichtigen Thema Okkultismus, das sich zu einer neuen Herausforderung an die (Musik-)Pädagogik entwickeln könnte. Dieser Herausforderung, die jedoch weniger rockimmanent als zeittypisch [177] ist, müssen Wissenschaftler und Pädagogen sich durchaus widmen, ohne jedoch dabei in moralinsauren Predigerstil zu verfallen: "Der Autor will in diesem Buch, ohne Absicht einer Überredung, die Ergebnisse seiner Forschung bekanntgeben und es Dir, geschätzter Leser, somit freistellen, später nach Deinem Gewissen zu handeln." [178]

Spätestens hier [179] könnte man das Buch verwundert bis amüsiert zur Seite legen, entstünde da nicht die Frage nach den Wirkungen eines solchen sich populärwissenschaftlich gebenden Werkes: Es bleibt zu vermuten, daß hier nicht nur die Ängste ratloser Eltern und letztlich der Generationskonflikt geschürt, sondern auch die in der Gesellschaft vorhandenen Ängste und das Faible zahlreicher Jugendlicher für 'Hexerei' unterstützt werden, indem das Buch die 'geheimnisvoll' angeprangerten irrationalen Strömungen u.U. noch verstärkt: Wahrscheinlich wäre ein Fünfzehnjähriger, der - nehmen wir dies einmal an - noch nie etwas von Rockmusik gehört hat, nach der Lektüre dieses Buches sofort von ihr fasziniert.

Laut Herausgeber "analysiert der Forscher und herausragende Professor für Musiktherapie Fernando Salazar-Bañol mit höchster Sorgfalt die erschreckende Realität der okkulten Seite des Rock (...) auf objektive Art, mit wissenschaftlicher Beweisführung und durch eine klare und zusammenfassende Darstellungsweise." [180]

Man brauchte die seltsamen Äußerungen des in der Bundesrepublik relativ unbekannten Autors nicht weiter zu beachten, wenn seine Veröffentlichungen einen Einzelfall darstellten; doch auch in der Zeitschrift "Der weiße Lotos" wird in letzter Zeit rassistisch gegen schwarze Musik als "Inbegriff des Schlechten in der Welt der

---

176 SALAZAR-BAÑOL 1987, Einbandseite 3
177 Vgl. u.a. DER SPIEGEL 42/1987, S.70ff und 31/1988, S.50ff
178 SALAZAR-BAÑOL 1987, S.10
179 Zur weiteren Information vgl. TERHAG 1988/1
180 SALAZAR-BAÑOL 1987, S.10

Töne" [181] polemisiert. [182]

Um aus diesem pseudowissenschaftlichen Umfeld hinauszugelangen, das zahlreiche deutschsprachige Wissenschaftler daran zu hindern scheint, sich mit populärer Musik zu befassen [183], ist endlich eine gattungsimmanent angemessene und inhaltlich umfassende Analyse der musikalischen und außermusikalischen Aspekte populärer Musik zu fordern, nicht zuletzt um der wissenschaftlichen Pädagogik die Übertragung solcher Analyseergebnisse auf die Musikdidaktik zu ermöglichen. Überläßt man dagegen das publizistische Terrain solch unwissenschaftlichen Publikationen, muß sich bei skeptischen Wissenschaftlern der Verdacht bestärken, im Zusammenhang mit populärer Musik sei nichts 'Ernstzunehmendes' zu erwarten.

In den Zusammenhang unwissenschaftlicher Veröffentlichungen gehören auch diejenigen Äußerungen, die auf einem besonders niedrigen Argumentationsniveau anzusiedeln sind, das leider in der Diskussion um populäre Musik - vor allem in Form von Randbemerkungen und Leserbriefen [184] - nicht selten anzutreffen ist: Nur der Vollständigkeit halber sei kurz erwähnt, daß noch 1985 öffentlich in 'Musik und Bildung' von "geistigen Black-outs" im Zusammenhang mit "fehlgeleiteter Musiklehrerausbildung (...) bei Ihren linken Studenten" die Rede war, denen "ideologisch freie, vernünftige und erfolgreiche Musiklehrer von der Schulfront, (die) zum Glück auch keine PH-Professoren" [185] seien, gegenübergestellt werden, nachdem 'PH-Professor' Gottfried KÜNTZEL in einer sachlichen Analyse untersucht hatte, welche Chancen die traditionellen Lieder im Musikunterricht noch haben. [186]

In seiner Replik meint KÜNTZEL, die "Zuschrift (habe) ihr Gutes: sie legt ungeschminkt offen, woher der Wind weht. Die pauschale Diffamierung (...) trifft (...) alle Leute, die bereit sind, aus ihren Erfahrungen zu lernen und die Dinge differenzierter zu sehen." [187]

---

181 TAME 1985, S.27

182 "Denn ebenso wie man die Musik (...) in edler menschlicher Tonkunst 'Weiße Musik' nennen kann, gibt es jene andere Art, die nur als 'schwarze' Musik zu bezeichnen ist. Wahre Musik wird gelästert, wenn wir auch jene Mißtöne mit diesem Wort nennen (...) Diese Art von Mißklang (...) ist mit einem Krebs zu vergleichen (...) übt gegenwärtig besonders auf die Jugend einen extrem unheilvollen Einfluß aus (...) es gibt keine schärfere Häßlichkeit als das, was ich 'schwarze Musik' nennen muß (...) Das scharze Mißgetön ist vergewaltigte Musik, beraubt jeden Lebens, ein vergehender Leichnam, der aber die schreckliche Kraft besitzt, alle, die ihn berühren, ebenfalls in einen Fäulniszustand zu versetzen. Sie ist nicht weniger verderblich als die 'schwarze Messe', von der sie quasi eine Abart ist" (ARUNDALE 1985, S.11ff)

183 Vgl. Kap.II.1.2

184 Vgl. u.a. BUSCH 1985; FINGER 1981; GRAMLICH 1985; ders.1986; HEINRICH 1983; HOPF 1985

185 GRAMLICH 1985

186 KÜNTZEL 1985/1

187 KÜNTZEL 1985/2

Im Zusammenhang mit elektronischen Tasteninstrumenten ist ein Musikwissenschaftler noch 1987 entsetzt darüber, "daß die Worte 'Institut für Musikwissenschaft' heute in einem Artikel (...) über Pop- und Rockmusik und 'keyboards' erscheinen" [188]; er begründet seine Haltung mit der Unangemessenheit der populären Musik als universitärer Lehrstoff:

> "Sofern ich weiß, fällt es den Kunsthistorikern (jedenfalls in Regensburg) nicht ein, Lehrveranstaltungen über Pornofilme zu halten. Auch beschäftigen sich unsere Germanisten und Anglisten nicht mit der armseligen und banalen 'Lyrik' der 'Drogenkultur'. Die Rockmusik könne (= kann; J.T.) allenfalls Forschungs- und Lehrgegenstand von Soziologen bzw. Kriminologen sein.
> (...) entnehme ich, daß Sie den unheilvollen Strömungen nicht ganz unkritisch gegenüberstehen. Ich möchte Sie bitten, sie nicht in die Universität hineinzubringen, sondern ihnen entgegenzuwirken." [189]

3.2.2. Kulturpessimistische Ansätze

Im Kapitel 'Ausgangspunkt' seiner "Psychologie des jugendlichen Musikgeschmacks" [190] faßt Klaus-Ernst BEHNE sein erkenntnisleitendes Interesse wie folgt zusammen:

> "Was ist nun mein Interesse, mein Motiv? Mein Motiv ist Kulturpessimismus und mein Interesse ist es, Aspekte im Prozeß der allmählichen Veränderung von Kultur, die ich so pessimistisch betrachte, zu beschreiben, um damit zu einem besseren Verständnis beizutragen und Hinweise geben zu können, wie dieser Prozeß in gewissem Maße zu beeinflussen sei." [191]

Davon abgesehen, daß der Autor nicht deutlich macht, wessen Verständnis er verbessern möchte, ist sein Kulturpessimismus kein glücklicher 'Ausgangspunkt' für dieses Unterfangen: Wenn ein Wissenschaftler sich fragt, ob "die Ideologie der unterhaltenden Industrie nicht wie ein 'saurer' Regen in alltägliche Wahrnehmungsgewohnheiten einsickern" [192] könnte, ist zu befürchten, daß seine Untersuchung nicht nur kulturpessimistisch aus-, sondern bereits kulturpessimistisch angelegt ist. Wie sonst ist es zu erklären, daß andere empirische Untersuchungen [193] nicht zu derart negativen Ergebnissen gelangen?

So veranschaulicht die BEHNE-Studie im schichtspezifischen wie im jugendkulturellen Zusammenhang nicht nur die *Hörgewohnheit* der

---

188 KIRKENDALE 1987
189 ebd.
190 BEHNE 1986
191 BEHNE 1986, S.5
192 BEHNE 1986, S.6
193 Vgl. u.a. die Untersuchungen von DOLLASE/RÜSENBERG/STOLLENWERK, KLEINEN, JUGENDWERK DER DEUTSCHEN SHELL (SHELL-STUDIE) 1981/1983/1985

Befragten, sondern auch deren *internalisiertes Wissen* um das Prestige einzelner Gattungen: Dieses Wissen haben Jugendliche und Unterschichtsangehörige weniger internalisiert, weswegen sie beispielsweise eher zugeben, (auch) Schlager zu hören.

Macht man wie BEHNE erstens eine kulturpessimistische Weltsicht zur Arbeitshypothese und nimmt zweitens die angegebene Präferenz für die tatsächliche, sind erstens Kulturpessimismus und zweitens die Festschreibung schichtspezifischer Hörgewohnheiten das unausweichliche Ergebnis:

> "Bewegt man sich auf der Leiter des Sozialstatus von unten (Ungelernte Arbeiter) nach oben (Arzt), so sinken die zugegebenen (sic; J.T.) Präferenzen von 28% auf 7%, die Abneigungen steigen dagegen von 30% auf 63%! Die gängigen Negativa des Schlager-Stereotyps (sentimental, dilettantisch, oberflächlich, trivial) werden daher in der Unterschicht nicht so stark betont, dafür gilt er hier als munter, froh und lebhaft, ja sogar als spontan." [194]

Hier erscheint es nur bei großer Distanz zur populären Musik als äußerst ungewöhnlich, "daß der Schlager zugleich sentimental und spontan" [195] genannt werden kann, denn: solche scheinbaren Widersprüche gründen nicht nur in der mangelnden Erfahrung von Unterschichtmitgliedern mit Begriffen wie 'sentimental' und 'spontan', sie spiegeln auch das Verhältnis einer 'heimlichen' Liebe zum Schlager [196] und allgemein zum Trivialen [197] wider, der sich nicht nur Mitglieder der Unterschicht nicht entziehen können:

So darf vermutet werden, daß selbst das Leben von Autoren, die dem Schlager scheinbar so distanziert gegenüberstehen, "lustvolle Begegnungen mit Schlagern (z.B. auf Festen) durchaus beinhaltet und sich damit auch für sie ihr Wert in bestimmten Situationen erweist (...); diese Erfahrung (wird jedoch) nicht in ihrer Theorie verarbeitet und umgesetzt. Dabei liegt in derartigen Erfahrungen die Grundlage für die Erkenntnis, daß 'Alltagsästhetik' notwendigerweise anderen Gesetzen gehorcht als jene des vom Alltag abgesetzten 'Kunstwerks'." [198] In diesem Zusammenhang argwöhnt LUGERT, "daß die sich vor allem theoretisch äußernde Aversion gegen die Popmusik tieferliegende, in einer spezifischen Sozialisation begründete Ursachen hat. Es bleibt zu vermuten, daß sie den Versuch einer Abgrenzung gegenüber anderen Bildungs- und damit Sozialschichten darstellt." [199]

Die Auswirkungen des kulturpessimistischen Blickwinkels werden auch in der Wortwahl deutlich, wenn BEHNE "die immer häufiger anzutreffende Aversion (nicht Gleichgültigkeit) Jugendlicher gegenüber europäischer Kunstmusik, wie sie durch obigen 'Steckbrief' (sic;J.T.) des fanatischen Popmusikhörers belegt wird, (...)

---

194 BEHNE 1986, S.50
195 ebd.
196 Vgl. THIELE/RITZEL 1981
197 Vgl. DE LA MOTTE-HABER 1976
198 LUGERT 1985/2, S.12
199 ebd.

sinnvoll nur noch als (...) Verhaltensdefizit" verstehen kann. [200] So verdeutlicht der Autor seine in jeder Hinsicht unangemessene Distanz, wenn er es zunächst als "Artikulation von Vorurteilen" bezeichnet, Schlager könne man "nur ertragen, wenn man entsprechend ungebildet" sei, dann aber auf derselben Seite fortfährt, "diese Vorstellungen vom Pop- und Schlagerhörer (träfen) im Wesentlichen zu (...); Vorurteile müssen also nicht unwahr sein!" [201]

Glücklicherweise beendet BEHNE seine Ausführungen mit der - angesichts der vorausgegangenen Beschreibung sicher notwendigen - Bemerkung, die "kritischen Passagen dieses Kapitels (gälten) im übrigen nicht so sehr (sic; J.T.) dem Pop- und Schlagerhörer, sondern vor allem den medialen Verhältnissen, in denen sie entstanden sind." [202]

Die in diesem Kapitel deutlich gewordene Distanz zu aktuellen Herausforderungen führt je nach ihrem Ausmaß zu Mißverständnissen [203] oder zu gesellschaftlichen Verhärtungen: Ebenso wie die im folgenden Kapitel anklingende Kunstfeindschaft [204] baut die wie mir scheint 'prinzipielle' Popfeindschaft Grenzen auf statt ab.

Beide Haltungen führen in ihrer vereinfachenden Polarisierung letztlich zum Resultat, 'die' Erwachsenen, 'die' Pophörer, 'die' Jugendlichen, 'die' Etablierten, 'die' 'Klassiker' usf. als Gegner zu sehen; außerdem führt sie bei Musiklehrern, die sich resigniert von solchen Veröffentlichungen [205] und damit von der gesamten 'theoretischen' Musikpädagogik abwenden, nicht selten zum hemdsärmeligen 'Schulpop' und damit zur sinnlosen Spaltung in 'etablierte' und 'alternative' Musikpädagogik.

So soll im folgenden Abschnitt verdeutlicht werden, daß nicht nur die hier beschriebenen distanzierten, sondern auch die distanzlos in den Jugendkulturen befangenen Ansätze jüngerer Autoren die Diskussion um aktuelle Herausforderungen der Pädagogik nicht weiterbringen:

3.3. Ansätze aus dem Blickwinkel erwachsener Jugendkulturen

Ein durch mangelnde Distanz verzerrter Blick auf aktuelle Heraus-

---

200 BEHNE 1986, S.50

201 BEHNE 1986, S.50f

202 BEHNE 1986, S.56

203 So spricht BEHNE noch im Jahr 1985 immer wieder vom 'Beat', wobei die Vermutung naheliegt, er habe die Musik, deren Rezeption er überprüft, selbst seit 20 Jahren nicht mehr gehört; Vergleichbares gilt hier jedoch auch für BAACKE 1985, S.17f

204 Vgl. Kap.III.3.3.2

205 Das "Handbuch Musikunterricht Sekundarstufen", in dem der BEHNE-Aufsatz erscheint, "ist in erster Linie für Lehrer an allgemeinbildenden Schulen gedacht, die für ihren Unterricht nach brauchbaren Materialien und methodisch-didaktischen Hilfestellungen suchen" (KLEINEN/KLÜPPELHOLZ/LUGERT 1985, Vorwort)

forderungen wird besonders deutlich beim musikpädagogischen Umgang mit Jugendkulturen. So findet sich beispielsweise in zahlreichen Veröffentlichungen die Vorstellung einer generationsübergreifenden, kritischen und politisch interessierten Jugend. Dieser Schluß wird dem inhaltlich wechselhaften Phänomen der Jugendkulturen nicht gerecht, da er kurzschlüssig übersieht, daß sich inzwischen die Erwachsenengeneration verändert hat:

Wie in Kap.II.3 dargelegt, hängt die äußere Form jugendlicher Opposition gegen die Erwachsenenwelt auch von den jeweiligen Erwachsenen ab, die jedoch in den 70er und 80er Jahren *nicht* mehr prinzipiell durch schockierendes Auftreten zu provozieren sind; viele Lehrer, Sozialarbeiter und Eltern sind durch scheinbar 'angepaßtes' jugendliches Auftreten eher zu ärgern als durch angeblich 'typisch' jugendliches Verhalten.

Nur wer die zu dieser Erkenntnis nötige Distanz vermissen läßt, kann behaupten, ein Punk riskiere "mit seiner Musik und seinem Aussehen heftigere gesellschaftliche Reaktionen als ein Popper (oder ein) angepaßter Discofan." [206] Vielleicht wird der Punk sogar von den Mitgliedern erwachsener Jugendkulturen mit der wohlwollenden Bemerkung bedacht, daß 'Ihr heute genauso hart drauf seid wie wir früher', wobei erstere vergessen, daß solche sprachgewordenen nostalgischen Gefühle in Form und Inhalt von Jugendlichen wohl als Anbiederung verachtet oder belächelt werden. Pädagogen mit Rockerfahrungen müssen sich ihrer Rolle als Erwachsene bewußt sein, um von Jugendlichen ernstgenommen und als Gesprächspartner akzeptiert zu werden.

3.3.1. Überbewertende Ansätze

In ihrem Beitrag "Kritik der etablierten Kultur" analysiert Irmgard BONTINCK im Jahr 1977 eine Jugendkultur, die in den von Punk und Disco bestimmten 70ern längst nicht mehr existiert. Die Autorin überschätzt dabei sowohl die Homogenität als auch die gesellschaftliche Wirksamkeit jugendkultureller Aktivitäten; sie sieht in ihnen eine Alternative zum traditionellen kulturellen System, jedoch weniger im Sinne einer rein verbalen Opposition, sondern als eine Form "aktiver praktischer Willensäußerung zum kulturellen Selbstausdruck (...), die in bewußtem Gegensatz zu der als 'etabliert' betrachteten offiziellen Kultur gesetzt" [207] werde.

Ohne zufriedenstellend darauf einzugehen, was denn nun unter 'offizieller' Kultur zu verstehen sei - vermutlich handelt es sich um das, was in der vorliegenden Arbeit als Erwachsenenkultur definiert wird, fährt die Autorin fort:

> "Diese sich aktiv manifestierende Kritik als Antwort auf die Herausforderung des bestehenden kulturellen Systems wird in einem solchen Ausmaß von der Jugend getragen, daß es zulässig erscheint, von der Kritik der etablierten Kultur als einem

---

206 SPENGLER 1987, S.215
207 BONTINCK 1977, S.9

spezifischen Jugendphänomen zu sprechen." [208]

Wenn BONTINCK einerseits erkennt, daß die Ablehnung der Erwachsenenkulturen durch Jugendliche um so deutlicher ansteigt, je geringer die *Verständnisfähigkeit* zwischen den Generationen wird, andererseits aber noch 1977 ausschließlich von den Jugendkulturen der frühen 60er Jahre auszugehen scheint, bedenkt sie nicht, daß diese Jugendgeneration schon bald die 'etablierte' Kultur der 80er Jahre repräsentieren wird. Nur aus diesem Blickwinkel kann sie verallgemeinernd darauf schließen, daß "sich die (sic; J.T.) Jugendlichen in ihrem Kulturverhalten viel freier von sozialen Normen" zeigen und "in ihren Aktivitäten die traditionellen sozialen Barrieren überschreiten bzw. niederreißen, um gemeinsam an der Erstellung eines ihnen gemäßen kulturellen Wertsystems zu arbeiten" [209]

Diese fast schon sozialromantische Darstellung mißachtet nicht nur die Heterogenität jugendkultureller Strömungen, sondern auch den geringen Stellenwert der Jugend in einer von Erwachsenen geprägten Gesellschaft. Sie ist nur als ein vereinfachender Reflex auf die Aufbruchstimmung zu verstehen, die zahlreiche Jugendkulturen der 60er Jahre geprägt hat. Die Gemeinschaftsideologie dieser Jugendkulturen ist jedoch vor allem aus dem Gegensatz zu den damaligen Erwachsenen zu begreifen: In den 60ern war eine solche Ideologie zur Schaffung einer jugendkulturellen Identität notwendig. Durch die wachsende Selbstverständlichkeit im Umgang mit Jugendkulturen (zu der Beiträge wie der von BONTINCK durchaus beigetragen haben!) ist eine Gemeinschaftsideologie bei späteren Jugendkulturen nicht mehr erforderlich. Im Gegenteil: um sich überhaupt noch gegen erwachsene Jugendkulturen zu behaupten, müssen spätere Jugendkulturen sich gerade von dieser Ideologie absetzen. [210]

Damit wird deutlich, daß die Analyse jugendkultureller Themen künftig einerseits auf *aktuellere Beobachtungen* zurückgreifen, diese jedoch andererseits auf *generationsübergreifende Mechanismen* beziehen müßte. Diese beiden Analyserichtungen widersprechen sich nur auf den ersten Blick; sie könnten im Sinne der bereits dargestellten Mikro- und Makroanalyse [211] die zunächst zu trennende und später zusammenzufügende Analyse aktueller Jugendkulturen (generationsspezifische Mikroanalyse) und allgemeiner Mechanismen (generationsübergreifende Makroanalyse) ermöglichen.

3.3.2. Distanzlose Ansätze

Die folgende Beschreibung der in erwachsenen Jugendkulturen befangen wirkenden Ansätze ist vor allem auf Äußerungen junger Lehrer, Sozial- und Diplompädagogen angewiesen. Wie bereits im Zusammenhang mit 'alternativer' Musikpädagogik sind hier manche Texte in Form und Inhalt als problematisch im Zusammenhang systematisch-wissenschaftlicher Analyse anzusehen. So lassen einige der im folgenden vorgestellten Aussagen eine von Vorurteilen durchsetzte

---

[208] ebd.
[209] BONTINCK 1977, S.10
[210] Vgl. Kap.II.3.6
[211] Vgl. Kap.II.3.7.3

Distanzlosigkeit erahnen, die auf einer Verteidigungshaltung gegenüber den Vertretern der Erwachsenenkulturen zu beruhen scheint.

Es sei jedoch ausdrücklich darauf hingewiesen, daß einige der in diesen Publikationen geäußerten Gedanken hinsichtlich der musikbezogenen Analyse und des 'Feelings' für populäre Musik durchaus angemessener sind als jene wissenschaftlichen Ansätze, deren Objektivität sich bei näherem Hinsehen als unangemessene Distanz entpuppt.[212] Wie hier erneut deutlich wird, ist auch zur Vermeidung des Auseinanderdriftens von Praktikern und Theoretikern bei der wissenschaftlichen Analyse populärer Musik das *Gleichgewicht von Distanz und Nähe* zum Untersuchungsgegenstand entscheidend.

Die Mitglieder erwachsener Jugendkulturen bemerken sehr wohl die teilweise wütenden Versuche Jugendlicher, sich gegen die Vereinnahmung ihrer Kultur durch Erwachsene zu wehren; so beschreibt KEULER die "Wut Dortmunder Punks, als die Karstadt-Schaufensterpuppen im Punkstyling 'frisiert' wurden"[213] und erkennt, daß schulische Berücksichtigung populärer Musik nicht erfolgreich sein kann, wenn die Schüler "berechtigte Angst haben, daß wieder einmal eine Abgrenzung zur herkömmlichen Kultur der 'Erwachsenen' pädagogisch vermarktet und ihnen damit entzogen wird."[214]

Wie schwierig allerdings die Beurteilung von Jugendkulturen auch für Mitglieder der erwachsenen Jugendkulturen ist, verdeutlicht der problematische Ansatz von KEULER: In Anlehnung an HARTWIG[215] untersucht der Autor musikpädagogische Konsequenzen aus dem Zusammenhang zwischen Jugendkulturen und Rockmusik. Er hat den Widerspruch zwischen populärer Musik und Musikunterricht durchaus erkannt, indem er bemerkt, die Behandlung dieser Musik werde "im Unterricht anders erfahren als das gemeinsame Hören in der Clique oder im Konzert"[216] und fordert, daß Pädagogen sich über diesen Widerspruch "im klaren sein (müßten), da sie sonst (...) die falschen inhaltlichen und methodischen Entscheidungen"[217] träfen.

Obwohl der Autor den Mechanismus jugendkultureller 'Generationswechsel' durchaus erkannt hat, bleibt ihm seine eigene Rolle in diesem Prozeß anscheinend verborgen, wenn er vereinfachend behauptet, beim jugendlichen Umgang mit Musik ließen sich lediglich "zwei Grundtypen herausstellen: der 'Neue Sozialisationstyp' (NST), der auf Sensibilisierung insistiert, und der körperbetonte Musikgebrauch Unterschichtjugendlicher."[218]

Mit dem, was hinter dieser unklaren Beschreibung zu stehen scheint, erkennt KEULER im Gegensatz zu BONTINCK zwar schon mehr als *eine* völlig homogene Jugendkultur, wobei die spätere Begründung seiner Einteilung des jugendlichen Musikgebrauchs durchaus einleuchtet. Dennoch macht sich der Autor die Analyse zu einfach, wenn er sie lediglich aus seinen Erfahrungen bei der "Arbeit in

---

212 Vgl. Kap.III.3.2
213 KEULER 1983, S.4
214 ebd.
215 HARTWIG 1980
216 KEULER 1983, S.4
217 ebd.
218 ebd.

der Musik-AG einer Gesamtschule und einer Band-AG in einer therapeutischen Wohngemeinschaft" [219] gewinnt.

Nicht nur aufgrund dieser schmalen empirischen Basis greift der wissenschaftsorientierte Ansatz KEULERs zu kurz. Nach einer psychologisierenden Beschreibung des mittelschichtorientierten 'Neuen Sozialisationstyps' versucht der Autor zu erklären, warum Mittelschichtjugendliche zurückhaltender beim aktiven, selbstdarstellenden Ausdruck durch körperbetonte Rockmusik seien und warum diese Mittelschichtjugendlichen den Schutz der Peergroup suchten. Die Begründungen wirken dabei wie vereinfachende Vorurteile:

> "Diese idealtypischen Aspekte des NST sind hinsichtlich des Musikgebrauchs mittelschichtorientiert: sensibel, nicht körperbetont, Ich-zentriert, asexuell. Musik wird auf intelligentes Hören reduziert. Sie erfüllt die Funktion, sich selbst einbringen zu können, ohne Gefahr zu laufen, von der Realität oder den anderen gekränkt oder bedroht zu werden." [220]

Der Gebrauch populärer Musik in der Unterschicht ist nach KEULER durch die positive Besetzung von Körperkraft und Handarbeit geprägt. Die Musik muß dazu "eingängig, wiedererkennbar und mitsingbar sein. 'Musikmachen' muß phantasiert werden können. (Man achte auf das imaginäre Schlagzeug, das mitgespielte Riff). Bevorzugte Richtungen: Heavy, Punk, Funk, alles was 'abgeht'." [221]

Abgesehen von sprachlichen Unklarheiten und hemdsärmeligen Vereinfachungen sind einige der hier geäußerten Überlegungen durchaus plausibel; lediglich der pseudowissenschaftliche Zusammenhang, der eine aktuelle Herausforderung einmal mehr auf momentane Zustände festschreibt, scheint völlig unangemessen. Hätte KEULER seine durchaus wichtigen Alltagsbeobachtungen als solche gekennzeichnet, erhielten sie mehr Gewicht.

Der Leser kann sich des Eindrucks nicht erwehren, daß es dem Autor auch darum geht, zu zeigen, wie 'jung' sein Verständnis für Jugendliche ist, durchaus ein generelles Problem der "jungen Jugendforscher". [222] Gerade in diesem Zusammenhang ist jedoch mehr Fingerspitzengefühl zu fordern: Wer mit Schülern im Rahmen einer partnerschaftlichen Unterrichtsform 'Musik machen' möchte, kann nicht andererseits versuchen, die vielfältigen jugendkulturellen Strömungen auf zwei Typen zu beschränken: Welches Vertrauen brächte KEULER wohl demjenigen entgegen, der das Verhältnis *seiner* Generation zur populären Musik zu einem 'Theorem vom NST' zusammenfaßte?

Trotz dieser generellen Bedenken müssen Denkansätze wie die hier dargestellten zuende gedacht werden, um die didaktische Berücksichtigung populärer Musik weiter vorzubereiten. Auch KEULER sieht seine Überlegungen als vorläufig an:

> "Ich bin mir bewußt, daß diese Skizze viele unzulässige

---

219 ebd.
220 KEULER 1983, S.5
221 ebd.
222 ZIMMER 1983, S.9

> Verallgemeinerungen und Kategorisierungen enthält. Auch der Brückenschlag zur Praxis enthält mehr Probleme als Hilfen. Jedoch halte ich es für unumgänglich, folgendes zu klären: Warum überhaupt Popmusik in der Schule? Was organisiert sie bei Jugendlichen? Was kann davon in der Schule im Sinne der Schüler aufgegriffen werden?" [223]

Die in diesen wichtigen Fragen deutlich werdenden Vorbehalte heben des Autors Reflexionen wohltuend von der häufig im Zusammenhang mit populärer Musik anzutreffenden Beschreibung des scheinbar problemlosen Unterrichts ab: "Nach der Methode vorzugehen: 'und heute besprechen wir mal die Punk-Musik. Ich habe euch dazu mal einen Überblick über die Entwicklung der Rockmusik mitgebracht. Sucht euch für die nächsten Stunden Texte und Platten aus, die besonders typisch sind', ist nichts anderes als die Fortsetzung des 'Schulkrieges' mit anderen Mitteln, gleichgültig, ob man das nun Aufrüstung oder Modernisierung nennt." [224]

Im Gegensatz zu KEULER thematisiert Peter SPENGLER in einer ausführlichen Untersuchung zur "Bedeutung und Funktion einer Musikkultur für die Identitätssuche im Jugendalter" [225] ausdrücklich die Problematik des persönlichen Betroffenseins:

> "Auch dieser Arbeit haftet sozusagen das Paradigma des Rockliebhabers an, zu dem ich mich aber gern bekenne. Dem ist allerdings hinzuzufügen, daß Liebhaberei nicht mit bloßer Blauäugigkeit verwechselt werden darf, sondern im Gegenteil erst der direkte persönliche Bezug zur kritischen Bearbeitung des Themas befähigt." [226]

SPENGLER beweist diese These zwar nicht, veranschaulicht an anderer Stelle jedoch ihre möglichen Folgen, als er die Beziehungen zwischen verschiedenen Jugendgenerationen wie folgt beschreibt:

> "Selbst die Verständigung zwischen den einzelnen Generationen, die die Rockmusik bisher hervorgebracht hat, fällt schwer und ist nicht selten kontrovers. So standen alte Rock'n Roll Fans der 50er Jahre ratlos und ablehnend vor den Rolling Stones und anderen Formationen in den Jahren 1962/63, und die 68'er Generation mit ihren Rock-Heroen rümpfte die Nase über den Punk-Rock, der Hedonismus statt Politik und resignatives No Future statt optimistisches Gesellschaftsveränderungsdenken zu propagieren scheint. Es soll nur ganz wenige Ausnahmen geben, die mehrere Rock-Äras mit gleichbleibender Begeisterung durchlaufen haben. So muß sich schließlich auch jeder Autor die kritische Frage gefallen lassen, ob seine Sichtweise von Rockmusik nicht aus seiner Rock-Hochzeit stammt, und er andere Abschnitte dieser Musikrichtung nur durch seine vorgefärbte Brille beurteilt. Wo dies auch für meine Arbeit eine Gefahr war, habe ich mich bemüht, durch

---

223 KEULER 1983, S.5
224 ebd.
225 SPENGLER 1987
226 SPENGLER 1987, Einleitung, S.13

intensives Literaturstudium und persönliche Gespräche mangelnde Eigenerfahrung auszugleichen oder so gut wie möglich zu ergänzen." [227]

Hier fehlt die unbedingt zu stellende unbequeme Frage, ob diese anscheinend so problemlose Ausweitung der 'Eigenerfahrung' für einen Erwachsenen überhaupt möglich ist. Der Autor, laut Einbandtext 1953 geboren, während des Studiums "Mitglied einer in Bayern bekannten Rockband" [228] und damit typisches Mitglied einer erwachsenen Jugendkultur, verrät seine generationsspezifische Befangenheit bereits in der inhaltlichen Füllung der von ihm beschriebenen 'Musikkultur':

Wenn er beispielsweise noch im Jahr 1985 behauptet, in der Musikkultur 'der' Jugend werde im wesentlichen das 12-taktige Bluesschema "innerhalb seines strophengegliederten Ablaufs interpretiert und vom Sänger emotional-individuell improvisiert", wobei Sänger oder Sängerinnen keine Noten lesen und deswegen auch keine festgelegten Partituren wiedergeben könnten [229], entpuppt sich des Autors subjektive Auswahl aus jener Musikkultur, die seiner Einschätzung nach die Identitätssuche im Jugendalter [230] bestimmt: Er geht wie andere Autoren seiner Generation primär auf den Teilbereich Rock ein, wobei es scheinen muß, als sei Pop keine 'richtige' Jugendmusik: Mit dieser Beschränkung ist die *gesamte* jugendliche Musikkultur nicht zu fassen, da auch der von den oben erwähnten 'Rock-Heroen der 60er Jahre' besonders abfällig betrachtete industriell gestylte Popbereich sich während der 70er Jahre zu einer Art Opposition gegen erwachsene Jugendkulturen entwickelt: Ratloser und abweisender als vor den Sicherheitsnadeln der Punks stehen die 'Rock-Heroen' doch vor den Krawatten der Poppers!

Auch im Zusammenhang mit "Dynamik und Wandel in der Rockmusik" [231] wird distanzlose Betroffenheit deutlich: Im Abschnitt über den Beat stellt er den "schlaffen" und "trivialen" späten Beatles, den "Mystikern und Möchtegernheiligen, die sich Gurus zum Meditieren einfliegen ließen" [232] als den Vertonern des "sinnlichen Schmus" [233] die "selbstbewußte jugendliche Arroganz" [234] der Rolling Stones gegenüber, die sich "als wahre (sic; J.T.) Musikenthusiasten an Muddy Waters, Bo Diddey (sic; J.T.), Howlin' Wolf und Chuck Berry" [235] orientieren.

Auch wenn der hier entstehende Eindruck persönlicher Betroffenheit vielleicht auf SPENGLER garnicht zutrifft, wirkt dessen seitenlanges (!) Eingehen auf die mittlerweile genügend abgesicherte Binsenweisheit, die Beatles seien angepaßter als die Stones, tatsäch-

---

227 SPENGLER 1987, Einleitung, S.14
228 SPENGLER 1987, Einband
229 SPENGLER 1987, S.21
230 Vgl. Untertitel: Bedeutung und Funktion einer Musikkultur für die Identitätssuche im Jugendalter
231 SPENGLER 1987, S.30ff
232 SPENGLER 1987, S.43
233 SPENGLER 1987, S.45
234 SPENGLER 1987, S.44
235 ebd.

lich wie die musikpädagogisch verbrämte Bewältigung der "eigenen Sichtweise von Rock (...) aus der Rock-Hochzeit" [236] des Autors. So lobenswert der Versuch ist, den überhöhten pädagogischen Stellenwert der Beatles - u.a. durch die 'Pädagogisierbarkeit' ihrer Musik verursacht - zu relativieren, so befremdlich wirkt die folgende Beschreibung von Unterschieden zwischen Beatles und Rolling Stones:

> "Taten sich die Beatles als Komponisten hervor, so waren Bands wie (...) Rolling Stones Stilisten." [237] Die Lieder der Beatles "handelten von allem anderen als von konkreter jugendlicher Umwelt und ihren Interessensbereichen, sie waren dagegen abgehoben anspruchsvoll, ja bisweilen sogar lyrisch." [238] Die Musik der Beatles "wurde auch immer zahmer, ging ins Ohr und entwickelte sich schließlich zur Kunst." [239]

Die Frage, was denn nun eigentlich 'Stilisten' seien, bleibt ebenso unbeantwortet wie die, ob Lyrik und Kunst eine Musik musikalisch minderwertig erscheinen lassen müssen. Dieser verstiegene Kunstbegriff - eine Musik geht ins Ohr und wird dann (oder dadurch?) zur Kunst - bleibt völlig unvermittelt. Der hier entstehende Eindruck von Kunstfeindschaft baut wie die in Kap. III.3.2.2 erwähnte Popfeindschaft Grenzen auf statt ab.

SPENGLERs Ausführungen wirken im Jahr 1985 adressatenlos, wenn er im Sprachstil einer längst erwachsenen Jugend verkündet, die Stones "spielten den härtesten, gröbsten und provozierendsten Beat, sie trugen ihre Haare lang, bis weit über die Schultern und waren mit Sachen in allen vorstellbaren Farben bekleidet. (...) Wie mußten sich die Erwachsenen wohl damals über (...die Stones) aufgeregt haben." [240]

Nach SPENGLER äußert sich die "selbstbewußte jugendliche Arroganz (der Stones) in ihren Liedern. 'Satisfaction', 'Get Off My Cloud' u.a. hatten eine deutliche Sprache" [241] Die Sprache der Stones rückblickend nur der jugendlichen und nicht auch der pubertär-frauenfeindlichen Arroganz [242] zuzuschreiben - um nur ein Beispiel für Unangemessenheit zu nennen, legt die problematische Distanzlosigkeit des Verfassers offen. Diese Haltung - eine musikpädagogische Novität der 80er Jahre - wirkt ebenso unangemessen wie die frühen Versuche konservativer Musikpädagogen, die gesamte populäre Musik aus der Schule herauszuhalten. Eine aus Distanzlosigkeit resultierende einseitige Argumentationsweise bringt Schule und populäre Musik nicht näher, sondern schmälert die Bedeutung der zahlreichen wertvollen und wichtigen Gedanken zu dem vom Autor erkannten und beschriebenen Phänomen, das in der vorliegenden Arbeit unter 'Schüler-Musik' zusammengefaßt wird (Kap.II.3.5).

---

236 SPENGLER 1987, Einleitung, S.14
237 SPENGLER 1987, S.44
238 SPENGLER 1987, S.43
239 SPENGLER 1987, S.45
240 SPENGLER 1987, S.44
241 SPENGLER 1987, S.44
242 Zu den Themen 'Rolling Stones, Frauenbild, Sexismus, etc.' vgl. NIERMANN 1987 S.181ff, S.219ff; sowie JARREAU 1985

3.4. Ausgewogene Ansätze

In der 'etablierten' Musikpädagogik erscheinen erst gegen Ende der 70er Jahre Ansätze, die zu gleichen Teilen von Betroffenheit und dem Bemühen um Objektivität und fundierte Ausführlichkeit geprägt [243] sind. Diese Ansätze werden im folgenden als ausgewogen bezeichnet, da sie eher als die bisher beschriebenen versuchen, den Ausgleich zwischen Distanz (= Objektivität) und Nähe (= Betroffenheit) herzustellen.

Sieht man von Einzelbeiträgen in Zeitschriften ab, stammen die ersten in diesem Sinne ausgewogenen pädagogisch-musikalischen Analysen populärer Musik von KNOLLE, LUGERT, SCHÜTZ und NIERMANN. Während KNOLLE und LUGERT sich als Didaktiker [244] mit dieser Musik befassen, argumentieren SCHÜTZ und NIERMANN eher als praktizierende Pädagogen und Musiker:

> "Die intensivsten Erfahrungen mit der Rockmusik verdanke ich allerdings, wie könnte es anders sein, all den Rockmusikern, mit denen ich in den letzten Jahren zusammen musizieren konnte." [245]

> "Die Schwierigkeiten und die schönen Erlebnisse bei der regelmäßigen Probenarbeit, die organisatorischen und die gruppendynamischen Probleme, die großartigen und die üblen Gefühle bei den Auftritten, Anspannung, Frustration und Erfolgeserlebnisse im Studio, vor allem aber die ständigen Auseinandersetzungen mit den Freunden und Kollegen um die gemeinsame Sache Rockmusik gaben (...) für das wissenschaftliche Arbeiten in sachlicher und psychischer Hinsicht den unverzichtbaren Rückhalt." [246]

Die in letzter Zeit beliebte Bezeichnung von Pädagogen als 'Rockmusiker' fände außerhalb der Musikpädagogik wohl nur sehr eingeschränkte Zustimmung. Allein um von 'echten' praktizierenden Rockmusikern weiterhin ernstgenommen zu werden, erscheint es günstiger, vorsichtig von rockmusikerfahrenen Pädagogen zu reden. Einerseits gehören praktisch-musikalische Erfahrungen zur selbstverständlichen Ausrüstung derjenigen, die sich pädagogisch mit Schul-Musik befassen wollen, andererseits erleichtern rockmusikalische Fertigkeiten nicht zwangsläufig das Verständnis der (in der Regel auch nicht musizierenden) Schülerinnen und Schüler; viel-

---

243 Zum Zusammenhang zwischen Betroffenheit und Objektivität vgl. Kap.V

244 Während KNOLLE eine grundlegende Darstellung der Funktion populärer Musik in der Freizeit von Jugendlichen anstrebt (vgl.KNOLLE 1979, S.13), möchte LUGERT u.a. nachweisen, daß die ablehnende Haltung vieler Musikpädagogen gegenüber populärer Musik "den Versuch einer Abgrenzung gegenüber anderen Bildungs- und damit Sozialschichten darstellt" (LUGERT in: KLEINEN/KLÜPPELHOLZ/LUGERT, S.12 (vgl. auch Kap.III.3.2.2)

245 SCHÜTZ 1982, Vorwort, S.6

246 NIERMANN 1987, S.7; vgl. auch: DAVIDTS/VERLINDEN 1979, FIRLA 1986/1; HELMS 1984; KANDEL 1985; KNEIF 1980/2; LUGERT/SCHÜTZ 1983; MÜLLER 1983; PÜTZ 1985; SCHÜTZ 1982; ders.1983/1; VOULLIEME 1981

leicht werden im Gegenteil einige Aspekte der Schüler-Musik sogar von Pädagogen, die populäre Musik bloß *hören*, besser nachvollzogen als von denen, die diese Musik *machen*. [247]

In seiner im Jahr 1979 vorgelegten Dissertation untersucht Niels KNOLLE [248] in Form einer *textkritischen Untersuchung* die ablehnende Haltung der Musikpädagogik gegenüber populärer Musik. Diese Haltung sei eine der Ursachen für die skeptische Einstellung vieler Schüler gegenüber dem Musikunterricht, behauptet KNOLLE und setzt gegen pädagogische Abwehrhaltungen die Notwendigkeit, die verschiedenen *Funktionen populärer Musik* zu verdeutlichen und für Schüler im Unterricht aufzuschließen.

KNOLLE beschreibt diese Funktionen jenseits der fruchtlosen Kategorien von 'U' und 'E'-Musik und analysiert die Bedeutung populärer Musik für Jugendliche ohne die distanzierte Sorge um die gefährdete Jugend. Damit kann sein Ansatz als wesentlicher Schritt auf dem Weg zur ausgewogenen Berücksichtigung einer aktuellen Herausforderung gelten. KNOLLEs Ansatz ist jedoch vorwiegend theoretisch bestimmt und damit bezüglich der schulischen Umsetzung noch nicht konkret genug.

Der erste 'etablierte' Musikpädagoge, der explizit versucht, Distanz und Nähe zur populären Musik auszugleichen und dabei auch *musikalisch-praktische Aspekte* thematisiert, ist Volker SCHÜTZ. Er verspricht in seiner Dissertation im Jahr 1982 weder endgültige Ergebnisse noch eine "wertfreie, quasi objektive Bestandsaufnahme", vielmehr habe er "die Form der wissenschaftlichen Arbeit gewählt, um (sein) persönliches Engagement für die Sache besonders zu unterstreichen, (seinen) Ausführungen aber gleichzeitig das notwendige Maß an Differenziertheit und Schärfe zu verleihen" [249]

Aus dieser 'distanzierten Subjektivität', einer durchaus schwierigen Haltung, die alle Äußerungen jener durchzieht, die Distanz und Nähe auszugleichen versuchen, definiert SCHÜTZ den 'Begriff Rockmusik', beschreibt die 'musikbezogene Jugendkultur', die 'Inhalte und Ausdrucksformen der Rockmusik' sowie die 'didaktischen Dimensionen der Rockmusik'. Zentrale Themen sind die Forderungen nach

- einem handlungsorientierten Musikunterricht auf partnerschaftlicher Basis, bei dem Lehrer und Schüler beide Lehrende und Lernende sein können, und die nach

---

247 NIERMANN betont die Unangemessenheit der Vorstellung, "allein das Musizieren sei die 'eigentliche', 'einzig richtige' Form des Musikmachens" und betont, "daß auch derjenige, der kein Musikinstrument beherrscht, über weitreichende Handlungskompetenz im Umgang mit Musik verfügen kann (vgl.NIERMANN 1987, S.55)
SCHÜTZ fordert zwar rockmusikpraktische Kompetenz der Unterrichtenden, betont jedoch, dies impliziere keinesfalls, "daß der Lehrer auch auf diesem Gebiet eine überlegene Autorität kraft einer für die Schüler unerreichbaren rockmusikalischen Kompetenz darstellen soll" (vgl. SCHÜTZ 1982, S.174)

248 KNOLLE 1979

249 SCHÜTZ 1982, Vorwort, S.5

- rockmusikpraktischen Erfahrungen [250] derjenigen, die pädagogisch mit populärer Musik umgehen möchten.

Der Ansatz von SCHÜTZ kann als Basis für die Vorbereitung einer Didaktik populärer Musik betrachtet werden. Viele der dort thematisierten Aspekte sind auch für die vorliegende Arbeit von Bedeutung. Der SCHÜTZ'sche Ansatz spiegelt eine Stufe der didaktischen Reflexion wider, auf der dem aktiven Musizieren besondere Bedeutung zugemessen wird. Er kann jedoch hinsichtlich der übergreifenden didaktischen Analyse aktueller Herausforderungen nur als vorläufiger Schritt angesehen werden, was der Autor auch selbst betont. [251] Zwar gibt er wesentliche Aufschlüsse für die didaktische Analyse von Schul-Musik, der Bezug auf Schüler-Musik bleibt jedoch zu unspezifisch.

Während SCHÜTZ und LUGERT [252] vor allem die praktische Umsetzung populärer Musik entscheidend vorangetrieben und in zahlreichen Fortbildungsveranstaltungen [253] vielen Lehrerinnen und Lehrern dringend benötigte Unterrichtshilfen zur Verfügung gestellt haben, werden die Grenzen der Musikpädagogik [254] im Zusammenhang mit populärer Musik explizit von TERHAG [255] und NIERMANN [256] angesprochen.

So deutet Franz NIERMANN das an, was in der vorliegenden Arbeit unter Schüler-Musik zusammengefaßt ist, wenn er bemerkt, Rockmusik und ihre Rezeption ließen "sich im allgemeinen mit den Maximen und den weitgehend üblichen Formen der schulischen Erziehung nicht in Einklang bringen". [257] Durchaus zwiespältig behauptet der Autor, die "beiden 'Welten': Rockmusik und schulischer Unterricht (seien) nicht durch Vermittlungsversuche zusammenzuführen", um im gleichen Abschnitt fortzufahren, dieser "bedeutende Musikbereich (könne jedoch) auch nicht einfach ignoriert werden (...) Die aufgeworfenen Probleme werden in der vorliegenden Arbeit nicht gelöst. Aber um sie geht es." [258]

Als ein Mittel zur Auflösung der Diskrepanz zwischen Rock und Schule deutet NIERMANN zwar ein "Abheben vom Schulalltag" [259] an

---

250 Vgl.: SCHÜTZ 1982, S.174f

251 SCHÜTZ 1982, S.140ff, 166ff

252 Vgl. die Literaturliste dieser Arbeit und die Zeitschrift 'Populäre Musik im Unterricht' des von LUGERT und SCHÜTZ gegründeten Instituts für die Didaktik populärer Musik'; vgl. auch Gespräch II in Kap.VI (ANHANG) sowie LUGERT 1979/ 1980/1982

253 In diesem Zusammenhang sind die teilweise privat durchgeführten Fortbildungen durchaus als Zwischenstufe zwischen 'alternativer' und 'etablierter' Pädagogik zu betrachten.

254 Es soll nicht unerwähnt bleiben, daß auch LUGERT und SCHÜTZ in späteren Veröffentlichungen auf die Grenzen der Schule, auf Trotzreaktionen der Schüler etc. hingewiesen haben. Vgl. LUGERT in: KLEINEN/KLÜPPELHOLZ/LUGERT 1985/1

255 TERHAG 1984

256 NIERMANN 1987

257 NIERMANN 1987, S.6

258 ebd.

259 ebd.

(was den in diesem 'Alltag' Stehenden freilich nicht weiterhilft), die Frage nach konzeptionell besseren schulischen Organisationsformen klammert er jedoch ausdrücklich aus. [260] Unabhängig davon, ob des Autors Skepsis nun Ausdruck von Realitätsnähe oder Resignation ist, wäre es verfrüht, die Grenzen zwischen Schule und Rock als prinzipiell unüberwindbar zu akzeptieren: "Wirkliche geistige und emotionale Nähe (zur Musik; J.T.) verträgt sich nicht mit der unvermeidbar laborhaften Sterilität jedes Musikraumes". [261] Es bleibt zu hoffen, daß NIERMANN hier von falschen Voraussetzungen ausgeht, wenn er jeden (!) Musikraum als 'steril' und 'laborhaft' beschreibt.

Ausgehend von didaktischen Fragestellungen und Positionen im Zusammenhang mit populärer Musik formuliert NIERMANN in seiner 1987 vorgelegten Dissertation den für seinen Ansatz zentralen Begriff der <u>Aneignung</u>, der für den Musikunterricht unter ständiger Berücksichtigung der Diskrepanzen zwischen Schule und Leben, Schülerorientierung und Bildungsauftrag, Kopf und Bauch (diese werden sehr anschaulich und persönlich geschildert) zur <u>interessegeleiteten Aneignung</u> erweitert wird.

NIERMANN geht hierbei weder vom subjektiven Schülerinteresse aus noch bleibt er bei diesem Interesse stehen; er möchte vielmehr versuchen, den Schülerinnen und Schülern ihr 'objektives' Interesse an Musik aufzuschließen: "Es reicht nicht und ist nicht einmal das Entscheidende, beim Interesse der Schüler 'anzusetzen', sondern das Ziel besteht darin, daß die Schüler mit Hilfe des Lehrers ihr Interesse an bzw. in der 'Sache Musik' entdecken." [262] Hier ist eine Gratwanderung gefordert: Die Entdeckung dieses 'objektiven' Interesses der Schüler erfordert Fingerspitzengefühl und setzt Aufrichtigkeit dann voraus, wenn das Schülerinteresse den Vorstellungen der Erwachsenen zuwiderläuft.

Die hier von Unterrichtenden verlangten Entscheidungen setzen neben Einfühlsamkeit eine hohe Sachkompetenz des Lehrers voraus. Im Kapitel über die Beziehung des Lehrers zur Musik erweitert NIERMANN den Begriff Sachkompetenz, indem er ihn auf den Lehrer nicht nur als Musiker und Musikwissenschaftler, sondern auch als <u>Musikliebhaber</u> bezieht: "Zur Erlangung der Sachkompetenz gehört primär, daß der Lehrer mit den Lerngegenständen *seine* Erfahrungen macht", daß er "erfahren hat, worin die Musik *ihn* selbst betrifft". [263] Diese Erfahrungen sollen Lehrerinnen und Lehrer "behutsam" in den Unterricht einbringen.

Die Vokabel 'Behutsamkeit' ist durchaus geeignet, NIERMANNs Ansatz generell zu kennzeichnen: Er geht weder von der distanzierten 'Kunstmusik-Perspektive' noch von einer allzu einfachen 'Schulpop-Perspektive' an Musik heran. Es erscheint zwar in diesem Zusammenhang fragwürdig, wenn er Rock immer wieder zur "Kunst" [264] erklärt oder generell behauptet, bei Pop und Rock stehe "traditionsgemäß

---

[260] NIERMANN 1987, S.62
[261] NIERMANN 1987, S.63
[262] NIERMANN 1987, S.7
[263] NIERMANN 1987, S.68
[264] NIERMANN 1987, S.12

(...) das Außermusikalische" im Vordergrund [265]; andererseits trägt es zur Versachlichung bei, wenn "bestimmte 'bewährte' Werke der Musikgeschichte (z.B. von J.S.Bach, B.Bartok, den Beatles, L.Berio, F.Schubert, den Sex Pistols, B.Smith, J,Strauß usw.)" [266] nicht stilistisch oder gar wertend, sondern schlicht alphabetisch geordnet erscheinen.

Während bei SCHÜTZ populäre Musik vor allem um ihrer selbst und um der Schüler willen und bei LUGERT in der nahtlosen Folge historischer populärer Musik [267] thematisiert wird, erhält sie bei NIERMANN einen Kunstcharakter, der dieser Musik ursprünglich fremd ist:

> "Rockmusik ist wie alle Musik Kunst. Sie unterscheidet sich von der sogenannten Klassischen Kunstmusik nicht prinzipiell darin, daß sie im Unterschied zu dieser nicht Kunst oder gar nicht primär 'überhaupt Musik' wäre, sondern sie ist aufgrund des anderen Musizier- und Rezeptionsverhaltens, aufgrund der besonderen musikalischen Faktur, aufgrund ihrer besonderen Wechselbeziehung zur außermusikalischen Wirklichkeit, in der sie entsteht, (...) eine wesentlich *andere* Kunst als die Klassische Kunstmusik" [268]

Unabhängig vom nicht näher erläuterten Kunstbegriff machen diese Ausführungen geradezu exemplarisch Schüler-Musik zur Schul-Musik, indem sie der populären Musik einen ihr wesensfremden Anspruch überstülpen. Viele Schüler (und Musiklehrer) bevorzugen populäre Musik, obwohl (oder sogar weil) diese keinen Kunstanspruch erhebt. Populäre Musik kann wohl erst dann als akzeptiert gelten, wenn sie ohne eine verbale 'Orientierung am Kunstwerk' in den Musikunterricht aufgenommen wird.

NIERMANN mißt den Begriff der interessegeleiteten Aneignung auch an der Unterrichtsrealität. Ein Beispiel für das Musizieren und drei für Analyse und Interpretation sollen veranschaulichen, wie man mit je einem Musiktitel unter Berücksichtigung seines Umfeldes exemplarisch weite Bereiche musikbezogener Erfahrung erschließen kann. Bei der Analyse - dem Musizieren wird insgesamt weniger Raum zugestanden - wählt NIERMANN die programmatische Überschrift "Kunstliedanalyse", um zu verdeutlichen, "daß es - ausgehend von der Auffassung von Rockmusik als Kunst und von der Möglichkeit, Rockstücke als Lieder zu betrachten, - keinen prinzipiellen Unterschied zwischen der Kunstliedanalyse und der Analyse von Rockmusik gibt." [269]

Auch wenn dies aus analytischer Sicht vielleicht sinnvoll erscheinen mag, stellt sich die generelle Frage, warum solche Angleichungsversuche, die immer plakativ und unbefriedigend bleiben, überhaupt als notwendig oder sinnvoll erachtet werden. Obwohl NIERMANN im Sinne einer übergreifenden Terminologie [270] immer

---

265 NIERMANN 1987, S.15
266 NIERMANN 1987, S.23
267 LUGERT in: KLEINEN/KLÜPPELHOLZ/LUGERT 1985/1, S.12
268 NIERMANN 1987, S.12
269 NIERMANN 1987, S.136
270 Vgl. Kap.II.1.2

wieder die Unangemessenheit des Vergleichs zwischen 'Klassik' und populärer Musik betont, wirkt sein Versuch, populäre Musik zur Kunst zu erklären, eher defensiv als selbstbewußt.

Insgesamt betrachtet ist es NIERMANN gelungen, einen (relativ knappen) Theorieansatz mit exemplarischen Umsetzungsmöglichkeiten zu verbinden. Letztere werden jedoch nicht allen Schulformen gerecht: Des Autors Erfahrungen sind ausschließlich in einem Westberliner Gymnasium - zumeist in Oberstufenkursen - gewonnen und bleiben damit weitgehend auf die gymnasiale Oberstufe von Gymnasien und Gesamtschulen beschränkt. An vielen Haupt- und Realschulen bleibt beispielsweise die 'Aneignung' eines Plattencovers per Epidiaskop [271] weiterhin problematisch.

3.5. Konsequenzen

Wie eingangs erwähnt, geht es im übergreifenden Zusammenhang aktueller Herausforderungen an den Musikunterricht bei den zuletzt dargestellten Ansätzen weniger um deren detaillierte Beschreibung als um deren mögliche Übertragung auf die Musiklehrerausbildung; dabei stellen sich folgende Fragen:

- Wie kann die Fähigkeit zur ausgewogenen Analyse von aktuellen Herausforderungen und damit zur Analyse dessen, was während des Studiums nicht thematisiert werden kann, möglichst vielen Lehrerinnen und Lehrern ermöglicht werden?

- Welche Bedeutung und Struktur muß die *Fortbildung* im Zusammenhang mit unvermeidbaren Defiziten während der *Ausbildung* erhalten?

- Wie können Musiklehrerinnen und -lehrer künftig auf aktuelle Herausforderungen ihres Faches und ihrer Person (durch neue Musikstile, Jugendkulturen, gesellschaftliche Umstrukturierungen o.ä.) besser vorbereitet werden?

- Wie ist bei diesen aktuellen Herausforderungen das Prinzip von Distanz und Nähe auszubalancieren?

Bei der Beantwortung dieser Fragen erweist sich die in Kap.II entwickelte Terminologie als besonders hilfreich, da sie den Vergleich der recht unterschiedlichen musikpädagogischen Ansätze ermöglicht. So wird zunächst deutlich, daß die Analyse von Schüler-Musik und Schul-Musik anscheinend noch mehr als jede andere Analyse von der Person der Analysierenden - beispielsweise von deren Alter - abhängt:

- Die jüngeren und zumeist rockerfahrenen Pädagogen sind eher in der Lage, die musikimmanenten Aspekte von *SCHUL-MUSIK* zu thematisieren: Ihre Analysen und Musikbeispiele verraten den einfühlsamen, direkten Zugang zur populären Musik, weil ihr Interesse nicht nur pädagogischen, sondern auch musikalischen Ursprungs ist (vgl. u.a. FIRLA, NIERMANN, SCHÜTZ, SPENGLER, WALDINGER).

---

[271] NIERMANN 1987, S.176

- Die älteren der für populäre Musik aufgeschlossenen Pädagogen gehen, teilweise aufgrund ihrer größeren Distanz zur Thematik, angemessener mit dem generationsübergreifenden Phänomen der *SCHÜLER-MUSIK* um (vgl.besonders BAACKE [272], WIECHELL [273], BASTIAN [274]).

Zielen sowohl Musikbeispiele als auch Szenebeschreibungen älterer Musikpädagogen in der Regel haarscharf an allem vorbei, was für Schülerinnen und Schüler gerade aktuell ist, erscheinen ihre generationsübergreifenden Analysen des jugendlichen Umgangs mit Musik - vielleicht auch durch ihre längere Erfahrung mit mehreren Generationen von Jugendlichen - häufig angemessener als die Analysen der jüngeren Pädagogen, die einseitig aus der Sicht 'ihrer' Jugendkulturen argumentieren.

Gehen ältere Musikpädagogen also teilweise angemessener mit dem Phänomen Schüler-Musik um, erweisen sich jüngere Pädagogen als sensibler im Bereich von Schul-Musik, da ihre aktiven und passiven Rockmusikerfahrungen eher den 'direkten Draht' zur Musik und damit zu den Schülern ermöglichen. Erst diese Direktheit hat die problemlose Schul-Musik - beispielsweise das gattungsimmanent angemessenere schulische Musizieren - ermöglicht. Andererseits scheint jüngeren Musikpädagogen häufig die Vorstellung fremd, daß spätere Schülergenerationen *trotz* vergleichbarer Grunderfahrungen in Teilbereichen völlig anders mit der Musik 'der' Jugend umgehen: Dadurch wird der Umgang mit dem Phänomen Schüler-Musik für jüngere Pädagogen besonders schwierig.

Weiterhin ermöglicht die in Kap.II entwickelte Terminologie eine Analyse der Mechanismen, mit denen Musikpädagogen versuchen, Schüler-Musik in Schul-Musik und Jugendkulturen in Erwachsenenkulturen zu überführen, wobei die Musik der Schüler anscheinend immer zunächst als 'gleichberechtigt' erklärt werden muß:

Schüler-Musik wird zur Schul-Musik, indem sie entweder als

- gleichberechtigt mit der Musik der Erwachsenenkulturen [275] bzw. mit der Musik erwachsener Jugendkulturen [276] betrachtet,

- oder zur 'legitimen' Nachfolgerin des populären Teilbereichs der Erwachsenenkultur [277] bzw. als "Ausprägung einer neuen weltweiten Musikkultur" [278] und damit zur Erwachsenenkultur erklärt wird.

Die Übernahme von Jugend- in Erwachsenenkulturen geht somit immer vom musikalischen Weltbild der Erwachsenen aus: Wenn letztere auf jugendliche Bedürfnisse eingehen, geschieht dies entweder aufgrund von Präferenzuntersuchungen, bei denen immer eine Haltung des

---

272 Vgl. Kap.II.3.7.1
273 WIECHELL 1975, Ss.48,54f
274 BASTIAN 1983
275 NIERMANN 1987, S.12
276 Vgl. SPENGLER 1987, KEULER 1983
277 Vgl. LUGERT in: KLEINEN/KLÜPPELHOLZ/LUGERT 1985/1, S.12
278 SCHÜTZ 1982, S.140

'Nachgebens vor der Realität' mitschwingt [279], oder aufgrund einer vermeintlich nötigen 'Aufwertung' [280] der Jugendkulturen: Auch wenn aktuelle Herausforderungen natürlich im Rahmen eines geschichtlichen Kontinuums zu betrachten sind, müßte es dennoch möglich sein, sie auch ohne Bezug auf die Erwachsenenwelt zu betrachten. Es gehört zur Problematik aktueller Herausforderungen, daß sie sich unter dieser Prämisse in einigen Bereichen immer wieder als un-unterrichtbar erweisen werden.

Die *wissenschaftliche* pädagogische Analyse aktueller Herausforderungen kann dann als ausgewogen betrachtet werden, wenn aus diesen theoretischen Ansätzen die *schulische* Balance zwischen Distanz und Nähe direkt ableitbar wird. Bei ausführlicher Lektüre der in Kap.III.3.4 nur skizzierten Ansätze wird deutlich, daß dies möglich ist: Obwohl die Autoren stets ihre Nähe zur populären Musik bekunden, sind sie imstande, über diese Musik distanziert zu reflektieren.

Durch die Nähe wird einerseits an keiner Stelle der übergreifende Bildungsauftrag der Schule vernachlässigt; andererseits werden durch die Distanz aktuelle Herausforderungen weder aufgesogen noch domestiziert. Jugend- und Erwachsenenkulturen können sich dann gegenseitig befruchten, wenn Erwachsene und Jugendliche einerseits gleichberechtigt und andererseits sich ihrer jeweiligen Rollen deutlich bewußt sind. Auf seiten der Lehrenden setzt dies voraus, daß sie

- sich als Vertreter der Erwachsenenkulturen erkennen (und zu erkennen geben),
- bereit sind, von Jugendkulturen zu lernen,
- die Jugendkulturen durch ihre Erfahrungen zu ergänzen statt zu ersetzen versuchen.

Damit brauchen Lehrerinnen und Lehrer keine Rockfans und auch keine Berufsjugendlichen zu werden; genau hier ist Distanz gefordert (Erkenntnis der Unterschiede zwischen Erwachsenen- und Jugendkulturen) und Nähe möglich (Verständnis der generationsübergreifenden jugendkulturellen Mechanismen).

Auf diese Weise ist es der Schule durchaus möglich, 'das Leben' aufzunehmen. Es wird sich hier allerdings zwangsläufig immer um eine pädagogisierte Aufnahme handeln, bei der im Fall der populären Musik jedoch kein billiger 'Schulpop' entstehen darf, sondern die pädagogische Aufnahme des musikalischen Alltags auf möglichst hohem fachlichen (pädagogischen und musikalischen) Niveau stattfinden muß.

---

279 Vgl. die Untersuchungen von WIECHELL, BEHNE, ZIMMERSCHIED, aber auch PAPE und KNOLLE

280 Vgl. NIERMANN, WIECHELL, auch LUGERT

4. Die pädagogischen Bemühungen 'alternativer' Einzelinitiativen

Wurden bisher die Reaktionen der 'etablierten' Musikpädagogik analysiert, so sollen im folgenden 'alternative' Einzelinitiativen untersucht werden. Die ersten Berührungen zwischen Schule und populärer Musik werden über lange Zeit von solchen Einzelinitiativen geprägt, deren Initiatoren sich zumeist von der 'etablierten' Musikpädagogik alleingelassen fühlen. Gemeinsam ist den 'alternativen' Initiativen eine meist theoriefeindliche oder zumindest -skeptische Haltung; Unterschiede bestehen hinsichtlich Ausmaß und Organisationsgrad des Engagements. [281]

Besonders auffällig und mit großem Publikationsaufwand treten in Nordrhein-Westfalen zu Beginn der 80er Jahre zunächst in Mülheim an der Ruhr der vom Hauptschul-Musiklehrer Franz FIRLA gegründete "Arbeitskreis für Rock und Pop in der Schule" (ARPS) und dann in Gelsenkirchen der von Karl-Heinz RINNE, ebenfalls einem Hauptschul-Musiklehrer, gegründete "Arbeitskreis Rockdidaktik" (AK Rockdidaktik) an die Öffentlichkeit. Obwohl es sich bei den beiden inzwischen abgebrochenen Initiativen trotz des immensen Engagements ihrer Initiatoren letztlich um Aktivitäten für Insider ohne weitreichende Resonanz in der musikpädagogischen Öffentlichkeit handelt, können sie als zwei Beispiele für 'alternative' Projekte dazu dienen, inner- und außerschulische Probleme mit populärer Musik exemplarisch zu verdeutlichen.

Da die Veröffentlichungen der beiden Arbeitskreise zahlreiche typische Haltungen und Erfahrungen rockengagierter Musikpädagogen widerspiegeln und die Initiatoren ihre selbstgestellte Aufgabe immer wieder sinngemäß als 'Sprachrohr der Praktiker' (ARPS) oder als 'Pädagogik von unten' (AK Rockdidaktik) definieren, sollen im folgenden die Arbeitskreise auf Gemeinsamkeiten und Unterschiede hin untersucht und kritisch im Hinblick auf ihre Ziele und Wirkungen analysiert werden. Von besonderem Interesse sind dabei die Gründe für das letztliche Scheitern der Initiativen und ihr Verhältnis zur 'etablierten' Musikpädagogik.

Weiterhin erscheint beim Vergleich der beiden Initiativen wichtig, daß sich unter Zugrundelegung der in der vorliegenden Arbeit entwickelten Terminologie [282] der Mülheimer ARPS eher auf *Schul-Musik* und der AK Rockdidaktik auf *Schüler-Musik* konzentriert.

- FIRLAs Schwerpunkt besteht im praktischen Umgang mit populärer Musik: "Die Musikerziehung kann es sich angesichts der zur Passivität verführenden apparativen Verfügbarkeit von Musik (...) nicht länger leisten, nur bestimmte musikalische Aktivitäten zu fördern (...) Sie muß vielmehr all denen beharrlich Mut machen, die noch bereit sind - und sei es auch noch so laienhaft - mit Musik aktiv umzugehen." [283]

- RINNE dagegen betont in der Zeitschrift des AK Rockdidaktik, die sich nicht auf Musikunterricht beschränkt, sondern sich

---

[281] Vgl. Kap.II.2
[282] Vgl. Kap.II.3
[283] FIRLA 1984, S.131

darüber hinaus auf 'populäre Kultur' bezieht [284], immer wieder den über populäre Musik hinausgehenden Zusammenhang: Den Unterrichtsversuchen mit populärer Musik liegt nach RINNE "vor allem eine systematische musiksoziologische und kulturell-politische Konzeption zugrunde" [285]

4.1. Der 'alternative' Umgang mit Schul-Musik: Der Arbeitskreis für Rock und Pop in der Schule (ARPS)

Unter der Prämisse, Möglichkeiten für den praktischen Umgang mit populärer Musik zu erproben und zu veröffentlichen, gründet FIRLA im Mai 1981 zusammen mit dem Verleger Merlin W. FRANK den ARPS und "bereits nach wenigen Fortbildungsveranstaltungen zeigen die Musikerzieherverbände und namhafte Hochschulvertreter lebhaftes Interesse und treten teilweise als Mitglieder bei." [286] Der Gründung vorausgegangen sind die mehrjährigen Erfahrungen FIRLAs bei der Betreuung von Schülerbands, die sich an seiner Mülheimer Hauptschule aus Musikunterricht und -arbeitsgemeinschaften entwickelt haben. Von August 1980 bis Juli 1984 benutzt FIRLA die von ihm verfaßte Serie 'Rock in der Schule' in der Musikerzeitschrift *spotlight* für die Publikationen des Arbeitskreises, der sich im wesentlichen auf musikalische und organisatorische Probleme bei der Betreuung von Schülerbands konzentriert. Im Jahr 1984 wird ein Teil dieser Serie zusätzlich in Buchform [287] veröffentlicht.

Am Beispiel des ARPS wird das Verhältnis zwischen 'etablierter' Musikpädagogik und dem 'Praktiker' deutlich, "der in musikpädagogischen Fachzeitschriften seine Probleme leider oft nur in Leserbriefen unterbringen kann. Dabei ist er es, der das lecke Schiff Musikunterricht mit quasi privatem Einsatz noch über Wasser hält." [288] Die im Nachsatz deutlich werdende Selbstüberschätzung vermag einige der Probleme anzudeuten, die durch eine endgültige Spaltung der Musikpädagogik in 'etablierte' und 'alternative' Bereiche entstehen könnten.

Mit seiner Serie 'Rock in der Schule' versucht FIRLA, die an populärer Musik interessierten Kollegen über deren *Schüler* zu erreichen: Bereits im ersten Beitrag der Serie beschreibt er eine neue Generation von Lehrern, "die mit Rock aufgewachsen sind und ein normales Verhältnis zu dieser Musik haben. Wenn diesen auch die konkreten Kenntnisse fehlen, wie man solche Musik praktiziert oder gar unterrichtet, so müssen es gerade die sein, die wir über die Schüler unter den Lesern von spotlight ansprechen wollen." [289]

Bereits in dieser ersten Veröffentlichung faßt FIRLA mit kernigen Worten seine Vorstellungen vom "zeitgemäßen Musikunterricht" [290]

---

284 Der programmatische Untertitel der Zeitschrift 'Rockpaed' lautet 'Zeitschrift für populäre Musik und Kultur in der Schule'

285 RINNE 1982/1, S.2

286 FIRLA 1984, S.110

287 FIRLA 1984

288 FIRLA 1983/4, S.30

289 FIRLA 1984, S.5

290 FIRLA 1984, S.5

zusammen. Die stilistischen Gratwanderungen des rockengagierten Musiklehrers beginnen beim lockeren *spotlight*-Jargon und werden dann mit der Zeit seriöser, jedoch auch weniger originell - vermutlich ein Zeichen für einen stärkeren Bezug auf die wachsende Abonnentengruppe der Musikpädagogen. Sind wesentliche Aussagen aus der Anfangsphase von 'Rock in der Schule' noch geeignet, alle Vorurteile über jugendliche Rockmusikkonsumenten auch auf rockengagierte Musiklehrer zu übertragen, so wird der aggressive Szene-Jargon der Anfangszeit von zunehmend sachlicheren Formulierungen abgelöst, wodurch der Autor sich inhaltlich wie stilistisch immer mehr von seiner Zielgruppe der jugendlichen Rockmusiker entfernt.

So schimpft FIRLA im Eröffnungsartikel noch über "musikpädagogische Scheuklappen" [291] und verurteilt den Kollegen, der "für Folkloregruppen, Jazzgruppen und Kammermusikensembles seine heilige Freizeit opfert, für Pop- und Rockgruppen aber keinen Finger krumm macht. Dieselben Schulmeister wettern dann im Unterricht gegen Manipulation, die Dauerberieselung und die vorsätzliche Erziehung zur Passivität durch Massenmedien und Musikindustrie! Wann erkennen diese Leute endlich, daß zwischen ihrem elitären Anspruch und den Bedürfnissen der Mehrheit der Jugendlichen ein riesiges Loch klafft?" [292]

FIRLAs erklärtes Ziel ist es, mit seiner Serie "alle Aktivitäten nach Kräften (zu unterstützen), die das Selbermachen zum Ziel haben." In der Hauptsache sollen "die Schüler selbst informiert werden, und zwar besonders die, die eine Schülerband gründen wollen oder gegründet haben." Bei der "Anleitung, Unterstützung und einem Erfahrungsaustausch mit Gleichgesinnten" setzt der Autor die Schwerpunkte seiner Aktivitäten, wobei er "nicht die Arbeit eines engagierten Betreuers 'vor Ort' ersetzen", sondern "zeitraubende Irrwege (...) verhindern" möchte.[293]

Zum Schluß noch ein geradezu kämpferisches Detail, das bei den Schülern unter den Lesern des ersten Artikels gewiß gut angekommen ist: "Solltet Ihr für die Auseinandersetzung mit Euren Lehrern pädagogische Argumente für die Integration von Rock in das Leben der Schule benötigen, könnt Ihr das in gedruckter Form von mir erhalten. Postkarte genügt!" [294]

Die zahlreichen stilistischen und inhaltlichen Ungereimtheiten, die einen 'etablierten' Musikpädagogen vielleicht verärgern würden, sind trotz (oder gerade wegen) ihrer Zwiespältigkeit als ernstzunehmende Probleme für einen angemessenen Einbezug populärer Musik in den Unterricht zu betrachten. FIRLA wendet sich an einen äußerst heterogenen Adressatenkreis, wenn er einerseits den Musikunterricht mit den Worten beschreibt, hier herrsche "das totale Museum"[295], andererseits "auf die Gefahr hin, daß mich einige jetzt für beknackt halten und weiterblättern", einen zweiseitigen Exkurs in die 'Philosophie' unternimmt, in dessen Verlauf er Rockmusiker frei nach Nietzsche als "dithyrambische Dionysosdie-

---

291 FIRLA 1984, S.5
292 FIRLA 1984, S.5
293 Alle Zitate dieses Absatzes in FIRLA 1984, S.5
294 FIRLA 1984, S.6
295 FIRLA 1984, S.7

ner" beschreibt, die nur von ihresgleichen verstanden würden, und die Koryphäe aus der griechischen Tragödie als "Mischung aus Leadsänger und Schlagzeuger" [296] bezeichnet.

Innerhalb der skurril-erfrischenden bis ärgerlich-vereinfachenden Publikationen in einem Adressaten-Niemandsland stößt man bei der Lektüre immer wieder auf interessante Ideen und Sichtweisen, die gerade durch ihren ungewöhnlichen Publikationsort *spotlight* alle Gegensätze zwischen populärer Musik und ihrer pädagogischen Vereinnahmung deutlich machen.

Problematisch ist die Schwarzweiß-Malerei, wenn FIRLA über das Verhältnis zwischen 'Praktikern' und den "Hohen Priestern der Musikpädagogik" [297] schreibt. Frontenbildungen durch überspitzte Formulierungen sind sicherlich auch ein Ausdruck leidvoller Erfahrungen eines rockengagierten Musiklehrers, der jugendliche Rockmusiker auf ihrem Weg bestärken will, "auch wenn man dann nicht die Sympathie der Gebildeten genießt. Dieses Vorrecht haben die Teilnehmer von 'Jugend musiziert', jener Jugendbewegung von oben, die den Anspruch erhebt, die musizierende Jugend der BRD zu repräsentieren." [298] So wird FIRLA immer dann besonders deutlich, wenn es um staatliche Subventionen geht: "wenn schon für die musizierende Jugend Unterstützung in Form von Geld gewährt wird, dann kann ein sozialer und dem Grundgesetz verpflichteter Staat nicht nur die eine Hälfte der Jugend bedenken und die anderen in ihre eigene Tasche greifen lassen." [299]

Noch drastischer führt FIRLA an anderer Stelle aus, die "einseitige Parteinahme für die 'offizielle' Kultur (entspreche) aber ganz dem Muster, nach dem in der BRD die Kultur gefüttert wird. Während sich die einen mästen, müssen die anderen verhungern." [300] Auch *spotligt*-Herausgeber FRANK "prangerte diese himmelschreiende Ungerechtigkeit in seinem offenen Brief an den Bundeskanzler mit eindringlichen Worten an: Den jugendlichen Rockmusikern bleiben die Moderkeller, während gleichzeitig die großen Konzertsäle trotz vielerorts sinkender Besucherzahl durch Steuermittel am Leben erhalten werden." [301]

Obwohl sich FIRLA, wenn es um musikalische Inhalte geht, wesentlich behutsamer äußert als RINNE im 'AK Rockdidaktik' und obwohl er stets eher das Gemeinsame als das Trennende von 'E'- und 'U'-Musik hervorhebt, wird er immer dann so konkret wie kämpferisch, wenn das soziale Prestige oder die finanzielle Förderung von 'E'- und 'U'-Musikern angesprochen ist, denn "während sich die E-Musiker mit Klangexperimenten à la Stockhausen vor leeren Stühlen abmühten, erreichten die Tonband-Collagen Lennons die Jugendlichen in aller Welt." [302]

---

[296] FIRLA 1984, S.28f
[297] FIRLA 1984, S.7
[298] FIRLA 1984, S.9
[299] FIRLA 1984, S.9
[300] FIRLA 1984, S.11; vgl. hierzu auch JOST in: GIESELER 1978, S.221ff
[301] FIRLA 1984, S.11
[302] FIRLA 1984, S.17

In diesem Zusammenhang beschreibt FIRLA zahlreiche kommunalpolitische Initiativen zur Schaffung von Proberäumen für Schüler- und Nachwuchsbands sowie erfolgreiche Rezepte zur Durchsetzung der Interessen all jener Bands, die "nicht alle der Schule angehören und nicht nachmittags als Arbeitsgemeinschaft unterzubringen sind." [303] Den Nachwuchsgruppen verrät FIRLA beispielsweise, wie sie Musik- und andere Räume in Schulen als "riesiges ungenutztes Potential an Übungsräumen" [304] nutzen können, wie man entsprechende Anträge beim Schulträger stellt usw. Diesen Teil seiner Arbeit sieht der im Gegensatz zu RINNE betont unpolitische FIRLA stets im kulturpolitischen Zusammenhang der Unterstützung einer benachteiligten Gruppe.

Aus musikpädagogischer Sicht problematisch, jedoch für das Entstehen des ARPS entscheidend ist der Publikationsort *spotlight*. Diese Musikerzeitschrift ist wie vergleichbare Blätter kommerziell bis zu einem gewissen Grad von der Musik- und Elektronikindustrie abhängig; sie wendet sich branchenüblich mit Instrumententests und lockeren Szene-Berichten im Verbund mit gezielter Werbung an jugendliche Musiker und solche, die sich dafür halten. Der Nachsatz ist nicht als Floskel mißzuverstehen: Es ist kein Geheimnis, daß die Instrumentenindustrie im Bereich populärer Musik, der von jugendlichen Musikern finanziell deutlicher selbstbestimmt wird, wesentlich unverhohlener und gesellschaftlich verwerflicher als im meist von den Eltern finanzierten 'klassischen' Bereich vom Verkauf immer wieder neuer Produkte an jene Jugendlichen lebt, denen das Benutzen des neuesten Instrumentariums als persönlicher musikalischer Fortschritt 'verkauft' werden kann.

So befinden sich in jedem 'Portrait' der gerade 'angesagten' Gruppe neben musikalischen und organisatorischen Blicken hinter die vermeintliche 'Kulisse des großen Konzertbetriebs' sowie in jedem Interview detaillierte Hinweise auf das jeweils benutzte 'Equipment' der Idole, wobei bis zur genauen Typen- und Preisbezeichnung immer wieder der Eindruck erweckt wird, musikalische Ausdrucksfähigkeit und verwendete Anlage stünden in direktem Zusammenhang. Besonders problematisch werden diese Aussagen durch die Tatsache, daß sie innerhalb der populären Musik vor allem im aktuellen Hitparadenpop bis zu einem gewissen Grad zutreffen.

Obwohl die bundesweiten Schülerbandrockwettbewerbe als Höhepunkte der Arbeitskreisaktivitäten nicht möglich gewesen wären, ohne daß "namhafte deutsche Musikalien-Vertriebe (...) Band-Equipment im Wert von fast 10.000,-DM" [305] pro Veranstaltung gestiftet hätten [306] und obwohl das Entstehen des Arbeitskreises in einem Umfeld zwischen Schule und Freizeit erst durch den für musikpädagogische Fragestellungen äußerst ungewöhnlichen Publikationsort *spotlight* ermöglicht wird, muß FIRLA bestätigt werden, daß er den Versuchungen der Instrumentenindustrie, die sicherlich an ihn herangetragen wurden, nicht erlegen ist.

---

303 FIRLA 1984, S.12
304 FIRLA 1984, S.12
305 FIRLA 1984, S.111
306 Hierbei stellt sich die Frage, ob diese Beträge Stiftung oder Zukunftsinvestition der 'Musikalien-Vertriebe' sind.

So stellt er gleich in seinem zweiten Beitrag klar, daß er "weder heute noch im nächsten Heft (...) viel von Fabrikaten und technischen Daten erzählen" [307] werde. Zwar verweist er gleich im nächsten Atemzug "auf die kompetenteren Autoren von Spotlight und deren Beiträge" und konstatiert: "Klar, eine gute Anlage steigert den Spaß und auch die Möglichkeiten der Band" [308], er weist jedoch immer wieder darauf hin, er

> "habe aber schon Schülerbands mit umwerfend erstklassigen Klamotten erlebt, die trotzdem nur einen schlaffen Sound abgaben, weil spieltechnisch oder von den Ideen noch nicht viel los war. Auf diese Misere angesprochen, reagieren aber alle mit der Aufzählung von angeblichen Mängeln der Anlage. Da kommen einem glatt die Tränen, wenn man an die vielen starken Gruppen denkt, die sich ihre Verstärker sozusagen von der Müllkippe holen und damit den meisten anderen Gruppen 'den Arsch abspielen', wie das ein berühmter Rock-Gitarrist zu nennen pflegt." [309]

Durch das Zitat wird einmal mehr deutlich, daß FIRLA sich inhaltlich wie stilistisch auf schwankendem Boden befindet. Andererseits sind Sätze wie der folgende als äußerst wertvoll in einer Zeitschrift anzusehen, die sonst verdeckt dem Instrumentenkonsum das Wort redet:

> "Die Schülerbandmitglieder sollten sich nicht finanziell belasten. Die gewonnene Freiheit, selbst Musik zu machen, statt nur zu konsumieren, darf nicht in eine neue Abhängigkeit führen. Finanzielle Belastungen haben so mancher Band den Spaß genommen und führten oft zur Auflösung. [310]

Gleiches gilt für FIRLAs Hinweise zum Instrumentenkauf, wenn er einen üblen Verkaufstrick durch den Hinweis entlarvt, jede Gitarre vor dem Kauf zunächst auf Stimmgabelhöhe zu stimmen, weil "tiefer gestimmte Gitarren (...) automatisch eine bessere Saitenlage (butterweich zu greifen) und besonders bei akustischen Instrumenten einen wunderbar vollen Klang" [311] hätten, oder wenn er beispielsweise vom Kauf billiger Fußmaschinen für Drumsets mit den Worten abrät "In diese kleinen Dinge sollte man wirklich Geld stecken, besonders dann, wenn man nicht viel Geld hat." [312]

Den Berührungen zwischen ARPS und Musikindustrie kommt entscheidende Bedeutung zu. Wie im Gespräch [313] mit FIRLA deutlich wird, sind die Beziehungen, die über *spotlight* zu Musikalienhändlern geknüpft werden können, als einer der Gründe sowohl für die Existenz als auch für das Scheitern der Initiative ARPS anzusehen.

FIRLAs Serie lebt, besonders in der Anfangsphase, in der die Zielgruppe hauptsächlich aus Schülerinnen und Schülern unter den

---

307 FIRLA 1984, S.7
308 FIRLA 1984, S.7
309 FIRLA 1984, S.8
310 FIRLA 1984, S.8
311 FIRLA 1984, S.9
312 FIRLA 1984, S.9
313 Vgl. Gespräch III in Kap.VI (ANHANG)

spotlight-Lesern besteht, von Reaktionen in Form von Leserbriefen. Gleich während der ersten Beiträge entsteht FIRLAs Idee, seine durch die Leserbriefe entstehenden zahlreichen Schülerbandkontakte zur Durchführung eines großen Rockwettbewerbs zu verwerten. Als typisches Beispiel einer frühen Leserzuschrift verdeutlicht die Schilderung vom Entstehen der Gruppe 'Lafayette' die negative Rolle der Schule bis hin zum Ausweichen in eine andere Institution. [314]

Ein weiteres typisches Beispiel für das Verhältnis von Schule und Schülerband liefert der Leserbrief der Gruppe 'Pyramid': Die Schüler "betreiben ihre Band zwar unabhängig vom Musiklehrer", haben jedoch "den Eindruck gewonnen, daß er ihnen auch in musikalischen Fragen Hilfestellung geben würde, wenn sie ihn ansprechen würden. Ihre Devise heißt vorerst jedoch: Wir wollen möglichst alleine klarkommen!" [315]

Bei der Lektüre des Berichts und des selbstgemachten Liedtextes der Schülerband 'Pyramid' [316] wird beispielhaft deutlich, wo Musikpädagogen helfend in die Schülerband-Arbeit eingreifen könnten und wo sie fehl am Platze wären bzw. in eine eigene Welt von Kindern und Jugendlichen eindringen würden: Besonders bei den immergleichen Problemen der Probenraumbeschaffung und durch musikalische Anregungen oder Korrekturen können Musiklehrer behilflich sein; bei den typischen, oft außermusikalischen Problemen der Besetzung und des Stils sowie bei zwischenmenschlichen Auswirkungen der 'Karriere' wird sich die Aufgabe der Pädagogen meist auf die Beratung beschränken. Problematisch ist häufig der Umgang mit eigenen Texten, zumal wenn diese öffentlich vorgetragen werden. Hätte ein Musiklehrer sich des Frankenstein-Textes (siehe ANHANG) angenommen, würde sich vielleicht nicht *rar* auf *da* reimen, obwohl der 'falsche' Reim der Wirkung des Textes auf Schüler vermutlich keinen Abbruch tut.

Nachdem FIRLA durch seine Serie und zahlreiche Schülerbandkontakte auch Kolleginnen und Kollegen an verschiedenen Schulformen von seinen Anliegen überzeugen kann, wird der ARPS [317] gegründet. Im Anschluß an die Gründungsveranstaltung werden in *spotlight* die Ziele und selbstgestellten Aufgaben des Arbeitskreises veröffentlicht: "Am 5.Mai 1981 trafen sich im Krefelder Arndt-Gymnasium Lehrer aller Schulformen, um einen neuen Arbeitskreis zu gründen. Der Arbeitskreis ARPS hat sich die folgenden Ziele gesetzt:

1. Förderung der Information und Fortbildung für Lehrer ohne Ausbildung und Erfahrung auf dem Gebiet Pop und Rock.
2. Entwicklung von Unterrichtshilfen
3. Unterstützung der Arbeit mit Schülerbands
4. Produktion von Medien (Video) und Verleih bzw. Verkauf an Schulen" [318]

---

[314] Vollständig abgedruckt in Kap.VI.2.2.1 (ANHANG)
[315] FIRLA 1984, S.12
[316] Vollständig abgedruckt in Kap.VI.2.2.2 (ANHANG)
[317] Arbeitskreis für Rock und Pop in der Schule
[318] FIRLA 1984, S.31

In einem Grundsatzpapier beschreibt der ARPS seine 'Didaktische Position'. Darin setzen sich die Mitglieder für ein gleichberechtigtes Nebeneinander aller Musikarten ein, wobei handlungsorientierte Ansätze im Vordergrund stehen sollen. Die 'Didaktische Position' [319] ist einerseits aufgrund ihrer normativen Setzungen sowie der Fixierung auf Schülerhörgewohnheit äußerst problematisch; andererseits können die zahlreichen subjektiv gefärbten Äußerungen der Resignation und Hilflosigkeit, die durch objektiv intendierte Formulierungen scheinen, einen Eindruck von der Dringlichkeit vermitteln, die das Problem 'Rock und Schule' für Unterrichtende im Fach Musik zu haben scheint. [320]

Die in der 'Didaktischen Position' beschworene Praxisnähe ist durchaus als Opposition zur 'etablierten' Musikpädagogik zu verstehen, die es in jener Zeit nicht vermag, populäre Musik so einzubeziehen, daß die 'Praktiker' im Schulalltag diese Musik angemessen berücksichtigen können. [321] So ist es als Aufforderung zur Selbsthilfe zu verstehen, wenn man im Arbeitskreis die Mitglieder dazu auffordert, "ihre eigenen Konzepte und Unterrichtsentwürfe dem ARPS zur Verfügung zu stellen, damit daraus eine gemeinsame und fundierte Praxishilfe erstellt werden kann." [322]

Im Gegensatz zu zeitlich späteren grundsätzlichen Äußerungen von Musikpädagogen zu diesem Problem [323] entspringt die Motivation der Arbeitskreismitglieder, sich mit populärer Musik zu befassen, anscheinend nicht primär dem Interesse an dieser Musik, sondern der Notwendigkeit, unterrichten zu müssen und dies nicht ohne Erfolgserlebnis tun zu wollen. So erwecken die damaligen Zukunftspläne des jungen Arbeitskreises den Eindruck einer Mängelliste: Bei der Gründungstagung des ARPS einigt man sich darauf,

> "zunächst etwas für den Unterricht mit ganzen Klassen zu tun, da hier Anregung und Hilfe am vordringlichsten erscheint. Um die Geschichte des Rock besser darstellen zu können, fehlt es an Medien, die z.B. die Entwicklung der Gitarre darstellen. Hierzu ist ein Video in Planung, das nach den Vorstellungen des ARPS produziert werden soll. Bereits auf seiner nächsten Tagung im September in Mülheim a.d. Ruhr soll vorhandenes Material gesichtet werden. Bis dahin hoffen wir auf den Beitritt weiterer Kollegen, da wir die Arbeit auf eine möglichst breite Basis stellen wollen." [324]

Mit der Gründungstagung des ARPS wird eine Fortbildungsveranstaltung für Musiklehrer verbunden, mit der u.a. "das Interesse der Lehrer an elektronischen Instrumenten und am Erlernen der Gitarre" getestet werden" soll: "Zum ersten läßt sich mitteilen, daß das Interesse entgegen allen Erwartungen riesig zu nennen ist. Und zwar so riesig, daß ein eilig herbeigerufener Synthesizer-Fachmann noch ein nicht vorgesehenes Einleitungs-Seminar zum Thema Synthie

---

319 Vollständig abgedruckt in Kap.VI.2.2.3 (ANHANG)
320 Vgl. Kap.VI.2.2.3 (ANHANG)
321 Vgl. Gespräch IV in Kap.VI (ANHANG)
322 FIRLA 1984, S.31
323 Vgl. Kap.III.3.4
324 FIRLA 1984, S.31

abhalten mußte. Wir werden dieses Thema dann noch ausführlich auf unserer nächsten Veranstaltung anbieten!" [325]

Auch ein im Rahmen der Fortbildung angebotenes Gitarrenseminar "war ein voller Erfolg. (Der Seminarleiter) verstand es großartig, die Lehrer in verschiedene Spielarten der Akustik-Gitarre einzuführen, und gab Tips für den Schulgebrauch, die begierig aufgenommen wurden. Aus Zeitgründen entfiel ein Seminar zum Rock-Arrangement, das natürlich nachgeholt wird, da auch hier von fast allen Teilnehmern großes Interesse geäußert wurde." [326]

Hier wird wieder die Motivation der Musikindustrie verständlich, die Aktivitäten des Arbeitskreises zumindest wohlwollend im Auge zu behalten. Inzwischen ist das Interesse der Elektronikindustrie am schulischen Musikunterricht allgemein derart gestiegen, daß man den Vorwurf, der ARPS sei zu eng mit der Musikindustrie verbunden, durchaus auf die gesamte Musikpädagogik übertragen könnte. Vor allem die "Anregungen, die deutsche Musikpädagogen aus Japan mitgebracht haben, sind nicht ohne Wirkung geblieben." [327]

Mit der Durchführung von Fortbildungsveranstaltungen bahnt sich für den ARPS auch der Kontakt zur 'etablierten' Musikpädagogik an:

> "Bleibt noch zu erwähnen, daß der große Musikerzieherverband VdMS [328] auf seiner letzten Delegiertenversammlung den Arbeitskreis ausdrücklich allen Bezirksleitern empfohlen hat. Für seine Veranstaltungen kann der ARPS beim Kultusminister für die teilnehmenden Lehrer Dienstbefreiung beantragen, was wir natürlich gerne machen werden!" [329]

Nach der Gründung des ARPS scheinen eigentlich ideale Voraussetzungen dafür gegeben, daß der Arbeitskreis seine fruchtbare Arbeit als Vermittler zwischen Unterrichtswirklichkeit, Musikmarkt und Musikpädagogik aufnehmen kann. Im Gespräch mit FIRLA [330] wird jedoch deutlich, warum die Initiative ARPS letztlich abgebrochen wurde.

4.2. 'Alternativer' Umgang mit Schüler-Musik: Der Arbeitskreis Rockdidaktik

Geographisch nicht weit vom Mülheimer ARPS entfernt, entwickelt sich Anfang der 80er Jahre in Gelsenkirchen/Buer der Arbeitskreis Rockdidaktik (AK Rockdidaktik).

Wesentlich theoretischer und betont übergreifender als die Veröffentlichungen des ARPS beziehen sich die Initiatoren des AK Rockdidaktik immer wieder auf die allgemeine Bedeutung jugend-

---

325 FIRLA 1984, S.31

326 FIRLA 1984; S.31

327 RICHTER 1986/1; vgl.hierzu auch das Themenheft MuB 4/83 sowie: ENDERS/FIRLA/PLASGER 1984; FIRLA 1986/1; PLASGER 1986; SCHMIDT-KÖNGERNHEIM 1986; WANJURA-HÜBNER 1986

328 VdMS: Zeitweiliger Zusammenschluß von AfS und VdS in NRW

329 FIRLA 1984, S.31

330 Vgl. Gespräch III in Kap.VI (ANHANG)

licher Subkultur. FIRLA greift zwar zu kurz, wenn er dem 'Konkurrenten' RINNE unterstellt, in der Schule nur noch Jugendkultur "zelebrieren" [331] zu wollen, es fällt jedoch auf, daß anders als im ARPS beim AK Rockdidaktik nicht das praktische Musizieren mit Schülerbands, sondern das Bereitstellen sehr ausführlicher und konkreter Unterrichtshilfen in Form von Unterrichtsreihen für verschiedene Fächer im Mittelpunkt der Arbeitskreis-Aktivitäten steht.

Trotz eines unterschiedlichen Ansatzpunktes verläuft die Entwicklung des AK Rockdidaktik sehr ähnlich wie die von FIRLAs ARPS: So beginnt auch dieser Arbeitskreis zunächst als eine relativ überschaubare regionale Initiative einiger Musiklehrerinnen und -lehrer, die dann jedoch schnell anwächst; RINNE schreibt bereits im Editorial von *Info-Dienst No.3*: Ein "Wachstum dieser enormen Art innerhalb von kürzester Zeit kam selbst für mich überraschend, zumal ich auch noch als Lehrer an der Schule unterrichte." [332] Ebenso wie FIRLA kann RINNE als ein Beispiel für den Lehrer gelten, der aus der Not, im Bereich populärer Musik auf Eigeninitiative angewiesen zu sein, eine Tugend macht.

Insgesamt betrachtet hat der AK Rockdidaktik zwar kurzzeitig eine breite Resonanz hervorgerufen, die großangelegte Initiative ist jedoch schnell im Sande verlaufen. Das Erscheinen der aufwendigen Zeitschrift 'Rockpaed', aus der zahlreiche für die vorliegende Arbeit wertvolle Beiträge stammen, ist nach wenigen Nummern aus finanziellen Gründen eingestellt worden.

Eine zeitlang sieht es so aus, als würde durch den AK Rockdidaktik ein 'Kampf um die Popdidaktik' [333] entbrennen: Der AK verschickt an Interessenten ein Papier, "das fatal der Gründungserklärung des ARPS ähnelt, und gab im Februar '82 die erste Nummer einer Zeitschrift heraus, die eine gekürzte BILD-Fassung unserer Zeitschrift darstellen könnte. Daß diese erste Nummer des 'Info-Dienstes' zudem ärgerliche Mängel enthält, können Sie in der Besprechung auf S.41 nachlesen." [334]

Auch in anderen Publikationen wird der AK Rockdidaktik erwähnt. So bemerkt BARTELS im Zusammenhang mit der Beschreibung von Initiativen im Bereich populärer Musik, daß sich insgesamt zwar "nur wenige konzepte (..) positiv an der teilkultur jugendlicher orientieren, dies freilich noch tastend-vorsichtig und affirmativ" [335], beschreibt dann jedoch die Ausnahmen, wodurch bereits

---

331 Vgl. Gespräch III in Kap.VI (ANHANG)

332 RINNE 1982/2, S.6

333 "Neben unserem Institut und dem Arbeitskreis für Rock und Pop in der Schule (ARPS), die beide seit etwa zwei Jahren arbeiten, hat sich vor kurzem ein 'Arbeitskreis Rockdidaktik' gebildet, der dieselben Ziele, allerdings auf sämtliche Unterrichtsfächer ausgeweitet, verfolgt. Man sollte sich eigentlich über jede Initiative freuen, die die Massenmusik stärker ins Bewußtsein der Pädagogik rückt, doch sind hier einige recht unerfreuliche Dinge anzumerken." (LUGERT/SCHÜTZ 1982, S.2)

334 ebd.

335 BARTELS 1982, S.51

eine Art Konkurrenzsituation der verschiedenen mit populärer Musik befaßten Initiativen deutlich wird:

> "vergl. die zeitschrift 'populäre musik im unterricht' des instituts für didaktik der populären musik, lüneburg. Einen ähnlichen versuch startet z.Zt. der arbeitskreis rockdidaktik, dessen zeitschrift 'rockpäd' im sommer 1982 erscheinen wird. Daneben gibt der arbeitskreis einen regelmäßigen 'infodienst' heraus (gelsenkirchen)" [336]

In der Nullnummer der erwähnten Zeitschrift findet sich die folgende 'Didaktische Position des AK Rockdidaktik', die deutlich über den Musikunterricht und das Musikmachen hinausgeht:

> "Der Arbeitskreis Rockdidaktik geht davon aus, daß Rock- bzw. Popmusik im Lebens- und Freizeitbereich von Jugendlichen eine wichtige Rolle spielt. Die Schule sollte daher die Aufgabe wahrnehmen, diesen Aspekt in den Unterricht zu integrieren. Aus diesen Überlegungen heraus tritt der AK für eine verstärkte Behandlung der Themenbereiche 'Rockmusik und populäre Kultur' in Schule und Bildungsarbeit ein.
> Dies kann unabhängig voneinander geschehen in verschiedenen Fächern oder Lernbereichen wie Musik, Englisch, Deutsch, Geschichte-Politik bzw. Sozialwissenschaft. Ein persönliches Interesse der Lehrerschaft an populärer Musik wäre dabei sicherlich von Vorteil für die schulische und außerschulische Arbeit. Der AK versteht den Unterricht über Rock- und Popmusik als einen Beitrag auf dem Wege zu einer emanzipatorischen Medienpraxis, die den Schüler aus seiner traditionellen Rolle, die durch allgemeine Rezeptivität gekennzeichnt ist, herausholt. Die Schüler sollen erfahren, daß populäre Musik in der Schule als ein Bereich ihres vitalen Interesses ernstgenommen wird und daß sie dabei vor allem ihre eigene Erfahrungswelt in den Unterricht einbeziehen können. Dadurch wird ihnen vielleicht stärker als bisher bewußt, daß die Schule ihnen bei der Bewältigung ihres gegenwärtigen und zukünftigen Lebens behilflich sein kann.
> Mit Entschiedenheit wendet sich der Arbeitskreis Rockdidaktik gegen eine reine Verhütungsdidaktik in bezug auf populäre Musik und Kultur. Eine solche Position würde am gesellschaftlichen und pädagogischen Auftrag der Schule vorbeigehen; ebenso wie der bisherige, traditionell ausgerichtete, kulturpessimistische Ansatz der Medienerziehung, der das Interesse der Schüler an Rockmusik zum Ausgangspunkt nimmt, um ihnen dann doch zu 'beweisen', daß klassische Musik im Endeffekt qualitativ höher einzustufen ist.
> Der AK definiert Rockmusik als die elementarste musikalische Ausdrucksform einer jugendlichen Subkultur in den 50er, 60er, 70er und 80er Jahren. Daraus leitet sich notwendigerweise die Bedingung ab, daß didaktische und wissenschaftliche Darstellungen über Rock- und Popmusik die sozialen und gesellschaftlichen Bedingungen einzubeziehen haben, unter denen Rockmusik produziert und rezipiert wird. Die spezifische Bedeutung der Rock-Szene für die subkulturelle Identität der Jugendlichen, die zwischen Protest und Kommerz anzusiedeln ist, sollte

---

[336] BARTELS 1982, S.52

dabei jedoch in der Schule wie in der Bildungsarbeit unangetastet bleiben." [337]

Ein im hier interessierenden Zusammenhang zentraler Aufsatz aus der Zeitschrift des AK Rockdidaktik stammt von Mechthild v. SCHOENEBECK. In ihrem "Verdacht, daß die Pädagogen (...) der Kulturindustrie deren großen Einfluß auf die Jugendlichen möglicherweise schlicht und einfach neiden" [338], mag ein Körnchen Wahrheit liegen. Insgesamt gesehen schießt die Verfasserin der "Anmerkungen zur Geschichte der Pädagogik und Didaktik der Popmusik in der BRD" [339] jedoch über ihr Ziel hinaus, da ihre Ausführungen die Diskussion über populäre Musik in der Schule unnötig anheizen, statt sie weiterzubringen.

Zunächst ist zwar die Verärgerung einer Frau nur verständlich, die vorschlägt, "offen, ohne bestimmte Zielvorstellungen, auf die Jugendlichen und die von ihnen geliebte Musik zuzugehen" [340] und dabei "auf ein solches Quantum an mehr oder weniger offen verächtlichen und diskriminierenden Aussagen über Popmusik - selbst bei Autoren (stößt), die als Verfechter von Popmusik im Unterricht gelten und sich um das Thema sehr verdient gemacht haben" [341], dann jedoch unterläuft ihr das, was sie WIECHELL vorwirft: Ihre Veröffentlichungen "strotzen vor Subjektivität und Fehlern" [342]

Natürlich strotzen zahlreiche frühe Veröffentlichungen von gröbsten sachlichen Fehlern [343], gerade WIECHELL ist es jedoch, die einfühlsam zugibt, daß ihre Arbeiten nur als ein Versuch zu werten sind, der nicht befriedigend ausfallen kann. [344] Bei offen feindlichen Haltungen der Musikpädagogik kann kein sinnvoller Kompromiß herauskommen, der allein die schulische Berücksichtigung weiterbringen wird.

Dieser Kompromiß soll wohlgemerkt nicht faul sein. Auch wenn ein Ziel dieser Arbeit die Überwindung der Trennung von 'etablierter' und 'alternativer' Musikpädagogik ist, sollen alle fragwürdigen Intentionen musikpädagogischer Beschäftigung mit populärer Musik offengelegt und auf ihre Bedeutung für die Entwicklung der Musikpädagogik durchleuchtet werden, sind doch einige Fehlentwicklungen in der 'alternativen' Musikpädagogik nur als Reaktion auf jahrelangen Rechtfertigungszwang gegenüber 'etablierten' Gegenspielern verständlich.

Der weitere Verlauf der Diskussion im 'etablierten' und 'alternativen' Rahmen soll im folgenden Kapitel durch die exemplarische Analyse der Reaktionen auf die sog. 'Neue deutsche Welle' verdeutlicht werden.

---

337 RINNE 1982/4
338 v.SCHOENEBECK 1982, S.14
339 v.SCHOENEBECK 1982, S.5ff
340 v.SCHOENEBECK 1982, S.15
341 v.SCHOENEBECK 1982, S.7
342 v.SCHOENEBECK 1982, S.13
343 Vgl. Kap.III.1.1. und III.1.2
344 WIECHELL 1975, S.4

5. Exemplarische Analyse der Reaktionen auf die sog.'Neue deutsche Welle' (NDW)

5.1. Die NDW als Beispiel für eine aktuelle Herausforderung

In diesem Kapitel sollen die unterschiedlichen publizistischen Reaktionen von 'etablierten' und 'alternativen' [345] Musikpädagogen, von Musikkritikern, Szeneautoren, Feuilletonisten usw. auf die NDW verglichen werden. Diese 'Welle' bietet sich für einen solchen Vergleich besonders an:

- Sie kann als ein typisches Beispiel für kurzlebigen, aktuellen Hitparadenpop gelten. Sie ist zudem zeitlich begrenzt, als 'Phänomen' (nicht als Stil) einigermaßen geschlossen und damit als eine typische aktuelle Herausforderung an die Musikpädagogik exemplarisch analysierbar.

- Sie hat trotz ihrer zeitlichen Begrenztheit eine beachtliche publizistische Reaktion erfahren, wodurch genügend Analysematerial vorliegt.

- Sie hat sowohl bei 'etablierten' als auch bei 'alternativen' Musikpädagogen zahlreiche Reaktionen provoziert. Dadurch läßt sich ansatzweise vergleichen, wie in diesen beiden Bereichen der Musikpädagogik die Pädagogen verschiedenster Couleur über ihre zumeist abstrakten Absichtserklärungen hinaus mit einer *konkreten* aktuellen Herausforderung umgehen.

Die NDW ist gleichzeitig ein typisches Beispiel für Schüler- und für Schul-Musik [346]: Die verschiedenen Ansätze sollen daher stets vor dem Hintergrund betrachtet werden, daß einige Teile der 'Welle' unter jenen Bereich populärer Musik fallen, der als problematisch bis un-unterrichtbar gelten muß, andere jedoch sehr gut 'didaktisierbar' sind.

5.2. Der Begriff 'NDW' und seine Entstehung

Zum Verständnis sei gleich zu Beginn erwähnt, daß die NDW nicht als ein musikalisches, sondern eher als ein von den Medien erfundenes Phänomen gelten kann: "Die neue deutsche Welle wurde am 27. September 1979 als eine Erfindung von Alfred Hilsberg geboren. An jenem Tag erschien die erste Folge seiner dreiteiligen Artikelserie über junge deutsche Bands, die im Gefolge des Punk-Bebens sich an einer eigenständigen deutschen Rockmusik versuchten." [347]

Mit diesen Worten beginnt Michael KRÖHER einen ausführlichen Aufsatz über die Entstehung und Vermarktung der NDW im 'Kulturmagazin Trans-Atlantik'. Diese Zeitschrift befaßt sich nur selten mit populärer Musik; daher bildet auch nicht der musikbezogene, sondern der journalistische Aspekt der HILSBERGschen Namensgebung den Ausgangspunkt des Artikels:

---

[345] Zu den Begriffen 'etablierte' und 'alternative' Musikpädagogik vgl. Kap.II.2

[346] Zu diesen Begriffen vgl. Kap.II.3.5

[347] KRÖHER 1982, S.44

> "Die journalistische Leistung seiner Reportageserie 'Aus grauer Städte Mauern - die neue deutsche Welle' war dementsprechend beachtlicher als die Originalität der neuen Nomenklatur. Hilsberg hatte den Gattungsbegriff 'New Wave' übersetzt, den die Musiker jener Tage von den französischen Filmemachern der 'Nouvelle vogue' übernommen hatten. Und dann fügte er lediglich das Standard-Attribut eines jeden heimischen Journalisten hinzu, das 'deutsche'. Denn in der Musik, über die er schrieb, gab es plötzlich deutsche Texte" [348]

Die bildhafte Bezeichnung der 'Welle' nimmt die publizistische Reaktion bereits vorweg und so 'schwappt' sie bald in die unterschiedlichsten Publikationen: Sie ist "über unser Land hereingebrochen, sozusagen über Nacht" [349], sie schlägt "Woge über Woge", [350] "schwappt längst über die nationalen Grenzen" [351] und schließlich gar aus der Schule zurück. [352] Dabei ist der Begriff von Anfang an "reichlich überstrapaziert, so daß eigentlich keiner mehr genau weiß, was eigentlich dahintersteckt" [353], was u.a. darin begründet liegt, daß der *musikalische* Inhalt der NDW nicht dingfest zu machen ist:

> "dieser von der Musikindustrie kreierte Begriff erweckt den Anschein einer geschlossenen Stilrichtung. Der Schein trügt jedoch: Was unter diesem Begriff verkauft wird, ist ein breites stilistisches Spektrum. Dieses Spektrum reicht von sehr einfach gehaltenen Schlagern (wie 'dadada' oder 'Fred vom Jupiter') bis zum Polit-Folk-Rock (wie ihn die Gruppe BAP repräsentiert) oder New-Wave-Derivaten (z.B. die Gruppe IDEAL). Dazwischen liegen Rock'n Roll Revival-Bands (wie die SPIDER MURPHY GANG) und noch diverse andere Stilrichtungen. Vereinfachend könnte man sagen, daß jede derzeit existierende Pop-Rock-Stilrichtung auch in der NDW vertreten ist." [354]

Das einzige, was vielleicht die Verwendung eines Begriffs für die unterschiedlichen Bestandteile der NDW rechtfertigen könnte, ist die Tatsache, daß hier deutsche Texte gesungen werden, wobei die in diesen Texten deutlich werdende fatalistische bis negative Grundhaltung vermutlich einer der Gründe dafür ist, daß sich Pädagogen und andere Erwachsene im Falle der NDW plötzlich besonders intensiv und unverzüglich mit aktuellem Hitparadenpop befassen:

5.3. Gründe für das Interesse der Erwachsenen an der NDW

Punk und NDW sind die ersten Formen von Schüler-Musik, für die sich aus unterschiedlichsten Gründen unmittelbar nach ihrem Ent-

---

348 ebd.
349 RINNE 1982/3, S.33
350 FRANK 1982/1, S.8
351 FEDER 1982, S.15
352 KÜNTZEL 1982 ("Die 'NEUE DEUTSCHE WELLE' schwappt aus den Schulklassen zurück")
353 RINNE 1982/3, S.33
354 LUGERT 1982, S.34

stehen auch viele Erwachsene interessieren. So hat die NDW beispielsweise die wohl aktuellste Reaktion 'etablierter' Musikpädagogen auf populäre Musik [355] provoziert. Insgesamt betrachtet zeigen Musikpädagogen zwar ein kritisches Interesse an der NDW, bezweifeln jedoch teilweise "die musikwirtschaftliche und pädagogische Verantwortbarkeit der Auswahl einer Musik, deren Wirkung und Nachwirkung wegen der zeitlichen Nähe objektiv nicht bestimmbar ist und deren Beispiele nicht dazu angetan sind, den Schüler für eine intensivere Beschäftigung mit Musik zu motivieren." [356]

Das Interesse der Erwachsenen an der NDW wird vor allem durch die Medienpräsenz der 'Welle' geweckt, die beispielsweise einige Pädagogen zu dem falschen Schluß verleitet, die NDW sei unter Schülerinnen und Schülern verbreiteter als jede populäre Musik zuvor. Dabei werden der Musikunterricht und das gesamte schulische Musikleben nur *aus der Sicht der Lehrer* von der NDW dominiert. [357] Die Schülerinnen und Schüler befassen sich nicht wesentlich mehr als sonst mit der gerade aktuellen Musik, ihre Lehrer werden jedoch aufgrund des allgemeinen Rummels auch außerhalb der Teenagerpresse eher darauf aufmerksam, daß ihre Schüler eine 'neue' Musikrichtung bevorzugen und daß hier deutsche Texte gesungen werden. Damit ist die NDW in der Schule präsenter als jede Schüler-Musik zuvor: Ist letztere normalerweise ein Bestandteil "der Schule als Kommunikationszentrum, das den Lehrern weitgehend unzugänglich ist" [358], wird sie im Fall der NDW auch im Lehrerzimmer diskutiert, wenn auch sicherlich anders als auf dem Schulhof.

Ein weiterer Grund für das Interesse der Erwachsenen an Punk [359], New Wave und NDW liegt sicherlich in der Tatsache, daß sie hier zahlreiche Parallelen zum Entstehen früherer Jugendkulturen zu entdecken glauben: Obwohl zum Zeitpunkt des erwachsenen Interesses noch nicht erkennbar ist, ob die NDW nun als Rockmusik oder als Schlager [360] einzuordnen und zu bewerten ist, nehmen vor allem die

---

355 NIERMANN/ERNST-PÖRKSEN 1982

356 FIRLA 1983/2, S.26; zu den musikpädagogischen Reaktionen vgl. Kap.III.5.4.3

357 "Bei allen Beobachtungen und Befragungen, die wir in den vergangenen Wochen bei Schülern und Schülerinnen verschiedenster Altersstufen machten, kristallisierte sich immer wieder eines heraus: Schallplattentitel der Neuen Deutschen Welle erfreuen sich bei den Jugendlichen enormer Beliebtheit und rangieren in der Prioritätenskala zum Teil noch vor ausländischen Produkten" (RINNE 1982, S.35) Zum Erkennen der angeblich herausragenden Bedeutung der NDW vgl. auch die Angaben im offenen Fragebogen der stichprobenartigen Untersuchung (Kap.IV.1.2).

358 KEULER 1982, S.4

359 "Die Neue Deutsche Welle ist unvorstellbar ohne den großen Einbruch des englischen Punk in die Geschichte der Rockmusik" (NIERMANN/ERNST-PÖRKSEN 1982, S.464)

360 "Die Garagen- und Betonklänge der Punks, die multimedialen Shows und elektronischen Spielereien der Synthesizer-Generation, die zahlreichen German-Rockbands (sic;J.T.) haben sich offenbar mit dem Deutschen Schlager vereinigt" (RINNE 1982/3, S.33)

Mitglieder der erwachsenen Jugendkulturen [361] die angeblich "dritte Rock-Revolution nach dem Rock'n'Roll und dem Beat-Rock" [362] zum Anlaß für ein publizistisches Aufrollen der Entwicklung von Jugendkulturen und populärer Musik in Bundesrepublik und DDR seit dem Rock'n'Roll der 50er Jahre.

In vielen dieser Beiträge ist die Hoffnung auf neue Impulse für die Rockmusik spürbar. Auch FRITH sieht in seinem Aufsatz "Wir brauchen eine neue Sprache für den Rock der 80er Jahre" mit den sprachlichen Begriffen für den Rock der 80er Jahre eine Hoffnung der Mitglieder erwachsener Jugendkulturen verbunden. Er bezieht hier seine eigene frühe Hoffnung ein, um sie dann jedoch kritisch zu relativieren:

> "Vor zwei Jahren schrieb ich (...) einen Artikel über die Ideologie des Punk. Ich schrieb ihn begeistert und als spontane Reaktion auf ein aufregendes Ereignis. Heute ist es an der Zeit, ihn neu zu schreiben. Zwei Jahre genügen, um populäre Kultur zu verändern, und heute erscheinen mir meine Ansichten naiv und - entlarvend - sehr in den 60ern verhaftet. Punk war ordnungsgemäß vom Rockbiz vereinnahmt; Clash sind sehr unterhaltsame Rockstars geworden. Nur Johnny Rotten macht heute mit Public Image Ltd. eine Musik, die ich nicht hätte voraussagen können. Punk hat den unvermeidlichen Kreislauf der Plattenindustrie durchlaufen" [363]

Die Kulturtheoretiker haben sich vor der Entstehung des Punk mehr mit Film, Fernsehen und Literatur befaßt als mit Rock, und hier allenfalls mit "unverfälschtem Folk." [364] Dies ändert sich 1977: Nach der ersten Registrierung des Punk ist "sich fast jede linke Zeitung in England einig darüber, daß Punk was Gutes sei. Ohne Punk sind die Erfolge von Rock Against Racism (RAR) und die Umzüge der Anti Nazi League undenkbar. Ganz allgemein (ist) man der Meinung, daß von nun an populäre Musik auf eine völlig neue Art gemacht, gehört und diskutiert werden würde" [365] Nach FRITH kann der Punk die generellen Zweifel der Kulturtheoretiker u.a. deswegen zerstreuen, weil er "sich in der Art, wie er gemacht, wie er gehört und wie er gedeutet wurde, grundlegend von allen bisher bekannten Arten populärer Musik zu unterscheiden" [366] scheint.

Die Reaktionen von Mitgliedern erwachsener Jugendkulturen auf populäre Musik sind also auch von der Erfahrung dieser Erwachsenen mit früheren Formen populärer Musik abhängig. Vor diesem Hintergrund soll im folgenden deutlich werden, daß das Interesse vieler Erwachsener - vor allem in den erwachsenen Jugendkulturen - an der 'Enkelgeneration' der Rockmusik zwar einerseits groß ist, daß es jedoch meist schnell auf die gemeinsamen Wurzeln populärer Musik - und damit auf die 'Väter-' bzw. 'Großvätergeneration' dieser Musik - umgeleitet wird. Dieser Mechanismus veranschaulicht ein typisch 'erwachsenes' Verhalten, mit dem sich die Rockfans erwach-

---

361 Zum Begriff 'erwachsene Jugendkulturen' vgl. Kap.II.3.6.1
362 SCHMIDT 1980, S.7
363 FRITH 1980, S.94
364 ebd.
365 ebd.
366 FRITH 1980, S.95

sener Jugendkulturen von denjenigen Erwachsenenkulturen, die populäre Musik kategorisch ablehnen, allenfalls graduell unterscheiden.

5.4. Die publizistischen Reaktionen

Die folgende Analyse soll verdeutlichen, wie Musikpädagogen und -kritiker auf die NDW reagiert haben: Wer reagiert wie, welche Bereiche werden betont, welche überbetont, welche vernachlässigt? Im folgenden werden zunächst die untersuchten publizistischen Reaktionen nach ihrer *pädagogischen* oder allgemein *kulturtheoretischen* Intention eingeordnet, um anschließend Unterschiede und Gemeinsamkeiten beider Intentionen analysieren zu können.

5.4.1. Einordnung der untersuchten Reaktionen

Die Tatsache, daß die NDW eine zeitlang in aller Munde ist, hängt mit ihrer Medienpräsenz zusammen, an der nicht nur die normalerweise mit aktueller Popmusik befaßten Printmedien mitwirken: Neben den zahllosen Pop- und Jugendzeitschriften sowie Musikermagazinen und Stadtzeitungen beschäftigen sich in einer kuriosen Mischung aus Verwunderung [367] und einem Anflug von Nationalstolz [368] auch Kultur- und Nachrichtenmagazine [369], Tages- und Programmzeitungen sowie pädagogische Fachzeitschriften in Serien und Titelgeschichten mit der NDW, und so "dürfte dieses Phänomen heute eigentlich jedem geläufig sein." [370]

---

367 - "Kaum zu fassen: Die Welt rockt deutsch" (FEDER 1982)
- "Es ist kaum zu fassen, seit Monaten passieren im deutschen Musikbusiness (sic;J.T) Dinge, die sich vor Jahren (niemand) (...) erträumt hätte" (FRANK 1982, S.8)

368 - "Der Schlager ist ein Spiegelbild für das, was sich in der Gesellschaft abspielt. Die Deutschen schotten sich als Gesellschaft vom Anglo-Amerikanismus ab - und gerade bei jungen Leuten ist die Empfänglichkeit dafür sehr groß. Die Hinwendung zu deutschen Texten ist eigentlich positiv, aber diese neue Art von Nationalismus hat Wurzeln, die ich für bedenklich halte" (Schlagertexter Michael KUNZE in: FEDER 1982, S.19)
- "Bekamen deutsche Bands beim Anbieten ihrer Produkte von den Labelmanagern immer wieder zu hören: '...und klingt nicht amerikanisch, da sollte man noch etwas dran drehen', so lautete die Devise der (...) Herren der Konzerne nun '...und viel zu amerikanisch, das muß deutsch klingen, Jungs, originell und einfach!'" (FRANK 1982/1, S.8)
- "Die deutsche Rockmusik war immer ein Stiefkind unter dem Diktat des großen anglo-amerikanischen Bruders gewesen. Zwanzig Jahre lang hatten deutsche Rockgruppen ausschließlich englisch gesungen; ihre Musik war teils gutgemeinte Kopie, teils ein mißlungenes Plagiat der englischen und amerikanischen Idole. Deutsche Rockstars hat es bis weit in die siebziger Jahre hinein nicht gegeben." (KRÖHER 1982, S.44)

369 Z.B.: Trans-Atlantik, DER SPIEGEL

370 RINNE 1982/3, S.33

Im folgenden werden schwerpunktmäßig die publizistischen Reaktionen von Kulturtheoretikern, Szeneautoren und Musikpädagogen untersucht:

- Die eher kulturtheoretisch orientierten Beiträge [371] in Rockmusikerzeitschriften, allgemeinen Musikzeitschriften, Szeneblättern, Stadtzeitungen, Programmzeitschriften und Kulturmagazinen behandeln neben allgemeinen, qualitativ völlig unterschiedlichen Beschreibungen der NDW auch einige grundlegende Aufsätze über Jugendkulturen, die anscheinend im Zusammenhang mit der NDW eine besondere Bedeutung gewinnen.

- Bei den primär pädagogisch orientierten Beiträgen [372] handelt es sich um Vorschläge für die Unterrichtspraxis, Leserbriefe und inhaltliche (vor allem textbezogene) Beschreibungen der NDW von und für Musikpädagogen.

Der Übergang zwischen den pädagogisch und den kulturtheoretisch orientierten Aufsätzen ist dabei fließend, weil pädagogische Überlegungen in nichtpädagogischen Publikationen und Probleme allgemein jugendbezogener Art in pädagogischen Beiträgen erörtert werden: An der NDW scheiden sich nicht nur pädagogische Geister.

Beim folgenden Vergleich kulturtheoretischer und pädagogischer Beiträge soll rückblickend untersucht werden, ob und wie Musikpädagogen zum Zeitpunkt des Auftretens einer aktuellen Herausforderung die für deren pädagogische Einschätzung wesentlichen Merkmale, bei der NDW beispielsweise den wechselseitigen Einfluß von Musikindustrie und Jugendkulturen, erkennen.

5.4.2. Kulturtheoretisch orientierte Beiträge zur NDW

Bei den nichtpädagogischen Aufsätzen fällt auf, daß meist den Texten mehr Bedeutung zugemessen wird als der Musik:

> "Hier, und weniger in der Musik, zeigt sich denn auch, was diese Szene bewegt. Mit dem Geist von '68 haben diese Texte nichts mehr zu tun. Hier ist nicht von Hoffnungen und Utopien die Rede. Vieles erscheint düster und depressiv, und da, wo Fröhlichkeit angesagt ist, hat es oft den Eindruck, als handele es sich darum, vor dem unausweichlichen Overkill noch einmal richtig zuzulangen. Begriffe wie rechts oder links haben fast ganz an Bedeutung verloren." [373]

---

371 BLÖSSER 1982/1; ders. 1982/2; BÖHM/RINNE 1982; HANSEN 1982; HILSBERG 1980; FEDER 1982; FRANK 1982/1; FRITH 1980; KEULER 1983; KRÖHER 1982; PRAMANN 1982; RINNE 1982/3; LINDNER 1983; SCHIRMER 1982; SCHMIDT 1980; SCHWERDT 1982;

372 FIRLA 1982; ders.1983/1; ders.1983/2; HODEK 1984; KÜNTZEL 1982; LUGERT 1982; ders. 1983/2; NIERMANN/ERNST-PÖRKSEN 1982; NEUMANN/SCHNELLE 1982; RINNE 1982/4; RÜTHER in KLEINEN/KLÜPPELHOLZ/LUGERT 1985/2, S.55ff; RÜTHER/SCHOENEBECK in KLEINEN/KLÜPPELHOLZ/ LUGERT 1985/2, S.31ff, ZINKE 1983

373 WDR II-Showmix vom 17.2.1982, zit. in: BÖHM/RINNE 1982, S.42

Erscheint dieser verbale 'Overkill' nur sprachlich [374] problematisch - inhaltlich trifft er genau den Punkt - , so sind die zahllosen Beiträge in der Regenbogenpresse, die jedoch auch die allgemeine Einschätzung der NDW prägen, häufig ungenau bis fehlerhaft. [375] Der im Jahr 1982 noch unklare Zusammenhang zwischen Jugendkulturen und Unterhaltungsindustrie - wer beeinflußt wen? - wird jedoch zur gleichen Zeit auch bereits abgeklärter betrachtet, wenn KRÖHER in einem aufwendig recherchierten, sachlich angemessenen und amüsanten [376] Beitrag über die NDW einen Bogen spannt zwischen den kultur-avantgardistisch anmutenden frühen Äußerungen von NDW-Spezialisten [377] und deren späterer Reduktion auf das große Geschäft. [378]

---

374 Geht man davon aus, daß Jugendliche, um sich von Erwachsenen abzusetzen, über diese auch sprachlich noch 'hinausgehen' müssen (vgl. ETZOLD 1983/1 und 1983/2 sowie LEWANDOWSKI 1976, S.685ff, S.714f), wird angesichts dieser 'erwachsenen' Äußerung vielleicht eine bisher weniger beachtete Wurzel für die häufig analysierte Sprachrohheit der NDW sichtbar. (Textauszüge bei NIERMANN/ERNST-PÖRKSEN 1982 und RÖTHER/SCHOENEBECK in KLEINEN/KLÜPPELHOLZ/LUGERT 1985/2)

375 "Die Neue Deutsche Welle ist *keine* von Plattenkonzernen gestrickte Musikrichtung, wie sie sich Manager und Top-Komponisten etwa bei der Disco-Welle in Chefetagen ausdachten. Deutsch-Rock kommt aus dem Erdgeschoß der Unterhaltungswelt." (FEDER 1982, S.15)

376 "Nina Hagens Begleitband hatte zuvor *Lokomotive* Kreuzberg geheißen und Songs zur Lehrlingsproblematik gemacht. Natürlich hatten die Musiker auch dann noch lange Haare, als sie, nun die *Nina Hagen Band*, die Trendsetter des deutschen Punk sein sollten. Dabei wußten die vier von Punk ebensowenig wie die Bremer Stadtmusikanten von Stockhausen." (KRÖHER 1982, S.45)

377 "'Wir bringen Produkte raus, die wir für 'ganz weit vorn', für wichtig oder witzig halten (...) Die Grundlage (...ist) ein 'Denken in Wellen oder Phasen' als Antithese zur grassierenden 'Fortschrittsgläubigkeit'" (KRÖHER 1982, S.46)

378 "'Die zweite LP war ein vertriebstechnisches Problem. Niemand außer einem großen Konzern schafft es, innerhalb einer Woche 40.000 Platten bundesweit in die Geschäfte zu kriegen' (...) Damit waren nicht mehr irgendwelche Antithesen zu irgendeiner Fortschrittsgläubigkeit die tatsächliche Dimension der 'neuen deutschen Welle', sondern das 'vertriebstechnische Problem'". (KRÖHER 1982, S.49)

KRÖHER zieht aus interessanten und entlarvenden Details [379] ein rückblickend betrachtet zu eingeschränktes und daher pessimistisches Fazit: "Das "neue deutsche Lied ist eben dasselbe wie das alte Lied: Die Plattenindustrie zahlt, und dafür müssen die Musiker singen und spielen, was ihnen vorgeschrieben und erlaubt wird." [380] Hier beschreibt KRÖHER allenfalls das *Ende* eines Vermarktungsprozesses, an dessen *Anfang* jedoch fast immer ein jugendkulturell geprägter, für die Industrie zunächst durchaus unbequemer Impuls steht.

Im Berliner Szeneblatt 'zitty' wird unter der programmatischen Überschrift 'Kids, Klamotten & Klischees' u.a. die NDW immer wieder angesprochen, wobei einerseits manches gängige Klischee 'aus der Szene heraus' reproduziert [381], andererseits aber auch bereits die Ablehnung kommerzorientierter NDW-Bands durch Jugend-

---

379 Wenn er beispielsweise die Äußerung des 'Ideal'-Managers und Musikers Klaus Schulze, dieser habe zur Musik von 'Ideal' "keinen persönlichen Draht" (KRÖHER 1982, S.47) aufgreift, um zu veranschaulichen, daß Schulzes zögerliche Veröffentlichung der von ihm ungeliebten ersten 'Ideal'-LP, kurz darauf "die erfolgreichste in der Geschichte der deutschen Rockmusik, (...) nur das Resultat einer widerwillig angetretenen Flucht nach vorn von knapp kalkulierenden Kleinverlegern" gewesen ist. (ebd.)
Über den NDW-Sänger Joachim Witt: "Was Hunderttausende von Plattenverkäufern für den letzten Schrei der 'neuen deutschen Welle' hielten, war in Wirklichkeit ein uralter Hut. Joachim Witt hatte den Song schon sechs Jahre zuvor geschrieben, als er noch Gitarrist bei der Deutsch-Pop-Gruppe *Duesenberg* war - die das Stück wegen 'Albernheit' abgelehnt hatten. Also keine Spur von 'neuem Lebensgefühl der achtziger Jahre', nichts vom großen Innovationsdrang der 'neuen Welle'" (KRÖHER 1982, S.48)
"Eff-Jott Krüger zum Beispiel, der Gitarrist von *Ideal*, hatte jahrelang als Jazz-Rocker endlose und ungeheuer schnelle Soli gedribbelt. Hansi Behrendt, der *Ideal*-Schlagzeuger, hatte mit einer seriösen Jazz-Band sogar in der DDR gastiert. FM Einheit, enfant terrible bei *Abwärts* und *Einstürzende Neubauten*, machte zuvor ebenfalls Jazz-Rock; und Robert Görl, der Schlagzeuger der *Deutsch Amerikanischen Freundschaft*, hatte sogar in der renommierten Jazz-Hochschule in Graz studiert!" (KRÖHER 1982, S.49)

380 KRÖHER 1982, S.50

381 Aus Interviews mit Jugendlichen: "Und dann gibts die neue deutsche Welle! (...) Ideal, Extrabreit, Palais Schaumburg, die sind jetzt nicht mehr so abhängig von Amerika und England, die machen deutsche Texte. Früher, 68, da hat ne Gruppe hier sich nen englischen Namen gegeben und englisch gesungen. (...) Angefangen hat das hier mit Nina Hagen und Udo Lindenberg, den gibts ja schon immer. Aber eigentlich ist Lindenberg ein schlaffes Stück." (BLÖSSER 1982/1, S.42)

liche [382] deutlich wird.

Die NDW wird in 'zitty' konsequent zur Mode gerechnet, zu deren Eigenheiten es gehört, "daß immer erst ein Teil einer Gruppe sie trägt, die Gesamtheit sich erst auf dem Weg zu ihr befindet. Sobald alle dasselbe anhaben, hört es auf, Mode zu sein. Ihr Wachstum führt sie zwangsläufig immer ihrem sicheren Ende zu. Das ist so paradox wie profitabel." [383] Treffender kann auch das Popgeschäft nicht beschrieben werden.

In einer 'Blitzbefragung' unter Szenekennern [384] wird deutlich, daß sich "im musikalischen Untergrund (...etwas) bewegt, was den Namen Szene verdient. (...) Die Musik ist natürlich völlig unterschiedlich und reicht von Elektropop bis zu beinharter Avantgarde." [385] Andere sehen die Szene distanziert-ironisch: "Ich will auch vergessen, daß du mir neulich im Suff erzählt hast, daß dein Herz immer noch für die Beatles und Billy Cobham schlägt (...) und immerhin hast du rechtzeitig dein Fender-Rhodes [386] gegen den Roland [387] umgetauscht." [388]

Die Hilfe der Medien beim Entstehen der NDW wird von Plattenkritikern der 'Szene' durchaus gesehen: Sie "haben es nicht anders gewollt. Schließlich hatten nicht nur wir Journalisten in den letzten fünf Jahren anscheinend nichts anderes zu tun, als kräftig an dem Ding (...) zu basteln. Wie Frankenstein - und ein Monster haben wir kreiert. Aber unsere Pop-Stars haben zum ersten Mal satt zu essen (...) Jetzt müssen wir nämlich mit solchem Katastrophen-Vinyl wie dem von UKW oder Messerschmitt, um nur mal die Spitze des (Sch)Eisbergs zu nennen, leben." Die 'Schonzeit' für NDW-Bands ist also bereits vorbei: Kritiker sehen nicht mehr ein, "warum ich eine Neonbabies-LP anders behandeln soll als die neueste der Rolling Stones" [389]

Obwohl der Zusammenhang zwischen Jugendkulturen und Musikindustrie selten so klar gewesen ist wie angesichts der NDW, wollen sich viele Autoren hier anscheinend nicht festlegen; sie beschreiben zwar die Künstlichkeit des Begriffs NDW und die Heterogenität

---

382 Aus Interviews mit Jugendlichen: "Am Anfang warn DAF nicht so, aber jetzt sind sie auch schon so modisch, sind in jeder Zeitung. Erst warn sie im SO 36, dann im Tempodrom, jetzt im Metropol, das nächste is wahrscheinlich die Deutschlandhalle. (...) Aber die wollen auch Geld machen, auch Ideal, Fehlfarben und so. (...) Seit Ideal in der Bravo war, sogar mit Autogrammkarte, find ich die nicht meht gut. (...), es ist Verrat an der Szene, in der Bravo ne Autogrammkarte zu haben." (BLÖSSER 1982/1, S.43)

383 BLÖSSER 1982/2, S.44

384 Der Begriff der 'Szene' wird im Zusammenhang mit NDW besonders gepflegt; vgl. die 'Szenereports' in Rockpaed (RINNE 1982/3) sowie in 'zitty' (SCHWERDT et al. 1982)

385 SCHWERDT et al. 1982, S.48

386 E-Piano, wichtig für den Sound der späten 60er und den Jazzrock der 70er Jahre.

387 Zu Beginn der 80er 'angesagter' Synthie

388 SCHWERDT et al. 1982, S.49

389 beide Zitate: SCHWERDT et al. 1982, S.50

dieses 'Stils' [390], versuchen jedoch trotzdem teilweise recht verkrampft, auch inhaltliche Gemeinsamkeiten oder "die Zukunftschancen dieser neuen deutschen Musikkultur" [391] zu analysieren:

So hat der Herausgeber der Musikerzeitschrift 'spotlight' zwar erkannt, daß sich am Prinzip der Vermarktung durch die Musikindustrie "im Grunde (...) nichts geändert (hat), die Marionetten werden einfach ausgetauscht" [392], versteigt sich jedoch trotz dieser Erkenntnis im gleichen - ansonsten kritischen und fundierten - Artikel zu Überinterpretationen wie der folgenden:

> "Eine Revolution war schon lange fällig. Nach den Beatles, den Rolling Stones und anderen Bands der 60er Jahre und deren Auswirkungen und Begleiterscheinungen (...) waren die letzten der Siebziger Jahre ziemlich ruhig, bis sich auch hier in Deutschland die aus New York stammende, über England zu uns gekommene Punkmusik Freunde und Nachahmer verschaffte" [393]

Nachdem FRANK so den direkten Zusammenhang zwischen der Musik der 60er Jahre, Punk, New Wave und NDW konstatiert hat - er müßte als Kenner der deutschen Popmusikszene die Überfrachtung dieses Vergleichs [394] erkennen - thematisiert der Autor nach einer kurzen und oberflächlichen Beschreibung des Punk erneut die kommerzielle Seite des Rockgeschäfts, indem er beschreibt, daß auch Punk und New Wave ähnlich wie die Musik der 60er Jahre unter die Kontrolle der großen Schallplattengesellschaften geraten seien und "von den großen Firmen nach und nach vermarktet" werden, um schließlich

---

390 - "Die Industrie benutzt (eine Bezeichnung wie NDW) gern, damit sie alles im Paket verkaufen kann; aber im Grunde ist das alles nur ein Begriff, der zunächst überhaupt nichts besagt, weil die gesamte Stilistik damit überhaupt nicht zu erfassen ist" (Produzent und Studiobesitzer Conny PLANK, zitiert in: RINNE 1982/3, S.35)
- "Neue Deutsche Welle ist eigentlich ein Promotionausdruck (...), irgendeinen Namen muß das Kind ja bekommen (..), aber mittlerweile weiß keiner mehr genau, was das überhaupt ist. Also mußte man der Geschichte einen neuen, verkaufsträchtigen Namen geben." (Horst LÜTGE, WDR II-Showmix, 17.2.1982, zit.ebd.)
- "(...) mittlerweile läuft (unter NDW) jeder Blödsinn, da wird alles in eine Kiste gedonnert, Hauptsache, es bringt noch ein bißchen Geld" (Piet KLOCKE, NDW-Musiker, in: FRANK 1982/3, S.18)
- "Was jedoch momentan in den Charts rumschwirrt, bekommt automatisch den Stempel NDW verpaßt und das ist uns gar nicht so recht" (Harald HOFFMANN, NDW-Musiker, zit.ebd.)
- NDW "ist in erster Linie eine Erfindung der Medien, die in allen musikalischen Krisenzeiten in den musikalischen Untergrund herabsteigen, um ihre Sensationsgier zu befriedigen" (SCHWERDT 1982, S.49)

391 RINNE 1982/3, S.33

392 FRANK 1982/1, S.8f

393 FRANK 1982/1, S.8

394 Auch damals war bereits zu erkennen, daß allenfalls einige Teilbereiche der NDW in der Tradition von Rock und Punk stehen.

trotz allem zu dem Fazit zu gelangen, die Zeit sei reif gewesen "für neue Sachen." [395] Der charakteristische Zusammenhang zwischen *Aufnahme* und *Vermarktung* jugendkultureller Strömungen durch die Musikindustrie bleibt erneut unklar.

Die Autoren sind sich zwar darin einig, daß die NDW kein musikalisches, sondern ein merkantiles Phänomen darstellt, beschäftigen sich jedoch trotzdem immer wieder mit musik- oder textbezogenen Klassifikationen. So stellt Harald HANSEN in der 'Neuen Musikzeitung' die Frage, ob die "neue deutsche Rockmusik nur eine Welle oder ein eigener Stil" [396] sei, wobei seine folgende Beschreibung beim besten Willen nicht auf alle Musiker der NDW zutrifft:

> "Die Namen der Rock-Gruppen waren stets mehr als nur clevere Phantasieprodukte, sie hatten meist einen stark programmatischen Charakter. Wenn sich heute deutsche Rockbands Namen wie 'Straßenjungs', 'Geisterfahrer', 'Interzone', Neonbabies', 'Palais Schaumburg' und 'Steinwolke' geben, dann wollen sie ganz gewiß nicht damit zeigen, daß sie auf einer Wolke schweben (wie vielleicht ihre Kritiker meinen mögen), sondern daß ihre Ausage einen ganz konkreten Bezug haben: Sie beziehen sich auf die Dimensionen der Straßenwelt; sie sind für sie Ausgangspunkt, Quelle, Humus, Freiraum, Spielwiese, Boxring und gewiß auch manchmal Wettkampf-Stadion. Die Straßenumgebung inspiriert sie, fordert sie heraus, vermittelt ihnen einen originellen Ausblick und gibt ihnen auch einen Platz, wo sie sich bewähren können." [397]

Ein solch "idealistisches, sozialromantisches Bild" [398] muß Widerspruch hervorrufen: So kann HANSEN dieses Bild nur zeichnen, "indem er sich die für ihn passenden Farben und Gestalten (sprich: Gruppen) aussucht." [399] Obwohl er hier vermutlich tatsächlich nur einen Teil der NDW-Gruppen meint, macht der Autor dies nicht deutlich genug. Er benutzt die NDW zwar zunächst nur als Aufhänger, sie ist aber letztlich auch einziger Inhalt des Artikels und damit schlicht überinterpretiert.

Bei den kulturtheoretisch orientierten Beiträgen entsteht der Eindruck, einige der Autoren und Verleger hätten Angst, aus der NDW könne vielleicht doch ein neuer Stil entstehen und dann müsse man sich trotz "der von Schnellebigkeit und Austauschbarkeit gekennzeichneten Popszene" [400] früh genug mit dem Phänomen befaßt haben. Dies ist ein Problem, dem sich auch die Pädagogik bei der Berücksichtigung aktueller Herausforderungen immer wieder gegenübersieht. Hier wird der Weg zwischen 'Hinterherhinken' und 'Hinterherhasten' immer eine Gratwanderung darstellen.

---

395 beide Zitate: FRANK 1982/1, S.8
396 HANSEN 1982
397 HANSEN 1982, S.14
398 FIRLA 1982, S.31
399 ebd.
400 RINNE 1982/3, S.40

5.4.3. Pädagogisch orientierte Beiträge zur NDW zwischen Hinterherhinken und -hasten

Die bisherige Skizzierung der NDW soll den Maßstab für die folgende Analyse pädagogischer Beiträge bilden: Wie im letzten Abschnitt deutlich wurde, ist für eine didaktische Bewertung der NDW die Erkenntnis entscheidend, daß die 'Welle'

- zwar von der Rocktradition über Punk und New Wave beeinflußt ist, jedoch nicht als Rockmusik gelten kann,
- den Schlager positiv beeinflußt hat, jedoch auch nicht als Schlagermusik gelten kann,
- wie die Rockmusik einen oppositionellen Keim hat, der jedoch schnell von der Musikindustrie vermarktet und damit entkräftet wird,
- eine vorübergehende Erscheinung ist, da die mit ihr verbundenen Jugendkulturen sich angesichts der raschen Vermarktung relativ schnell von dieser Musik abwenden werden.
- im Musikunterricht relativ 'authentisch' reproduziert werden kann. [401]

Wie im folgenden deutlich wird, sind diese Erkenntnisse bei einer differenzierten didaktischen Analyse auch bereits in den frühen 80er Jahren möglich, vorausgesetzt, die Basis dieser Analyse ist weder die pauschale Verdammung der NDW als "Idiotenstep zu kaputter Musik" [402] noch ihr Hochjubeln als eine "neue deutsche Musikkultur" [403] oder ein Grundstein deutschsprachiger Rockmusik.

Die folgende Analyse ermöglicht auch einen Ausblick in die Zukunft der Popularmusikdidaktik, da sich bei der NDW vor allem jüngere Musikpädagogen zu Wort melden: In der Liste der Aufsätze [404] ist die 'Initiatorengeneration' [405] nicht mehr unter den Autoren vertreten. Die generelle Frage des Einbezugs populärer Musik in den Musikunterricht ist *zugunsten* des neuen Unterrichtsinhalts entschieden. [406] In Zukunft wird also wichtiger sein, wie Musikpädagogen, die der populären Musik tolerant bis positiv gegenüberstehen, mit dieser aktuellen Herausforderung umgehen.

Dabei soll kritisch gefragt werden, ob "das ganze Dilemma einer Fachdisziplin, die sich seit mehr als 20 Jahren bemüht, mit der musikalischen, sozio-kulturellen und psychologischen Realität Schritt zu halten" [407], als nunmehr überwunden gelten kann oder ob angesichts neuer musikkultureller Situationen auch neue Probleme entstehen.

---

401 Der Titel "klingt nach schulischer Musik-AG und soll auch so entstanden sein." (LUGERT 1982, S.34)

402 FIRLA 1982, S.31

403 RINNE 1982/3, S.33

404 Vgl. hierzu Kap.III.5.4.1

405 RAUHE, REBSCHER, SEGLER, STORB, ZIMMERSCHIED etc.

406 "Die Erinnerung an jene Zeiten verblaßt immer mehr, in denen erste Forderungen nach einer Einbeziehung von 'Popularmusik' (Hahn, Rauhe, Rebscher, Segler, Zimmerschied u.a.) in den Musikunterricht tiefgreifende Kontroversen hervorriefen." (LUGERT 1984, S.340)

407 SCHOENEBECK 1982, S.6

Die meisten Autoren, die sich zur NDW äußern, gehören zu einer Generation von Musikpädagogen, die von 'alternativen' Ansätzen geprägt ist und zu der auch zahlreiche Mitglieder erwachsener Jugendkulturen gehören. So läßt sich im folgenden auch die Reaktion erwachsener Jugendkulturen auf eine sich verändernde Kulturszene analysieren. Die meisten Mitglieder erwachsener Jugendkulturen kennen das Unterrichtsthema populäre Musik aus eigenen Schülererfahrungen; einige erinnern sich hier ungern an ihre Musiklehrer:

> "Der eine spielte uns 'A day in the Life' von Lennon/McCartney vor, meinte 'Ganz nett, aber...' und war fünf Minuten später schon wieder bei Altmeister Beethoven angelangt. Der zweite wollte unsere Sympathie - um jeden Preis, hatte keine Ahnung und so war es dann eher peinlich. Rockmusik als Zuckerbrot-Ersatz funktioniert nicht!" [408]

Im folgenden soll nun im Zusammenhang mit der NDW untersucht werden, ob nicht durch Musiklehrer der erwachsenen Jugendkulturen ähnlich schwerwiegende Probleme entstehen; dies ist vor allem dann der Fall,

- wenn Musiklehrer von der NDW nahtlos zu 'ihrer' populären Musik übergehen: Sie unternehmen bei der Frage nach den Wurzeln der NDW "einen kleinen historischen Exkurs. Die Standardfrage, nicht nur für Musikpädagogen, könnte etwa so lauten: Wie hat das alles angefangen? Gehen wir zunächst zurück in die 50er Jahre (...)" [409]

- wenn die Werte der erwachsenen Jugendkulturen einfach auf die NDW übertragen werden: "Verhinderte Missionare der Sechziger Jahre sind für die Schüler so langweilig wie der Beethoven-Prophet." [410]

Auch Musiklehrer der erwachsenen Jugendkulturen müssen ihre "Schüler reden lassen. Über *ihre* Musik, *ihre* Idole. Und das sind nicht unsere. Statt Eric Burdon nennen die Kids Fehlfarben (...) Und nicht gleich ausflippen, wenn der Schüler sagt: 'Was willste eigentlich, Alter - Judas Priest und Motörhead sind doch echt geiler als deine Sechziger-Jahre-Pappkameraden' (...) Für unsere Eltern war 'Satisfaction' der Kulturschock - für die 'aufgeklärten' Pädagogen ist's halt der Punk und der Heavy-Metal." [411]

Der Verfasser dieser anschaulichen Zeilen, Rock-Journalist Frank EYSSEN, gehört ebenso wie die von ihm als 'Missionare der 60er-Jahre' bezeichneten jüngeren Musikpädagogen zu einer erwachsenen Jugendkultur. Eigentlich müßten sich jene Pädagogen, die als Jugendliche selbst Erfahrung mit dem Thema 'Rock in der Schule' sammeln konnten, besser in die Lage ihrer Schüler hineinversetzen können. Das scheint jedoch häufig nicht der Fall zu sein. Bereits in den 70er Jahren muß sich "besonders der musikunterrichtende

---

408 EYSSEN 1982, S.10
409 RINNE 1982/3, S.36
410 EYSSEN 1982, S.10
411 ebd.

Rockfan (...) Auge in Auge mit John Travolta fragen lassen, ob die Kritik KNEIFs am 'listigen Musikpädagogen', dessen 'scheinbar tolerantes Verhältnis' zur Rockmusik nicht in der Sache selbst begründet liegt' [412], nicht auch auf ihn zutreffe, wo doch seine Sechziger-Jahre-Kriterien schon bei der Beschreibung von Discomusik versagt hatten." [413]

Hier werden die aus Dualismen wie 'E-U', 'Rock-Pop', 'Jazz-Rock' entstehenden Probleme mit populärer Musik hinfällig bzw. zu einem der grundlegenden Problem mit populärer Musik erweitert: Wie gehen Lehrerinnen und Lehrer mit einer Musik um, die sie aus unterschiedlichen Gründen nicht (oder besonders gern!) mögen?

Der engagierteste pädagogische Protest gegen die NDW kommt überraschenderweise aus den Reihen 'alternativer' Musikpädagogik: Der Initiator des ARPS [414], Franz FIRLA, behauptet, die Mehrzahl der an Rock und Pop ernsthaft interessierten Jugendlichen bleibe von der NDW unberührt. [415] Der Autor äußert sich in mehreren Beiträgen [416] enttäuscht darüber, daß die NDW angeblich hinter jenen qualitativen Anspruch populärer Musik zurückgeht, um den sich Pädagogen u.a. in seinem Arbeitskreis stets bemüht haben. [417] Der engagierte Befürworter populärer Musik geht in Form und Inhalt völlig distanzlos mit der NDW um, wobei er - ein geradezu klassischer Fehler der Musikpädagogik - die aktuelle Herausforderung 'NDW' mit der falschen Elle 'Santana/Clapton' mißt. Hätte er hier, was rückblickend angemessener erscheint, die Elle des deutschen Schlagers angelegt, hätte er eine qualitative Verbesserung durch die 'Welle' konstatieren müssen.

---

412 KNEIF 1975, S.22

413 TERHAG 1984, S.347

414 Arbeitskreis für Rock und Pop in der Schule; vgl.Kap.III.4.1

415 "Das Mülheimer Schülerbandfestival hat bewiesen, daß von einer musikalischen Breitenwirkung überhaupt nicht die Rede sein kann. Kein einziger der 53 Bewerber schickte einen Titel mit der Tiefgaragenherzlichkeit eines TRIO-Stückes. Solche Leistungsverweigerungsmusik (sic;J.T.) bietet logischerweise (?;J.T.) dem jungen Musiker keine Perspektiven persönlicher musikalischer Entwicklung. Seine Vorbilder sind noch immer die gleichen: Clapton, Santana usw.
Soweit die musizierende Jugend. Merlin Frank stellt aber in SPOTLIGHT fest, daß nachweislich auch die bloß konsumierende Jugend den Konzerten der NDW bisher kaum Aufmerksamkeit und Anwesenheit schenkt. Ich verstehe gut, wenn man sein schmales Taschengeld nicht für Idiotenstep zu kaputter Musik verschwendet." (FIRLA 1982, S.31)

416 Vgl. FIRLA 1982, 1983/1, 1983/2

417 "Wir hatten einmal gehofft, daß ein verbilligtes Instrumentarium zu vermehrter und besserer aktiver musikalischer Betätigung der Jugend führen könnte. Die NDW-Nuschler stellen unsere Erwartungen auf den Kopf. Es sei denn, der Billig-Sound resultiert gar nicht aus dem preisgünstigen Equipment, sondern aus der bewußt einfältigen Behandlung. In den Medien verbreitet man fleißig die Floskel: 'Wir wollen nur einfache Tanzmusik machen, deshalb verzichten wir auf ausgeklügelte Soli und Arrangements!' Aber muß denn Tanzmusik so doof sein?" (FIRLA 1982, S.31)

FIRLA läßt auch kein gutes Haar an den umfangreichen Reaktionen der 'etablierten' Musikpädagogen, die seiner Einschätzung nach versuchen, "aus der Welle einen Stil zu destillieren. Alle Beiträge haben für den Praktiker den Nachteil, daß sie die NDW mehr oder weniger idealisiert darstellen, ohne den Wert, insbesondere den didaktischen Wert, einer Musik ernsthaft zu hinterfragen, die klingt wie Peters Bastelstunde mit elektronischem Schlagzeug." [418] In den Medien hört der Autor "bereits die Vokabel vom Ausverkauf der NDW. Ist es da nicht Ironie des Schicksals, wenn MUSIK UND BILDUNG verkündet: Deutsch-Rock im Aufwind!" [419]

FIRLA dagegen sieht in der NDW ausschließlich "durchschnittliche" Musiker vertreten und möchte programmatisch "an die Wurzeln (...) erinnern, ehe man das Menschliche in der Musik totschlägt!" [420] Für ihn vollziehen sich "musikgeschichtlich relevante Reaktionen (...) in größeren Bögen. Wer Musikgeschichte - auch die der populären Musik - schreiben will, muß deshalb einen langen Atem haben." [421] Die NDW dagegen könne man getrost vergessen: Sie "hat als Musik keine Bedeutung, der didaktische Wert nähert sich der Nullmarke!" [422]

Zentraler Inhalt des vehementen Angriffs ist angeblich die Frage nach dem *didaktischen Wert* der NDW, den der Autor jedoch nicht vom ästhetischen zu trennen vermag: "Viele Musiklehrer (...) haben Qualitätsunterschiede innerhalb und auch außerhalb von Popmusik mit den Fingern 'begreifen' gelernt. Soll es ihnen jetzt verwehrt bleiben, solche Unterschiede ihren Schülern zu vermitteln, nur weil ein Blödelsong ein internationaler Hit wurde? Trägt der aktuelle Hit in sich schon die Legitimation zum Unterrichtsgegenstand?" [423]

Diese Frage scheint sich direkt an die Herausgeber der Zeitschrift 'Populäre Musik im Unterricht' des *Instituts für Didaktik populärer Musik* zu richten, in deren ständiger Rubrik 'Der aktuelle Hit' im Juni 1982 der TRIO-Titel 'Da Da Da ich lieb dich nicht, du liebst mich nicht' auftaucht. [424] In diesem Beitrag werden, ohne

---

418 FIRLA 1982, S.31

419 ebd.

420 ebd. FIRLA wirft den 'etablierten' Musikpädagogen vor, sie redeten in diesem Zusammenhang "gerne von kulturgeschichtlich notwendige(n) Prozesse(n) (...). In Wirklichkeit geht die Bewegung von erfolgsbesessenen, aber sehr durchschnittlichen Musikern aus, die keine Chance haben, sich vom etablierten Rock- und Popkuchen eine Scheibe abschneiden zu können. Also backen sie schnell selbst einen, der flugs mittels Medien schmackhaft gemacht wird."

421 ebd.

422 ebd.

423 FIRLA 1983/2

424 NEUMANN/SCHNELLE 1982

auf den Text [425] einzugehen, Tips und Arrangement für die Realisation des "dumpfen DaDaDa" [426] im Klassenverband angeboten:

"Die Instrumentierung von 'Da, da, da' ist denkbar einfach. Das Schlagzeug spielt während des gesamten Stückes unverändert die folgende Figur synchron mit dem elektronischen Rhythmusgerät (Casiotone VL-1; Keyboard, Rhythmusgerät, Rechner). Die Hihat bleibt dabei immer geschlossen. Auf dem Casiotone ist der Rhythmus 'Rock 1' zu wählen. Ist kein Casiotone vorhanden, so lassen sich stattdessen problemlos Klanghölzer oder Claves verwenden." [427]

Vermutlich liegt vor allem in solchen Unterrichtsvorschlägen, die nahe an 'Schul-Pop' heranreichen, die Motivation FIRLAs, sich derart vehement zu äußern: "Blinder Aktualismus zahlt sich in der Popmusikdidaktik nicht aus. Wir wollen uns lieber auf Grundlagenvermittlung auch in diesem Bereich beschränken, ehe wir modische Trends eilfertig analysieren oder gar mitmusizieren lassen." [428]

Wenn FIRLA auch rückblickend in einigen Punkten durchaus zuzustimmen ist, schießt er weit über sein Ziel hinaus, wenn er beispielsweise behauptet, die NDW passe "wie angegossen zum No-Future-Image einer Mülltonnen-Schickeria." [429] So sieht sich der 'alternative' Musikpädagoge - eine in der Musikpädagogik völlig neue Situation - prompt der 'etablierten' Kritik [430] seiner 'popfeindlichen' Äußerungen gegenüber:

"Entscheidet sich der 'didaktische Wert' eines Gegenstandes an seinem 'ästhetischen'? Mitnichten! Gerade mit dieser unseligen Verknüpfung wurde jahrelang verhindert, daß die musikalische Wirklichkeit der Schüler Gegenstand des Unterichts sein konnte." [431]

Für LUGERT besteht das Ziel des Musikunterrichts darin, "den Schülern über Musik - jede Art von Musik - Informationen zur Verfügung zu stellen, ihnen die Machart einer Musik durch Musizieren transparent zu machen, auf sachlicher Grundlage mit ihnen über

---

425 "Der Inhalt ist in einem Satz wiederzugeben: Ein Paar trennt sich, weil es sich nicht mehr liebt. Es ist jedoch nicht ganz klar, ob es eine ernstgemeinte, wenn auch komisch verpackte Aussage des Sängers sein soll oder eine Parodie auf Schlagerstereotypen, in welchem Falle es sich erübrigt, nach dem Sinnzusammenhang der einzelnen Verse zu fragen. Eine genaue Textanalyse ist m.E. nicht notwendig" (NEUMANN/SCHNELLE 1982, S.4)

426 RÜTHER in KLEINEN/KLÜPPELHOLZ/LUGERT 1985/2, S.63

427 NEUMANN/SCHNELLE 1982, S.5

428 FIRLA 1982, S.31

429 ebd.

430 "Aber der das im Spotlight als Frontalangriff gegen die sogenannte Neue Deutsche Welle geschrieben hat, ist ja kein konservativer Professor für Musikpädagogik, sondern ein von mir sehr geschätzter und engagierter Kollege (...). Und das ist das eigentlich Schlimme an diesen Entgleisungen!" (LUGERT 1983/2, S.9)

431 ebd.

Musik zu sprechen. Auf dieser Grundlage besteht dann die Chance, daß die Jugendlichen jeweils die Musik wählen, die ihren unterschiedlichen Bedürfnissen am besten entspricht. Und das kann - neben Santana, Beethoven, Ch.Parker und Stockhausen - durchaus auch TRIO sein." [432]

FIRLA wehrt sich gegen diese Kritik, die seiner Meinung nach auch mit Unterschieden zwischen 'alternativer' und 'etablierter' Musikpädagogik zusammenhängt: So gilt sie angeblich "auch dem Umstand, daß sich die Behandlung von Schulproblemen in spotlight der Oberaufsicht der Hochschule entzieht." [433] Der Autor verteidigt seine "zugegebenermaßen (...) etwas konservativere Linie der Popdidaktik" [434] und betont, die unterschiedlichen Befürworter populärer Musik brauchten nicht stets einer Meinung zu sein: "Im Gegenteil! Eine Diskussion über den didaktischen (nicht ästhetischen) Wert von Unterrichtsbeispielen halte ich für das Dringlichste überhaupt"; in der 'Popdidaktik' seien "überzeugende Unterrichtsmodelle im Sinne weiterführenden Unterrichts" zu verlangen; "daran sollten wir arbeiten, statt (...) jeden Trend seismographisch in der Klasse nachzuzeichnen. Wo bleibt sonst der Freiraum der Schüler, ihre musikalische Wirklichkeit zu genießen?" [435]

Auch aus der Musikerszene regt sich Widerspruch gegen die Kritik des 'etablierten' Musikpädagogen LUGERT, dem ein 24jähriger Musiker vorwirft, das Lob der NDW aus einer Hochschule sei "eine Beleidigung und ein Schlag ins Gesicht jedes ernsthaft ambitionierten Musikers (...), gleich welcher Stilrichtung." [436] Die Einschätzung der Szene durch den jungen Popmusiker gleicht dabei paradoxerweise der von prinzipiellen Popverächtern: Für ihn steht fest, daß aktuelle Strömungen "am grünen Tisch festgelegt" und durch die Medien "den Jugendlichen unbewußt diktiert" [437] werden; bei der Auswahl der Musiker wird angeblich "Inkompetenz in Sachen Musik (...) bewußt bevorzugt, denn diese Leute sind billig zu haben und (musikalisch) leicht unter Druck zu setzen, da sie jederzeit austauschbar sind. Außerdem fällt dieser Umstand der sehr unkritischen Zielgruppe der etwa Acht- bis Fünfzehnjährigen gar nicht auf." [438]

Der Streit zwischen FIRLA und LUGERT macht deutlich, daß zum Zeitpunkt der NDW eine Diskussion über den didaktischen (nicht ästhetischen) Wert von Unterrichtsbeispielen tatsächlich noch nicht stattgefunden hat. Das ist bis heute nicht anders.

Durch die Verquickung ästhetischer und angeblich didaktischer Entscheidungen wird FIRLA der musikalisch-textlichen Bedeutung der NDW nicht gerecht, zumal er und ZINKE nicht so gut über die musikalischen Qualitäten der NDW-Musiker informiert scheinen wie die

---

[432] ebd.
[433] FIRLA 1983/1
[434] ebd.
[435] alle Zitate: ebd.
[436] ZINKE 1983
[437] ebd.
[438] alle Zitate: ebd.

'etablierten' Musikpädagogen [439] oder die kulturtheoretisch orientierten [440] Autoren.

In einem von FIRLA ebenfalls des 'blinden Aktualismus' bezichtigten Beitrag in einer 'etablierten' musikpädagogischen Fachzeitschrift wird die NDW auf "zunehmende Massenarbeitslosigkeit (...), weitreichende Zerstörung unserer Umwelt und wachsende Kriegsgefahr in Mitteleuropa" zurückgeführt und mit "einem rasch um sich greifenden Kulturpessimismus" in Verbindung gebracht, mit dessen negativer Tendenz "der fröhliche Aufschwung der deutschsprachigen Rockmusik (korrespondiere): Wie aus dem Nichts entsteht eine Unzahl neuer Gruppen für neue Märkte mit neuem Geld. Längst sind Industrie und Medien groß eingestiegen, und die Plattenkonzerne setzen auf Deutschrock-Zugnummern." [441]

Unter Vermeidung jeglicher Pauschalisierung [442] oder Wertung [443] beschreiben die Autoren unterschiedliche "Strömungen im Verhalten der Jugendlichen, deren Schattierungen weitaus differenzierter sind, als dies die angeführte Typisierung erkennen läßt." [444] Nach der Beschreibung des Punk wird versucht, die unübersichtliche Vielfalt der NDW-Gruppen zu ordnen und diejenigen "ästhetischen Grundlinien" exemplarisch zu beschreiben, "für die die einzelnen Rockgruppen stehen." [445]

Die Beschreibung dieser drei Gruppen von NDW-Bands ist sachlich, ohne distanziert zu sein und wertfrei, ohne kritiklos zu sein. Die in Musik und Text deutlich werdende Grundstimmung der NDW macht deutlich, wie sehr FIRLAs pauschaler Vorwurf danebengreift, die NDW mache keine 'positive' Musik. Angesichts der schlechten Situation vieler Jugendlicher zu Beginn der 80er Jahre kann 'positive' Musik kaum ein Ausdruck jugendkultureller Identität

---

439 Vgl. LUGERT 1982, NIERMANN/ERNST-PÖRKSEN 1982

440 Vgl. KRÖHER 1982; FRANK 1982/1; ders.: 1982/3

441 NIERMANN/ERNST-PÖRKSEN 1982, S.463

442 "um die Bedeutung dieser Musik zu begreifen, ist es ebenso unergiebig, von *der* Jugend zu reden wie von *der* Rockmusik" (ebd.)

443 Über den Punk als Vorbild der NDW: die "äußerste Einfachheit dieser Musik und ihr lokaler Charakter lassen für Mythen und Starwelten nur begrenzten Spielraum." Die "wichtigsten musikalischen Mittel sind: äußerste Lautstärke; elektrische Gitarren, deren Klang stark verzerrt ist und auf denen sehr schnell Akkorde geschlagen werden; entsprechende hämmernde, einfachste Rhythmen auf dem E-Baß und dem Schlagzeug, die aber in dem insgesamt kompakten Klangbild meist untergehen (...)." (NIERMANN/ERNST-PÖRKSEN 1982, S.464)

444 ebd.

445 NIERMANN/ERNST-PÖRKSEN 1982, S.465

sein. [446]

Die Autoren sehen auch den Zusammenhang zwischen der NDW und der Musikindustrie nicht so aussichtslos: Sie beschreiben zwar, daß die Musikindustrie es erstaunlicherweise geschafft hat, auch die negative Grundstimmung dieser Musik in einen 'Trend' umzuwan-

446 Einige Beispiele für Beschreibungen der Stücke verschiedener Gruppen: "In diesem Ausdruck der totalen Wert- und Ziellosigkeit geht (...) noch entscheidende Schritte weiter; (...) Arrangements, Klänge und Musizierhaltungen, die in ihrer Komik, Witzigkeit und Naivität neu und interessant waren; (...) Die Texte greifen - auch darin einem Großteil der Schlager ähnlich - 'Probleme' des Lebens auf und bleiben dabei doch anspruchslos; (...) unterscheidet sich durch größere Experimentierfreude im Bereich von Banalität und Verrücktheit; (...) macht auch die Stücke, die Elemente von Schlagerpersiflage haben, selber zu belanglosen Schlagern; (...) gibt Stücke, in denen spaßig und gekonnt herkömmliche musikalische Klischees reproduziert werden; (...) schräg und ein bißchen verrückt klingen; (...) dessen Qualität in der völligen Verweigerung jeglichen textlichen und musikalischen Sinns und Anspruchs besteht - ein neuer, offensichtlich dem Gefühl vieler Jugendlicher entsprechender Versuch, der so empfundenen Sinnlosigkeit und Inhaltsleere des Lebens mit absurder Komik zu begegnen; (...) einige belanglose, aber spaßige und verrückte Stücke im Programm; (...) die den Stücken zugrundeliegende Schärfe, Härte und Aggressivität geht in Sanftheit und Verbindlichkeit unter - vergleichbar einem Stachel, der keine Spitze hat; (...) Ausdruck für als unmenschlich empfundene Lebensverhältnisse; (...) arbeitet mit differenzierten musikalischen und studiotechnischen Mitteln; (...) stimmlichen Äußerungen zwischen hoffnungsloser Resignation und Wahnsinnsschreien, mit Fetzen aus heruntergekommener, deformierter Unterhaltungsmusik, mit völliger Zerstückelung der Musik, die einem den Hals zuzuschnüren scheinen; (...) depressive und destruktive Grundstimmung der DAF-Musik (Musik der Gruppe 'Deutsch-amerikanische Freundschaft';J.T.) läßt keinen Raum für subjektive Gefühle oder Gedanken; (...) Wirkung dieser Musik ist total, es gibt nur ein Drinnen oder ein Draußen; wer sich auf diese Musik einläßt, muß sein eigenes Ich zurückstellen; Spielräume sind nicht vorgesehen. In diesem Sinne kann man die DAF-Musik insgesamt durchaus als autoritär, auf Fremdbestimmung abrichtend beurteilen; (...) spielt dazu Schlagzeug oder Synthesizer oder gar nichts (alle in: NIERMANN/ERNST-PÖRKSEN 1982, S.465f)

deln [447], vermuten jedoch, "daß diese Vereinahmung durch die große Industrie nicht die Rockmusik insgesamt ihrer kritisch radikalen Potenz beraubt, sondern allenfalls ihre avancierten Akteure. Ihnen folgen rasch neue, deren Authentizität noch weitgehend ungebrochen ist und von denen jeweils neue Impulse ausgehen." [448]

Mit diesem optimistischen Schlußwort beenden die 'etablierten' Autoren ihre Beschreibung der NDW. Auch bei einer Gegenüberstellung dieser wertfreien bis positiven Äußerungen mit den kritischen bis distanzlosen Äußerungen FIRLAs wird erneut deutlich, daß eine Diskussion um den 'didaktischen Wert' von Musikbeispielen noch nicht stattgefunden hat: Sollen die Pädagogen nun wie FIRLA auf die musikalische Armseligkeit einiger NDW-Produkte oder wie NIERMANN/ERNST-PÖRKSEN auf die Situation der Jugendlichen eingehen? Diese wichtige Frage wird in keinem der hier angesprochenen Beiträge gestellt. Dennoch werden von dieser Frage ausgehend verschiedene Problemkreise hinsichtlich unterrichtlicher Berücksichtigung der NDW erkennbar:

- Die 'Erwachsenen' haben meist die Texte der NDW hinterfragt, viele Schülerinnen und Schüler haben sie hauptsächlich als eine Art Schlager gesehen und benutzt.

- Die praktisch orientierten Musikpädagogen haben sich meist die am einfachsten zu 'didaktisierenden' Bereiche [449] der NDW ausgesucht, die nahe an den 'Schul-Pop' reichen; theoretische Beiträge [450] beschränken sich auf eine Beschreibung des 'Phänomens' für uninformierte Fachkollegen. Eine kritische Reflexion der NDW jedoch, beispielsweise für den Unterricht in der Sekundarstufe II, gleichgültig ob mit dem WIECHELLschen Ziel der Distanzerzeugung [451] oder dem SCHÜTZschen Ziel der Verstärkung [452], findet nicht statt, obwohl auch ein kritisches

---

447 Auch hier hat eine für die Geschichte der populären Musik typische Entwicklung stattgefunden: "Soziale Strömungen in der Jugend suchen immer wieder neue ästhetische Ausdrucksformen, die tendenziell, in welcher Form auch immer, Widerspruch und Widerstand gegen die herrschenden Kulturformen, Normen und Institutionen spiegeln. So ergeben sich periodisch Situationen, in denen die mächtigen Musikkonzerne alle Mühe haben, bereits abgefahrene Züge wieder unter ihre Kontrolle zu bringen und möglichst die Fahrtrichtung zu bestimmen." (NIERMANN/ERNST-PÖRKSEN 1982, S.465)
Trotz ihres Interesses an Gewinnmaximierung haben die Plattenkonzerne inzwischen erkannt, "daß sie auch im Vertreiben und Verbreiten extremer und kritischer, z.T. sogar gegen sie selbst gerichteter Positionen und Haltungen gut fahren, weil sie daran verdienen. Teilweise werden sie durch alternative Labels dazu gedrängt." (ebd.)

448 NIERMANN/ERNST-PÖRKSEN 1982, S.467

449 Vgl. LUGERT 1982; NEUMANN-SCHNELLE 1982

450 Vgl. NIERMANN/ERNST-PÖRKSEN 1982

451 Vgl. WIECHELL 1975, S.50 (Im Fall der NDW wäre dies durchaus ein mögliches, wenn auch prinzipiell problematisches Ziel)

452 Vgl.SCHÜTZ 1982, S.167 (auch dieses - den WIECHELLschen Intentionen entgegengesetzte - Ziel ist bei entsprechender Auswahl beim zwiespältigen Phänomen NDW zu begründen)

Unterrichtsthema 'NDW' durchaus möglich ist, wie einige der hier analysierten Beiträge [453] zeigen.

Die ungenügende didaktische Aufbereitung aktueller populärer Musik liegt nicht nur im angesichts ihrer Schnellebigkeit relativ hohen Aufwand begründet, sie ist auch ein Zeichen dafür, daß die Befürworter populärer Musik viel zu sehr mit Begründungen und Absicherungen gegenüber skeptischen Kollegen beschäftigt sind, statt die Frage zu klären, *wie* populäre Musik sinnvoll einzusetzen ist. Eine umfassende Analyse aktueller Herausforderungen kann erst dann erfolgen, wenn sich die Analysierenden selbstbewußt über die immer noch durchscheinende 'U-E'-Diskussion hinwegsetzen; dieses Selbstbewußtsein muß dazu führen, daß die Überlegung, *ob* populäre Musik in den Unterricht integriert werden soll, zugunsten der Überlegung aufgegeben werden muß, *wie* dies geschehen soll.

Von NDW und populärer Musik abgesehen bleibt festzuhalten, daß die 'etablierte' Musikpädagogik durch eine skeptische Haltung indirekt stets die angemessene Annahme einer aktuellen Herausforderung verzögert. Hier wirkt sich die sinnlose Aufspaltung in 'etablierte' und 'alternative' Musikpädagogik besonders problematisch aus: Wenn die Vertreter erwachsener Jugendkulturen sich angesichts aktueller Herausforderungen an den Musikunterricht über mehrere Jahrzehnte abmühen müssen, diese neuen Inhalte zu begründen, schadet dies nicht nur dem Ansehen und dem Einfluß eines Faches, das selbstverständlich auch den Alltag der Schülerinnen und Schüler einbeziehen muß, sondern es verzögert oder verhindert auch die angemessene Auseinandersetzung mit dem Gegenstand: In der mittlerweile über zehnjährigen Bearbeitung diese Themas hätte ich auch - und hätte es viel lieber getan - eine praxisorientierte Didaktik der populären Musik verfassen können.

Es bleibt festzuhalten, daß 'etablierte' und 'alternative' Musikpädagogen zur Bewältigung aktueller Herausforderungen zusammenarbeiten müssen, um Fehlentwicklung und vergebliches Bemühen zu vermeiden. Diese Zusammenarbeit müßte dabei einen Mittelweg zwischen unvoreingenommener Beschreibung [454] und musikimmannent begründbarer Wertung [455] finden.

---

[453] Vgl. HANSEN 1982, KRÖHER 1982
[454] Vgl. NIERMANN/ERNST-PÖRKSEN 1982
[455] Vgl. FIRLA 1982, 1983/2

IV STICHPROBENARTIGE BEFRAGUNG VON MUSIKLEHRERINNEN UND -LEHRERN ZUR SCHULISCHEN BERÜCKSICHTIGUNG POPULÄRER MUSIK

Der im folgenden geschilderte Prozeß, der zur Durchführung einer stichprobenartigen Untersuchung unter Musiklehrerinnen und -lehrern führt, hat lange vor irgendeinem Plan zu systematischen Befragungen nach objektivierten Methoden begonnen. Es handelt sich also weniger um den Prozeß der Konstruktion eines objektivierten Meßinstrumentes als um die Genese eines Forschungsinteresses und einer Reflexionsrichtung. Rückblickend betrachtet verdanke ich diesem langjährigen Prozeß mehr Erkenntnisse als der späteren Auswertung der stichprobenartigen Untersuchung.

1. Die Entwicklung des Fragebogens

Die Durchführung und Auswertung der Befragung stellt die letzte Stufe des Versuchs dar, subjektive Beobachtungen zu objektivieren, die eng mit meinen persönlichen Erfahrungen als Schüler, Student, Musiker, Lehramtsanwärter und Musiklehrer verbunden sind.

Es handelt sich dabei im wesentlichen um die über einen langen Zeitraum beobachtete Diskrepanz zwischen *schulischer* und *musikpädagogischer* Berücksichtigung populärer Musik, wobei ich unter 'musikpädagogischer' Berücksichtigung die wissenschaftliche Beschäftigung mit populärer Musik in Forschung und Lehre verstehe und unter 'schulischer' Berücksichtigung den Kompromiß zusammenfasse, den Musikpädagogen aus ihrer Hochschulausbildung und der Hörumwelt ihrer Schüler zu bilden pflegen. Da die meisten Musikpädagogen diesen Kompromiß erst in der Schule und nicht in der Hochschule machen müssen, erscheinen Musiklehrerinnen und -lehrer als *Schlüsselfiguren* [1] zur Untersuchung der angedeuteten Diskrepanz.

Unterschiede zwischen musikpädagogischer und schulischer Berücksichtigung populärer Musik finden sich auf verschiedenen Ebenen: Die bereits während meiner Schulzeit empfundene Diskrepanz zwischen Schul-Musik und Schüler-Musik wandelt sich während des Lehramtsstudiums zur Diskrepanz zwischen dem in der Hochschule Vermittelten und dem Unterrichtsalltag an den verschiedenen Schulen. Bereits meine beiden Staatsexamensarbeiten nähern sich von völlig verschiedenen Ausgangspunkten diesem Problem, das für mich sowohl bei theoretischer (Erste Staatsexamensarbeit) als auch bei praktischer (Zweite Staatsexamensarbeit) Beschäftigung mit Musikunterricht von entscheidender Bedeutung ist.

Das Problem läßt sich nicht auf die vielleicht naheliegende Diskrepanz zwischen Theorie und Praxis reduzieren, und auch ein beim Thema 'populäre Musik' ebenso naheliegender Generationskonflikt [2] zwischen Lehrenden und Lernenden stellt lediglich eine Verkürzung der Problematik dar. Die Diskrepanz ist vielmehr in

---

1 Vgl. hierzu auch MEYER 1988

2 Zur Generationsproblematik vgl. Kap.II.3.6.3

ihrer häufig emotionsbestimmten Unwissenschaftlichkeit schwierig in Worte zu fassen [3] und stellt dennoch - oder gerade deswegen - ein zentrales Problem der Musikpädagogik bzw. der gesamten Pädagogik dar.

Um diese Diskrepanz deutlicher beschreiben zu können, führte ich zahlreiche Gespräche mit verschiedenen Generationen von Schülern, Studenten, Referendaren und Musiklehrern. Durch ausführliche Diskussionen sowie durch mein in über zehnjähriger praktischer und theoretischer Beschäftigung mit dem Thema sensibilisiertes Rezeptionsverhalten bei der Lektüre völlig unterschiedlicher Zeitschriften [4] und musikpädagogischer Fachliteratur gewann ich den Eindruck, daß es möglich sein müßte, meine subjektiven Beobachtungen zu objektivieren. Dieses Ziel versuchte ich mit einer Voruntersuchung zu erreichen.

1.1 Voruntersuchung

Ein entscheidender Schritt auf dem Weg von der subjektiven Empfindung hin zum objektivierten Fragebogen besteht in der Feststellung, daß bei den ausführlichen Gesprächen in völlig unterschiedlichen Personenkreisen nicht nur Schüler und Lehrer, sondern auch Musiker und Wissenschaftler die angedeutete Diskrepanz verstehen. Gleichgültig, ob ich mit Lehramtsanwärtern, Rockmusikern oder Mitgliedern eines Kirchenchors spreche, zum Thema 'populäre Musik in der Schule' kann jeder auf Anhieb eine 'Meinung' äußern. Beim Versuch einer Begründung wird jedoch meist deutlich, daß die Angesprochenen entweder nur in pädagogischen oder nur in rockmusikalischen Kriterien denken. Selten fühlt sich jemand bei irgendeiner Frage überfordert, da sowohl populäre Musik als auch die Institution Schule auf ihre Art allgegenwärtig sind: Jeder ist einmal zur Schule gegangen, und niemand kann heute die Ohren völlig vor der Allgegenwart von (populärer) Musik verschließen; jeder kann also 'mitreden', was den Versuch der Objektivierung nicht eben erleichtert.

Besonders diejenigen, deren argumentativer Schwerpunkt eindeutig im pädagogischen *oder* rockmusikalischen Bereich liegt, neigen dazu, den jeweils anderen Bereich pauschal zu verdammen, wobei das Vorurteil je nach Standpunkt entweder 'die verknöcherte Schule' oder 'die Lärmquelle Rockmusik' lautet. In diesem Zusammenhang ist jedoch interessant, daß Rock- und Orchestermusiker vergleichbare

---

3 SCHÜTZ spricht in diesem Zusammenhang vom "ungelösten Widerspruch zwischen den musikbezogenen Freizeitinteressen der meisten Schüler auf der einen Seite und andererseits der Unfähigkeit des Musikunterrichts (wie auch der Musikpädagogik), angemessen sich darauf zu beziehen." (SCHÜTZ 1982, S.12f) Er vermißt unterrichtliche Umsetzungsversuche, "die es ermöglichen, durch die oberflächlichen Erscheinungsformen populärer Musik hindurch einzudringen in den Zusammenhang zwischen schülereigener sozialer Situation und daraus resultierenden musikbezogenen Verhaltensweisen." (SCHÜTZ 1982, S.13)

4 MuB, ZfMP, spotlight/Musik Spezial, PMiU, nmz, sowie Tageszeitungen und Rockzeitschriften (vgl. Literaturliste)

Meinungen äußern, die sich zudem deutlich von den Meinungen der Musikpädagogen unterscheiden.

So betonen viele Musiker unabhängig von der Richtung ihrer musikalischen Interessen die Bedeutung populärer Musik im Musikunterricht, obwohl sie sich eine Pädagogisierung solcher Musik aus unterschiedlichen Gründen kaum vorstellen können; außerdem sind sie meist froh, mit einer solchen Pädagogisierung nichts zu tun zu haben. Viele Musikpädagogen können sich dagegen die Pädagogisierung von populärer Musik durchaus vorstellen, sehen häufig jedoch nicht ein, daß gerade sie als oft unfreiwilliges Bindeglied zwischen verschiedenen Musikauffassungen diese Arbeit leisten sollen.

Musiklehrer befinden sich somit zwischen zwei musikalischen Welten, deren Vertreter sich häufig darin einig sind, nichts miteinander zu tun zu haben. Sowohl Rockmusiker als auch Orchestermusiker bedauern die Musikpädagogen, die sich nicht ausschließlich mit 'richtiger' Musik beschäftigen dürfen, wobei 'richtig' natürlich je nach Standpunkt anders definiert ist.

Diese bewußt überzeichnete Gegenüberstellung veranschaulicht die nichtwissenschaftliche Ebene der Thematik, die im Vorfeld systematischer Überlegungen ausgelotet werden muß, um der Prämisse zu entsprechen, daß diese Arbeit zur Erreichung ihres Zieles der Legitimation durch Wissenschaftler *und* Musiker bedarf. Nur so kann ihr Anspruch verwirklicht werden, eine ***pädagogisch und musikalisch angemessene*** Didaktik populärer Musik vorzubereiten.

Im Verlauf fast aller Gespräche über populäre Musik und Schule stellt sich schnell heraus, daß entweder Einäugigkeit oder Ratlosigkeit vorherrschen. Viele Ansichten sind durchsetzt mit handfesten Vorurteilen, wie einerseits "Rockmusik ist primitiv, Rockmusiker lehnen die Schule prinzipiell ab, jüngere Lehrerinnen und Lehrer sind prinzipiell Rock- oder Popfans" oder andererseits "das traditionelle Musikstudium treibt lebendiges Musizieren systematisch aus, Musiklehrer sind schwerfällig, ältere Pädagogen verachten populäre Musik prinzipiell" usw. Nach längeren Gesprächen stellen sich diese Einschätzungen zwar häufig als Vorurteile heraus, dennoch erschweren ärgerlicherweise die vielen Körnchen Wahrheit immer wieder den klärenden Umgang mit der Problematik. Besonders bei Verfechtern extremer Standpunkte ist ein sachliches Gespräch kaum möglich, weil diese keinen möglichen Zusammenhang zwischen populärer Musik und Schule sehen.

Angesichts der unvereinbaren Meinungen, der Widersprüche und Nuancen innerhalb ein und derselben Meinung sowie vieler sich vielleicht nur scheinbar widersprechender Aussagen erscheint es wünschenswert, *vergleichbare* Reaktionen zu provozieren und zu sammeln. Diesem Zweck dient der offene Text.

1.1.1 Der offene Text

Die oben erwähnte Bedingung der Vergleichbarkeit birgt zwangsläufig die Gefahr der Manipulation. Obwohl das planmäßige Provozieren einer Reaktion bereits eine Manipulation dieser Reaktion darstellt, müssen die hervorgerufenen Reaktionen kritisch und so unabhängig wie möglich von der Meinung des Verfassers bleiben. Diesem Zweck dient die Konfrontation mit einem widersprüchlichen und teilweise offenen Text [5], der nach dieser Vorgabe folgenden Bedingungen genügen muß: Er muß

- die verschiedenen Haltungen zum Thema berücksichtigen, ohne dadurch sinnlos zu werden.
- durch Widersprüche gleichzeitig provozieren und ein breites Spektrum unterschiedlicher Reaktionen ermöglichen
- sowohl inhaltlich als auch stilistisch alle Beteiligten ansprechen
- von allen Beteiligten ernstgenommen werden

Bei Einhaltung dieser Bedingungen wird der Text, darin ist er der gesamten vorliegenden Arbeit ähnlich, eine stilistische und inhaltliche Gratwanderung darstellen. Nach verschiedenen Entwürfen erfüllt eine teilweise fiktive Zusammenfassung meiner Erfahrungen mit dem Thema 'Populäre Musik und Schule' am ehesten die beschriebenen Voraussetzungen. Sie bildet nach mehreren Korrekturen im Hinblick auf Stil, Verständlichkeit und Echtheit, an denen immer Mitglieder aus den verschiedenen Zielgruppen beteiligt werden, zur Grundlage von Gesprächen und Diskussionen. Außerdem wird der Text, versehen mit einem Vorspann, an rund 70 Musikpädagogen und -wissenschaftler, Rockmusiker, Studenten, Schüler und andere direkt oder indirekt Beteiligte verschickt.

Natürlich sind sowohl die Schwarzweiß-Malerei als auch einige der pauschalen Aussagen dieses provozierend gemeinten Textes problematisch; all das jedoch, was die stilistische Gratwanderung so problematisch erscheinen läßt, wird auch stets den schulischen Umgang mit aktuellen Herausforderungen erschweren. Die stilistischen und inhaltlichen Ungereimtheiten halten somit stets die Erinnerung an die nur schwerlich zu vereinbarenden Bestandteile von Schule und Leben wach. Die dabei entstehende Spannung muß eine glaubwürdige wissenschaftliche Beschäftigung mit populärer Musik ertragen können.

1.1.2. Analyse der allgemeinen Ergebnisse

Durch die im folgenden beschriebene, allgemeine Analyse eines Stimmungsbildes auf der Basis schriftlicher und mündlicher Reaktionen auf den offenen Text wird deutlich, daß sich beim Thema 'Populäre Musik und Schule' abgesehen von den Reaktionen, die dieser Problematik völlig gleichgültig gegenüberstehen, drei immer wiederkehrende 'Standardeinstellungen' unterscheiden lassen,die überraschenderweise von völlig heterogenen Gruppen geteilt werden:

a) Populäre Musik gehört selbstverständlich in den Unterricht verschiedener Fächer aller Schulformen

Auffallenderweise tendieren zu dieser Meinung besonders problemlos solche Lehrerinnen und Lehrer, die im Fach Musik fachfremd unterrichten; häufig leitet der Biologie- oder Kunstlehrer die schulische Rockband. Ausgebildete Musikfachlehrer, die diese Mei-

---

[5] Vollständig abgedruckt in Kap.VI.3.1 (ANHANG)

nung vertreten, geben häufig an, nicht genau zu wissen, *wie* sie Rock und Pop sinnvoll einsetzen sollen. Die erste Meinung wird zudem von fast allen jüngeren Lehrerinnen und Lehrern vertreten, wohingegen Rockmusiker sich hier häufig distanzierter äußern.

b) Rock und Pop haben in der Schule nichts zu suchen

Diese Einstellung vertreten vor allem ältere Musikfachlehrer und 'dogmatische' Rockmusiker; erstere lehnen populäre Musik prinzipiell ab, letztere mißtrauen häufig den Zielen und Methoden der Schule oder halten sie für zu schwerfällig, um auf Rock und Pop angemessen zu reagieren. Die Meinung zum Thema 'Rock und Schule' ist demnach unabhängig von der zum Thema 'Rockmusik'.

c) Zwischen Schule und Rock besteht eine generelle Diskrepanz, Rockmusik ist zumindest teilweise un-unterrichtbar

Diese dritte Ansicht ist nicht identisch mit der zweiten; diejenigen, die eine Diskrepanz zwischen populärer Musik und Schule sehen, sind meist der Meinung, diese Musik gehöre *eigentlich* in die Schule, es sei jedoch äußerst schwierig, sowohl der Musik als auch den Zielen des Musikunterrichts gerecht zu werden. Zur dritten Meinung tendieren neben den für schulische Belange eher aufgeschlossenen Rockmusikern häufig jene jungen Musikpädagogen, die als Rockfans und Musikstudenten beide Bereiche kennengelernt haben.

Im Vergleich zu Musikern und fachfremd Unterrichtenden haben ausgebildete Musikpädagogen das komplizierteste Verhältnis zur populären Musik. Ihre Meinung deckt sich häufig mit keiner der beschriebenen Standardeinstellungen: So sind viele Fachlehrer der Meinung, populäre Musik gehöre zwar in die Schule, sie unterrichten jedoch nur widerwillig - aber regelmäßig - im populären Bereich, weil sie sich bei diesem Unterrichtsthema nicht auskennen oder explizit nicht auskennen möchten. Andererseits gibt es unter den ausgebildeten Musikpädagogen inzwischen bereits solche, die nahezu ausschließlich und unter Vernachlässigung anderer Inhalte im populären Bereich unterrichten und immer noch solche, für die diese Musik einfach nicht existiert. Trotz dieses breiten Spektrums gibt es niemanden, der sich überhaupt nicht zum Thema äußert, es sei denn aus Protest, was freilich auch eine Meinungsäußerung darstellt.

1.1.3. Analyse der schulbezogenen Ergebnisse

Im Gegensatz zu Musikern und Wissenschaftlern werden Musikpädagogen *direkt* mit der Problematik "Populäre Musik und Schule" konfrontiert. Sie müssen sich beispielsweise ihren Schülern gegenüber direkt rechtfertigen, wenn diese fragen, warum *nicht* oder gerade *so* im Bereich populärer Musik unterrichtet wird. Aus diesem Grund sind für die weitere Analyse der Thematik die Angaben derjenigen am ergiebigsten, die tatsächlich im Fach Musik unterrichten, *seien sie nun dafür ausgebildet oder nicht*. Sie werden im folgenden unter dem Begriff <u>Musiklehrer</u> bzw. <u>Musikpädagogen</u> zusammengefaßt.

Die Reaktionen auf den offenen Text lassen sich weder in Zahlen ausdrücken noch in allgemeingültige Thesen überführen; sie zeichnen lediglich ein gewisses Stimmungsbild. Dennoch legen besonders die mündlich geäußerten Reaktionen systematische Untersuchungen nahe. So werden auffallenderweise die verschiedenen im vorigen Abschnitt beschriebenen Standardeinstellungen häufig von bestimmten *Lehrertypen* vertreten, deren Unterricht wiederum völlig unterschiedliche Schülerreaktionen hervorzurufen scheint:

Häufig beschreiben beispielsweise diejenigen Musikpädagogen ihre Schüler als besonders popfixiert, die selbst eine eher ablehnende Haltung dieser Musik gegenüber einnehmen. Ebenfalls auffallend häufig ärgern sich die für Rock und Pop aufgeschlossenen Pädagogen über die fehlende Erreichung ihres zentralen, immer wieder genannten Ziels der Kritikfähigkeit.

Angesichts solcher Zusammenhänge erscheint es sinnvoll, die vermuteten Wechselbeziehungen zwischen Lehrertypen und Schülerreaktionen näher zu untersuchen. Dazu muß der äußere Rahmen für die Wechselbeziehungen eingegrenzt werden; er läßt sich in der Art eines heuristischen Modells als das BEDINGUNGSGEFÜGE MUSIKBEZOGENER SCHULISCHER AKTIVITÄTEN bezeichnen. Als Basis für dieses Modell dienen die gesammelten mündlichen und schriftlichen Reaktionen der Lehrerinnen und Lehrer, die unter völlig verschiedenen Bedingungen im Fach Musik unterrichten. So verschieden diese Bedingungen auch sind, eines haben alle mündlichen und schriftlichen Reaktionen ergeben: Neben den *allgemeinen* Bedingungen für musikbezogene Aktivitäten an einer Schule (Schulform, Zusammensetzung der Schülerschaft, Anzahl der Fachkollegen usw.) spielen auch und besonders die *persönlichen* Erfahrungen der jeweiligen Pädagogen (musikbezogene Interessen und Fähigkeiten, musikbezogene Sozialisation usw.) eine entscheidende Rolle.

Die umfassende Bezeichnung BEDINGUNGSGEFÜGE MUSIKBEZOGENER SCHULISCHER AKTIVITÄTEN betont, daß auch der außerunterrichtliche Bereich schulischen Musiklebens im Modell erfaßt werden soll. Hierzu wird dieses unterteilt in die Teilbereiche UNTERRICHTSWIRKLICHKEIT (A) und SCHULISCHES MUSIKLEBEN (B):

- Der Begriff UNTERRICHTS-*WIRKLICHKEIT* soll neben den allgemeinen Bedingungen für Unterricht (Richtlinien; Methodik, Didaktik; Lehrerausbildung) auch die jeweils besonderen Bedingungen an einer bestimmten Schule einschließen (Einzugsgebiet; Unterrichtserfahrung der Lehrer; Interessen und Vorbildung der Schüler, Unterrichtsquellen [6] und -inhalte; Unterrichtserfolge und -mißerfolge).

- Die Bezeichnung SCHULISCHES MUSIKLEBEN soll zusätzlich noch all das einschließen, was *außerhalb* des regulären Musikunterrichts die musikbezogenen schulischen Aktivitäten bestimmt. Das SCHULISCHE MUSIKLEBEN prägt häufig sowohl die 'musikalische Atmosphäre' innerhalb einer Schule als auch das Bild des Musikunterrichts in der Öffentlichkeit. Es entsteht u.a. durch Chöre, Orchester und Bands, durch Musikarbeitsgemeinschaften (Musik-AG's) sowie durch Theater- und Musikaufführungen.

---

6 Lehrwerke, Schallplatten etc (vgl.Kap.IV.1.2.3.3)

Allgemein betrachtet, hängt das Erscheinungsbild des schulischen Musiklebens, meist freiwillig außerhalb der Unterrichtszeit organisiert, wesentlich deutlicher als die Unterrichtswirklichkeit von den *privaten Interessen und Fähigkeiten* der jeweiligen Pädagogen ab, die in dieser Arbeit eine Möglichkeit zur ansatzweisen Verwirklichung dieser Interessen und Fähigkeiten sehen. Im Fall der populären Musik hängen jedoch *beide* Bereiche besonders deutlich von den privaten Interessen und Fähigkeiten ab, da hier die Hochschulausbildung noch Mängel aufweist.

Durch diesen Zusammenhang wird der schulische Umgang mit populärer Musik auch davon beeinflußt, wofür sich Pädagogen außerhalb von Schule und Hochschule interessiert haben bzw. interessieren, womit sie sich in welchem Ausmaß beschäftigt haben bzw. beschäftigen usw. Daher erscheint es bei der folgenden Konstruktion des offenen Fragebogens sinnvoll, die privaten Interessen und Fähigkeiten von Musikpädagogen mit einzuschließen.

Die verschiedenen Bedingungen für musikbezogene Aktivitäten an einer Schule lassen sich demnach wie folgt ansatzweise schematisch darstellen:

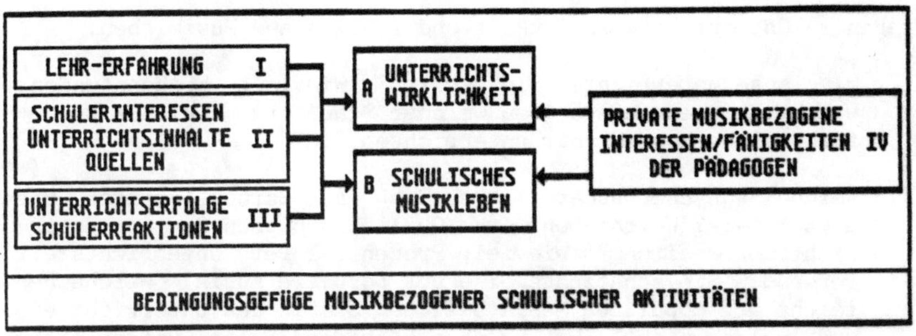

In vielen Gesprächen mit Kolleginnen und Kollegen kommt zum Ausdruck, daß sie der Arbeit im Bereich des schulischen Musiklebens (oder ihrem Fehlen) große Bedeutung im Sinne einer 'fruchtbaren Oase' beimessen und daß Erfolge in dieser Arbeit über Probleme und Enttäuschungen der Unterrichtswirklichkeit hinweghelfen können. Besonders an Schulen mit erschwerten unterrichtlichen Bedingungen durch häufigen Unterrichtsausfall, Disziplinprobleme u.ä. erhalten zahlreiche Äußerungen zum Verhältnis von schulischem Musikleben und Unterrichtswirklichkeit den Beigeschmack einer 'Flucht in die Musik-AG'.

1.2 Der offene Fragebogen [7]

1.2.1 Entwicklung des offenen Fragebogens aus der Voruntersuchung

Um die Stellung populärer Musik in allgemeinbildenden Schulen genauer zu beschreiben, bedürfen die schulischen (I-III) und privaten (IV) Bedingungen für die UNTERRICHTSWIRKLICHKEIT (A) und das SCHULISCHE MUSIKLEBEN (B) an den verschiedenen Schulformen der empirischen Erforschung. Um dieses Ziel ansatzweise zu erreichen, habe ich aus der schematischen Darstellung des Bedingungsgefüges einen Fragenkatalog entwickelt, der zum ersten Entwurf eines offenen Fragebogens führte.

Die Bedingungsfelder I-III und IV für UNTERRICHTSWIRKLICHKEIT (A) und SCHULISCHES MUSIKLEBEN (B) können durch Fragen eingegrenzt und beschrieben werden. Durch die folgenden Fragen, die die bisher eher abstrakten Begriffe für (A) und (B) konkretisieren, wird deutlich, daß zwischen den verschiedenen Feldern zahlreiche Wechselbeziehungen bestehen. So ist es beispielsweise denkbar, daß Unterrichtserfolge oder -mißerfolge bei einer bestimmten Musikart auch das persönliche Verhältnis zu dieser Musik verändern könnte o.ä.

Fragen zu Unterrichtswirklichkeit und schulischem Musikleben:

I. Wie lange unterrichten Sie bereits? Wieviele Wochenstunden, welche Klassenstufe/n, an welcher Schulform, welches Nebenfach/welche Nebenfächer unterrichten Sie?

II. Welche Wünsche äußern Ihre Schüler? Berücksichtigen Sie diese? Wie? Welche Lehrwerke/Quellen benutzen Sie zur Unterrichtsvorbereitung? Wieviel Prozent Ihrer Unterrichtszeit verwenden Sie schätzungsweise auf populäre Musik? Welche Bereiche der populären Musik beziehen Sie in den Unterricht ein und welche nicht? Mit welchen Methoden/Zielen unterrichten Sie im Bereich populärer Musik? Haben sich Ihre Unterrichtsinhalte im Laufe der Zeit verändert? Wenn ja, in welche Richtung?

III. Worin besteht für Sie ein Unterrichtserfolg? Bezeichnen Sie Ihren Unterricht (allgemein/im Bereich populärer Musik) als erfolgreich? Welche 'Ergebnisse' hat Ihr Unterricht? Wie reagieren Ihre Schüler? Glauben Sie, daß Ihre Schüler Sie (als Informant/Musiker/Autorität in Sachen Musik) akzeptieren? Unterrichten Sie gern im populären Bereich? Welche Unterrichtsdimension (Hören, Tanzen, Musizieren, Diskutieren) steht in Ihrem Unterricht im Vordergrund?

IV. Welche Musik bevorzugen Sie privat? Welchen Bereich der Musik bevorzugen Sie/lehnen Sie ab? Hören Sie privat populäre Musik? Welche? Wie oft? Wo liegen Ihre instrumentalen/vokalen Interessen/Fähigkeiten?

Zusätzlich zu diesen Fragen werden für das schulische Musikleben noch die folgenden Fragen hinzugefügt, die jedoch zu allgemein

---

[7] Vollständig abgedruckt in Kap.VI.3.2 (ANHANG)

sind, wie sich später herausstellen wird. Sie sind daher im geschlossenen Fragebogen wesentlich detaillierter formuliert. [8]

Zusatzfragen zum schulischen Musikleben:

> Gibt es an Ihrer Schule einen Chor, ein Orchester, eine Band o.ä.? Was singen (spielen) die Schüler in diesem Ensemble/diesen Ensembles?

1.1.2. Durchführung der offenen Befragung

Nach mehreren Veränderungen habe ich diese Fragen zum offenen Fragebogen verdichtet, der mit einem einführenden Brief versehen im Dezember 1984 an ca. 50 Musiklehrerinnen und Musiklehrer aus dem Kölner Raum verschickt wird, wobei alle Schulformen (Grund-, Haupt-, Real-, Sonder- und Gesamtschule, Gymnasium) und alle Stufen (Primarstufe, Sekundarstufe I und II) berücksichtigt werden. Der einführende Brief [9] ist bewußt persönlich formuliert, da das Ausfüllen eines offenen Fragebogens einen relativ hohen Zeitaufwand erfordert und es angesichts der meist problematischen Rücklaufquote dringend erforderlich ist, "den Eindruck einer Massensendung zu vermeiden". [10]

Der offene Fragebogen [11] umfaßt zwei Seiten. Auf der ersten befinden sich Fragen zur UNTERRICHTSWIRKLICHKEIT und zum SCHULISCHEN MUSIKLEBEN, die zweite Seite wendet sich an die PRIVATEN INTERESSEN UND FÄHIGKEITEN der Befragten. Außerdem haben letztere die Möglichkeit, aus ihrer Sicht 'idealen' Musikunterricht kurz zu skizzieren und sie können mögliche Zusätze zu Fragen, Kritik an Form und Inhalt des Fragebogens o.ä. anbringen.

1.2.3. Auswertung des offenen Fragebogens

1.2.3.1. Vorbemerkung zum Ziel der Auswertung

Die folgende Auswertung dient ausschließlich der späteren Konstruktion eines geschlossenen Fragebogens; dieses Vorgehen soll sicherstellen, daß *inhaltliche* Kriterien für die Multiple-choice-Vorgaben des geschlossenen Fragebogens, die dessen Ergebnis entscheidend beeinflussen können, nicht vom Konstrukteur, sondern aus der zu befragenden Zielgruppe stammen.

Um bei der Zielgruppe das gesamte Spektrum musikpädagogischer Reaktionen auf populäre Musik zu erfassen, habe ich den offenen Fragebogen auch an solche Pädagogen verschickt, deren Haltung mir als besonders aufgeschlossen oder skeptisch bekannt ist. Neben willkürlich ausgewählten Lehrern werden so auch die extremen Reaktionen erklärter Befürworter bzw. strikter Gegner des Unterrichts mit populärer Musik berücksichtigt.

---

[8] Vgl. Kap.IV.1.2.3.3 und IV.2.1
[9] Vollständig abgedruckt in Kap.VI.3.2 (ANHANG)
[10] FRIEDRICHS 1973, S.242
[11] Vollständig abgedruckt in Kap. VI.3.2 (ANHANG)

Durch diese Prämisse hinsichtlich der Stichprobe entsteht zwangsläufig das Problem einer Verzerrung der Ergebnisse. Wie sich herausstellt, hängt die Bereitschaft, sich zum Thema 'Populäre Musik in der Schule' zu äußern, eng mit der Einstellung zu diesem Thema zusammen: Während die 'Befürworter' den Fragebogen umgehend ausfüllen und zurücksenden, verweigern einige 'Skeptiker' bereits seine Annahme. Um jedoch später auch diese skeptischen Meinungen berücksichtigen zu können, müssen deren Vertreter sowohl eine Motivation als auch die Möglichkeit zur Meinungsäußerung erhalten, obwohl sie verständlicherweise viele Fragen aus Mangel an Erfahrung mit populärer Musik gar nicht beantworten können.

Der *Motivation* dient das Begleitschreiben, indem es den unterschiedlichen Einstellungen zum Thema gerecht zu werden versucht; die *Möglichkeit* zur Antwort auch ohne Erfahrung mit populärer Musik bietet die bewußt offene Form der Befragung, die sowohl unterschiedliche Interpretation einzelner Fragen als auch verschiedene Formen der Beantwortung zuläßt und Auslassungen oder zusätzliche Anmerkungen ermöglicht. Angesichts der Funktion des offenen Fragebogens als Materialsammlung für spätere Multiple-choice-Vorgaben wiegt der Vorteil individueller Reaktionsmöglichkeiten den Nachteil zeitraubenden Ausfüllens und erschwerter Auswertung auf.

Spätestens hier wird deutlich, daß die Befragung keine allgemeingültigen Aussagen über die Reaktion von Musikpädagogen auf populäre Musik zuläßt [12]. Sie kann lediglich die Breite dieses Reaktionsspektrums erforschen. In diesem Zusammenhang ist von Interesse, ob und wie Musikpädagogen an den verschiedenen Schulformen populäre Musik in ihren Unterricht integrieren, wie sie privat mit Pop, Jazz und Rock umgehen und ob sich diese beiden Sachverhalte beeinflussen.

Als Nebenergebnis ist von Interesse, welche Stütze Lehrwerke für den Unterricht mit populärer Musik leisten und welche praktischen Vorschläge oder kritischen Ergänzungen von den im Unterrichtsalltag stehenden Musiklehrerinnen und -lehrern für die vorliegende Arbeit von Bedeutung sein können.

---

[12] Dies würde jedoch auch kein Sozialwissenschaftler erwarten (vgl. DOLLASE e.a. 1986)

1.2.3.2. Die Stichprobe

Die 21 Befragten [13], die ihre Fragebogen ausgefüllt zurückgeschickt haben, verteilen sich wie folgt auf die verschiedenen Schulformen:

	HAUPT-SCHULE	REAL-SCHULE	GYMNA-SIUM	GESAMT-SCHULE	SONDER-SCHULE
RÜCKLAUF (zurückgeschickte Bogen; n:21)	3	3	7	6	2
UNTERRICHTSERFAHRUNG IM FACH MUSIK (in Jahren)	7;5	5;3	10;8	3;9	6;5
DURCHSCHNITTLICHE BERÜCKSICHTIG. POPULÄRER MUSIK (in Prozent)	30	11,6	16,6	51,9	19,3

Obwohl einige der hier sichtbar werdenden Tendenzen [14] durch die spätere Befragung bestätigt werden, sollen die im folgenden dargestellten Ergebnisse lediglich im Hinblick auf den zu konstruierenden geschlossenen Fragebogen interpretiert werden. Durch den Charakter der bloßen 'Materialsammlung' für Konstruktion und Formulierung des geschlossenen Fragebogens ist auch eine genaue Kennzeichnung der Stichprobe unwichtig, da weder eine geschlechts- noch eine genaue altersspezifische Interpretation Ziel dieser Voruntersuchung sind. Hinsichtlich der Rücklaufquote werden nach den Erfahrungen des ersten Fragebogens bessere Ergebnisse erzielt, wenn die Bogen mit adressierten und frankierten Rückumschlägen versehen sind und den Adressaten nicht mit der Post zugeschickt, sondern persönlich überreicht werden.

Die Verteilung läßt erkennen, daß die Rücklaufquote von Gymnasien und Gesamtschulen besonders hoch ist. Um im geschlossenen Fragebogen die Ergebnisse bezüglich der Schulform vergleichen zu können, muß man angesichts der Personalsituation verschiedener Schultypen eine wesentlich größere Zahl von Haupt-, Real- und Sonderschulen in die Befragung einbeziehen. So stellt es beispielsweise ein Problem dar, im gesamten Kölner Raum so viele *regelmäßig* unterrichtende Hauptschul-Musiklehrer zu finden wie an einigen wenigen Gymnasien oder Gesamtschulen!

1.2.3.3. Ergebnisse der offenen Befragung

Durch die vielfältigen Antwortmöglichkeiten entsteht bei der Auswertung das Problem, die verschiedenen Antworten nach Kategorien zusammenzufassen, die sich erst aus diesen Antworten ergeben haben. Es ist daher sinnlos, hier alle Antworten auf jede einzelne

---

[13] Bereits durch diesen geringen Rücklauf ist es nicht möglich, die Ergebnisse *inhaltlich* zu interpretieren.

[14] Beispielweise die schultyp- und altersspezifische Berücksichtigung populärer Musik

Frage aufzulisten, da sich einige immer wiederkehrende Umschreibungen desselben Sachverhalts zu Gruppen zusammenfassen lassen.

Im folgenden werden die Antworten auf jeweils eine Frage zu solchen Gruppen zusammengefaßt, die dann durch typische, wörtlich zitierte jedoch teilweise gekürzte Antwortbeispiele gekennzeichnet werden. Antworten, die in keine dieser Gruppen hineinpassen, werden jeweils am Schluß unter 'Sonstiges' aufgelistet.

Frage 1: Welchen Bereich/welche Bereiche populärer Musik berücksichtigen Sie im Unterricht?

a) Keine aktuelle Musik: Zurückliegendes; Niemals Aktuelles; Musik, die sich bewährt oder auch Wert hat; Geschichte der Beatles; Historisches; 'Klassiker'; Keine aktuellen Hits; usw

b) Bestimmte Stile/Gattungen: Schlager; Rock; Pop; Jazz; Hitparadenmusik; Neue Deutsche Welle; Jazzrock; Reggae; Liedermacher; Folk; Country; Internationale Volksmusik/Folklore; Latinrock; Disco; usw.

c) 'Rock'n'Roll bis...': Rock'n'Roll bis Beat; Rock'n'roll bis New Wave; Rock'n'Roll bis heute; Rock'n'Roll bis Reggae (?)

d) 'Alles': Musical bis Hardrock; Alles, was diese Musik bietet; Altes und Neues

e) Sonstiges: Hängt vom Thema ab; Was die Schüler hören wollen; Keine Schlager, sondern Rock; Niemals Neue Deutsche Welle; Qualitativ Hochwertiges; Kann ich so nicht beantworten; Keine Popmusik

Frage 2: Welche Quellen benutzen Sie zur Unterrichtsvorbereitung im Bereich der populären Musik?

a) Fachliteratur: Zeitschriftenaufsätze; Rocklexikon; Leider nur Taschenbücher; Populäre Musik im Unterricht; Aufsätze von Tibor Kneif; Fachbücher; Musik und Bildung; Fachzeitschriften; usw.

b) Akustische Medien: Rundfunk; Schulfunk; Schallplatten; SWF-III-Hitparade

c) 'Es gibt keine guten Quellen': Nichts, da es nichts gibt; Wenig brauchbar; Sauge mir was aus den Fingern; Gibt's welche?

d) Schülerinnen und Schüler: Schülerreferate (häufig angegeben); Schüler und deren Quellen; usw.

e) Sonstiges: Mein Gehör und das Klavier; Zinnquellen zum Löten defekter Kabel

Frage 3: Welches Lehrwerk/welche Lehrwerke bevorzugen Sie im Bereich populärer Musik?

a) Keines:(Die Frage erwies sich als ungenau: 76% der Befragten gaben an, kein Lehrwerk zu *bevorzugen*, was nicht besagt, daß sie keines *benutzen*; um festzustellen, ob jemand tatsächlich *kein* Lehrwerk oder *mehrere gleichberechtigt* nebeneinander benutzt, müssen im geschlossenen Fragebogen die gebräuchlichsten Lehrwerke einzeln aufgeführt werden)

b) Banjo

c) Musik um uns

Da es für den Zusammenhang zwischen populärer Musik und Lehrwerken von Interesse ist, welche Lehrwerke bei diesem Unterrichtsthema behilflich sein können, erscheint es sinnvoll, im geschlossenen Fragebogen die Bereiche 'Quellen' und 'Lehrwerke' zusammenzulegen.

Frage 4: Mit welchen Methoden unterrichten Sie populäre Musik?

a) Handlungsorientiert: Musizieren; Hauptsächlich handlungsorientiert; Spielen von Melodien; Improvisation und Realisation sehr geeignet; Praktische Arbeit im rhythmischen Bereich; Hauptsächlich mit praktischen Methoden; Wir komponieren kleine Stücke und spielen sie; Musikmachen;

b) Analytisch: Stilvergleich; Vergleichen einzelner Stücke; Hören-Analysieren-Verstehen; Reflexion; Hören und Reflektieren; usw.

c) 'Lernen': Grundbegriffe lernen; Studiotechnische und akustische Grundbegriffe vermitteln; Information durch Schüler und Lehrer; Information zur Geschichte der Rockmusik; Referate; Grundbegriffe des Musikmarktes; usw.

d) Sonstiges: Hängt vom Thema ab; Mit meinen eigenen;

Frage 5: Welche Ziele verfolgen Sie mit Ihrem Unterricht im populären Bereich?

a) Kritikfähigkeit/wertneutral: Kritikfähigkeit; Bewußtes Hören; Gezieltes, intensives Hören; Kritische Auseinandersetzung mit der Schülerhörgewohnheit; Begründetes Urteil ermöglichen; Kritische Transparenz des Musikmarktes; Hörgewohnheit hinterfragen; usw.

Kritikfähigkeit/wertend: Schüler sollen differenzierter wahrnehmen, um mehr von ihrer Musik zu haben; Kritikfähigkeit als Bewahrung vor Volksverdummung

b) Motivation für andere Inhalte: Musikalische Elementarlehre motivierend lehren; Von Popmusik zu Klassik führen; Tieferen Zugang zur Musik über Bekanntes; Motivation im Bereich

Musiktheorie und Hörerziehung; usw.

c) Aktivierung: Über reines Hören hinausgehen; Verknüpfung von Theorie und Praxis; Schüler aus ihrer Lethargie holen; Instrumente lehren; Rhythmik verbessern; Musik*machen*; Musik und Bewegung

d) 'Spaß': Spaß an Musik vermitteln; Spaß an Musik aufgreifen; Spaß am Musikmachen wecken; Freude; Spielfreude der Schüler berücksichtigen; usw.

e) Sonstiges: Emanzipation der Rockmusik; Alle Ziele, die Musikunterricht haben kann

Frage 6: Welche Wünsche äußern Ihre Schüler?

a) Aktuelles: Nur Hitparade; Nur die neuesten Stücke; Aktuelle Interpreten; Neue Deutsche Welle; Nur die neuesten Sachen; usw.

b) Nur Hören: Bloß nicht drüber reden; Konsumieren; Unreflektiert hören; Nicht darüber sprechen; Hören und dabei ausflippen; Nie darüber reden, geschweige denn etwas lernen; usw.

c) Tanzen

d) Praxis: Instrumente (E-Gitarre) lernen; Selber eine Band gründen; Musikmachen; usw.

e) Desinteresse: Kein Interesse an populärer Musik; In letzter Zeit weniger Interesse an Pop

Frage 7: Berücksichtigen Sie diese Wünsche? Wie?

Ja: Gezwungenermaßen; In Randstunden; Mit Schülerreferaten; Zum Erstellen einer Hitparade; Zum Kontrast; Zum Nachweis stilistischer Einflüsse älterer Titel; Um die Hörgewohnheit zu hinterfragen

Nein: Ich lehne diese Musik ab; Kann mich nicht jede Woche für was Neues interessieren; Ich thematisiere andere Bereiche der populären Musik; Das ist nicht *meine* 'populäre' Musik

Frage 8: Bezeichnen Sie Ihren Unterricht mit populärer Musik als erfolgreich?

Nicht beantwortet :	6
Teilweise/z.T. :	8
Nein :	0
Ja :	7
	21

Die Beantwortung dieser Frage verrät einige Unsicherheit, was vermutlich auch in ihrer 'platten Direktheit' begründet ist. Warum jedoch zwei Drittel der Befragten (=14) nicht eindeutig antworten können oder möchten, läßt sich aus den vorliegenden Zahlen nicht ersehen.

Die Beantwortung dieser Frage könnte interessante Erkenntnisse über die Persönlichkeitsstruktur von Lehrerinnen und Lehrern (Selbstbewußtsein o.ä.) ermöglichen. Da dies jedoch nicht das Ziel der vorliegenden Untersuchungen ist, bleibt die Frage im geschlossenen Fragebogen unberücksichtigt.

Frage 9: Welche 'Ergebnisse' hat Ihr Unterricht im Bereich populärer Musik?

a) Differenzierteres Hören: Erweiterung der Hörgewohnheit; Bessere Orientierung; Schüler haben *begründete* Urteile, egal welche; Erkennen des Beziehungsreichtums dieser Musik; Schüler hören genauer

b) Motivation: Allgemeines Interesse am Musikunterricht steigt; Schüler kommen gerne, ich komme gern; Schüler finden Unterricht nicht langweilig; Begeistertes und begeisterndes Mitmachen der Schüler; Schüler interessieren sich plötzlich für Notation, Musiktheorie u.ä.; Schüler sind inzwischen auch für andere Inhalte ansprechbar; usw.

c) Sonstiges: Vermitteltes Wissen bleibt nicht hängen; Schüler spielen in Bands; siehe Ziele; Disziplin ist besser; Schüler kaufen besprochene Platten (?;J.T.); Noch nicht zu sagen; Emanzipation der Rockmusik; Schüler lernen neue Begriffe; Zensuren werden besser

Frage 10: Welche Unterrichtsdimension steht beim Thema populäre Musik im Vordergrund?

Hören :	11
Musizieren :	10
Diskutieren :	11
	32 (durch Doppelnennungen)

Obwohl inhaltliche Aspekte bei der Auswertung des offenen Fragebogens außen vorbleiben, soll hier eine sehr deutliche schultypspezifische Polarisierung erwähnt werden, die es nahelegt, die Ergebnisse des geschlossenen Fragebogens ausführlich schultypspezifisch zu untersuchen. So unterscheiden sich Art und Weise, auf die in verschiedenen Schulen mit populärer Musik umgegangen wird, anscheinend sehr deutlich voneinander:

GYMNASIUM:	Hören : 5		GESAMTSCHULE:	Hören : 3
	Musizieren : 0			Musizieren : 6
	Diskutieren : 5			Diskutieren : 2

Im Bereich der Haupt-, Real- und Sonderschule sind die verschiedenen Unterrichtsdimensionen ausgeglichen.

Frage 11: Unterrichten Sie gern im Bereich populärer Musik?

Ja :	9
Teilweise :	4
Nein :	6
Nicht beantwortet :	2
	21

Frage 12: Haben sich Ihre Unterrichtsinhalte im Laufe der Zeit verändert? Wenn ja, in welche Richtung?

Nicht verändert : 8
Verändert : 13

Richtung der Veränderung:

a) Mehr Praxis: Mehr Musizieren; Instrumente lernen

b) Mehr Hören

c) Mehr populäre Musik: Mehr Pop, weniger Klassik; In Richtung aktueller Musik; Mehr Rock statt 'Klassik' und Volksmusik;

d) Weniger populäre Musik: In letzter Zeit wieder mehr E-Musik

e) Weniger Analyse

f) Sonstiges: Erweiterung des Spektrums; Andere Schwerpunkte; Ich lehre nicht mehr, ich helfe; Vom vorgegebenen Unterrichtsthema hin zum selbstorganisierten Musikunterricht

Frage 13: Glauben Sie, daß Ihre Schüler Sie akzeptieren? Als Informant, Experte für Musik, Vorbild, o.ä.?

Ja :	19
Teilweise :	2
Nein :	0
	21

Auch die Beantwortung dieser Frage vermag eher etwas über die Persönlichkeitsstruktur der Befragten auszusagen. Sie wird daher im geschlossenen Fragebogen nicht berücksichtigt.

Frage 14: Gibt es an Ihrer Schule einen Chor, ein Orchester, eine Band, Musikarbeitsgemeinschaft o.ä.?

SCHULFORM > / ∨ ENSEMBLES (ANZAHL)	HAUPT-SCHULE	REAL-SCHULE	GYMNA-SIUM	GESAMT-SCHULE	SONDER-SCHULE
CHOR	1	2	4	2	-
ORCHESTER	-	-	4	1	-
ARBEITSGEMEINSCHAFT	1	2	-	4	1
ROCKBAND	4	1	1	11	-
JAZZBAND	-	-	1	3	-
BLOCKFLÖTENSPIELKREIS	-	-	1	-	-
ORFFSPIELKREIS	-	-	1	1	1

Die Frage nach dem schulischen Musikleben erwies sich als sehr lohnend. Die entscheidende Frage nach der *Leitung* des jeweiligen Ensembles dürfte noch genauere Auskünfte geben. Sie ist deshalb zusammen mit einer breiten Palette von Antwortmöglichkeiten unbedingt im geschlossenen Fragebogen zu berücksichtigen. Wie bei vielen Fragen ergibt auch hier die schultypspezifische Auswertung der Frage die deutlichsten Unterschiede.

Frage 15: Was singen/spielen die Schüler in diesem Ensemble/ in diesen Ensembles?

a) Populäre Musik: Jazz-Standards; 'Klassiker' der Rockmusik; Stücke von BAP (häufig genannt, zum Zeitpunkt der Befragung besonders aktuell); Latinrock; Rythm & Blues; Rock'n'Roll

b) 'Klassik': Mozartmesse; Corelli; Vivaldi; Kirchenmusik; kleine Kantaten (Hindemith: 'Wir bauen eine Stadt' u.a.); zwei- bis vierstimmige Sätze aus älterer und neuerer Kirchenmusik

c) Sonstiges: Musicalmelodien; Folklore; Gospels, Spirituals; eigene Songs (häufig genannt); Experimentieren mit erlernten Griffen, Akkorden und Rhythmen; ältere und neuere Volksmusik

Die folgenden Fragen beziehen sich hauptsächlich auf den privaten Umgang mit Musik, also auf die musikalischen Interessen und Fähigkeiten. Im geschlossenen Fragebogen wird es darum gehen, diese privaten Interessen zur beruflichen Selbstdarstellung der Musiklehrerinnen und -lehrer in Beziehung zu setzen.

Frage 16: Hören Sie privat auch populäre Musik?

Ja :	9
Manchmal :	4
Selten :	2
Nein :	6
	21

Frage 17: Welchen Bereich der populären Musik bevorzugen Sie?

a) Rockmusik: Latinrock; Oldies; BAP; Jazzrock; Rock'n'Roll; 60er Jahre bis 1974; 'Historisches'; Genesis; Pink Floyd; Lindenberg; Hardrock; Westcoast; Country/Folk; Rhythm & Blues

b) Jazz/Jazzverwandtes: Mainstream (häufig angegeben); Jazz und Spiritual; guten Jazz; Blues; Soul

c) Pop: Hitparade (SWF-III); Schlager der 60er Jahre

d) Liedermacher/Chanson

Frage 18: Welchen Bereich der populären Musik lehnen Sie ab? Warum lehnen Sie diese Musik ab?

Genre (Anzahl der ablehnenden Nennungen): Begründung

Schlager(7): billige Gefühlsduselei; einfallslos; schlechte Qualität; Volksverdummung
Neue Deutsche Welle(6): primitiv; einfallslos; Geschäftemacherei; Volksverdummung;
Disco(5): monoton, emotionslos, kalt
Punk(4): aggressiv; zerstörerisch
Heino(3): aus politischen Gründen; billig
Hardrock(2): bewußtseinsverändernd; aggressiv
Keine(2): in jeder Musikrichtung gibt's Hochwertiges
James Last(1): kommerziell; stillos
Operette(1): künstlich
Manipulierende Musik(1): weil ich an der Freiheit des Geistes sehr interessiert bin
Qualitativ schlechte Musik aller Zeiten (1)

Frage 19: Wo liegen Ihre sonstigen musikalischen Interessen?

a) Bestimmte Epochen: E-Musik bis 1900; Klassik; Barock; Mehrstimmige Musik des Mittelalters; Renaissance; Moderne; Romantik; usw.
b) 'E'-Musik: E-Musik von 1000 n.Chr. bis 1984
c) Bestimmte Komponisten: Brahms;Debussy; Schostakowitsch;Mahler
d) Sonstiges: Hängt von meiner Stimmung ab; Was mir gerade gefällt; Klassik und Pop; Ehrliche Musik; Musik, die nicht zu laut ist; Sehr breit;

Frage 20: Führen Sie im Fach Musik auch außerunterrichtliche Aktivitäten durch? Wenn ja, welche?

Ja :	14
Nein :	6
Unklare Frage :	2
	22 (eine Doppelnennung)

Folgende Aktivitäten wurden genannt: Chorleitung; Jazz-AG; Schülerbandbetreuung; Besuch von Oper, (Rock-)Konzert, Beethovenhaus; Komposition von Popsongs; Arbeitsgemeinschaft; Durchführung von Rockkonzerten in Zusammenarbeit mit anderen Schulen

Frage 21: Fühlen Sie sich eher als Pädagoge, Musiker, oder als was sonst?

Pädagoge :	10
Musiker :	1
Beides :	8
Edukand (?;J.T.) :	1
Animateur :	1
	21

Frage 22: Wo liegen Ihre instrumentalen bzw. vokalen Interessen/ Fähigkeiten?

Klavier (15)
Gitarre (10)
Gesang (8)
Violine (5)
Sonstiges (je 1 für Cello, Baß, Orgel, Banjo; Mandoline, Schlagzeug, Synthesizer; vielseitige Interessen; E-Musik; nehme wieder Unterricht [mehrfach angegeben]; Querflöte, aber leider nur klassisch; Klavier für Jazz und Gitarre für Folk)

Diese Frage erweist sich als zu undifferenziert. So müssen die Bereiche INTERESSEN und FÄHIGKEITEN zur besseren Interpretation der Ergebnisse getrennt aufgeführt werden. Außerdem sollte auch eine Frage nach Instrumentalunterricht mit aufgenommen werden, da einige der Befragten angaben, derzeit noch Unterricht zu nehmen bzw. selbst zu unterrichten.

Frage 23: Welches ist Ihr Zweitfach/sind Ihre Nebenfächer?

Deutsch	(9)
Englisch	(5)
Mathematik	(3)
Französisch	(2)
Geschichte	(2)
Geographie	(1)
'Alles'	(3)
	25 (Doppelnennungen)

Frage 24: Können Sie 'idealen' Musikunterricht kurz skizzieren?

a) Inhaltlich: Alle Formen der Musik berücksichtigen; Vielfalt der Musik verdeutlichen; Überblick über alle Formen der Musik; breiteren Informationshorizont vermitteln; Schülerinteressen aufgreifen und weiterführen; er macht Schüler kritikfähig und weniger konsumorientiert; Lernen von Begriffen, die für die Schüler wichtig sind; Grundfertigkeiten an verschiedenen Instrumenten sollen vermittelt werden; Vermittlung eines breiten Erfahrungshorizontes; Kritikfähigkeit in bezug auf die Musikindustrie

b) Methodisch: Balance zwischen Erleben und Lernen; Mischung aus Musikmachen, Hören und Diskutieren; Förderung der Schüleraktivität; mehr Musik*machen*; Aktivitätsförderung; Eigenproduktion der Schüler provozieren; Musikunterricht sollte handlungsorientiert sein

c) Forderungen: mehr Stunden; mehr Lehrer; vollausgerüsteter Musikraum; Entrümpelung der Lehrpläne; Abschaffung der Zensuren; kleinere Lerngruppen; kontinuierlicher Unterricht in allen Klassenstufen; freiwillige Teilnahme am Musikunterricht; nur dann möglich, wenn mehr Lehrer mehr Stunden unterrichten können; Berücksichtigung der Schülerhörgewohnheiten

d) Sonstiges: Förderung der Emotionalität; Einschränkung des rein gefühlsmäßigen Hörens; Musikunterricht als Therapie; Unterricht, der Freude bereitet; Toleranz zwischen Schülern und Lehrern; Vermittlung von Instrumentalunterricht (auch im Rockbereich, da der Musiklehrer hier nicht kompetent ist); Schüler müßten die Einstellung aufgeben, daß sie die Musik im Leben nicht brauchen, und daß sie deshalb auch im Unterricht höchstens Spaß machen darf; Musikunterricht ohne elitären Charakter (eigene Erfahrungen!); keine allgemeingültige Aussage möglich; Multiple-choice wäre hier besser

Zusätzlich zur Beantwortung der offenen Fragen war am Ende des Fragebogens die Möglichkeit gegeben, Vorschläge oder Kritik an Form und Inhalt der Befragung anzubringen. Diese zusätzlichen Bemerkungen, die in erfreulich großer Anzahl den vorgegebenen Rahmen des Fragebogens erweitern, beziehen sich neben der Kritik am Fragebogen hauptsächlich auf die mangelhafte Ausbildung der Befragten im Bereich der populären Musik.

a) Inhaltliche Kritik am Fragebogen: Thema hochinteressant, Fragen müßten jedoch noch direkter sein; Klassifizierung innerhalb der 'populären Musik' sinnlos; kann nicht auch Klassik 'populär' sein?

Formale Kritik am Fragebogen: zuwenig Platz zum Antworten; Fragebogen schwierig auszufüllen

b) Ausbildungsmängel: bin schlecht ausgebildet; habe viel zu wenig Erfahrung in dem Bereich; zuwenig Kompetenz beim Musizieren; müßte mehrere Instrumente ansatzweise spielen können (Blasinstrumente, Schlagzeug usw.); moderne Spieltechniken in gängiger Musik fehlen (Synthesizer, Gitarrensolo, Soundabmischung, Keyboardeinsatz, Technik Verstärker etc.); habe keine Qualitätsmerkmale für diese Musik; Kompetenz fehlt; Ausbildung (theoretisch und praktisch) müßte verbessert werden; kenne mich nicht aus; Aus- und Fortbildung müßte verbessert werden; usw.

c) Sonstiges: mache wenig Popmusik, da mein Schwerpunkt in der Orientierungsstufe liegt; leider war mein Kollege nicht bereit, den Fragebogen auszufüllen

1.2.3.4 Analyse der Ergebnisse

Ausgehend vom Bedingungsgefüge für die UNTERRICHTSWIRKLICHKEIT und das SCHULISCHE MUSIKLEBEN [15] werden im folgenden die Ergebnisse der offenen Befragung daraufhin untersucht, ob sie die einzelnen Bedingungen treffend beschreiben können. Dabei gilt es zu überprüfen, welche Fragen im geschlossenen Fragebogen detaillierter gestellt werden müssen, welche überflüssig sind o.ä.

---

[15] Vgl. Kap.IV.1.2.1

Lehrerfahrung der Befragten

Die allgemeine Frage nach der Unterrichtserfahrung erweist sich als zu ungenau. Sie müßte im geschlossenen Fragebogen durch Alters- und Geschlechtsangaben ergänzt werden. Bei der Frage nach den Nebenfächern ist hingegen eine gröbere Differenzierung in Sprachen, Naturwissenschaften etc. sinnvoll.

Interessen und Wünsche der Schüler

Die im Zusammenhang mit den Schülerinteressen dominierenden Antworten (Aktuelles, nur Hören, Tanzen, mehr Praxis) decken sich weitgehend mit den Ergebnissen zahlreicher Untersuchungen zur Schülerhörgewohnheit [16], die in ihrer Fixierung auf Bereiche populärer Musik als hinlänglich bekannt gelten kann. Im Hinblick auf die zu erforschende Unterrichtswirklichkeit ist es interessanter, die Schülerreaktionen auf das *Unterrichtsthema* 'populäre Musik' genauer kennenzulernen.

Die Frage nach einer *Berücksichtigung* dieser Schülerwünsche ist unergiebig, da ihre Beantwortung in der Regel die Antworten auf andere Fragen wiederholt. [17] Insgesamt betrachtet erscheint es sinnvoll, die Antworten auf den Fragenkomplex SCHÜLERWÜNSCHE im geschlossenen Fragebogen als Multiple-choice-Vorgaben in den Gesamtbereich der Schülerreaktionen zu integrieren.

Unterrichtsinhalte

Die Analyse der angegebenen Unterrichtsinhalte legt nahe, im Bereich traditioneller Musik verschiedene EPOCHEN (Alte Musik, Barock, Klassik usw.) und im Bereich populärer Musik verschiedene MUSIKARTEN (Jazz, Schlager, Rock, Pop usw.) anzugeben. Zur genaueren Kennzeichnung des Unterrichts*schwerpunktes* müßte noch ersichtlich sein, wie häufig eine bestimmte Musikart im Unterricht eingesetzt wird.

Unterrichtsquellen/Lehrwerke

Die Fragen nach Quellen und Lehrwerken lassen sich zusammenfassen. Sie dürfen sich nicht auf populäre Musik beschränken.

Unterrichtserfolge/Schülerreaktionen

Die Frage nach ERGEBNISSEN des Unterrichts erweist sich als unnütze Doppelfrage: Zahlreiche Antworten decken sich mit denen auf die Frage nach den ZIELEN des Unterrichts - ein deutliches Zeichen für das Selbstbewußtsein der Befragten. Interessant ist die häufige Antwort, Unterricht mit populärer Musik erhöhe die allgemeine Motivation für Musikunterricht, Schüler interessierten

---

16 Vgl. die Publikationen von PAPE und BEHNE (Literaturliste)

17 Beispiele: 'Ich berücksichtige die Wünsche überhaupt nicht, da ich diese Musik ablehne' oder 'In Form von Schülerreferaten'

sich 'plötzlich für Notation' usw. Die Motivation, eigentlich Voraussetzung für jeden Unterricht, wird hier anscheinend zu seinem Ergebnis. Die Frage nach der Schülermotivation müßte demnach im geschlossenen Fragebogen nicht nur in Zusammenhang mit der Schülerreaktion erscheinen, sie gehört auch in den Themenkomplex der Unterrichtsziele.

Die Ergebnisse des offenen Fragebogens legen nahe, die MOTIVATION im Themenkomplex Schülerreaktionen in *Anfangsmotivation* und *anhaltende Motivation* zu unterteilen. In diesem wichtigen Themenkomplex lassen sich auch die Schülerwünsche und Fragen nach der Unterrichtsdimension unterbringen; letztere erscheint nach mündlichen und schriftlichen Reaktionen als ein wesentlicher Faktor beim Unterrichtsthema 'populäre Musik'.

Private Interessen

Die Frage nach den privat bevorzugten Musikgattungen sollte aus Gründen der Vergleichbarkeit dieselben Multiple-choice-Vorgaben erhalten wie die Frage nach den Unterrichtsinhalten. Dadurch ist die wichtige Frage zu beantworten, ob private und berufliche musikalische Orientierung von Pädagogen vergleichbar sind, wie weit sie eventuell auseinanderklaffen o.ä.

Zur genaueren Differenzierung der Begriffe Rock und Pop sollte für diesen Bereich eine Zusatzfrage gestellt werden, in der verschiedene Stilrichtungen aufgeführt sind (Beat, Punk, etc.). Aus beschriebenen Gründen der Vergleichsmöglichkeit sollen dieselben Antwortmöglichkeiten auch bei der Frage nach *unterrichtlicher* Berücksichtigung von populärer Musik benutzt werden.

Für das private Verhältnis zur populären Musik sind außer dem Hören auch das Tanzen, Spielen sowie Konzertbesuche u.ä. entscheidend, denen eine eigene Frage gewidmet werden muß.

Musikalische Fähigkeiten der Befragten

Die Frage nach den Fähigkeiten erweist sich als zu undifferenziert. So muß im geschlossenen Fragebogen die Frage nach musikalischer Betätigung in verschiedene Musikarten [18] aufgeschlüsselt werden, um die interessante Frage nach privater musikalischer Betätigung nicht auf die relativ unwichtige Rangfolge der Beliebtheit verschiedener Instrumente zu verkürzen.

Zur genauen Kennzeichnung privater Beschäftigung mit Musik ist dagegen von Interesse, wie häufig in welchen stilistischen Bereichen musiziert wird, ob dies heute noch geschieht oder auf die Vergangenheit (Studium) beschränkt ist, ob es sich um Hausmusik oder öffentliche Konzerte handelt, wieviele der Befragten eventuell ein Ensemble leiten usw. Außerdem erscheint nach den Erfahrungen mit dem offenen Fragebogen der Bereich des privaten Instrumentalunterrichts interessant.

---

[18] Kirchenmusik, Orchester, Jazzcombo, Jazzbigband, Tanzmusik, Folklore etc.

1.3 Rückschlüsse auf die Gesamtthematik

Auch wenn der offene Fragebogen nicht inhaltlich ausgewertet wurde, sollen im folgenden einige von quantifizierbaren oder repräsentativen Ergebnissen unabhängige Eindrücke zusammengefaßt werden. So lassen einige Ergebnisse dieser ersten Befragung bereits inhaltliche Tendenzen erkennen, die nicht nur für die Konstruktion des neuen Fragebogens, sondern auch im Hinblick auf die Gesamtthematik von Interesse sind.

Es bestätigt sich an der kleinen, aber äußerst heterogenen Stichprobe ein in den Gesprächen der Voruntersuchung gewonnener Eindruck: Fast alle Musikpädagogen haben sich inzwischen eine zwar recht unterschiedliche, aber artikulierbare Meinung zum Thema gebildet, die sie auch bereitwillig äußern und vertreten.

Weiterhin wird deutlich, daß extreme Einstellungen die Ausnahme bilden und daß der pauschal gegen Musikpädagogen erhobene Vorwurf der Schwerfälligkeit [19] nicht zutrifft. So gibt es wohl nur wenige Pädagogen, die kategorisch das gesamte Spektrum populärer Musik ablehnen, was die eifrigsten Verfechter dieser Musik in den Gesprächen der Voruntersuchung häufig unterstellten. Dennoch stossen einige Bereiche populärer Musik [20] immer wieder auf breite Ablehnung unter den Befragten. Das in diesem Zusammenhang auftretende Problem, daß Schüler häufig gerade die von ihren Musiklehrern abgelehnte Musik bevorzugen, soll später [21] beschrieben und auf seine pädagogischen Implikationen hin untersucht werden.

Die Auswertung macht auch deutlich, daß unterrichtliche Probleme mit populärer Musik häufig von der Einstellung des Pädagogen zu dieser Musik unabhängig erscheinen: Auch jene, die einen ähnlichen oder denselben Geschmack wie ihre Schüler angeben, sind beim *Unterrichtsthema* 'populäre Musik' häufig unsicher; umgekehrt ergeben Gespräche mit Schülern und Lehrern, daß diejenigen Pädagogen, die der populären Musik skeptisch gegenüberstehen, durch vertragsähnliche Abmachungen mit ihren Schülern ("Ihr zeigt mir Eure Musik, danach zeige ich Euch meine") einen für beide Seiten durchaus akzeptablen Unterricht gestalten können. Problematisch ist jedoch, daß der Musikunterricht durch solche Kompromisse im *populären* Bereich auf die Schülererfahrungen beschränkt bleibt.

Als durchgängiges Ergebnis der Zusatzbemerkungen bleibt festzustellen, daß die Befragten sich im populären Bereich als unzureichend oder gar nicht ausgebildet betrachten, daß sie sich instrumentale Fertigkeiten im Bereich populärer Musik wünschen, daß sie keine Kriterien zur Beurteilung dieser Musik besitzen usw. Unabhängig davon, ob sie populäre Musik ablehnen oder bevorzugen: im Hinblick auf deren schulische Berücksichtigung fühlen sich Musiklehrerinnen und Musiklehrer häufig von der 'etablierten' Musikpädagogik sowie von der Musikwissenschaft alleingelassen.

---

[19] Vgl. KNEIF 1975, S.22; KRAMARZ 1983

[20] Hier handelt es sich meist um die jeweils aktuellsten Bereiche populärer Musik, um Hitparadenpop u.ä. (Vgl. Kap.III.5)

[21] Vgl. Kap.IV.3.2 (Unterrichtsinhalte) und IV.3.11.3 (Schülerwünsche)

2. Durchführung der stichprobenartigen Untersuchung

Der Gesamteindruck aus den Ergebnissen der offenen Befragung läßt erkennen, wie sehr der Unterricht in populärer Musik zeitgebunden ist (vgl. die Rolle der 'Neuen Deutschen Welle'), was eine aufwendige empirische Querschnittuntersuchung bereits in ihrem Ansatz in Frage stellt.

Diese Erkenntnis bestimmt auch die Planung des *geschlossenen* Fragebogens dergestalt, daß auf die Durchführung einer großangelegten empirischen Untersuchung mit entsprechend großer Stichprobe und repräsentativen Ergebnissen verzichtet wird. Wozu nützen repräsentative Zahlen, die lediglich ein halbes Jahr lang Gültigkeit besitzen? Es soll in der geschlossenen Untersuchung vielmehr darum gehen, das aus dem Speziellen einer begrenzten, aktuellen Situation herauswachsende Allgemeine der Problematik 'Pop und Schule' deutlich zu machen (so lassen sich beispielsweise die Ergebnisse bezüglich der 'Neuen Deutschen Welle' allgemein auf 'aktuelle Herausforderungen' übertragen usw.).

Die stichprobenartige Untersuchung ist demnach eine räumlich und zeitlich begrenzte Trendmeldung aus dem Unterrichtsalltag des Schuljahres 1984/85 - folglich ist sie nur vergleichbar mit und meßbar an musikpädagogischen Veröffentlichungen bis zu diesem Zeitraum. Nur aus eventuellen Übereinstimmungen und Widersprüchen zwischen diesen Veröffentlichungen und einzelnen Ergebnissen der Befragung wird es vielleicht möglich sein, längerfristige Erkenntnisse zum Verhältnis von populärer Musik und Schule zu gewinnen.

2.1. Konstruktion des geschlossenen Fragebogens

Der geschlossene Fragebogen umfaßt sechs Seiten mit insgesamt 20 Fragen, zu deren Beantwortung die aus dem offenen Fragebogen gewonnenen Formulierungen als Multiple-choice-Vorgaben bereitgestellt werden. [22] Der erste Fragenkomplex enthält Fragen zur Person, der zweite befaßt sich mit Unterrichtsinhalten, -schwerpunkten und -quellen sowie mit dem schulischen Musikleben.

Die PERSON der Befragten wird näher bestimmt durch Geschlecht, Alter, Unterrichtserfahrung im Fach Musik, Schulform, Klassenstufe und Nebenfächer.

Die UNTERRICHTS<u>INHALTE</u> werden in 15 musikalische Epochen bzw. Gattungen unterteilt (Klassik, Romantik, Schlager, Chanson, etc.), die beim UNTERRICHTS<u>SCHWERPUNKT</u> zu acht Begriffspaaren zusammengefaßt werden (Klassik/Romantik; Schlager/Chanson). Auf Begriffe wie 'Oper' oder 'Sinfonie' wird zugunsten der im Zusammenhang dieser Arbeit übersichtlicheren zeitlich-epochalen Unterscheidungen verzichtet.

Bei den UNTERRICHTSQUELLEN (Quellen zur Unterrichtsvorbereitung) stehen 25 Multiple-choice-Vorgaben zur Auswahl (optische und akustische Medien, Lehrwerke, Fachzeitschriften, Schülerreferate,

---

[22] Vollständig abgedruckt in Kap.VI.3.3 (ANHANG)

Jugendzeitschriften, Hitparade usw.)

Das SCHULISCHE MUSIKLEBEN wird wesentlich differenzierter untersucht als im offenen Fragebogen. Anstelle der allgemeinen Frage nach Existenz und Repertoire schulischer Ensembles werden 15 verschiedene Ensembleformen vorgegeben, die jeweils nach ihrem Repertoire unterschieden werden (Orchester/klassisch-romantisch; Orchester/Musical-Folklore; Rockband/produzierend; Rockband reproduzierend usw). Außer nach der *Anzahl* schulischer Ensembles wird auch nach deren *Leitung* gefragt. Durch diese zusätzliche Differenzierung werden nicht nur die von Musikpädagogen geleiteten Ensembles erfaßt, sondern auch jene, die von Kollegen anderer Fächer oder von Schülern geleitet werden.

Der dritte Fragebogenkomplex untersucht die privaten INTERESSEN und FÄHIGKEITEN näher. Die erste Frage beschäftigt sich mit dem Musizieren. Für insgesamt 13 Vorgaben, die sich nicht primär auf Instrumente, sondern auf musikalische Gattungen oder Ensembleformen beziehen (Kirchenmusik, Kammermusik, Jazzbigband, Solo-Instrumentalmusik etc.) können die Befragten angeben, wie häufig und wann sie privat oder öffentlich im jeweiligen Bereich musizieren oder musiziert haben, ob sie ein Ensemble leiten o.ä. Die umfangreiche Frage erschwert zwar das Ausfüllen und die Auswertung, sie ermöglicht jedoch eine genauere Kennzeichnung musikalischer Interessen und Fähigkeiten als die einfache Frage nach der Art privater musikalischer Betätigung.

Die privaten HÖRVORLIEBEN werden zu Vergleichszwecken mit den gleichen Vorgaben wie zuvor die UNTERRICHTSINHALTE versehen. Hier können die Befragten angeben, ob sie Musik der entsprechenden Gattung regelmäßig, oft, selten oder nie hören. Sie müssen also zu jeder Antwortmöglichkeit Stellung beziehen.

Im vierten Komplex 'privates und berufliches VERHÄLTNIS ZUR POPULÄREN MUSIK' werden zunächst die Teilbereiche Rock- und Popmusik und deren Einfluß auf das Privatleben der Befragten untersucht. Die Frage nach privater Beschäftigung mit Rock und Pop darf sich nicht auf das Hören beschränken, vielmehr sind auch und gerade Tanzen, Spielen, Konzertbesuche o.ä. als entscheidende Beschäftigung mit dieser Musik anzusehen. Der aktive Umgang mit Rock und Pop kann als Indikator dafür angesehen werden, bis zu welchem Grad jemand die gesamte populäre Musik verstehen und ihre Wirkung auf Jugendliche nachvollziehen kann.

Die beiden nächsten Fragen beleuchten private und berufliche VORLIEBEN IM BEREICH ROCK/POP. Hier können von insgesamt 14 Stilrichtungen jene angekreuzt werden, die privat bevorzugt oder im Unterricht verwendet werden (Rock'n'Roll, Hardrock, Country usw). Ebenso wie bei den allgemeinen Hörvorlieben kann auch hier durch den Vergleich beruflicher und privater Vorlieben die Übereinstimmung oder ein eventueller Konflikt zwischen beruflicher und privater Beschäftigung mit Rockmusik festgestellt werden.

Die Fragen nach privater und beruflicher Beziehung zur Rockmusik werden ergänzt durch zwei Fragen nach der BELIEBTHEIT DES UNTERRICHTSTHEMAS POPULÄRE MUSIK bei Schülern und Lehrern. Hier können die Befragten angeben, ob sie gern oder ungern in den Bereichen Rock und Pop unterrichten und ob sie bei ihren Schülern eine

Motivationsteigerung durch diese Themen bemerken.

Wie beim offenen Fragebogen deutlich geworden ist, gibt es völlig unterschiedliche Motive für Musikpädagogen, populäre Musik in den Unterricht einzubeziehen. Diese BEWEGGRÜNDE FÜR DEN EINBEZUG POPULÄRER MUSIK erscheinen häufig *unabhängig* sowohl vom PRIVATEN VERHÄLTNIS ZUR POPULÄREN MUSIK als auch von den ZIELEN, die die Befragten durch ihre Berücksichtigung erreichen wollen. Aus diesem Grund wird der Motivation der Pädagogen eine gesonderte Frage zugedacht. Hier lassen sich grob vier Grundmotive unterscheiden:

- Ich gab dem Drängen der Schüler nach
- Ich habe selbst Spaß an dieser Musik
- Ich wollte den Unterricht auflockern
- An populärer Musik kann der Musikunterricht nicht vorbeigehen

Bei der Frage nach den ZIELEN des Unterrichts mit populärer Musik sind neun Antwortmöglichkeiten vorgesehen, unter denen sich nicht nur Ziele befinden, die dem Unterrichtsgegenstand positiv gegenüberstehen, sondern auch solche, die ihn mehr oder weniger skeptisch betrachten ('Verhütungsdidaktik') oder zur Erreichung von Zielen einsetzen, die in anderen Bereichen des Musikunterrichts liegen ('Rattenfängerdidaktik').

Nach SCHÜLERREAKTIONEN wird mit insgesamt 21 Antwortmöglichkeiten gefragt, wobei die Fragen nach der *Richtung* der von Schülern gewünschten Aktivitäten ('Sie wollen ein Instrument erlernen') jeweils durch eine Frage nach der *Effektivität* dieser Wünsche ergänzt werden ('Sie lernen tatsächlich ein Instrument'). Neben der Disziplin wird besonders nach der Aufmerksamkeit der Schüler beim Unterrichtsthema populäre Musik gefragt.

Die beiden letzten Fragen dienen einer CHARAKTERISIERUNG DER BEFRAGTEN im Hinblick auf populäre Musik. Die Auswertung dieser Fragen soll eine über die allgemeine Charakterisierung (Unterrichtserfahrung, Schulform) hinausgehende Beschreibung der Befragten, sozusagen die Charakterisierung nach Kriterien populärer Musik, ermöglichen.

Hierzu werden die Befragten zunächst um ihre EINSCHÄTZUNG DER INTENTION DER VORLIEGENDEN ARBEIT gebeten: Sie können angeben, ob nach ihrer Meinung die mit dem Fragebogen verbundene Arbeit der populären Musik positiv, negativ oder neutral gegenüberstehe. Jemand, der die musikpädagogische Diskussion um populäre Musik regelmäßig und vorbehaltlos verfolgt hat, müßte eigentlich die Intention des Fragebogens als neutral einschätzen. Erfahrungen aus den Voruntersuchungen zeigen jedoch in diesem Zusammenhang, daß Gegner des Unterrichts mit populärer Musik bereits die Tatsache, daß sich jemand mit diesem Thema befaßt, als ein Zeichen vorbehalt- bis kritikloser Akzeptanz populärer Musik ansehen.

Die letzte Frage zielt auf eine EINSCHÄTZUNG DER EIGENEN KOMPETENZ im Zusammenhang mit populärer Musik. Einerseits geht es hier um Definitionen von Fachausdrücken und Begriffen aus der Rockmusikerszene, andererseits um die beim Thema populäre Musik entscheidende Bereitschaft, die Existenz von Wissenslücken zuzugeben: So werden selbst die noch so sehr an Rock und Pop interessierten Lehrerinnen und Lehrer sowohl Probleme mit dem 'Informationsvorsprung' als auch mit der Sprache [23] ihrer Schüler haben, wobei ein großes Einfühlungsvermögen vonnöten ist, den häufigen Rollenwechsel zwischen Lehrenden und Lernenden glaubwürdig zu vollziehen.

Es geht also nicht nur darum, ob die zwölf Begriffe tatsächlich definiert werden können, sondern auch um den Einklang der Befragten mit der herkömmlichen Lehrerrolle bei der Definition von Begriffen, die teilweise nur schwierig zu 'definieren', aber in Musikerkreisen gebräuchlich und auch kommunikativ sinnvoll sind wie der Begriff 'heavy' für eine bestimmte Spielweise bzw. einen bestimmten Sound. Ein Beharren auf der 'allwissenden' Lehrerrolle wird besonders deutlich beim frei erfundenen Begriff 'Cype': Die Antworten derjenigen, die sich hier eine 'Definition' zutrauen, sind nur mit Vorbehalt zu betrachten.

Der Fragebogen schließt mit einem Dankeschön für die Mühe des Ausfüllens. Die Bemerkung ist mit drei Ausrufezeichen versehen, da ich einzuschätzen weiß, wieviel Überwindung vielen Kolleginnen und Kollegen die freiwillige 'öffentliche' Reflexion und die zusätzliche Arbeit durch eine zwar anonyme, in ihrer Intention jedoch recht unklare 'Schnüffelei' abverlangen kann.

2.2. Organisatorische Probleme von Verteilung und Rücklauf

Wie bereits im Zusammenhang mit der Stichprobe des offenen Fragebogens bemerkt, stellt die *Rücklaufquote* den ersten Prüfstein für Form und Inhalt eines Fragebogens und häufig ein ernstes Hindernis für die Durchführung und Auswertung einer schriftlichen Befragung dar. Die höchste Rücklaufquote garantiert ein persönlich überreichter und mit maschinell adressiertem Freiumschlag versehener Fragebogen. [24]

Angesichts der besonderen Personalsituation an unterschiedlichen Schulen und Schultypen im Fach Musik ist weiterhin zu beachten, daß an den Schulen, für die eine kultusministerielle Genehmigung zur Durchführung einer Befragung beantragt wird, überhaupt regelmäßig im Fach Musik unterrichtet wird.

Bei diesen Vorerkundigungen äußern zahlreiche Lehrer und Schulleiter ihre allgemeinen Bedenken hinsichtlich empirischer Untersuchungen. Ich teile eine Reihe dieser skeptischen Fragen; die Zweifel am Sinn ständig wachsender Datensammlungen formulieren auch meine Bedenken hinsichtlich der Behandlung empirischer Ergebnisse in den 'exakten' Wissenschaften. In diesem Zusammenhang habe ich die stichprobenartige Untersuchung, die wie beschrieben weder den Ausgangspunkt meiner Überlegungen bildete noch von Anfang an geplant war, sondern sich vielmehr nach und nach ergeben hat, stets als 'kleinstes Übel' in Bezug zur Aufgabenstellung betrachtet, das Verhältnis von Schule und populärer Musik näher zu beleuchten.

---

[23] Vgl. Kap.III.2.4.7 sowie ETZOLD 1983/1
[24] Vgl. FRIEDRICHS 1973, S.241f

Zu diesen inhaltlichen Problemen der allgemeinen 'Fragebogenmüdigkeit' kommt die Sorge zahlreicher Schulleiter um die Arbeitsüberlastung ihrer Kollegen, sodaß sich allein die Genehmigung der Befragung durch den Kultusminister des Landes NRW und ihre Durchführung über den Zeitraum eines knappen Jahres erstreckten.

Die Auswahl der Schulen erfolgte nach dem Zufallsprinzip aus den Telefonbüchern des Kölner Raumes: Ich rief in den Schulen an und fragte nach, ob dort jemand regelmäßig Musikunterricht erteilt. Gegenüber der Methode, über Fachverbände und -zeitschriften an Kolleginnen und Kollegen heranzutreten, hat dieses Vorgehen den Vorteil, daß auch die fachfremd Unterrichtenden mit erfaßt werden; besonders an Grund-, Haupt- und Sonderschulen stellen sie einen großen Anteil dar. Es kommt sogar vor, daß Kollegen fachfremd unterrichten, obwohl in Musik ausgebildete Fachkräfte an der Schule beschäftigt werden.

Insgesamt habe ich 142 Fragebogen verteilt. Im Freiumschlag zurückgeschickt wurden lediglich 56, von denen zwei (unausgefüllt bzw. quer durchgestrichen) nicht berücksichtigt werden können. Die Rücklaufquote für die in der Auswertung zu berücksichtigende Stichprobe (n = 54) beträgt demnach 38,03%. Diese trotz des hohen Organisations- und Zeitaufwandes geringe Rücklaufquote ausschließlich auf Fragebogenmüdigkeit oder allgemeine Bedenken hinsichtlich empirischer Verfahren zurückzuführen, greift sicherlich zu kurz. Diese Quote weist zusammen mit zahlreichen Bemerkungen beim Austeilen der Fragebogen eher darauf hin, daß auch der *Inhalt* des Fragebogens, sprich: das Verhältnis zur populären Musik als durchaus problematisch anzusehen ist, womit die geringe Rücklaufquote durchaus bereits als ein wesentliches Ergebnis der Befragung angesehen werden kann.

3. Ergebnisanalyse der stichprobenartigen Befragung

Die Auswertung der 54 Fragebogen erhebt keinen Anspruch auf Vollständigkeit nach den Kriterien empirischer Sozialforschung. Die Ergebnisse der stichprobenartigen Untersuchung, die als explorative Studie gelten kann, sind weder übertragbar auf die Gesamtsituation an allgemeinbildenden Schulen noch geben sie Aufschluß darüber, wie sich diese Situation entwickeln wird. Sie vermögen nicht mehr und nicht weniger, als das Verhältnis von 54 Pädagogen zur populären Musik näher zu beleuchten, die im Schuljahr 1984/85 an allgemeinbildenden Schulen im Kölner Raum im Fach Musik unterrichten.

Zieht man allerdings die Anzahl von sieben Klassen in Betracht, die Musiklehrer durchschnittlich im Fachunterricht betreuen, [25] so wird bei einer Klassenstärke von 25 Schülern immerhin die Unterrichtsrealität für 9450 Schülerinnen und Schüler exemplarisch (aus der Sicht der Unterrichtenden) untersucht. Die vorliegende Untersuchung ermöglicht demnach zwar keine repräsentativen, 'zeitlosen' Aussagen, sie kann jedoch durch eine räumlich begrenzte Momentaufnahme einige Trends an Schulen verdeutlichen helfen, die m.E. von der 'etablierten' Musikpädagogik nicht realistisch wahrgenommen, sondern eher verdrängt oder verschleiert werden. [26]

Für meine Motivation, den Bereich zwischen Musikunterricht und populärer Musik näher zu erforschen, hat es bereits ausgereicht, mir "vorzustellen, daß die Verhältnisse repräsentativ sein können", [27] wie die Autoren einer Studie zur Situation des Schulfaches Musik im Kapitel über Repräsentativität bemerken. Diese sehr problematische Bemerkung gilt für die Auswertung des geschlossenen Fragebogens in besonderem Maße, lassen seine Ergebnisse doch bereits bei vorsichtiger Deutung [28] gravierende Unterschiede zwischen musikpädagogischer Beurteilung und tatsächlicher Verwendung populärer Musik erkennen, wie beim Vergleich dieses Kapitels mit der Literaturanalyse (Kap.III) deutlich wird.

Ein weiterer Aspekt im Zusammenhang mit Repräsentativität ist der rasche Wandel des Untersuchungsgegenstandes: Populäre Musik ist terminologisch nicht faßbar und unterliegt ebenso wie die Bedingungen ihrer schulischen Berücksichtigung einer ständigen Veränderung. Allgemein betrachtet besteht hier die Tendenz zur stärkeren Integration dieser Musik in Schule und Unterricht; sie "konnte sich in den letzten 20 Jahren (...) als Unterrichtsgegenstand an allgemeinbildenden Schulen neben der klassischen Musik zunehmend mehr durchsetzen." [29] Die Gründe für diesen Wandel

---

25 SCHAFFRATH et al. 1982, S.36

26 Beispielsweise die unterrichtliche Präsenz populärer Musik (vgl. Kap.IV.3.2): In der hier zugrundeliegenden Stichprobe sind einige der ermittelten Werte ungefähr doppelt so hoch wie aufgrund der Bedeutung dieser Musik innerhalb der 'etablierten' Musikpädagogik zu erwarten ist.

27 SCHAFFRATH et al. 1982, S.28

28 Alle Werte unter dem Zehn-Prozent-Niveau werden in entscheidenden Fragen nicht zur Interpretation herangezogen

29 RÖSING 1985, S.23

liegen sowohl im Nachrücken einer mit Rock- und Popmusik aufgewachsenen Musiklehrergeneration als auch im gestiegenen Ansehen verschiedener Formen populärer Musik an bundesdeutschen Hochschulen. Indizien für die Veränderung sind das große Fortbildungsinteresse im populären Bereich sowie die Gründung und die stetig wachsende Abonnentenzahl [30] der programmatischen Zeitschrift 'Populäre Musik im Unterricht'. Angesichts der sich weiterhin verändernden Situation stünde der Aufwand einer detaillierten Datensammlung in keinem Verhältnis zum vergleichsweise kurzen Zeitraum der Gültigkeit der zu erwartenden Ergebnisse.

Im folgenden sind zu jeder der 20 Fragen die prozentualen Ergebnisse der Auswertung angegeben. Die absoluten Werte stehen in Klammern hinter diesen Prozentwerten; ihre Addition gibt aufgrund von missing cases nicht immer 54. Wenn nicht anders angegeben, beziehen sich die Werte auf die Gesamtstichprobe (n=54).

Die Ergebnisse werden in der durch den Fragebogen festgelegten Reihenfolge aufgeführt; an einigen Stellen sind sie zur Verdeutlichung oder sinnvolleren Darstellung von Einzelaspekten zusätzlich in prozentual geordneter Reihenfolge angegeben.

3.1. Zusammensetzung der Stichprobe

3.1.1. Geschlechts- und Altersspezifika

Bei den zurückgesandten Fragebogen (n = 54) ist die Anzahl der männlichen Beantworter (68,5%) deutlich höher als die der weiblichen (31,5%). Dieses Verhältnis entspricht in etwa den Ergebnissen der SCHAFFRATH-Studie. [31] Da sich für die wesentlichen Einzelergebnisse keine geschlechtsspezifischen Unterschiede ergeben, verliert die Frage an Bedeutung, ob die geschlechtsspezifische Struktur dieser Stichprobe der Wirklichkeit entspricht.

Die Altersstruktur läßt zwei ungefähr gleich große Altersgruppen erkennen, deren Mitglieder unter (51,9%) bzw. über (48,2%) vierzig Jahre alt sind:

≤ 30 JAHRE	16.7 (9)		FRAGE 1
31 - 35 JAHRE	20.4 (11)	≤ 40 JAHRE : 51,9 (28)	
36 - 40 JAHRE	14.8 (8)		
41 - 45 JAHRE	20.4 (11)		
46 - 50 JAHRE	11.1 (6)	> 40 JAHRE : 48,2 (26)	
> 50 JAHRE	16.7 (9)		

TAB.1: ALTERSSTRUKTUR DER GESAMTSTICHPROBE N=54

30 Nach Information durch die Herausgeber: 1983: 800 Abonnenten; 1988: 2200 Abonnenten

31 SCHAFFRATH et al. 1982, S.24: 37,5% weiblich; 60,6% männlich

Die ausgewogene Verteilung von älteren und jüngeren Befragten wird auch durch die *prozentuale* Rangordnung deutlich.

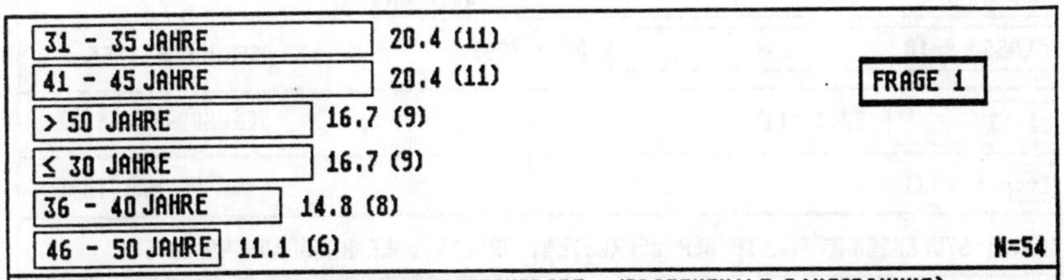

TAB.2: ALTERSSTRUKTUR DER GESAMTSTICHPROBE (PROZENTUALE RANGORDNUNG)

Wie spätere Auswertungen (Kap.IV.3.2.1.2) zeigen werden, steht eine der beiden am häufigsten vertretenen Altersgruppen, die Gruppe der 31-35jährigen, der populären Musik besonders aufgeschlossen gegenüber, wohingegen die Altersgruppe mit der niedrigsten Präsenz (46-50jährige) sich am deutlichsten ablehnend äußert. Dieser Zusammenhang läßt vermuten, daß das Zurückschicken des Fragebogens mit einer eher aufgeschlossenen Einstellung zum Thema zusammenhängt; dies relativiert die unerwartet positive Einstellung einer großen Anzahl von Befragten zum Thema. Es läßt sich weiter vermuten, daß viele Gegner der populären Musik bzw. jene, die ihrer Verwendung im Unterricht skeptisch gegenüberstehen, den Fragebogen gar nicht erst ausgefüllt haben.

3.1.2. Schultätigkeit der Befragten

Der Rücklauf aus den verschiedenen <u>Schulformen</u> sieht wie folgt aus:

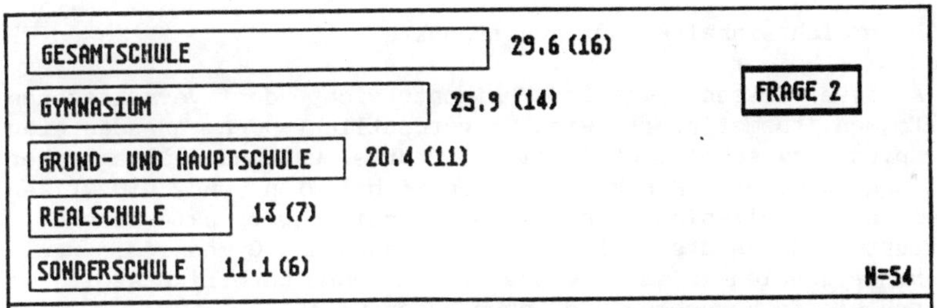

TAB.3: VERTEILUNG AUF VERSCHIEDENE SCHULFORMEN. PROZENTUALE RANGORDNUNG

Die folgende prozentuale Ordnung der <u>Klassenstufen</u> zeigt deutlich, daß der überwiegende Teil der Beantworter im Bereich der Sekundarstufe I unterrichtet: Lehrerinnen und Lehrer aus Sekundarstufe II und Primarstufe haben in weitaus geringerer Anzahl auf den Fragebogen reagiert. [32]

---

[32] Durch die Möglichkeit der Mehrfachnennung liegt die Summe der Prozentwerte in Tab.4 (vgl. die folgende Seite) weit über 100%

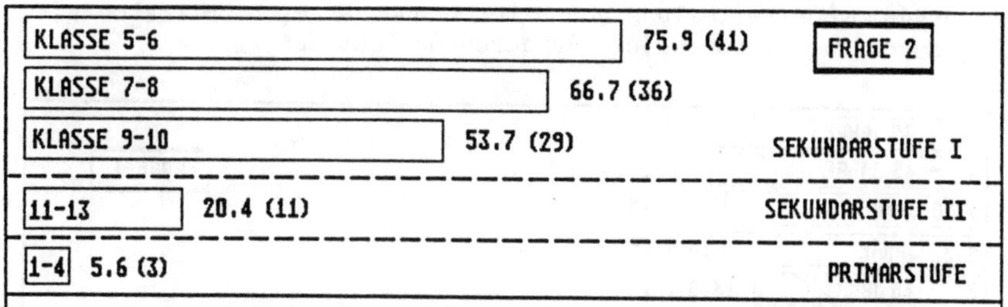

TAB.4: STUFENSCHWERPUNKTE DER BEFRAGTEN. PROZENTUALE RANGORDNUNG (N=54)

Bei den <u>Zweit- bzw. Nebenfächern</u> stehen die Sprachen an erster Stelle. Die Fächer Kunst und Sport wurden aus der Sammelbezeichnung 'Sonstiges' herausgenommen, weil ihre Einzeluntersuchung durch allgemeine Beziehungen zum Fach Musik (Kunst) bzw. durch eine mögliche Beziehung zur populären Musik (Sport: über das motorisch-tänzerische Element) interessant erscheint.

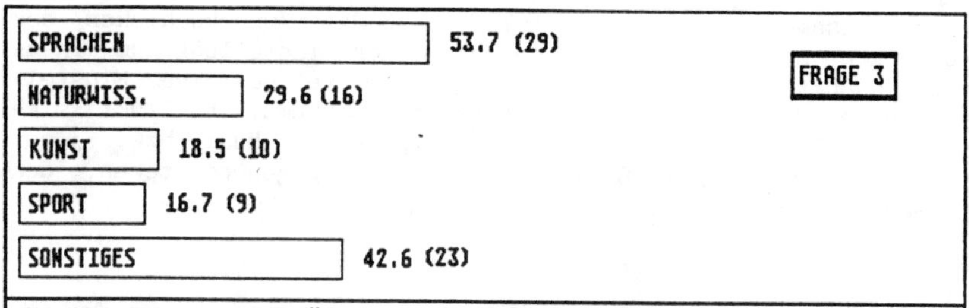

TAB.5: ZWEIT- UND NEBENFÄCHER (N=54; MEHRFACHNENNUNGEN)

3.2. Unterrichtsinhalte und -schwerpunkte

Die Analyse dessen, was im Musikunterricht der verschiedenen Schulformen thematisiert wird, verdeutlicht den angedeuteten Widerspruch zwischen 'offizieller' Beurteilung und alltäglicher Benutzung populärer Musik: An allen Richtlinien und Didaktiken vorbei entwickelt sich populäre Musik zum Schwerpunkt besonders der Haupt- und Gesamtschullehrer; aber auch an Gymnasien, Real- und Sonderschulen nimmt sie wesentlich mehr Unterrichtszeit in Anspruch als in Forschung und Lehre angenommen.

Vergleicht man die Ergebnisse des offenen Fragebogens mit Verlautbarungen der 'etablierten' Musikpädagogik in Fachzeitschriften und auf Kongressen, entsteht das Bild einer verzerrten Wirklichkeit: So bezeichnet RICHTER genau im Untersuchungszeitraum die Forderung LUGERTs, ein Drittel der verfügbaren Unterrichtszeit müsse der populären Musik zugestanden werden, als unbegründbar. [33] Gleichgültig, ob begründbar oder nicht, erlangt populäre Musik bei der zugrundeliegenden Stichprobe in Bezug auf die ihr zugestandene Unterrichtszeit die gleiche Bedeutung wie die Musik der klassisch-

[33] RICHTER 1984, S.339

romantischen Epoche.

Bei der Frage nach den Unterrichtsinhalten ("Welche musikalischen Gattungen erfahren in irgendeiner Form unterrichtliche Berücksichtigung, sei es als kurzes Hörbeispiel, als Thema einer ausführlichen Unterrichtsreihe, Vorlage zum Singen und Musizieren o.ä.?") ergibt sich die folgende prozentuale Reihenfolge:

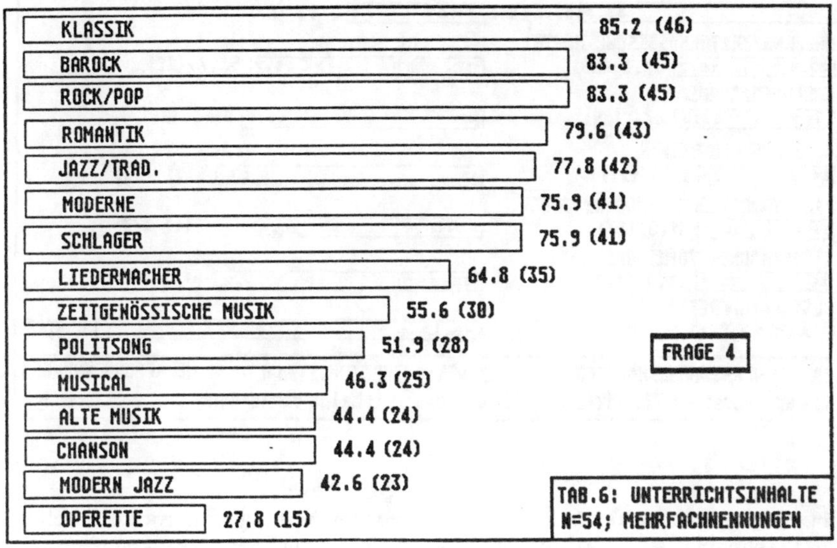

TAB.6: UNTERRICHTSINHALTE
N=54; MEHRFACHNENNUNGEN

Die Werte in Tab.6 machen deutlich, daß der häufig erhobenen Forderung nach einem thematisch breit angelegten Unterricht zumeist entsprochen wird. Selbst die bei anderen Fragen nur mit unerheblichen Prozentwerten bedachten Gattungen OPERETTE und MUSICAL werden noch von 27,8% bzw. 46,3% der Befragten im Unterricht berücksichtigt, sei es auch vielleicht nur als kurzes Hörbeispiel. Es gibt demnach keinen Bereich [34] der Musik, der als aus dem Musikunterricht ausgeschlossen gelten kann.

Nach den allgemeinen Unterrichts*inhalten* können sich die Befragten bei der präziseren Frage nach dem Unterrichtsschwerpunkt für vier Abstufungen entscheiden, die die Verwendungshäufigkeit oder den Grad der Vernachlässigung bestimmter musikalischer Gattungen und Epochen deutlich machen sollen:

(I) Regelmäßige Verwendung
(II) Häufige Verwendung
(III) Seltene Verwendung
(IV) Keine Verwendung

---

[34] Unter dem Aspekt der Popularität wurde auf Angaben zur außereuropäischen Musik verzichtet; in diesem Zusammenhang wäre interessant zu untersuchen, welche Bereiche außereuropäischer Musik populär oder 'unpopulär' sind.

Durch Addition der Werte von (I) und (II) ist zu erfahren, auf welche Themen im Musikunterricht die meiste Zeit verwandt wird:

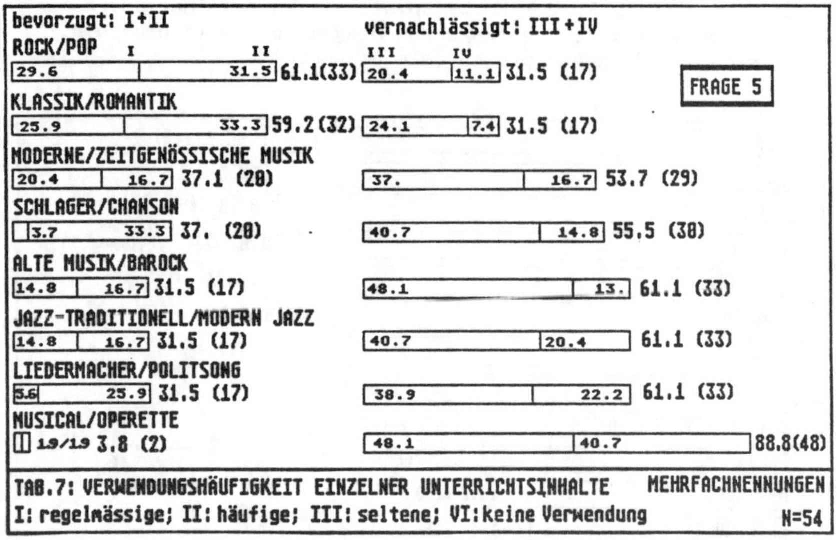

Obwohl die Werte in Tab.7 die Erfahrungen völlig unterschiedlicher Musiklehrertypen vom Popfan bis zum Popverächter zusammenfassen, entsteht das Bild einer völligen Gleichberechtigung von 'U'- und 'E'-Musik. Schwerpunkte sind hier jeweils die Bereiche ROCK/POP und KLASSIK/ROMANTIK als je typische Vertreter der beiden im deutschen Sprachraum weder überholten noch angemessen zu formulierenden 'Gegensätze'. Auch auf der nächsten Stufe von vergleichbar bevorzugten und vernachlässigten Gattungen besteht mit MODERNE/ZEITGENÖSSISCHE MUSIK und SCHLAGER/CHANSON ein Gleichgewicht zwischen 'U'- und 'E'-Musik. Es ist durchaus denkbar, daß dieses Gleichgewicht zugleich Ausdruck und Resultat der terminologischen Trennung ist.

Die bisherigen Ergebnisse lassen die Aussage zu, daß über die Hälfte des Musikunterrichts der Befragten für Themen im Bereich populärer Musik reserviert bleibt. Ein in dieser Deutlichkeit überraschender Gegensatz zwischen 'offiziellen' musikpädagogischen Bekundungen hinsichtlich populärer Musik und ihrer tatsächlichen Nutzung läßt sich nicht allein durch eine eventuell verzerrte Stichprobe erklären; das Ergebnis wirft vielmehr einige Fragen auf:

So stellt sich zunächst die Frage nach der Trennschärfe der Variablen 'häufige' und 'seltene' Verwendung. Zur Überprüfung der Ergebnisse sei deswegen in der folgenden Tab.8 auf die eindeutigeren Formulierungen 'regelmäßige' bzw. 'keine' Verwendung zurückgegriffen. Durch die Fixierung auf diese Extremwerte der Skala wird das Ergebnis etwas 'normalisiert':

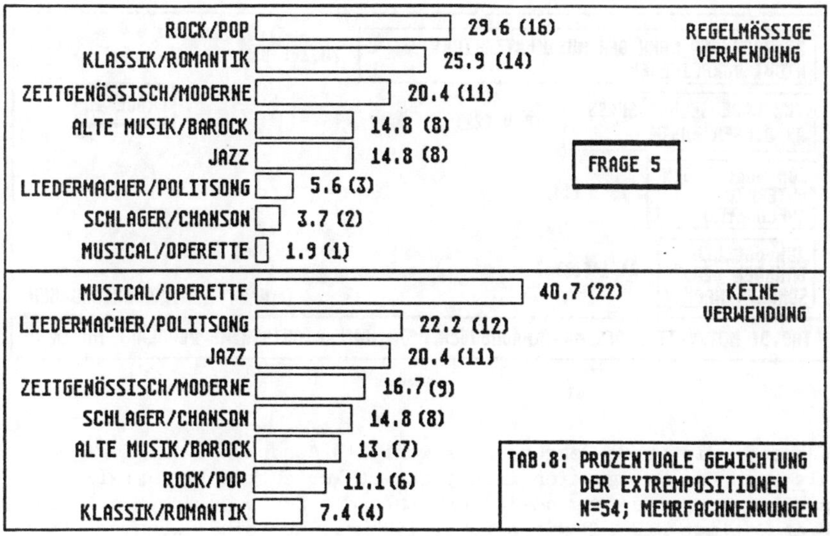

Die nun deutlich werdenden *expliziten* Unterrichtsschwerpunkte tendieren mehr in Richtung traditioneller Musik. Zwar wird die Liste der expliziten Schwerpunkte immer noch von ROCK/POP angeführt, neben KLASSIK/ROMANTIK wird jedoch jetzt auch MODERNE/ZEITGEN.MUSIK häufiger zum Schwerpunkt und SCHLAGER/CHANSON wird im Gegensatz zur Tab.7 ebenso selten genannt wie LIEDERMACHER/POLITSONG und MUSICAL/OPERETTE.

Trotz dieses veränderten Gesamtbildes ist auch die in Tab.8 deutlich werdende Gewichtung der Unterrichtsschwerpunkte noch weit entfernt von musikpädagogischen Theorien im Sinne der RICHTERschen Bemerkung. So widersprechen auch Teilergebnisse wie die deutliche Vernachlässigung von ALTE MUSIK/BAROCK den Tendenzen der zum Befragungszeitpunkt aktuellen Richtlinien und Lehrwerke: Immerhin messen 13% aller Befragten der Gattung BAROCK explizit überhaupt keine unterrichtliche Bedeutung zu. [35]

Zur weiteren kritischen Überprüfung der festgestellten Unterrichtsschwerpunkte erfolgt hier ein Vorgriff auf Frage 16 (Lehrermotivation, Kap.IV.3.10.): Warum unterrichten die Befragten häufiger als in Richtlinien gefordert im Bereich populärer Musik? Die Vermutung, sie gäben dem Drängen ihrer Schüler nach, bestätigt sich nicht, vielmehr liegen die Gründe für den Einbezug von populärer Musik häufig in dieser Musik selbst. Die Befragten antworten wie folgt auf die Frage, warum sie populäre Musik im Musikunterricht einsetzen:

---

[35] Wie später deutlich wird, entsteht die relativ hohe Anzahl derjenigen, die den Schwerpunkt MODERNE/ZEITGEN.MUSIK angeben, durch eine Tendenz bei Gymnasiallehrerinnen und -lehrern.

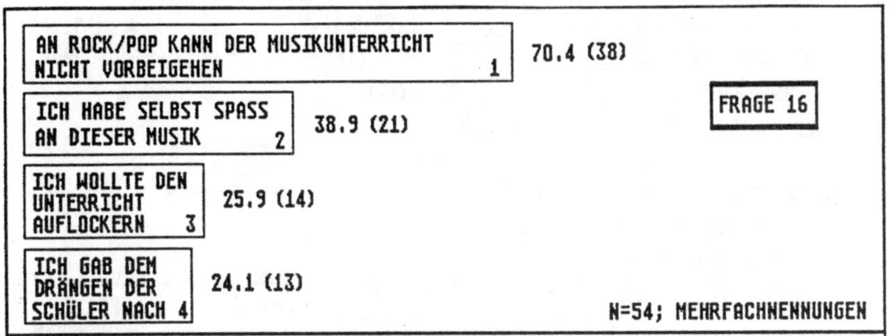

TAB.9: MOTIVATION DER MUSIKPÄDAGOGEN BEIM UNTERRICHTSTHEMA POPULÄRE MUSIK

Während die erste Begründung sowohl als Ausdruck von Engagement als auch von Resignation interpretiert werden könnte, stellt die zweite ein eindeutig positives Statement für populäre Musik dar. Hier stimmt RICHTER mit der Wirklichkeit überein, wenn er feststellt, es gebe unter Musiklehrern viele Rockfans, weswegen es überholt sei, die populäre als 'Musik der Schüler' der traditionellen als 'Musik der Lehrer' gegenüberzustellen. [36]

Mit derselben Tendenz verdeutlicht auch das Ergebnis der später [37] beschriebenen Frage 14, daß der häufig von Schülern oder Rockmusikern geäußerte Vorwurf schulischer Ignoranz gegenüber populärer Musik zumindest fragwürdig erscheint. Auf die hier vorgezogene Frage wurde wie folgt geantwortet:

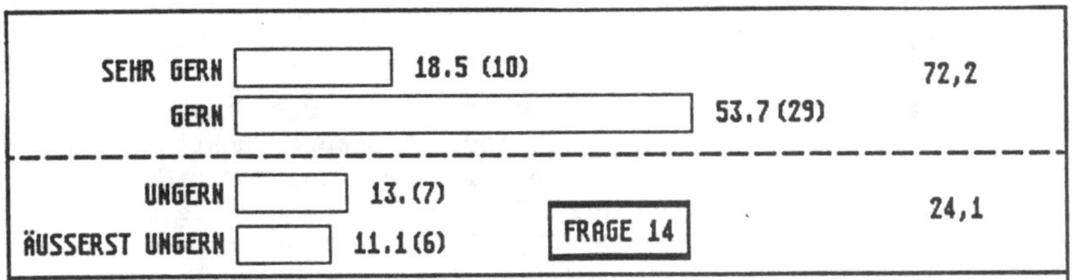

TAB.10: UNTERRICHTEN SIE GERN IM BEREICH ROCK/POP? (MISSING CASES:2) N=54

Die überwiegende Zahl der Befragten unterrichtet eher gern (72,2%) als ungern (24,1%)im Bereich populärer Musik. Selbst wenn man den imaginären Prozentwert derjenigen abzöge, die im Konstrukteur den Rockbefürworter sehen und sich davon auch bei ihren Antworten leiten lassen (vgl.IV.3.12) sowie die missing cases auf die ungern-Seite schlüge, wäre das Ergebnis (ungern: 27,8%) immer noch sehr deutlich: Musikpädagogen müssen nicht zur populären Musik gezwungen werden. Mit welchen Zielen und Methoden sie in diesem Bereich unterrichten, muß allerdings noch genauer untersucht werden, denn selbstverständlich kann die intrinsische Motivation den oben geäußerten Vorwurf der Ignoranz nicht per se entkräften.

---

36 RICHTER 1984, S. 339

37 Vgl. Kap.IV.3.10

Die dritte und im folgenden ausführlicher beantwortete Frage gilt der Differenzierung: Ist die hohe Präsenz populärer Musik kennzeichnend für jeden Unterricht oder relativiert eine Differenzierung nach Alter, Geschlecht, Schulform o.ä. die bisherigen Ergebnisse?

3.2.1. Differenzierung der Unterrichtsschwerpunkte

Wie für andere Zusammenhänge ist auch für den Unterrichtsschwerpunkt die Schulform entscheidend für das Verhältnis zur populären Musik: Weder Geschlecht noch Alter der Befragten bilden ein derart deutliches Unterscheidungskriterium wie die jeweilige Schulform. Eventuelle Ursachen und Folgen dieses Ergebnisses werden später erläutert.

3.2.1.1. Geschlechtsspezifische Unterrichtsschwerpunkte

Das Geschlecht der Befragten taugt nicht als Unterscheidungsmerkmal, d.h. es gibt keinen spezifisch 'weiblichen' bzw. 'männlichen' Unterrichtsschwerpunkt:

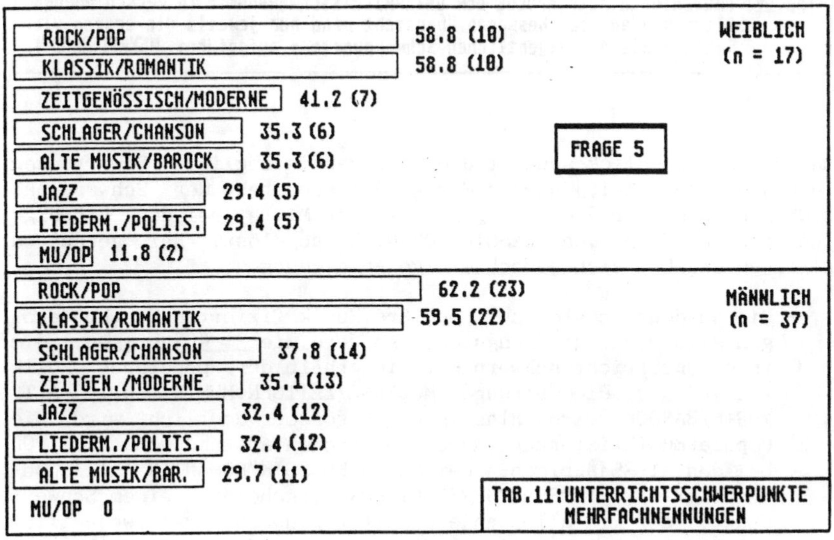

TAB.11: UNTERRICHTSSCHWERPUNKTE MEHRFACHNENNUNGEN

Bis auf die unterschiedlich häufige Verwendung der Gattungen MUSICAL/OPERETTE und der Musik des 20.Jahrhunderts entstehen keine nennenswerten Unterschiede zwischen den Unterrichtsschwerpunkten der Musiklehrerinnen und denen ihrer männlichen Kollegen.

3.2.1.2. Altersspezifische Unterrichtsschwerpunkte

Ein deutlich differenzierteres Bild ergibt die nach Alter getrennte Betrachtung der Gesamtstichprobe. Insgesamt betrachtet wird die naheliegende Tendenz erkennbar, daß jüngere Musikpädagogen, bereits unter dem Einfluß medial verbreiteter Popmusik aufgewachsen, diese Musik auch wesentlicher häufiger in ihren Unterricht einbeziehen. Das durch eine Gegenüberstellung entstehende Bild ist jedoch nicht so eindeutig wie vielleicht erwartet. Folgende Schwerpunkte werden durch altersspezifische Differenzierung deutlich:

a < 30 JAHRE	b 31-35 JAHRE	c 36-40 JAHRE
ROCK/POP 88.9 (8)	ROCK/POP 75.(9)	ROCK/POP 75.6)
ZEIT/MOD 88.9 (8)	LIED/POL 41.7 (5)	KLAS/ROM 62.5 (5)
KLAS/ROM 77.8 (7)	KLAS/ROM 41.7 (5)	SCHL/CHA 50.(4)
LIED/POL 55.6 (5)	SCHL/CHA 33.3 (4)	JAZZ 37.5 (3)

a: n = 9
b: n = 12
c: n = 8

FRAGE 5

d 41-45 JAHRE	e 46-50 JAHRE	f > 50 JAHRE
KLAS/ROM 72.7 (8)	KLAS/ROM 60.(3)	KLAS/ROM 55.6 (5)
ZEIT/MOD 72.7 (8)	ZEIT/MOD 40.(2)	ZEIT/MOD 44.4 (4)
ALTE/BAR 63.6 (7)	ALTE/BAR 20.(1)	ROCK/POP 44.4 (4)
ROCK/POP 54.5 (6)	SCHL/CHA 20.(1)	SCHL/CHA 44.4 (4)

d: n = 11
e: n = 5
f: n = 9

TAB.12: PROZENTUALE REIHENFOLGE DER UNTERRICHTSSCHWERPUNKTE in verschiedenen Altersstufen. Zur besseren Übersicht sind nur jeweils die ersten vier Ränge - als die eigentlichen Schwerpunkte - aufgeführt. MEHRFACHNENN.

Auf den ersten Blick scheint dieses Ergebnis mögliche Erwartungen zu bestätigen: Bei jüngeren Musikpädagogen steht der Schwerpunkt ROCK/POP an erster Stelle, genau 'in der Mitte' bei den Vierzigjährigen wird er von KLASSIK/ROMANTIK abgelöst. Bei genauerem Hinsehen ergeben sich jedoch einige Abweichungen:

- Die am deutlichsten auf populäre Musik fixierten Musikpädagogen sind *nicht* die Jüngsten, sondern die 31-40jährigen, die ihre Unterrichtsschwerpunkte innerhalb der populären Musik setzen und die Gattungen MODERNE/ZEITGEN.MUSIK sowie ALTE MUSIK/BAROCK vernachlässigen. Besonders deutlich wird die Popularmusikfixierung durch den großen Abstand von ROCK/POP bei den 31-35jährigen, bei denen KLASSIK/ROMANTIK gleichberechtigt mit LIEDERMACHER/POLITSONG erscheint, einem Schwerpunkt, der in allen anderen Altersgruppen erst wesentlich später erscheint. Die 36-40jährigen tendieren anstelle der Liedermacher eher zu Schlager und Jazz.

- Die unter 30jährigen geben geradezu begeistert die meisten Unterrichtsschwerpunkte an. Pessimisten würden vielleicht die zahlreichen Mehrfachnennungen als 'gute Vorsätze angesichts geringer Unterrichtserfahrung' deklassieren, ein Optimist sähe den Grund eher in der verbesserten Lehrerausbildung - vermutlich führen beide Ursachen zu diesem Ergebnis. Bei den jüngsten Lehrerinnen und Lehrern sind die Schwerpunkte ROCK/POP und MODERNE/ZEITGEN.MUSIK gleichrangig, viele geben auch den Schwerpunkt KLASSIK/ROMANTIK (78%) an.

- Am deutlichsten vernachlässigt wird populäre Musik von den 46-50jährigen: Hier setzt niemand Schwerpunkte bei Jazz, Rock oder Pop; lediglich SCHLAGER/CHANSON (20%) werden genannt, wohingegen die über 50jährigen wieder wesentlich häufiger Schwerpunkte innerhalb der populären Musik angeben.

Das Ergebnis ist also nicht durch die simple Linearität 'je jünger, desto mehr Pop' zu erklären und auch das Vorurteil 'je älter, desto unflexibler' erweist sich als solches. Bei Erklärungsversuchen ist es weit aufschlußreicher, die Geschichte der Rockmusik heranzuziehen. Im Jahr 1970 als einem Höhe- und Wendepunkt der Rock- und Popmusik wies die hier befragte Stichprobe folgende Altersstruktur auf:

BEFRAGUNGS-ZEITPUNKT	1970
UNTER 30 -->	UNTER 16
31-40 -->	17-26
41-50 -->	27-36
ÜBER 50 -->	ÜBER 37

TAB.13: RÜCKDATIERUNG DER ALTERSSTRUKTUR ZUM VERGLEICH DER GENERATIONSBIOGRAPHIE

Durch diese Gegenüberstellung wird deutlich, daß die 31-40jährigen, die im Jahr 1984 teilweise auf Kosten traditioneller Unterrichtsinhalte ihren Schwerpunkt bei Rock und Pop setzen, als Mitglieder der 'beat-generation' die musikgeprägte Protestbewegung der Sechziger Jahre bewußt miterlebt [38] haben; sie waren 1970 mit 17-26 Jahren im Alter bewußter Fans.

Die unter 30jährigen waren 1970 mit 12-16 Jahren noch nicht im Fanalter; sie haben Rock- und Popmusik intensiver während der Siebziger Jahre erlebt, als diese bereits 'etabliert' war und sich durch eine unübersehbare Vielfalt an Stilen sowie durch kommerzialisierte Verflachungen in einer von Erwachsenen gesteuerten Musikindustrie nicht mehr als generationsprägendes Identifikationsangebot eignete. Diese jüngste Generation von Musikpädagogen setzt populäre Musik gleichberechtigt mit anderen Musikarten, gleichsam als selbstverständlich dazugehörend, ein.

Die 41-50jährigen, im Jahr 1970 mit 27-36 Jahren auf dem Weg vom Twen zum jungen Erwachsenen, haben ein deutlich distanzierteres Verhältnis zu Rock und Pop. Dies gilt besonders für die 46-50jährigen, die im Jahr 1970 zwischen 31 und 36 Jahre alt waren. Da die Aussagekraft der Befragung hier bereits bis an ihre Grenze erschöpft ist, sei die süffisante Bemerkung erlaubt, das vorliegende Ergebnis bestätige die gängige Redensart der Sechziger Jahre, nach der 'keinem über dreißig' zu trauen sei: Die einzige Altersgruppe, die im Vergleich zu anderen sämtliche Bereiche der populären Musik vernachlässigt, war 1970 im Alter zwischen 31 und 37 Jahren.

---

38 Zu generationsgeprägten und -prägenden Mechanismen vgl. Kap. II.3.6

3.2.1.3. Schultypspezifische Unterrichtsschwerpunkte

Wie bereits erwähnt, ist die <u>Schulform</u> das deutlichste Unterscheidungskriterium für die Unterrichtsschwerpunkte der befragten Musikpädagogen: Bei allen Fragen, die sich mit privaten und beruflichen musikbezogenen Aktivitäten oder mit Wertungen befassen, ergibt die Differenzierung nach Schulformen die signifikantesten Unterschiede. [39]

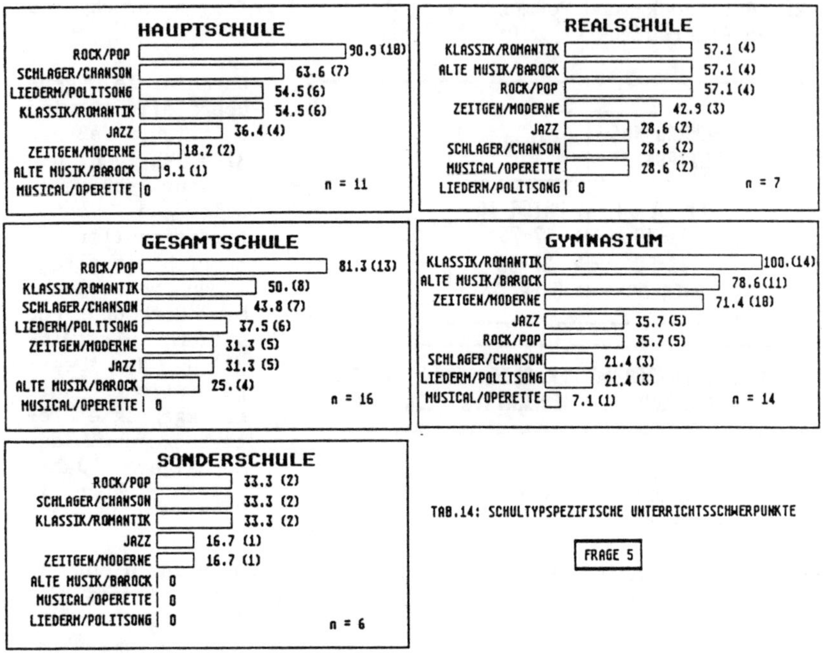

TAB.14: SCHULTYPSPEZIFISCHE UNTERRICHTSSCHWERPUNKTE

Beim Vergleich schulartspezifischer Unterrichtsschwerpunkte (Tab. 14) wird deutlich, daß einer 'Hierarchie' verschiedener Schulfor-

---

[39] Gegen Tab.14 läßt sich einwenden, die Addition der Werte für *regelmäßige* und *häufige* Verwendung zum Oberbegriff Unterrichts*schwerpunkt* sei zu ungenau. So entsteht beispielsweise der Wert für den Schwerpunkt KLASSIK/ROMANTIK an der Hauptschule (54,5%) durch Addition der Werte 9,1% (regelmäßige Verwendung) und 45,5% (häufige Verwendung), wohingegen derselbe Wert für den Schwerpunkt LIEDERMACHER/POLITSONG durch die Addition von 18,2% (regelmäßige Verwendung) und 36,4% (häufige Verwendung) entsteht.
Dieser Ungenauigkeit trägt die *Reihenfolge* der Nennungen in Tab.14 Rechnung: Bei gleichen Werten erscheint derjenige zuerst, bei dem die *regelmäßige* Verwendung dominiert. Zusätzlich soll später in Tab.15 zur genaueren Klärung und besseren Vergleichbarkeit auch noch die *generelle Verwendung* der einzelnen Gattungen und Epochen an den verschiedenen Schultypen verglichen werden.

men ein 'Gefälle' der Unterrichtsschwerpunkte entspricht.

- An Hauptschulen wird sehr häufig im Bereich ROCK/POP unterrichtet (90,9%); außer auf KLASSIK/ROMANTIK wird nur relativ wenig Zeit auf traditionelle Inhalte des Musikunterrichts verwendet.

- Auch an Gesamtschulen unterrichtet die Mehrheit schwerpunktmäßig im populären Bereich (81,3%), einige bevorzugen hier jedoch auch die insgesamt seltener gewählten Bereiche der traditionellen Unterrichtsinhalte wie MODERNE/ZEITGENÖSSISCHE MUSIK (31,3%) und ALTE MUSIK/BAROCK (25%). MUSICAL und OPERETTE finden weder an Haupt- noch an Gesamtschulen häufige Verwendung.

- An Realschulen wird ohne einen deutlichen Schwerpunkt unterrichtet, die Befragten bevorzugen insgesamt jedoch 'klassische' Themen; politisch engagierte Musik wird vernachlässigt. MUSICAL/OPERETTE erhalten hier den im Vergleich zu anderen Schulformen höchsten Prozentwert (28,6%).

- An Gymnasien verschiebt sich der Schwerpunkt eindeutig in Richtung 'E'-Musik: Nach dem eindeutigsten aller Schwerpunkte KLASSIK/ROMANTIK (100%) folgen zunächst alle Bereiche der 'E'-Musik und erst nach großem Abstand die der 'U'-Musik; letztere werden von JAZZ und ROCK/POP (jeweils 35,7%) angeführt. Der Schwerpunkt MUSICAL/OPERETTE (7,1%) wird auch am Gymnasium selten gesetzt.

- Die Sonderschulen bilden eine Ausnahme: Die Befragten sind äußerst zurückhaltend bei der Einstufung einer Thematik als Unterrichtsschwerpunkt. Die am häufigsten genannten Bereiche ROCK/POP, SCHLAGER/CHANSON und KLASSIK/ROMANTIK werden von nur 33,3% der Befragten als Schwerpunkt ausgewiesen, vermutlich ein Resultat der Tatsache, daß die meisten befragten Sonderschulpädagogen nicht als Musikfachlehrer ausgebildet sind, sondern in ihrer Funktion als Klassenlehrer Musik fachfremd und unregelmäßig unterrichten. Bei Hinzunahme der Nennungen für 'seltene Verwendung' [10] verändert sich das Ergebnis für die Sonderschule in Richtung eines differenzierteren Bildes. Für die Unterrichtsschwerpunkte an den befragten Sonderschulen läßt sich lediglich festhalten, daß auch hier von einem gleichberechtigten Nebeneinander von 'U' und 'E' gesprochen werden kann.

Die folgenden Werte für die generelle Verwendung (Tab.15) entstehen durch die Addition aller positiven Werte (regelmäßige, häufige, seltene Verwendung). Den Restwert bilden dann lediglich die Werte der Rubrik keine Verwendung und die missing cases; hierbei sind im Rahmen der zugrundeliegenden Untersuchung eindeutige Ergebnisse zu erwarten:

---

[10] Vgl. Tab.15

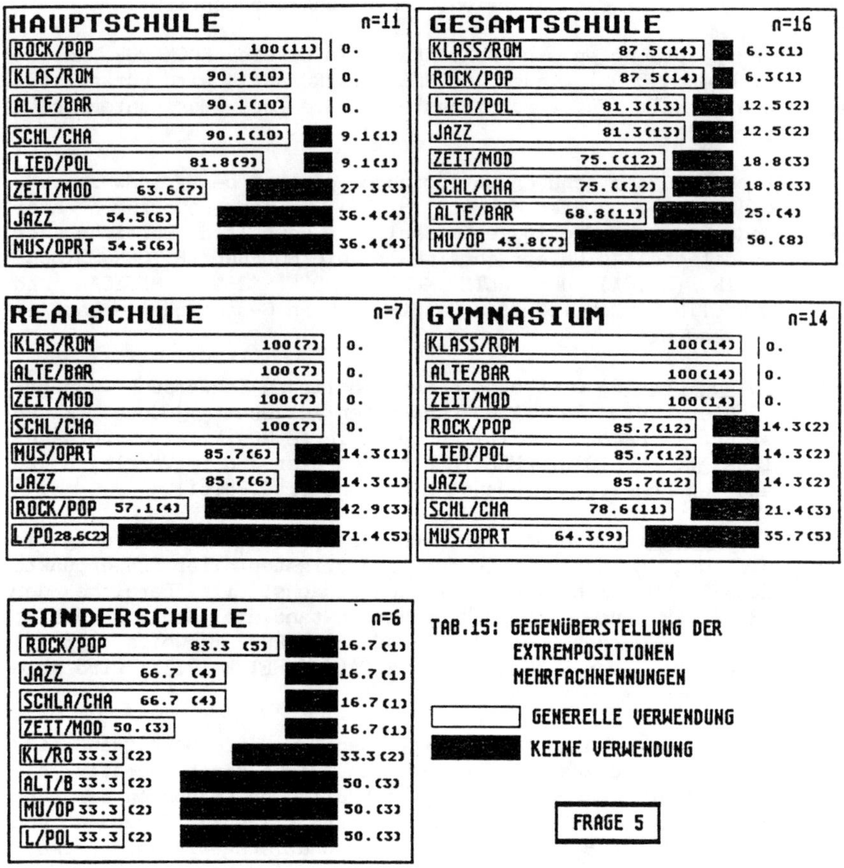

TAB.15: GEGENÜBERSTELLUNG DER EXTREMPOSITIONEN MEHRFACHNENNUNGEN

Durch die Analyse von Tab.15, die im Gegensatz zu Tab.14 auch die explizite *Verweigerung* einer Unterrichtsthematik deutlich macht, entsteht ein modifiziertes Bild der verschiedenen Schulformen: Die gemessen an traditionellen Unterrichtsinhalten ungewöhnlichste Schwerpunktsetzung erfolgt nicht an Haupt-, sondern an Gesamt- und Sonderschulen:

So vernachlässigt beispielsweise kein Hauptschullehrer explizit die Thematik ALTE MUSIK/BAROCK, wohingegen 25% der Gesamt- und sogar 50% der Sonderschullehrer diesen Gattungen überhaupt keine Bedeutung beimessen. An Sonderschulen ergibt sich das erstaunlichste Ergebnis, was vermutlich mit der anderen Qualifikation der Sonderschullehrer zusammenhängt, von denen viele auf ihrem Fragebogen Randbemerkungen wie "nicht im Fach Musik ausgebildet, Autodidakt" o.ä. anbrachten.

Für die Hauptschule ergibt sich das Bild eines nahezu einheitlich auf populäre Musik fixierten Unterrichts: Man möchte zwar nicht völlig auf traditionelle Inhalte des Musikunterrichts verzichten, diese finden jedoch selten Anwendung. So läßt sich aus dem Vergleich der Werte von Tab.14 mit denen in Tab.15 folgern, daß Hauptschullehrer ALTE MUSIK/BAROCK nur sehr selten einsetzen. Andererseits gibt es keinen Hauptschullehrer, der ROCK/POP überhaupt nicht im Unterricht einsetzt, eine Tatsache, auf die Studierende für diese Schulform dringend hingewiesen werden müßten.

An Gesamtschulen erscheinen ROCK/POP und KLASSIK/ROMANTIK gleichberechtigt, d.h. es existiert kein eindeutiger Schwerpunkt. Auf den nachfolgenden Rängen dominieren im Gesamtschulunterricht die eher 'aktuellen' Musikarten (Zeitgenössisches, Liedermacher, Jazz, Schlager), wohingegen ALTE MUSIK/BAROCK und MUSICAL/OPERETTE seltener Verwendung finden.

An Realschulen vernachlässigt niemand Themen der 'E'-Musik; bei der 'U'-Musik dominieren die etablierten bzw. nicht primär jugend- oder protestgebundenen Bereiche (JAZZ, SCHLAGER/CHANSON, MUSICAL/OPERETTE), wohingegen ROCK/POP in 42,9% - der höchste Ablehnungswert für diese Gattung - und LIEDERMACHER/POLITSONG sogar in 71,4% des Realschulunterrichts - der insgesamt höchste Wert für explizite Verweigerung - keine Rolle spielen. In diesem Zusammenhang muß der Musikunterricht an Realschulen als der konservativste bezeichnet werden.

Am Gymnasium wird keine Gattung der 'E'-Musik explizit vernachlässigt. Die generelle Verwendung aller Unterrichtsthemen ist relativ hoch; so wird die zuletzt eingestufte Gattung MUSICAL/OPERETTE noch von 64,3% der Befragten generell berücksichtigt, wenn auch von den meisten (57,1%) nur selten.

3.2.1.4. Unterrichtsschwerpunkte und persönliche Empfindungen beim Unterrichtsthema 'Rock/Pop'

Ein wichtiger Aspekt bei der Frage nach dem Unterrichtsinhalt ist die Beziehung zwischen dem thematischen Schwerpunkt von Musikpädagogen und den Empfindungen, die sie mit dem Unterrichtsthema 'populäre Musik' verbinden.

Das Ergebnis kann nicht sonderlich erstaunen: Jemand, der gerne im Bereich ROCK/POP unterrichtet, berücksichtigt diesen und andere Bereiche der populären Musik häufiger als jemand, dem das Unterrichtsthema keine Freude bereitet. Der Bereich ROCK/POP kann somit als Indikator für das Verhältnis von Musikpädagogen zur gesamten populären Musik eingestuft werden. Das Ergebnis in Tab.16 (vgl. folgende Seite) beantwortet jedoch nicht die Frage, ob die Vorliebe für Unterricht mit populärer Musik Ursache oder Wirkung dieses Unterrichts ist.

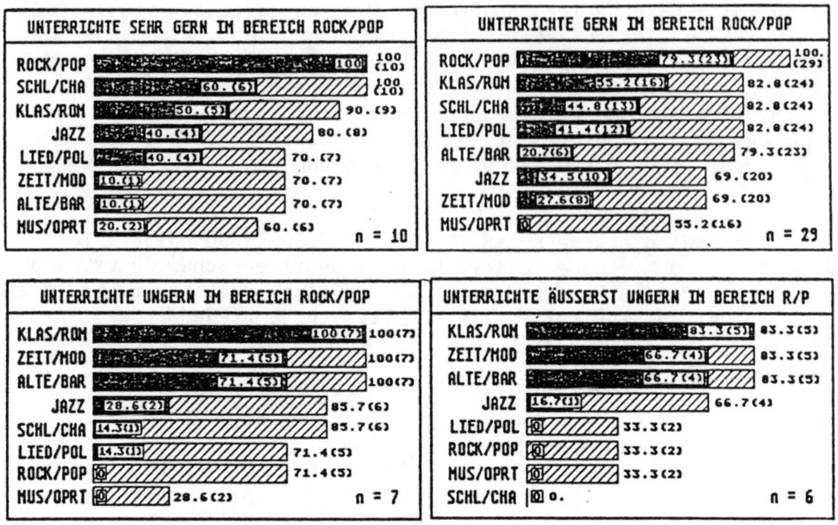

TAB.16: GEGENÜBERSTELLUNG VON PERSÖNLICHER EMPFINDUNG DER UNTERRICHTENDEN BEIM UNTERRICHTSTHEMA ROCK/POP UND IHREN BEVORZUGTEN UNTERRICHTSINHALTEN (MEHRFACHN.)

FRAGEN 5 UND 14

UNTERRICHTSSCHWERPUNKT: REGELMÄSSIGE UND HÄUFIGE VERWENDUNG

GENERELLE VERWENDUNG: REGELM., HÄUFIGE UND SELTENE VERWENDUNG

Die Werte machen deutlich, daß diejenigen Pädagogen, die *äußerst ungern* im Bereich ROCK/POP unterrichten, den offenen Fragebogen ebenso ungern, zumindest unvollständig, ausgefüllt haben; anders ist die geringe Anzahl derjenigen, die bei der Frage nach den Unterrichtsschwerpunkten überhaupt nichts angeben, nicht zu erklären: Der höchste Wert für die generelle Verwendung (83,3%: KLASSIK/ROMANTIK) impliziert beim gleichzeitigen Fehlen von Angaben für *keine Verwendung* einen Wert von 16,7% für Fragebogenverweigerer, ein Phänomen, das bei keiner anderen Variablen (Alter, Schulform, Geschlecht o.ä.) derart deutlich auftritt.

Ein interessantes Teilergebnis von Tab.16 besteht in der Haltung derjenigen Pädagogen, die den JAZZ zum Unterrichtsschwerpunkt machen: Zwar besteht eine Beziehung zwischen den Empfindungen dieser Pädagogen beim Unterrichtsthema ROCK/POP und ihrem Schwerpunkt, d.h. je weniger Freude jemand beim Thema ROCK/POP empfindet, desto seltener thematisiert er auch den JAZZ, trotzdem setzen immerhin 16,7% der Befragten, die Rockmusik *äußerst ungern* thematisieren, ihren Schwerpunkt im Bereich des JAZZ. Dieses Ergebnis bestätigt die Beobachtung, daß Jazzfans dem Rock häufig sehr ablehnend gegenüberstehen, obwohl oder gerade weil wesentliche Bereiche beider Musikarten aus denselben Wurzeln stammen.

3.3. Quellen zur Unterrichtsvorbereitung und -gestaltung

Die Auswertung der Frage nach Unterrichtsquellen ergibt folgendes Ergebnis:

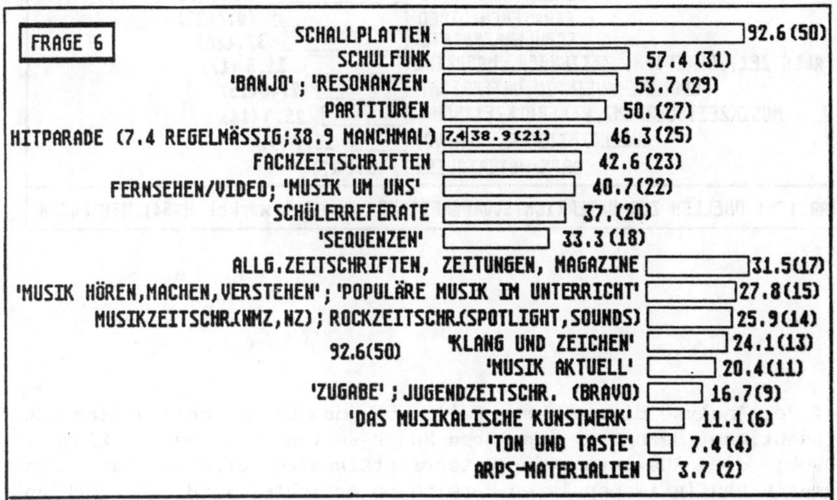

TAB.17: QUELLEN ZUR UNTERRICHTSVORBEREITUNG N=54; MEHRFACHNENNUNGEN

Zur besseren Übersicht werden im folgenden die Musik- und Liederbücher (Tab.17a) von den übrigen Quellen (Tab.17b) getrennt. SCHAFFRATH e.a. betonen im Zusammenhang mit Lehrwerken, daß solche Werte "nicht als Marktforschung mißzuverstehen" seien; im übrigen sagten die "Verkaufsziffern der Produktionen keineswegs etwas über die Qualität der jeweiligen Inhalte aus." [41] Im Untersuchungszusammenhang der vorliegenden Arbeit ist von Interesse, auf welche Quellen die Befragten angesichts ihrer offensichtlichen Erfahrenheit bei Themen innerhalb der populären Musik bevorzugt zurückgreifen.

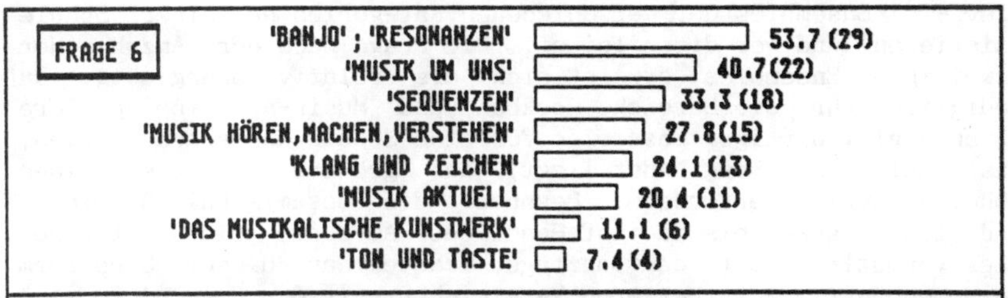

TAB.17a: QUELLEN ZUR UNTERRICHTSVORBEREITUNG (Lehrwerke) N=54; MEHRFACHNENN.

---

[41] SCHAFFRATH et al. 1982, S.13

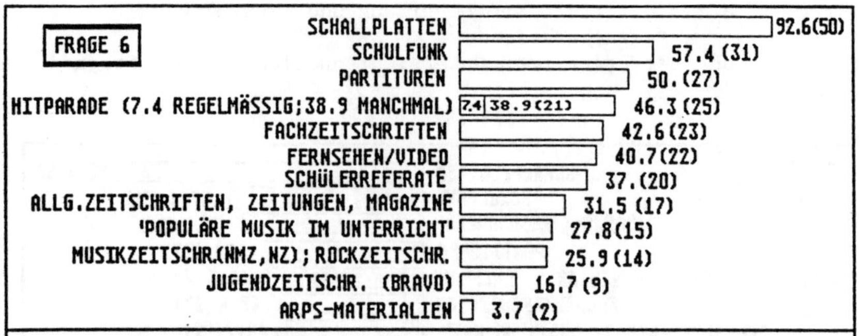

TAB.17b: QUELLEN ZUR UNTERRICHTSVORBEREITUNG (ohne Lehrwerke) N=54; MEHRFACHN.

Bei der Analyse dieser Werte fällt auf, daß Unterrichts*quellen* mit eindeutigem Bezug zur populären Musik selten Verwendung finden, obwohl die Auswertung der Unterrichts*inhalte* ergeben hat, daß relativ häufig im populären Bereich unterrichtet wird. Der Schluß liegt nahe, daß Unterrichtsquellen für populäre Musik zumindest ein Problem darstellen. Die meisten der Befragten verlassen sich auf die Schallplattensammlung (92,6%), den Schulfunk (57,4%) und auf Notenmaterial (50%); Fachzeitschriften mit seltenen Beiträgen zur populären Musik (als Beispiel war MuB angegeben) werden häufiger gelesen als solche, die sich deutlicher (nmz) oder ausschließlich (Rockzeitschriften, BRAVO) mit Rock und Pop auseinandersetzen. Erstaunlich bekannt ist 'Populäre Musik im Unterricht' (27,5%), nahezu völlig unbekannt sind die Veröffentlichungen des ARPS. [42]

3.4. Schulisches Musikleben

Bei der Frage nach dem schulischen Musikleben ist anzugeben, wieviele Ensembles der verschiedenen Kategorien an einer Schule existieren und wer diese leitet. Die Frage nach der Anzahl der jeweiligen Ensembles erweist sich als relativ unergiebig, da lediglich für die Bereiche Rockband und Musik-AG eine größere Anzahl gleichartiger Ensembles für eine Schule angegeben werden, was wohl darin begründet liegt, daß größere Ensembles einen höheren Aufwand erfordern. Besonders die Gesamtschullehrerinnen und -lehrer geben bis zu fünf Bands oder AG's an, eine Tatsache, die vermutlich mit dem Ganztagscharakter an dieser Schulform zusammenhängt. Zur besseren Vergleichbarkeit der Ergebnisse wird jedoch in Tab.18 auf diese Ausnahmen verzichtet und lediglich das prinzipielle Vorhandensein der verschiedene Ensembleformen prozentual angegeben:

---

[42] Arbeitskreis für Rock und Pop in der Schule

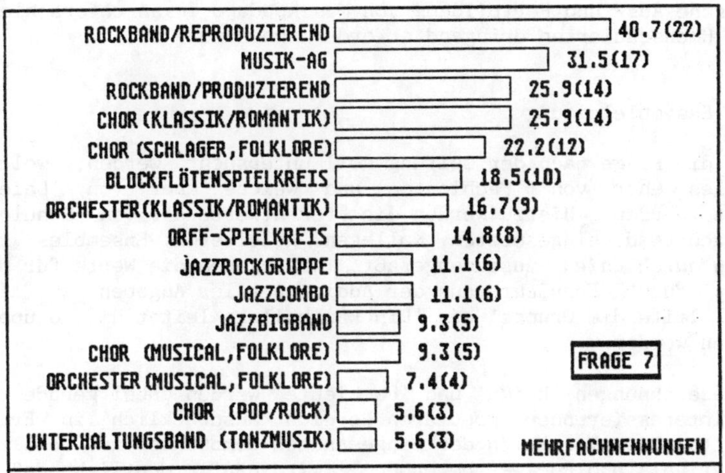

TAB.18: SCHULISCHES MUSIKLEBEN: WIEVIEL/WAS WIRD MUSIZIERT? N=54

Schwerpunkte des schulischen Musizierens bilden die verschiedenen Formen von ROCKBANDS (insgesamt 66,6%), die CHÖRE mit klassisch-romantischem und Schlager/Folklore-Repertoire (insgesamt 48,3%) sowie die bezüglich Repertoire und Besetzung nicht festgelegten MUSIK-ARBEITSGEMEINSCHAFTEN (31,6%).

Aufwendigere Besetzungen werden erwartungsgemäß seltener angegeben. Sie werden vom ORCHESTER mit klassisch-romantischem Repertoire (16,7%) angeführt. Große Besetzungen in Bereichen der 'U'-Musik (Bigband, Orchester mit Musical- und Folklorerepertoire, Chöre) sind relativ selten (5,7%-9,3%). JAZZENSEMBLES sowie BLOCKFLÖTEN- und ORFFSPIELKREISE erhalten mittlere Prozentwerte.

3.4.1. Bemerkungen zur vergleichenden Auswertung

Aufgrund der ausschließlich verbalen Kennzeichnung des schulischen Musiklebens ist die *vergleichende* Auswertung der Ergebnisse teilweise problematisch, da es sich beispielsweise bei einer Bezeichnung wie UNTERHALTUNGSORCHESTER um eine dreißigköpfige Bigband mit kompletten Bläsersätzen oder lediglich um ein kleineres Ensemble mit Rhythmusgruppe und Solisten handeln kann, wobei die Größe eines Ensembles wiederum nichts über dessen musikalische Qualität aussagt. Ein Qualitätsvergleich verschiedener Ensembles war jedoch auch nicht das Ziel der Frage nach dem schulischen Musikleben, obwohl die vorliegenden Ergebnisse deutlich machen, daß ein solcher Vergleich, in größerem Rahmen und unter Zuhilfenahme akustisch-technischer Hilfsmittel sowie musikanalytischer Methoden durchgeführt, interessante und aufschlußreiche Einblicke in das außerunterrichtliche schultyp- und musikartspezifische Musikleben an allgemeinbildenden Schulen gewähren könnte, die wiederum zur Erforschung der Bedingungen für musikpraktische Aus- und Fortbildung von Musikpädagogen an unterschiedlichen Hochschularten dringend erforderlich sind.

3.4.2. Ensembleleitung

Durch die Frage nach der Leitung soll untersucht werden, welche Ensembles eher von 'Fachleuten' und welche eher von 'Laien' betreut werden. Hierzu werden die Prozentwerte der von Schülern und fachfremd eingesetzten Kollegen geleiteten Ensembles zur *Leitung durch Laien* zusammengefaßt, wohingegen die Werte für die *Leitung durch Fachleute* aus der Addition aller Angaben zu 'Ich selbst leite die Gruppe' bzw 'Ein Fachkollege leitet die Gruppe' gewonnen werden.

Die Bezeichnungen 'Laien' und 'Fachleute' werden dabei gerade im hier interessierenden populären Bereich ausdrücklich in Frage gestellt: Beim Vergleich der eingesandten Demobänder zu Schülerbandfestivals und Rockwettbewerben [43] wird häufig deutlich, daß

- ausgezeichnete Ensembles auch von 'Laien' geleitet werden

- einige der von 'Fachleuten' geleiteten Gruppen schwerfälliger, einfallsloser und 'pädagogischer' spielen

- selbständige Schülerbands häufig unkonventioneller und spontaner musizieren als lehrerbetreute Gruppen.

Diese und ähnliche Erfahrungen bestätigen die Vermutung, daß die Leitung eines Ensembles entscheidende Auswirkungen auf die Qualität seiner musikalischen Darbietungen hat. Die folgenden Ergebnisse zeigen, daß auch zwischen der musikalischen Richtung (Repertoire) eines Ensembles und seiner Leitung ein enger Zusammenhang besteht.

3.4.2.1. Leitung durch Laien

Erwartungsgemäß liegt der Schwerpunkt dieser Ensembles im populären Bereich (Vgl. folgende Seite). Weiterhin fällt auf, daß Ensembles, deren Leitung eine besondere musiktheoretische und -praktische Qualifikation verlangt, (Orchester mit klassisch-romantischem Repertoire, Jazzbigband) nicht von Laien geleitet werden. Entsprechendes gilt scheinbar auch für die verschiedenen Arten von Rockbands, unterstellt man, die *Produktion* eines Rocksongs setze eine höhere musikalische Vorbildung voraus als die *Reproduktion* eines bekannten Stückes. Erfahrungen zeigen jedoch, daß dies nicht zwingend der Fall ist. In jedem Fall ist die Dominanz der reproduzierenden Rockbands bei den Laien wesentlich deutlicher als bei den Fachleuten (Mehrfachnennungen):

---

[43] Ich war mehrfach Jury-Mitglied während solcher Veranstaltungen; vgl. hierzu auch FIRLA 1984, S.126ff

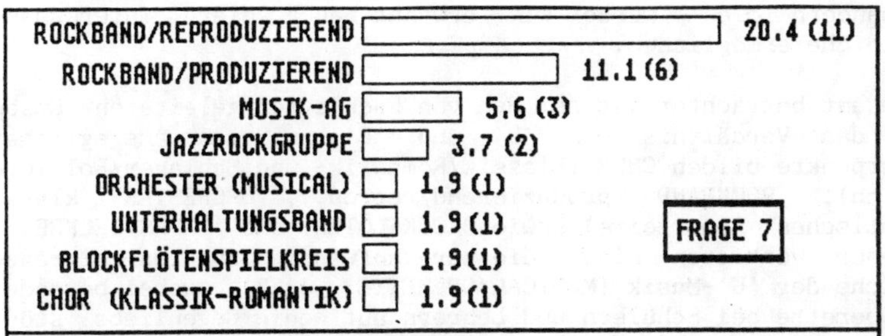

TAB.19: VON LAIEN GELEITETE ENSEMBLES N=54

Unterteilt man die Leitung durch Laien noch weiter in die Leitung durch Schüler und die Leitung durch fachfremd eingesetzte Kollegen, ergibt sich ein noch deutlicheres Ergebnis hinsichtlich der 'U'-Musik; die Eigeninitiative von Schülern beschränkt sich im wesentlichen auf Pop und Rock (Mehrfachnennungen):

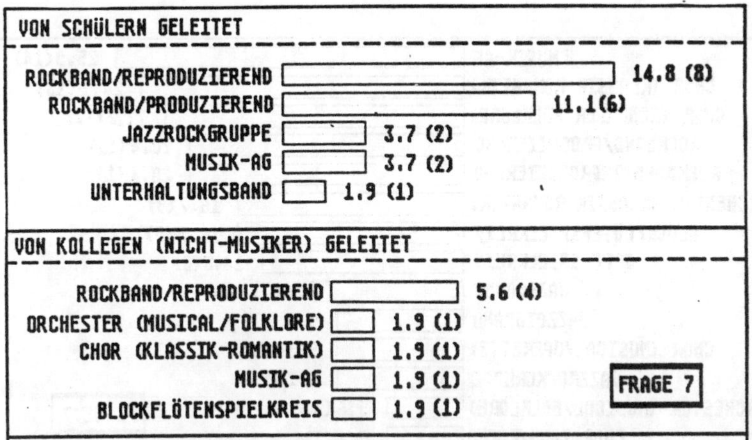

TAB.19a: DIFFERENZIERUNG DER ENSEMBLELEITUNG DURCH LAIEN N=54

3.4.2.2. Leitung durch Fachleute

Ausgebildete Fachlehrerinnen und -lehrer beschäftigen sich neben ihrem Unterricht hauptsächlich mit MUSIK-ARBEITSGEMEINSCHAFTEN, in deren Rahmen Gruppen in meist völlig unterschiedlichen Besetzungen ein ebenso unterschiedliches Repertoire erarbeiten, wobei sowohl die Besetzung als auch das musikalische Niveau solcher Arbeitsgemeinschaften entscheidend von zeitlich wechselnden Bedingungen wie der Vorbildung einzelner Schüler, der Ergänzung des Schulinstrumentariums durch mitgebrachte Schülerinstrumente usw. abhängt, sodaß weder die musikalische Richtung noch die Qualität der Ensembles mit fragebogentechnischen Mitteln hinreichend geklärt werden können. Der zusätzlich akustische Vergleich mittels

Demobändern o.ä. würde wie erwähnt auch hier interessante Vergleiche ermöglichen.

Insgesamt betrachtet ist bei den von Fachleuten geleiteten Ensembles das Verhältnis von 'U' und 'E' in etwa ausgeglichen. Schwerpunkte bilden CHOR (Klassik/Romantik- und Schlager/Folklore-Bereich), ROCKBAND (produzierend/reprod.), ORCHESTER (klass.-romantisches Repertoire) sowie BLOCKFLÖTEN- und ORFFSPIELKREISE. Seltener vertreten sind die nur aufwendig zu realisierenden Bereiche der 'U'-Musik (MUSICAL/OPERETTE; JAZZ), wobei besonders die Operette bei Schülern und Lehrern auf wenig Gegenliebe stößt, was bereits die Ergebnisse zu den Unterrichtsinhalten deutlich machen. Besonders selten befassen sich ausgebildete Musikpädagogen mit Bands aus dem Bereich der TANZMUSIK. Die Tanz- und Unterhaltungsmusik wird auch in Kreisen rock- und jazzengagierter Musiklehrer als kommerzielle 'Tanzmucke' geringgeschätzt, stellt jedoch in Form von Fanfarenzügen, Akkordeonclubs und Heimorgelunterricht ein wichtiges musikpraktisches Betätigungsfeld zahlreicher musizierender Schüler dar. Immerhin taucht die UNTERHALTUNGSBAND unter den insgesamt nur fünf Nennungen für schülergeleitete Ensembles auf (vgl. Tab.19a).

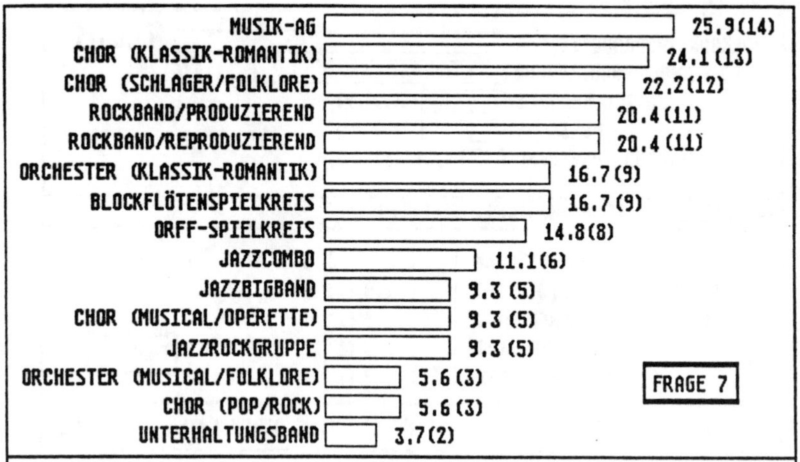

TAB.20: ENSEMBLELEITUNG DURCH FACHLEUTE N=54; MEHRFACHNENNUNGEN

Differenziert man die Fachleute nach <u>Fragenbogenbeantwortern</u> ('Ich selbst') und deren <u>Fachkollegen</u>, so fällt ein deutlich unterscheidbares Tätigkeitsprofil der beiden Gruppen auf: Während die Beantworter häufig Musik-AG's und Rockbands leiten, konzentrieren sich ihre Fachkollegen eher auf Ensembles aus dem klassisch-romantischen und dem Jazzbereich. Da jeweils <u>alle</u> Musikpädagogen einer Schule je einen Fragebogen erhielten, bestätigt sich auch hier wieder die Beobachtung, daß die im Popbereich Aktiveren den Fragebogen eher ausgefüllt haben als Skeptiker oder Unerfahrene: Befürworter populärer Musik scheinen den Fragebogen eher ernstzunehmen als die Gegner dieser Musik (Mehrfachnennungen):

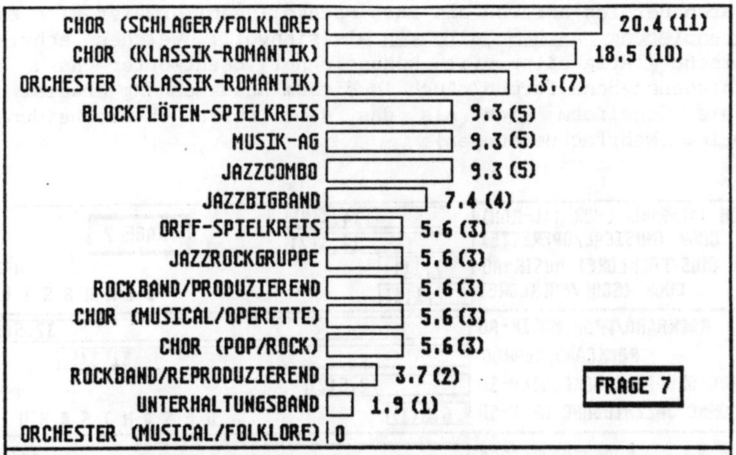

TAB.21a: ENSEMBLELEITUNG DURCH FACHKOLLEGEN N=54

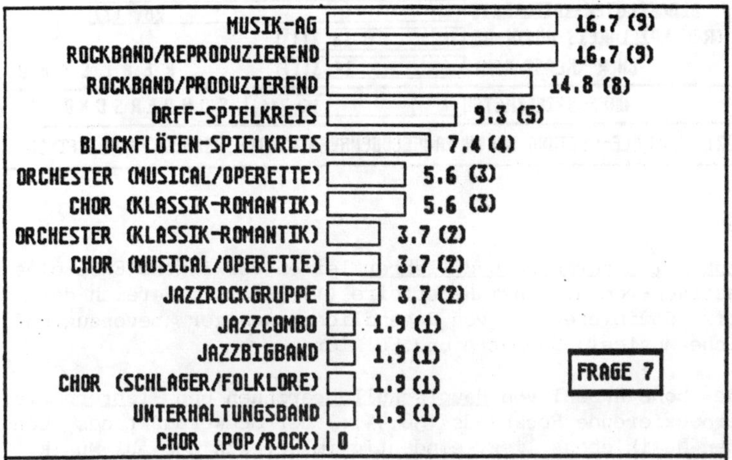

TAB.21b: ENSEMBLELEITUNG DURCH FRAGEBOGENBEANTWORTER N=54

Bei genauerem Hinsehen wird der Unterschied der beiden Gruppen erstaunlich deutlich: So steht beispielsweise der CHOR mit 'U'-Musik-Repertoire in der Rangliste der Fachkollegen ganz oben (20,4%), wohingegen er bei den Beantwortern verschwindend selten angegeben wird (1,9%); für die REPRODUZIERENDE ROCKBAND gilt das genau Umgekehrte. Insgesamt gesehen wirkt das Profil der Fachkollegen anspruchsvoller, worauf auch die Nennungen innerhalb des Bereichs ROCKBAND hinweisen: Bei den Beantwortern dominieren knapp die reproduzierenden, bei den Fachkollegen die produzierenden Gruppen.

Zur Untersuchung der Vermutung, die Fragebogenbeantworter seien im populären Bereich aktiver als ihre Fachkollegen, erweist sich eine Differenzierung nach Schulformen als sinnvoll: Welches schulmusikalische Tätigkeitsprofil kennzeichnet Beantworter aus den verschiedenen Schulformen? Auch in diesem Zusammenhang erweist die Variable Schulform sich als das deutlichste Unterscheidungskriterium (Mehrfachnennungen):

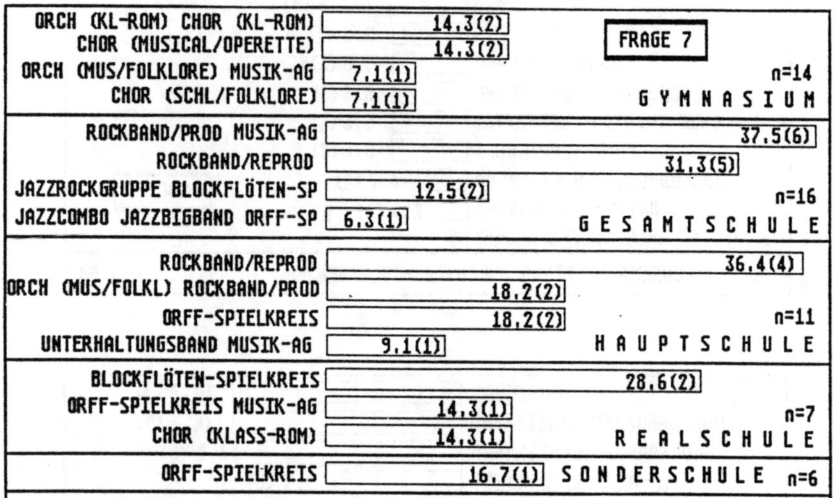

TAB.22: ENSEMBLE-LEITUNG DURCH FRAGEBOGENBEANTWORTER, SCHULTYPSPEZIFISCH

- Gymnasiallehrerinnen und -lehrer leiten vorwiegend Ensembles mit klassisch-romantischem Repertoire (14,3%); im Bereich der 'U'-Musik dominieren die von Jugendlichen weniger bevorzugten Bereiche Musical, Operette und Folklore.

- Eine hohe Anzahl von Hauptschullehrerinnen und -lehrern leitet reproduzierende Rockbands (36,4%); der Schwerpunkt des schulischen Musiklebens liegt eindeutig im Bereich der 'U'-Musik.

- Bei den Gesamtschullehrerinnen und -lehrern dominiert ebenfalls die 'U'-Musik; im Vergleich zur Hauptschule setzen sie jedoch innerhalb dieses Bereichs andere Schwerpunkte: So betreuen sie wesentlich häufiger produzierende Rockbands sowie Jazz- und Jazzrockbands.

- An Real- und Sonderschulen der befragten Stichprobe fällt das außerunterrichtliche Musikleben derart dürftig aus, daß nur zu hoffen ist, die Stichprobe entspreche hinsichtlich dieser Schulformen *nicht* der Wirklichkeit.

Vergleicht man diese Ergebnisse vor dem Hintergrund ihrer einerseits musikimmanenten und andererseits musiksoziologischen Implikationen, ergibt sich folgendes Bild: Während Gymnasiallehrer vorwiegend die Leitung von Ensembles aus dem 'E'-Bereich übernehmen, fallen bei Haupt- und Gesamtschullehrern unterschiedliche Schwerpunkte innerhalb der 'U'-Musik ins Auge. Die 'E'- und 'U'-

Ensembles sowie die unterschiedlichen Schwerpunkte innerhalb der 'U'-Musik unterscheiden sich voneinander durch einen vermuteten [44] organisatorisch-musikalischen Aufwand einerseits und eine vermutete Schülernähe andererseits. Zur Kennzeichnung des schultypspezifischen Musiklebens hilft die Einordnung der verschiedenen Ensemblearten in diese beiden Dimensionen [45] weiter.

Der Begriff des vermuteten Aufwands soll in diesem Zusammenhang das erforderliche instrumentaltechnische und musiktheoretische Niveau des Gesamtensembles sowie seiner einzelnen Mitglieder umfassen. Nach dieser Definition ist ein Schul*orchester* unter Berücksichtigung der instrumentalen Einzelleistung aufwendiger als ein Schul*chor*, obwohl beide einen vergleichbaren Organisationsgrad aufweisen, d.h. es müssen vergleichbar viele Schülerinnen und Schüler immer wieder motiviert und angeleitet werden. Auf der anderen Seite ist die Jazz*bigband* trotz ihres hohen Organisationsgrades und trotz der damit verbundenen Probleme (Timing, rhythmische Genauigkeit, Notenfestigkeit) im Vergleich zur Jazz*combo* nicht automatisch als aufwendiger einzustufen, weil in kleinen Besetzungen das im schulischen Bereich häufiger angewandte 'akustische Verstecken' schwächerer Spieler nicht möglich und daher die Einzelleistung der Musikerinnen und Musiker - besonders wenn es sich um selbstproduzierte und improvisierte Musik handelt, wesentlich höher einzustufen ist.

Mit Aufwand ist demnach der Gesamtaufwand an Proben, Üben, Organisieren, Komponieren, Arrangieren usw. für ein bestimmtes Ensemble gemeint. [46] Die musiklehrerbetreuten außerunterrichtlichen Aktivitäten an Schulen lassen sich tendenziell nach folgendem Schema in die Dimensionen Aufwand und Schülernähe einordnen. Dabei sollte dieses Schema nicht als Untersuchungsergebnis mißverstanden werden; es dient lediglich als heuristisches Modell zur Auswertung dieses Ergebnisses:

---

44 Zu den Bedenken hinsichtlich der subjektiven und rein verbalen Reaktionen in einem schriftlichen Fragebogen siehe Kap. IV.4

45 'Aufwand' und 'Schülernähe'; vgl. hierzu die graphische Darstellung auf der folgenden Seite

46 Es versteht sich von selbst, daß hierbei keine festen Regeln aufzustellen sind: So ist beispielsweise der gut nachgespielte Titel einer reproduzierenden Rockband unter Umständen wesentlich aufwendiger als der 'eigene' Titel der produzierenden Gruppe, das im Fragebogen als 'Orchester mit klassisch-romantischem Repertoire' eingestufte Ensemble bleibt weit hinter dem automatisch mit dieser Epoche assoziierten Niveau zurück, ein Oberstufenkurs, der mit Orff-Instrumenten avantgardistische Werke aufführt, gehört nicht in die Gruppe derjenigen Orff'schen Musik, die oft weniger mit dem Werk ihres Namensgebers als mit jener verschulten Musik zu tun hat, die Adorno abschätzig als 'Neotralalismus' bezeichnet hat usw.

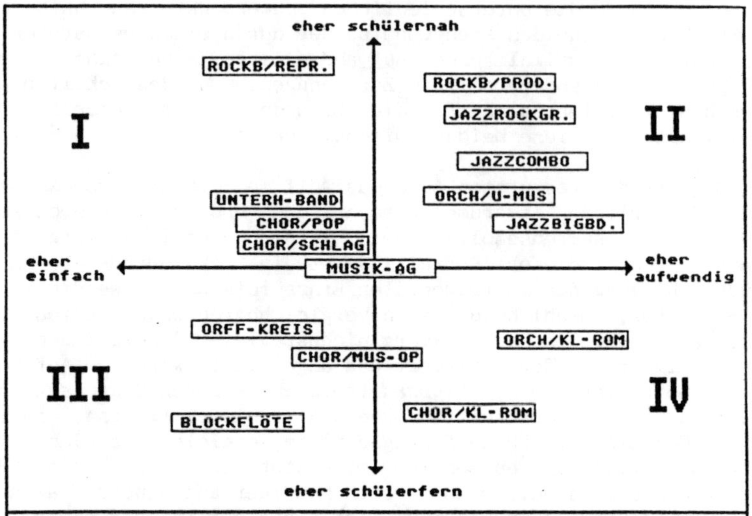

GESCHÄTZTE EINORDNUNG DER VERSCHIEDENEN ENSEMBLEARTEN IN DIE DIMENSIONEN 'AUFWAND' UND 'SCHÜLERNÄHE'

Diese schematische Darstellung soll nun der Interpretation von Tab.22 (Schultypspezifische Ensembleleitung) dienen. Dabei wird deutlich, daß sich das 'offizielle', vom Musiklehrer betreute außerunterrichtliche Musikleben an Gymnasium im eher aufwendigen Bereich (II+IV) mit deutlichem Schwerpunkt im schülerferneren Bereich (IV) abspielt; an Haupt- und Gesamtschulen liegen die Schwerpunkte im eher schülernahen Bereich (I+II), wobei dieser an Hauptschulen eher einfach (I) und an Gesamtschulen eher aufwendig (II) bestimmt ist; an den befragten Realschulen besteht ein eher schülerfern-einfacher Schwerpunkt (III); auch die einzige Angabe für Sonderschulen ist in diesem Bereich einzuordnen.

Ordnet man der obigen Graphik die verschiedenen Schulformen zu, ergeben sich folgende Tendenzen für schultypspezifisch außerunterrichtliches Musikleben: Im eher aufwendigen Bereich wird an Gymnasien und Gesamtschulen musiziert, im eher einfachen an Haupt- Real- und Sonderschulen; in eher schülernahen Bereichen musiziert man an den befragten Haupt- und Gesamtschulen, in eher schülerfernen Bereichen an den Gymnasien, Real- und Sonderschulen (vgl. die folgende Graphik). Trotz der möglichen Einschränkung, den Schülern verschiedener Schulformen seien einzelne Sparten der Musik auch unterschiedlich 'nah' bzw. 'fern', läßt sich festhalten, daß das außerunterrichtliche schulische Musikleben an den einzelnen Schulformen deutlich unterscheidbare Formen aufweist (vgl. folgende Seite):

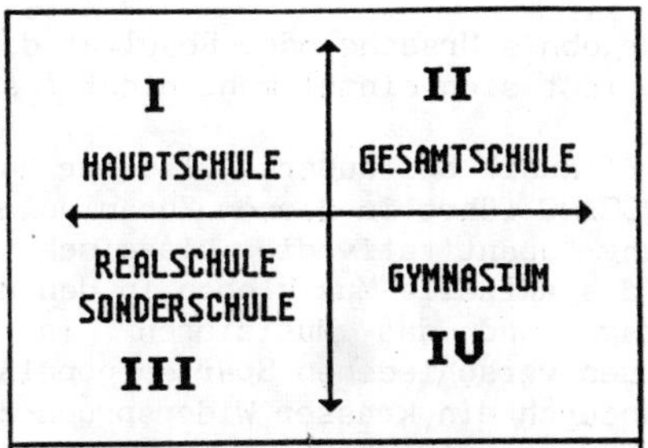

ZUORDNUNG DER SCHULTYPISCHEN ENSEMBLEFORMEN (SCHWERPUNKTE)

3.5. Außerschulische musikpraktische Tätigkeit

Zur Beschreibung ihrer instrumentalen und vokalen Musikpraxis sollen die Befragten angeben, wie häufig sie musizieren, in welchen musikalischen Bereichen sie früher einmal oder heute noch tätig waren bzw. sind, ob sie ein außerschulisches Ensemble leiten und ob ihre Tätigkeit eher privater Natur ist (Hausmusik) oder im öffentlichen Rahmen stattfindet (Konzert,Studio). Das Ergebnis für die Gesamtstichprobe sieht wie folgt aus:

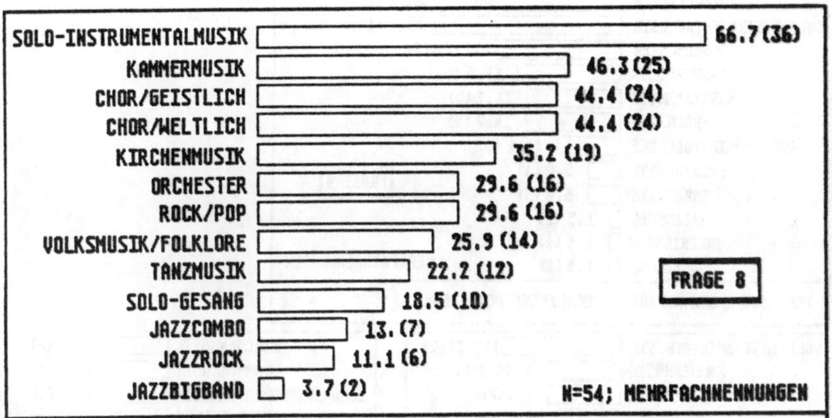

TAB.23: AUSSERSCHULISCHE MUSIKALISCHE BETÄTIGUNG DER BEFRAGTEN
ADDITION DER WERTE VON 'REGELMÄSSIG','OFT' UND 'SELTEN'

Auch hier wird bestätigt, daß die problematische Spaltung der Musik in 'ernste' und 'unterhaltende' Teilbereiche in der Musikpädagogik praktische Gültigkeit besitzt bzw. eine empirisch meßbare Größe darstellt. So befinden sich in der oberen Hälfte von Tab.23 ausnahmslos die in der Regel mit 'E'-Musik bezeichneten musikalischen Tätigkeitsfelder, wohingegen die Bereiche, in denen sich die Befragten nicht so häufig betätigen, bis auf die Ausnahme 'Sologesang' unter dem Begriff 'U'-Musik einzuordnen wären. Ob dieses deutliche Ergebnis Ursache oder Resultat der terminologischen Trennung ist, läßt sich einmal mehr nicht feststellen.

Die Dominanz der 'E'-Musik bei außerschulischer Musikpraxis kann nicht erstaunen. RÖSING führt in diesem Zusammenhang aus, daß in der Musikausbildung "quantitativ die klassische bzw. E-Musik" überwiege, obwohl das aktuelle Musikleben in den Musikmedien, der musikalische Alltag und das Musizieren in Amateurgruppen "vornehmlich von den verschiedenen Sparten populärer Musik geprägt" [47] seien, wodurch ein krasser Widerspruch zwischen Musikleben und Musikausbildung entstehe.

Trotz deutlicher Bevorzugung einer auf 'E'-Musik gerichteten Musikpraxis geben mehr als ein Viertel der Befragten (29,6%) an, auch Erfahrungen mit Rock/Pop gemacht zu haben. Auch mit Volksmusik/Folklore (25,9%) und Tanzmusik (22,25) liegen praktische Erfahrungen vor, wohingegen der gesamte Bereich des Jazz, hier besonders die Bigband (3.9%), wenig Interesse unter den Befragten findet.

Zur Erhöhung der Genauigkeit ist im Fragebogen jedoch nicht nach *genereller* Musikpraxis gefragt, da eine allwöchentliche Orchesterprobe sicherlich eine intensivere musikalische Tätigkeit darstellt als ein gelegentliches Einspringen vor Konzerten o.ä. Die folgende Differenzierung nach der Häufigkeit instrumentaler und vokaler Tätigkeit korrigiert das Ergebnis jedoch nur leicht:

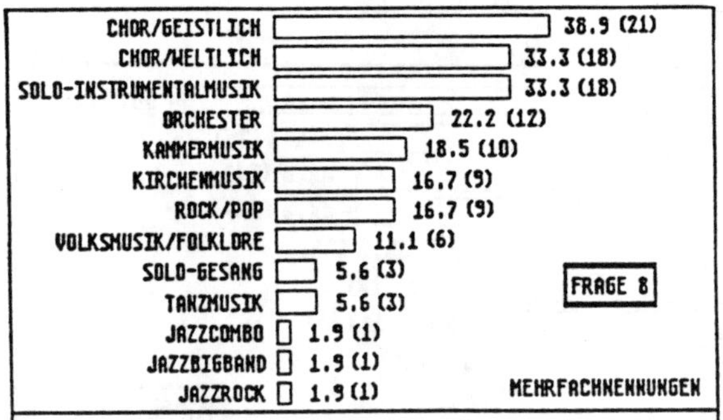

TAB.24a: REGELMÄSSIGE MUSIKALISCHE BETÄTIGUNG N=54

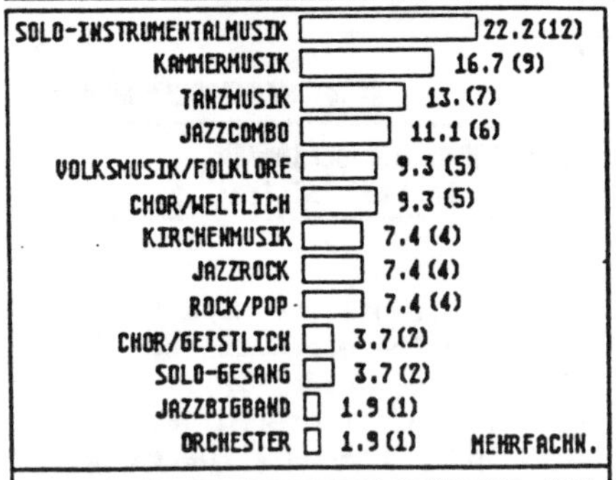

TAB.24b: HÄUFIGE MUSIKALISCHE BETÄTIGUNG N=54

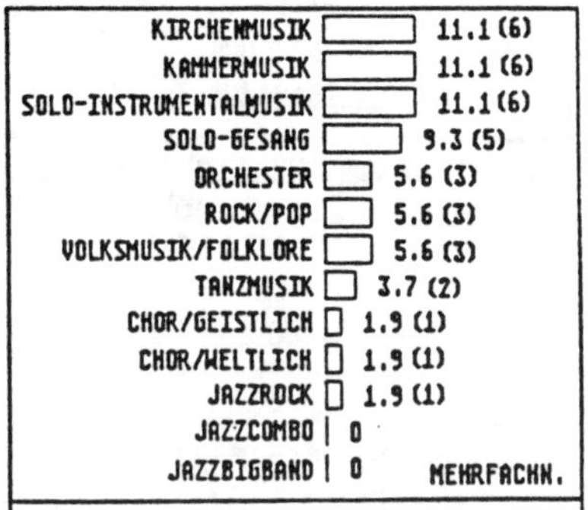

TAB.24c: SELTENE MUSIKAL. BETÄTIGUNG N=54

---

[47] RÖSING 1985, S.22

Eine deutliche Korrektur der gröberen Werte von Tab.23 ergibt sich jetzt für <u>Kammermusik</u> und <u>Orchester</u>: Während nur 18,5% der Befragten *regelmäßig* kammermusikalisch tätig sind oder waren, gilt Vergleichbares im Orchester für 22,5%, obwohl das Orchester in der Gesamtwertung (Tab.23) erst an sechster Stelle steht und Kammermusik bereits an zweiter.

Die nächste Tabelle gibt darüber Auskunft, ob die musikpraktischen Erfahrungen sich eher auf die Vergangenheit beziehen oder ob sie auf gegenwärtiger Musizierpraxis beruhen:

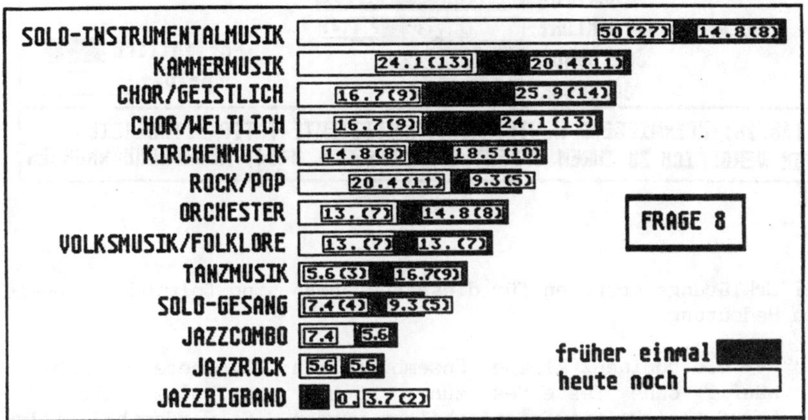

TAB.25: AKTUALITÄTSGRAD DER MUSIKPRAKT.BETÄTIGUNG (die Addition der Werte ergibt aufgrund von missing cases nicht immer die Gesamtwerte von Tab.24) N=54; MEHRFACHNENNUNGEN

Beim Vergleich der früheren Musizierpraxis (jeweils der rechte, dunklere Teil des Balkens) mit dem heute noch Praktizierten (linke, weiße Balkenseite) wird die <u>Dominanz früherer Aktivitäten</u> deutlich: Aktuelles Engagement dominiert lediglich bei SOLOINSTR.MUSIK, KAMMERMUSIK, ROCK/POP und JAZZCOMBO, d.h. nur hier rettete eine Mehrheit der Befragten ihre Musikpraxis in die Gegenwart.

Gleichmäßig auf Vergangenheit und Gegenwart verteilt ist das Engagement bei VOLKSMUSIK/FOLKLORE sowie beim JAZZROCK; in den anderen Bereichen, besonders im Falle des Singens (CHOR/SOLO) und der TANZMUSIK, liegt die Aktivität bei den meisten Befragten eher in der Vergangenheit. Das Musizieren in Ensembles mit hohem Organisationsgrad, regelmäßigen Proben, Konzerten usw. sowie das Ausmaß von eher öffentlich bestimmten Tätigkeiten (KIRCHENMUSIK, TANZMUSIK) ist dabei deutlicher zurückgegangen als hausmusikalische Aktivitäten (KAMMERMUSIK, SOLOINSTR.MUSIK).

Im Zusammenhang der vorliegenden Arbeit ist die <u>aktuelle Musizierpraxis</u> besonders interessant. In den folgenden sechs Bereichen ist dieses aktuelle Engagement der Befragten mindestens ebenso groß wie das der Vergangenheit:

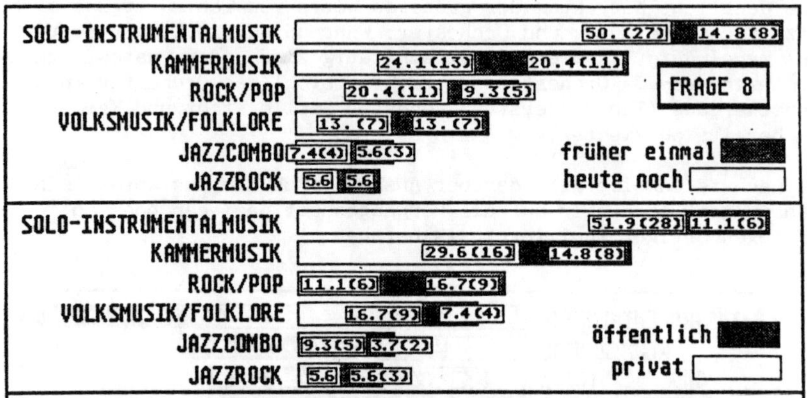

TAB.26: ÜBERWIEGEND HEUTE NOCH PRAKTIZIERTE TÄTIGKEITSBEREICHE IM VERGLEICH ZU IHREM ÖFFENTLICHKEITSGRAD N=54; MEHRFACHNENNUNGEN

Bei Erklärungsversuchen für diese Ausnahmen sind folgende Aspekte von Bedeutung:

- Die Dominanz kleiner Ensembleformen: kleinere Ensembles, häufig ohne feste Besetzung, können problemlos neben der Berufstätigkeit aufrechterhalten werden. So werden beispielsweise aus dem insgesamt sehr spärlich vertretenen Jazz sowohl Combo als auch Jazzrock, nicht jedoch Bigband genannt.

- Die Dominanz privater Musizierformen: Bis auf die Ausnahme ROCK/POP finden alle musikalischen Tätigkeiten vorwiegend ohne den Druck öffentlicher Präsentation im Rahmen der Hausmusik statt.

- Die Dominanz der 'U'- Musik: vermutlich bleiben diejenigen Musikpädagogen, die sich für einen von der Minderheit der Fachkollegen vertetenen Stil (ROCK/POP; JAZZCOMBO; JAZZROCK) entschieden haben, dieser musikalischen Vorliebe auch in der Gegenwart eher treu.

Beim Vergleich von öffentlicher und privater Musikpraxis ist es sinnvoll, die Ergebnisse nach beiden Kriterien geordnet darzustellen, da es sich nicht um eine umkehrbare Reihenfolge handelt, wie das Beispiel 'Bigband' zeigt. Daher findet sich in Tab.27a die eher private, in Tab.27b die eher öffentliche Musikpraxis in prozentualer Reihenfolge (vgl. folgende Seite). Durch diese Form der Darstellung wird das eindeutig private bzw. öffentliche Profil zumindest der jeweils erstgenannten Musizierformen, in den beiden Spalten jeweils obenstehend, deutlich:

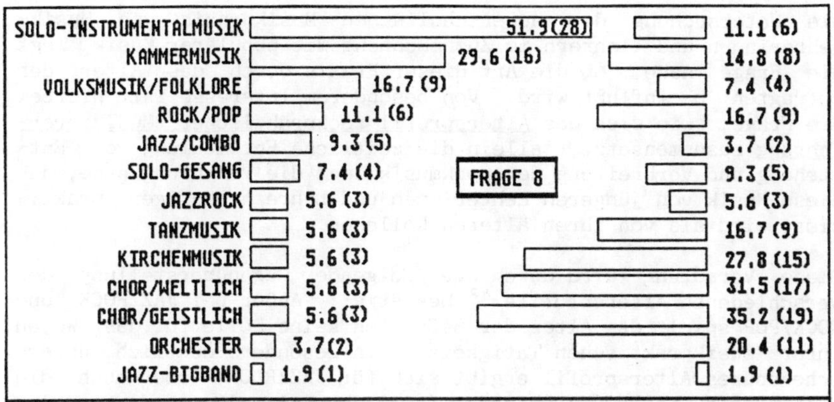

TAB.27a: EHER PRIVATE MUSIKPRAXIS; AUF DER LINKEN SEITE DIE WERTE FÜR PRIVATE, RECHTS DIE FÜR ÖFFENTLICHE MUSIKPRAXIS N=54; MEHRFACHNENNUNGEN

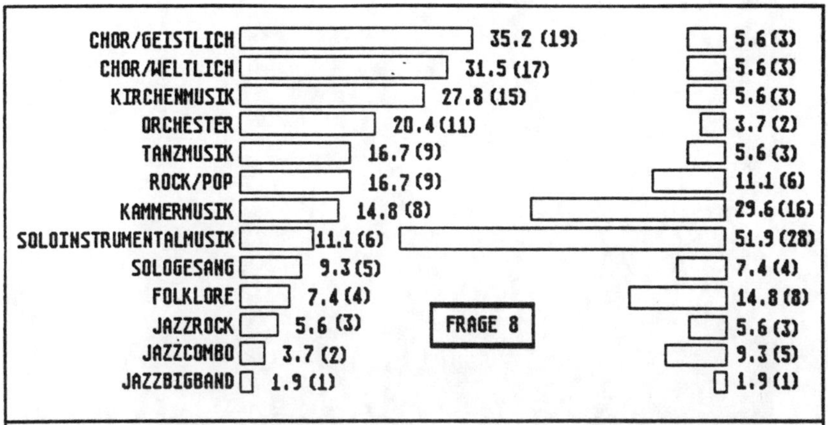

TAB.27b: EHER ÖFFENTLICHE MUSIKPRAXIS; LINKS DIE WERTE FÜR ÖFFENTLICHE, RECHTS DIE FÜR PRIVATE MUSIKPRAXIS N=54; MEHRFACHNENNUNGEN

Die vergleichende Analyse der letzten drei Tabellen (26, 27a, 27b) veranschaulicht den Wandel außerschulischer Musikpraxis: Waren die Befragten früher häufig auch im öffentlichen Bereich von Bühne und Plattenstudio tätig, verschiebt sich ihre musikpraktische Aktivität - vermutlich mit zunehmender Berufstätigkeit - immer mehr in den privaten Bereich der Hausmusik. So wird die private Musikpraxis (Tab.27a) ausnahmslos von denjenigen Musizierformen angeführt, die laut Tab.26 *heute noch* ebenso häufig wie früher einmal praktiziert werden, wohingegen die eher öffentlichen Musizierformen (Tab.27b) vom größten Teil der früher Aktiven *inzwischen aufgegeben* wurden.

Die Untersuchung der außerschulischen Musikpraxis von Musiklehrerinnen und -lehrern im Zusammenhang mit populärer Musik legt die Frage nahe, ob die Art dieser Praxis durch das Alter der Befragten beeinflußt wird. Von besonderem Interesse ist hierbei die Frage, wie sich das Altersprofil rockpraktischer Musiziererfahrung zusammensetzt; allein die zeitliche Entwicklung von Entstehung und Verbreitung der Rockmusik legt die Vermutung nahe, daß diese Musik von jüngeren Lehrerinnen und Lehrern häufiger praktiziert wird als von ihren älteren Kollegen.

Diese Vermutung wird durch die folgende Gegenüberstellung der verschiedenen Altersprofile [48] bestätigt: Außer bei JAZZROCK und ROCK/POP spielt das Alter der Befragten keine Rolle für das Wesen ihrer musikpraktischen Tätigkeit. Ein besonders deutlich unterscheidbares Altersprofil ergibt sich für JAZZROCK, aber auch die Musikpraxis in ROCK/POP zeigt deutlicher als alle anderen eine entscheidende Bedeutung des Faktors Alter. Die Zunahme musikalischer Erfahrung im populären Bereich unter jüngeren Musiklehrerinnen und -lehrern läßt vermuten, daß einige Differenzen zwischen Schule und populärer Musik im Laufe der Zeit abnehmen werden:

---

[48] Vgl. Tab. 28 auf der folgenden Seite; in dieser Tab. sind wie bei allen vergleichenden Analysen die Prozentwerte für die einzelnen Altersgruppen jeweils auf 100 Prozent *der jeweiligen Vergleichsgruppe* (hier: die Altersgruppen) bezogen. So gilt für die unter 30jährigen n = 9, für die 31-35jährigen n = 12, die 36-40jährigen n = 8, die 41-45jährigen n = 11, die 46-50jährigen n = 5 und für die über 50jährigen n = 9

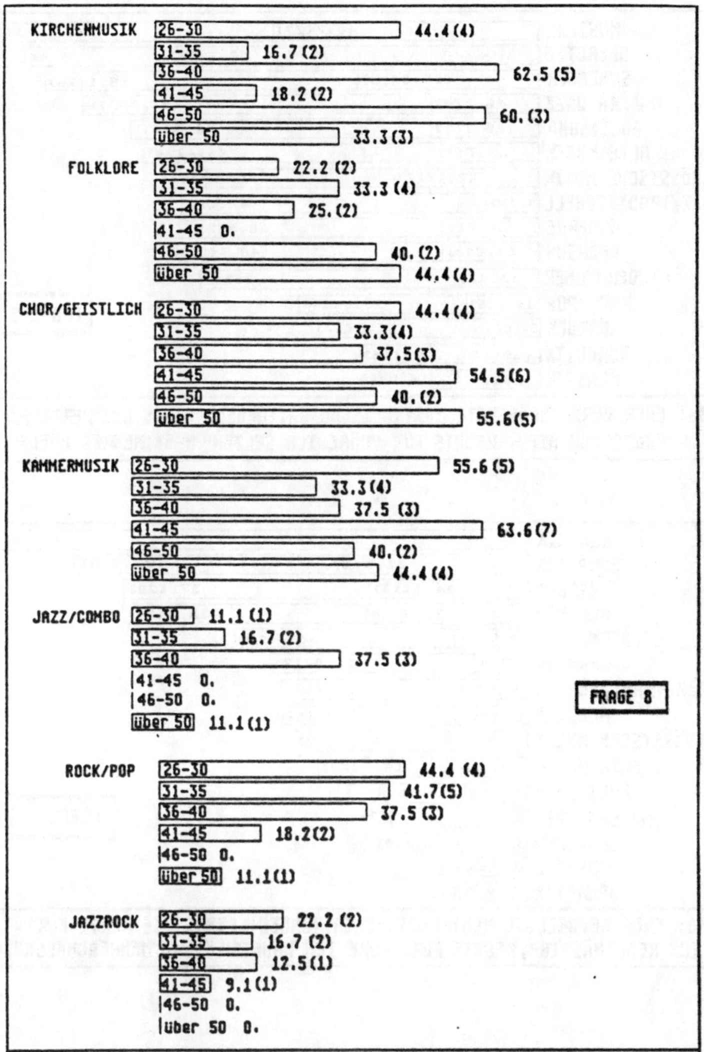

TAB.28: ALTERSPROFIL UNTERSCHIEDLICHER MUSIKPRAKTISCHER TÄTIGKEITEN MEHRFACHNENNUNGEN

3.6. Musikgeschmack und Hörgewohnheiten

Zur Beschreibung ihres Musikgeschmacks können die Befragten angeben, wie häufig sie privat Musik einer bestimmten Gattung hören. Im folgenden werden die Einzelwerte von *regelmäßig* und *häufig* zu eher bevorzugt und die von *selten* und *nie* zu eher vernachlässigt zusammengefaßt. Im Vergleich zur unübersichtlichen Einzeldarstellung ergibt diese Addition zuverlässigere Werte, wie das Beispiel JAZZ/TRADITIONELL zeigt, bei dem der geringe Wert für regelmäßiges Hören (1,9%) durch den vergleichsweise hohen Wert für häufiges Hören (35,2%) relativiert wird. Die behutsame Formulierung '*eher* bevorzugt' soll in diesem Zusammenhang der Tatsache Rechnung tragen, daß hier nur in die *Richtung* des Musikgeschmacks der Befragten gedeutet werden kann. Folgende Gattungen werden eher bevorzugt bzw. eher vernachlässigt (vgl. folgende Seite):

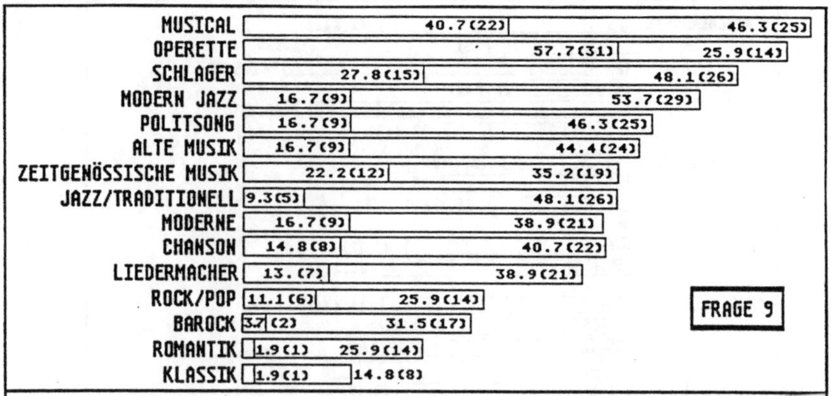

TAB.29a: EHER VERNACHLÄSSIGTE MUSIKALISCHE GATTUNGEN; LINKS DIE WERTE FÜR "HÖRE ICH NIE", RECHTS FÜR "HÖRE ICH SELTEN" N=54;MEHRFACHNENNUNGEN

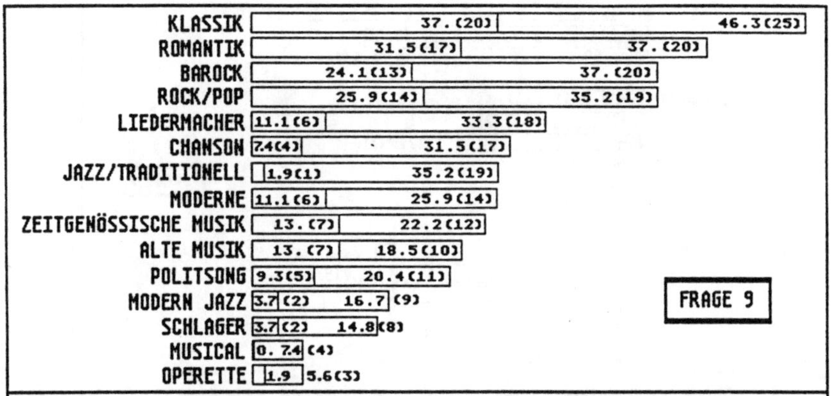

TAB.29b: EHER BEVORZUGTE MUSIKALISCHE GATTUNGEN; LINKS DIE WERTE FÜR "HÖRE ICH REGELMÄSSIG",RECHTS FÜR "HÖRE ICH HÄUFIG" N=54; MEHRFACHNENNUNGEN

Sowohl die eher bevorzugten als auch die eher vernachlässigten Gattungen lassen sich grob in vier Gruppen unterteilen, wobei die Rangordnung deutlich umgekehrt proportional ist, was für die Gültigkeit der Werte spricht.

- Die erste Gruppe bildet die Gattung KLASSIK, die am deutlichsten bevorzugt und am wenigsten vernachlässigt wird.

- In der zweiten Gruppe der deutlich bevorzugten Gattungen befinden sich ROMANTIK, BAROCK und ROCK/POP.

- Die dritte Gruppe bilden seltener bevorzugte Gattungen der 'U'-Musik sowie der zeitlichen Randbereiche der 'E'-Musik (ALTE und ZEITG.MUSIK).

- Die Gruppe der unbeliebtesten Gattungen besteht auch bei der privaten Hörgewohnheit aus MUSICAL und OPERETTE.

Im Rahmen der vorliegenden Untersuchung eindeutige Aussagen erhält man durch den Vergleich der Werte von *überhaupt* gehörter Musik (Addition von "höre regelmäßig, oft, selten": Tab.30a) mit den Werten für *nie* gehörte Musik (Tab.30b). Bei diesem Vergleich bleibt zwar - wie bei den generellen Unterrichtsinhalten - keine Musikart völlig ausgeschlossen, die Musik einiger Gattungen wird jedoch nur selten gehört. Insgesamt werden jedoch alle Gattungen von mindestens 33.4% der Befragten irgendwann einmal gehört:

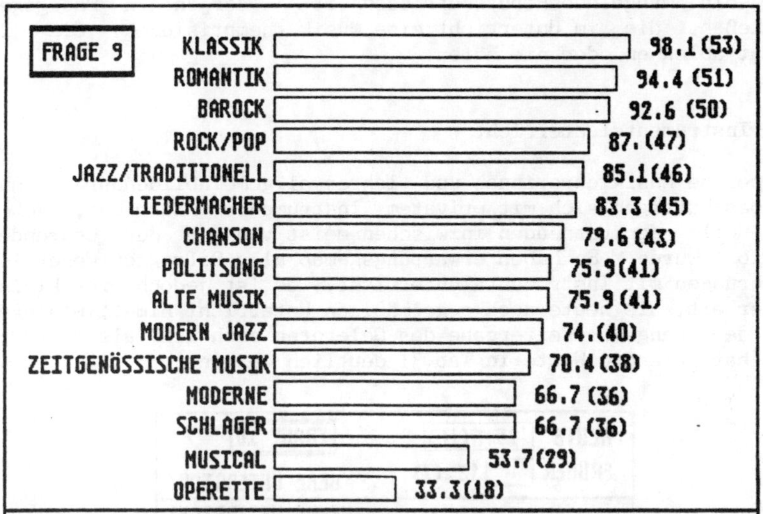

TAB.30a: 'ÜBERHAUPT' GEHÖRTE MUSIK; ADDITION DER WERTE VON 'HÖRE ICH REGELMÄSSIG, OFT, SELTEN' N=54; MEHRFACHNENNUNGEN

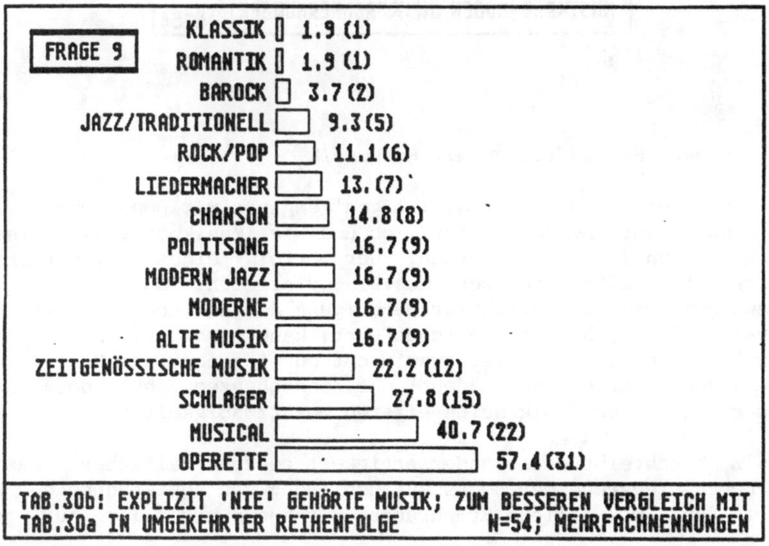

TAB.30b: EXPLIZIT 'NIE' GEHÖRTE MUSIK; ZUM BESSEREN VERGLEICH MIT TAB.30a IN UMGEKEHRTER REIHENFOLGE N=54; MEHRFACHNENNUNGEN

Trotz des in der letzten Tabelle (Tab.30) sichtbar gewordenen, insgesamt breiten Spektrums privater Hörvorlieben gibt der Rest derer zu bedenken, die unumwunden zugeben, die Musik einiger Gattungen definitiv *nie* zu hören. Hierbei handelt es sich nicht nur um die von Schülern bevorzugten Bereiche der populären Musik wie SCHLAGER (27,8%) und ROCK/POP (11,1%), sondern auch um die 'E'-Musik des 20.Jahrhunderts (MODERNE: 16,7%; ZEITGEN.MUSIK: 22,2%) und um ALTE MUSIK (16.7%). Dieses Ergebnis läßt entweder auf einen thematisch nicht breit genug angelegten Musikunterricht oder die mangelnde Berufszufriedenheit [49] derjenigen Pädagogen schließen, die im Unterricht eine Musik thematisieren, die sie privat ablehnen oder nie hören.

3.7. Instrumentalunterricht

Zahlreiche Musiklehrerinnen und -lehrer allgemeinbildender Schulen beschäftigen sich mit privatem Instrumentalunterricht, wobei die Rolle der Lernenden inzwischen meist von der der Lehrenden abgelöst wurde: So haben erwartungsgemäß alle Befragten generelle Erfahrungen mit Instrumentalunterricht, es ist jedoch eine kleine Minderheit, die heute noch regelmäßigen Unterricht nimmt, wohingegen der Drang zur Weitergabe des Gelernten sich mehr als verdoppelt hat, wie die Werte in Tab.31 deutlich zeigen:

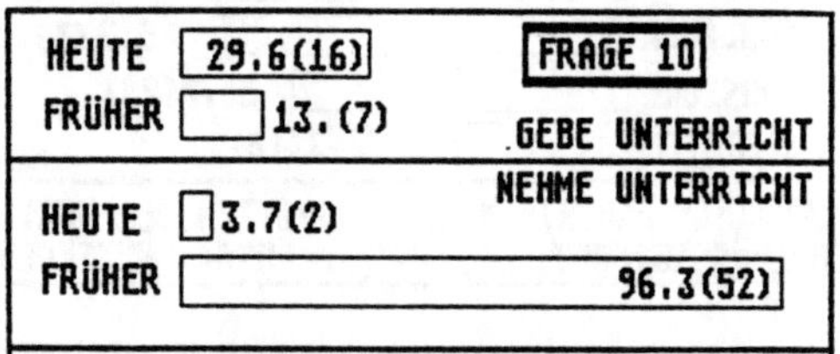

TAB.31: INSTRUMENTALUNTERRICHT VON MUSIKPÄDAGOGEN (MEHRFACHNENNUNGEN) N=54

3.8. Private Beschäftigung mit Rockmusik

Die Art ihres privaten, 'freiwilligen' Umgangs mit populärer Musik ist häufig entscheidend dafür, ob und wie Musikpädagogen diese Musik im Unterricht einsetzen. Der Erfolg eines halbherzigen Unterrichts mit populärer Musik, vielleicht durch Schüler 'erzwungen' oder lediglich zur Beruhigung des schlechten Gewissens bezüglich der Richtlinien durchgeführt, kann ausdrücklich in Frage gestellt werden. Dies gilt zwar nicht nur für populäre Musik, es hat jedoch hier besonders deutliche Konsequenzen, hat doch der Umgang mit dieser Musik seine eigenen Gesetzmäßigkeiten.

SCHÜTZ beschreibt diese Andersartigkeit rockmusikalischer Praxis vor dem Hintergrund der Hochschulausbildung von Musikpädagogen. Er führt aus, wesentliche Erfahrungen mit Rockmusik seien nur auf

---

[49] Vgl. Kap.IV.4 sowie LUTTMANN 1982

praktischem Wege zu machen, die Voraussetzungen für diese rockmusikpraktischen Erfahrungen würden jedoch

> "erst in wenigen Studiengängen an Universitäten/Hochschulen vermittelt. Im übrigen verläßt man sich allzu blind auf die Tragfähigkeit einer soliden musikalisch-handwerklichen Ausbildung im traditionellen Sinne, ohne in ausreichendem Maße das häufige Scheitern der ehemaligen Studenten im späteren Alltag eines Musiklehrers zur Kenntnis zu nehmen.
> Es ist ein Irrtum zu glauben, eine an den Prinzipien abendländischer Kunstmusik ausgerichtete Instrumentalausbildung könnte etwas vermitteln über die Behandlung, Spielweise und den Einsatz des gleichen Instrumentes in der Rockmusik. Die technische Beherrschung eines Instrumentes ist ohne Frage eine große Hilfe beim Erlernen rockmäßiger Phrasierungs- und Spieltechniken, jedoch ist es mit solchen technischen Übungen nicht getan. Das Spielen von Rockmusik ist ein ebenso narzißtischer Akt der Selbstdarstellung wie das Tanzen nach dieser Musik; der Spieler muß also sich selbst, seinen Körper beim Musizieren mindestens ebenso positiv besetzen wie die produzierte Musik (...) Erwachsene, die zu einer äußerlich völlig gegensätzlichen Art musikalischer Aufführungspraxis erzogen worden sind, haben gewiß Schwierigkeiten, derartige Spannungsmomente für sich und für Schüler erfahrbar zu machen. Ihnen bleibt dann ein wesentliches Moment von Rockmusik verschlossen." [50]

Dieser Ausschnitt vermag die Gründe für eine Konzentration auf die Analyse der privaten Beschäftigung mit *Rockmusik* als einem Teilgebiet populärer Musik zu verdeutlichen: Musikalische Tätigkeiten im Umfeld von Schlager, Chanson, Folklore und traditionellem Jazz sind mit Hilfe der heutigen hochschulpraktischen Ausbildung wesentlich bruchloser möglich als rockspezifisches Musizieren. Somit sind Lehrerinnen und Lehrer mit zusätzlichen rockmusikalischen Erfahrungen weitaus eher befähigt, im *gesamten* Bereich der populären Musik zu unterrichten als jene, deren Erfahrungen in 'hochschulnahen' Teilen populärer Musik liegen.

Diese Überlegung wird bestätigt durch die Tatsache, daß dem Verhältnis zum populären Teilgebiet Rockmusik bestimmende Bedeutung für das Verhältnis zum Gesamtgebiet populäre Musik zukommt: So erscheint das Phänomen Rock häufig als die Grenze, an der sich musikpädagogische Geister scheiden, indem sie diesen Teil der populären Musik bewußt ausklammern oder überbetonen.

Die Analyse der privaten Beschäftigung mit Rockmusik ermöglicht eine Beschreibung der <u>Gesamterfahrung</u> (regelmäßige,häufige,seltene und frühere Erfahrung) sowie der <u>aktuellen Erfahrung</u> (regelmäßige, häufige und seltene Erfahrung).

---

50 SCHÜTZ 1982, S.174f

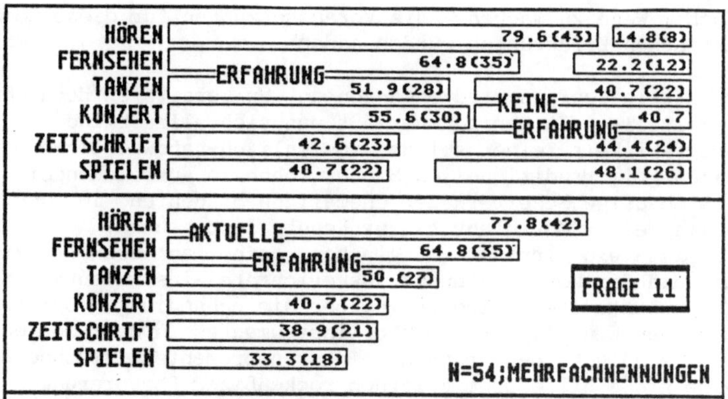

TAB.32: PRIVATE ERFAHRUNGEN MIT ROCKMUSIK
'ERFAHRUNG': ADDITION DER WERTE VON 'REGELMÄSSIG, OFT, MANCHMAL, FRÜHER'
'AKTUELLE ERFAHRUNG': ADDITION DER WERTE VON 'REGELMÄSSIG, OFT, MANCHMAL'
'KEINE ERFAHRUNG': WERTE VON 'NIE'

Auf den ersten Blick erscheint die Gesamterfahrung in allen rockmusikalischen Tätigkeiten erstaunlich hoch: So stellt bereits die Tätigkeit mit den niedrigsten Werten, das SPIELEN von Rockmusik, für 40,7% der Befragten eine persönliche Erfahrung dar, das am stärksten vertretene HÖREN sogar für 79,6%. Dieses Ergebnis widerspricht der immer wider konstatierten Unerfahrenheit von Pädagogen auf dem Gebiet populärer Musik:

- So beschreibt BARTELS [51] das besondere Dilemma der Schulform Hauptschule u.a. als ein Resultat der Tatsache, daß Lehrkräfte und Jugendliche sich oft schwertäten, "die musik als unterrichtlich nutzbare brücke zu sehen, da sie unterschiedlichen teilkulturen zuzuordnen" [52] seien.

- So machen statistische Angaben über den VDS [53] deutlich, daß im Jahr 1983 nur 0,5% der Verbandsmitglieder über außerschulische Erfahrungen im Jazzbereich verfügten; auf dem Gebiet Rock/Pop besitzt nach dieser Statistik kein VDS-Mitglied außerschulische Erfahrungen.

- So stehen 'Popmusik/Jazz/U-Musik' mit 252 Nennungen an zweiter Stelle auf der Liste von Ausbildungsmängeln im Rahmen der SCHAFFRATH-Studie. [54] Neben der Neuen Musik (109 Nennungen) ist populäre Musik die einzige 'Gattungs'bezeichnung innerhalb der zitierten Mängelliste; an erster Stelle wird 'feh-

---

[51] BARTELS 1982
[52] BARTELS 1982, S.50
[53] MuB 2/83, S.51
[54] SCHAFFRATH et al. 1982, S.112

lender Praxisbezug' bemängelt, eine Formulierung, die sich durchaus auch auf populäre Musik beziehen könnte.

Bei der Frage, ob die hier befragten Musikpädagogen nun trotz aller gegenlautenden Selbst- und Fremdeinschätzung als Rockspezialisten zu gelten haben, erscheinen zwei Überlegungen von Bedeutung:

Zunächst wird deutlich, daß entweder das in Fachzeitschriften wie 'Musik und Bildung' beschriebene und vom VDS repräsentierte Bild der bundesdeutschen musikpädagogischen Landschaft oder die dieser Studie zugrundeliegende Stichprobe eine Verzerrung der Wirklichkeit darstellt. Berücksichtigt man einerseits die Stichprobenanalyse dieser Arbeit (Kap.IV.3.1) und andererseits die Tatsache, daß eine programmatische Zeitschrift wie 'Populäre Musik im Unterricht' inzwischen fast die Hälfte der Abonnenten von 'Musik und Bildung' erreicht hat, liegt die Vermutung nahe, daß weder die hier zugrundeliegende Stichprobe noch der häufig konservative Tenor 'etablierter' Verlautbarungen in der Fachpresse eine repräsentative Beschreibung bundesdeutscher Musikpädagogik gestattet: Scheinbar haben mehr Musikpädagogen private Rock-Musiziererfahrung, als bei der Lektüre von Fachzeitschriften zu vermuten wäre, aber gewiß ist die Rockerfahrung nicht so hoch wie in der hier zugrundeliegenden Stichprobe.

Die zweite Überlegung zielt auf eine Differenzierung dieser 'rockpraktischen Erfahrenheit'. Hier soll untersucht werden, ob die hohe Gesamterfahrung als genuine rockpraktische Erfahrung gelten kann, weisen doch vor allem bei der aktuellen Erfahrung die aktivsten Bereiche (TANZEN, SPIELEN) die geringsten Werte auf. Liegt die Gesamterfahrung beim HÖREN nur knapp über der aktuellen, heute noch erneuerbaren Erfahrung, sind die beiden Werte beim FERNSEHEN noch gleich, so bleibt die aktuelle Beschäftigung mit TANZEN und SPIELEN weit hinter der Gesamterfahrung zurück.

Das Ausmaß der jeweils genuinsten rockspezifischen Erfahrungen ist deutlich zurückgegangen, somit beziehen sich diese also auf 'veraltete' musikalische Inhalte.[55] Die Tendenz wird durch die weitere Differenzierung der einzelnen Rockerfahrungen noch deutlicher: So tanzen nur wenige Musiklehrerinnen und -lehrer regelmäßig (1,9%) oder häufig (5,6%) zu Rockmusik, die meisten tanzen selten (31,5%) oder nie (40,7%); ebenso wird die Rangliste der *früheren* Aktivitäten vom TANZEN angeführt (13%):

---

[55] Vgl. das Gespräch mit Michael RÜSENBERG in Kap.VI.1.5. (ANHANG)

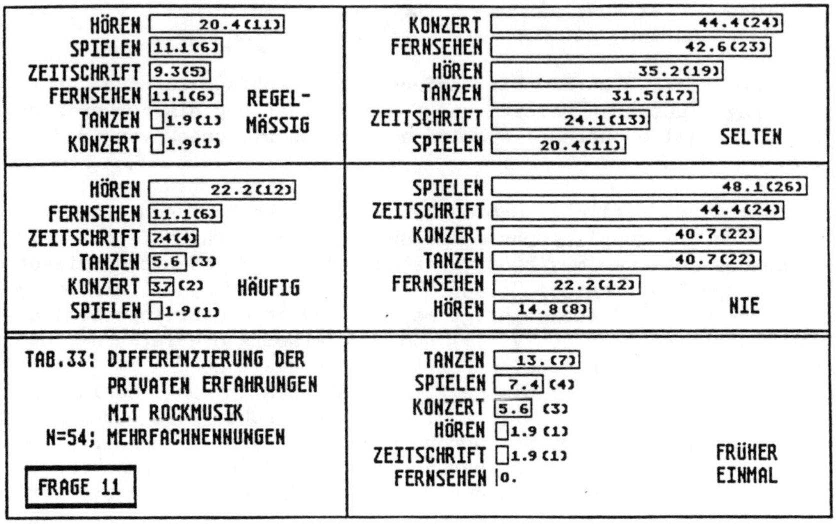

TAB.33: DIFFERENZIERUNG DER PRIVATEN ERFAHRUNGEN MIT ROCKMUSIK
N=54; MEHRFACHNENNUNGEN

Wie in Tab.34 deutlich wird, verläuft die Abnahme der Aktivität beim TANZEN linear, wohingegen beim SPIELEN die regelmäßige Aktivität höher ist als die häufige:

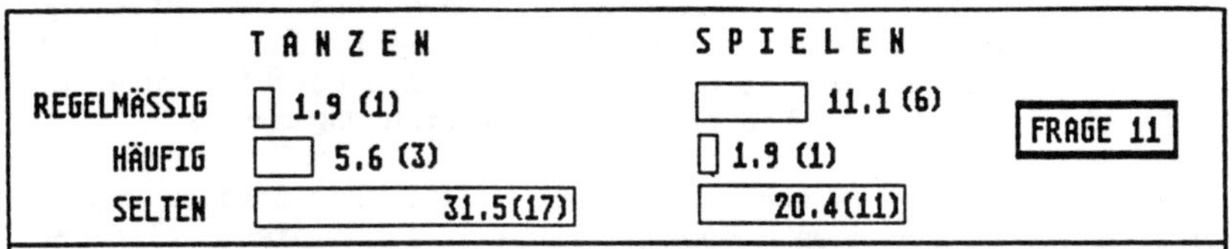

TAB.34: ABNAHME DER AKTIVITÄT 'SPIELEN' UND 'TANZEN' N=54; MEHRFACHN.

Geht man davon aus, daß SPIELEN von Rockmusik den höchsten Grad an Identifikation verlangt und die insgesamt ungewöhnlichste Beschäftigung von Musikpädagogen mit Rockmusik darstellt (48,1% spielen nie), ist die relativ hohe Zahl derjenigen, die *regelmäßig* musizieren (mit 11,1% an zweiter Stelle der Rangfolge), ähnlich zu erklären wie bei der Analyse außerschulischer Instrumentalpraxis: Diejenigen, die sich für eine ungewöhnliche Musizierpraxis entschieden haben, üben diese Tätigkeit auch regelmäßiger aus. Dennoch gilt auch für das SPIELEN, daß die Mehrheit der Befragten dieser Tätigkeit selten (20,4%) oder nie (48,1%) nachgeht.

Bei der schultypischen Differenzierung aktueller Rockerfahrung wird zunächst deutlich, daß bei allen Befragten unabhängig von der Schulform annähernd dieselbe Rangfolge der einzelnen Aktivitäten auftaucht. Die typische Rangfolge

HÖREN/FERNSEHEN - ZEITSCHRIFTEN/KONZERTBESUCH - TANZEN/SPIELEN

verhält sich hierbei umgekehrt proportional zum Grad der erforderlichen Aktivität: TANZEN/SPIELEN stellen in der Regel aktivere musikalische Tätigkeiten [56] dar und erfordern stärkere Identifikation als HÖREN/FERNSEHEN. Eine geringfügige Ausnahme bildet die Rangfolge der Gesamtschullehrer, die häufig auch aktivere Rockerfahrungen angeben, und die der Sonderschullehrer, die als häufig fachfremd Unterrichtende weder im SPIELEN noch bei der Lektüre von (Musik-)ZEITSCHRIFTEN erfahren sind; trotzdem steht das TANZEN bei den Sonderschullehrern bereits an dritter Stelle:

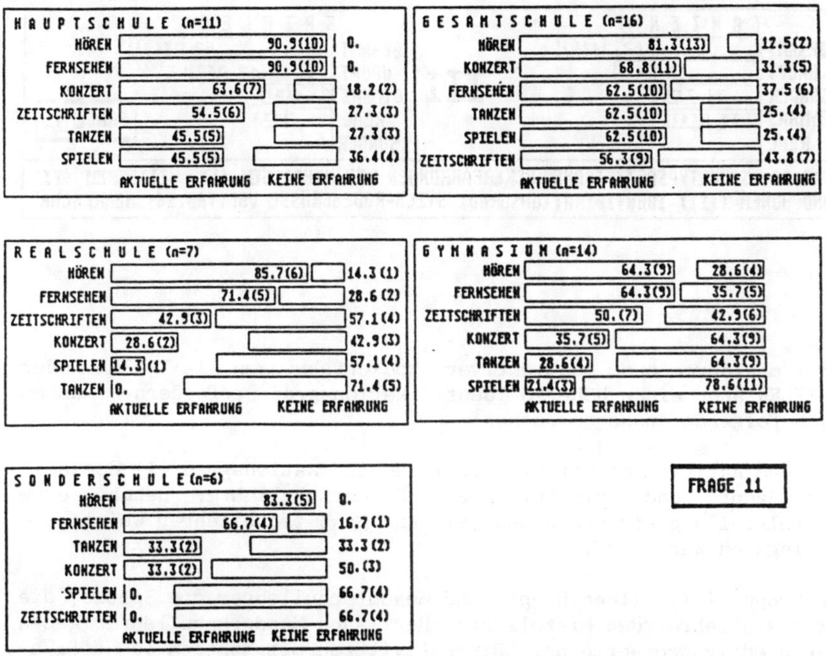

TAB.35: SCHULTYPISCHE DIFFERENZIERUNG AKTUELLER ROCKERFAHRUNG; MEHRFACHNENNUNGEN

Nimmt man einzelne Aktivitäten als Kriterium für die graphische Darstellung und vergleicht die dabei entstehende Rangfolge schultypspezifischer Schwerpunkte, ergibt sich folgendes Bild:

---

56 Zum Begriff der 'musikalischen Tätigkeit' vgl. STROH 1984

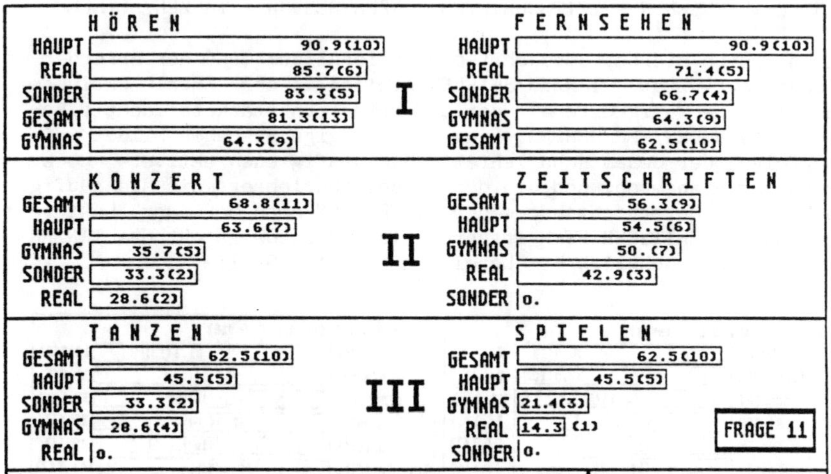

TAB.36: SCHULTYPSPEZIFISCHE ROCKERFAHRUNGEN MIT NIEDRIGEM (I), MITTLEREM (II) UND HOHEM (III) IDENTIFIKATIONSGRAD; STICHPROBENGRÖSSE VGL.TAB.14; MEHRFACHN.

Geht man davon aus, daß aktivere Rockerfahrungen wie TANZEN oder SPIELEN auch einen höheren Identifikationsgrad erfordern, lassen sich folgende Aussagen machen:

Bei den Aktivitäten mit niedrigem Identifikationsgrad (I) dominieren Haupt- und Realschullehrer. Sonderschullehrer nehmen eine Mittelstellung ein und Gymnasial- und Gesamtschullehrer weisen die geringsten Werte auf.

In Gruppe (II) bilden Haupt- und Gesamtschullehrer die Spitze, die Gymnasiallehrer den Mittelwert; Real- und Sonderschullehrer geben die niedrigsten Werte an. Die Aktivitäten mit höherem Identifikationsgrad (III) geben Haupt- und Gesamtschullehrer an.

Insgesamt betrachtet geben Haupt- und Gesamtschullehrerinnen und -lehrer die meisten und auch die aktivsten Erfahrungen an, so daß man bei der zugrundeliegenden Stichprobe von unterschiedlichen Musiklehrertypen an den verschiedenen Schulformen sprechen kann.

Auch das Alter der Befragten spielt eine wichtige Rolle für den privaten Umgang mit Rockmusik, dennoch zeigt sich auch hier, daß die Beschäftigung mit Rockmusik nicht linear mit steigendem Alter abnimmt, der Faktor Alter also auch hier nicht als der einzig bestimmende angesehen werden kann:

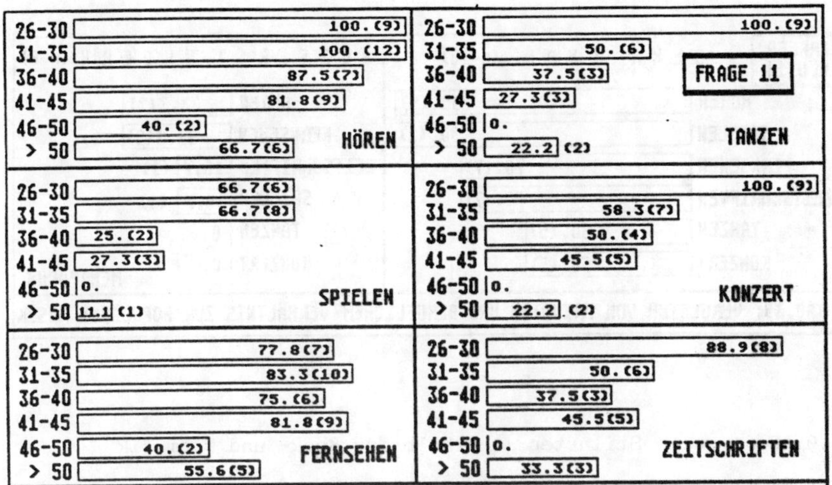

TAB.37: PROZENTUALE VERTEILUNG DER UNTERSCHIEDLICHEN ROCKERFAHRUNGEN AUF DIE VERSCHIEDENEN ALTERSGRUPPEN (STICHPROBENGRÖSSEN VGL.TAB.12); MEHRFACHN.

TANZEN und KONZERTBESUCH sind besonders deutlich, FERNSEHEN und HÖREN am wenigsten altersabhängig. Der unterschiedliche Umgang der verschiedenen Altersgruppen mit Rockmusik wird durch die altersspezifische Darstellung dieser Aktivitäten verdeutlicht:

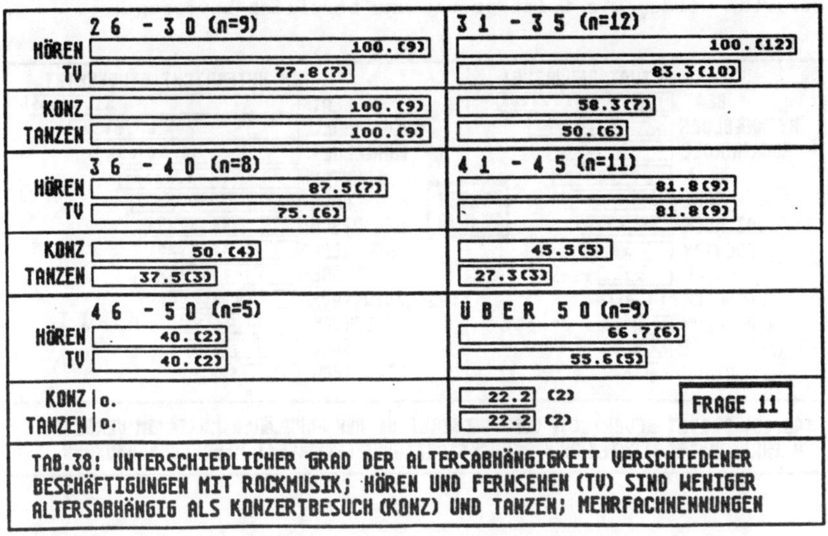

TAB.38: UNTERSCHIEDLICHER GRAD DER ALTERSABHÄNGIGKEIT VERSCHIEDENER BESCHÄFTIGUNGEN MIT ROCKMUSIK; HÖREN UND FERNSEHEN (TV) SIND WENIGER ALTERSABHÄNGIG ALS KONZERTBESUCH (KONZ) UND TANZEN; MEHRFACHNENNUNGEN

Der private Umgang mit Rockmusik beeinflußt auch das Verhältnis der Befragten zum Unterrichtsthema populäre Musik, wie die folgende Gegenüberstellung zeigt, in welcher die außerschulischen Erfahrungen derjenigen, die *sehr gern* im populären Bereich unterrichten, verglichen wird mit der Erfahrung derer, die dies *äußerst ungern* tun:

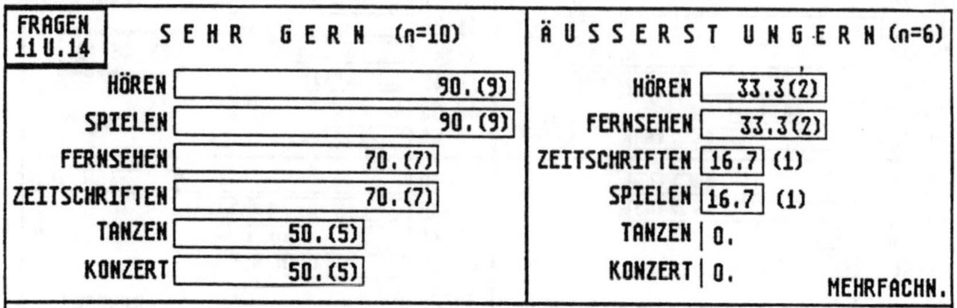

TAB.39: VERGLEICH VON PRIVATEM UND BERUFLICHEM VERHÄLTNIS ZUR POPULÄREN MUSIK

3.9. Bevorzugte Stilarten innerhalb der Rock- und Popmusik

Zwischen den Fragen nach privatem Umgang mit Rockmusik (Kap. IV.3.8) und nach privat bevorzugten Stilarten besteht ein enger Zusammenhang, müßten doch alle, die beim privaten Umgang 'nie' ankreuzen, konsequenterweise auch allen Stilarten ihr Kreuz versagen. Wie die Betrachtung einzelner Fragebogen zeigt, ist dies auch meist der Fall, obwohl einige, die keine privaten Erfahrungen mit Rock angeben, dennoch Stilarten als 'bevorzugt' ausweisen.

Die Frage nach bevorzugten Stilarten soll u.a. verdeutlichen, mit welchen musikalischen Inhalten die im vorigen Kapitel beschriebenen Tätigkeiten ausgefüllt werden. Die zur Auswahl gestellten Stilarten werden wie folgt privat und beruflich bevorzugt:

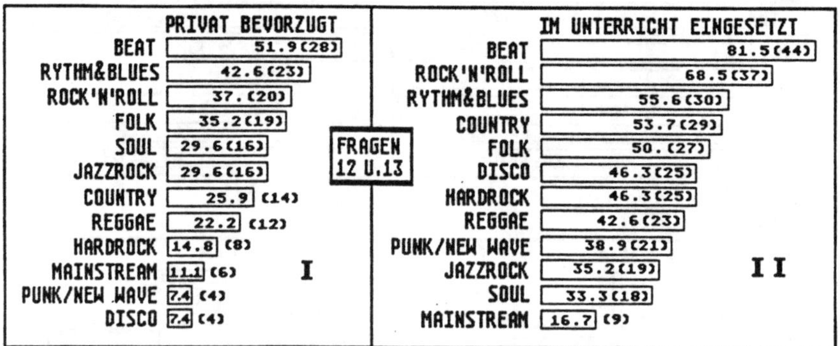

TAB.40: PRIVAT BEVORZUGTE (I) STILBEREICHE DER POPULÄREN MUSIK IM VERGLEICH ZU IHRER UNTERRICHTLICHEN BERÜCKSICHTIGUNG (II) N=54; MEHRFACHNENNUNGEN

Die rockmusikalischen Vorlieben liegen zum größten Teil in Bereichen, die für heutige Schüler 'out' sind. Bedenkt man, daß für viele Schüler zwischen dem Beat der 60er Jahre und der 'Klassik' im Hinblick auf Identifikation häufig eine engere Verwandtschaft besteht als zwischen den gerade aktuellen Popstars und den Beatles, wird deutlich, daß selbst für die 'Rockfans' unter den Pädagogen Schwierigkeiten mit oder zumindest Differenzen zwischen ihrer und der popspezifischen Hörgewohnheit der Schüler auftauchen werden. [57] Bezüglich der Identifikation der Schüler mit dem Unterrichtsgegenstand unterscheiden sich 'veraltete' Bereiche populärer Musik kaum von 'klassischen' Unterrichtsinhalten.

Zwar macht ein Vergleich zwischen privat bevorzugten und bereits im Unterricht verwendeten Stilarten deutlich, daß die Schülerhörgewohnheit berücksichtigt wird, was sowohl durch die insgesamt höheren Prozentwerte als auch durch die Analyse einzelner Stilbereiche (siehe DISCO, HARDROCK oder REGGAE auf der einen, SOUL auf der anderen Seite) deutlich wird; trotzdem steht der besonders bei jungen Schülern beliebte, meist kurzlebige Hitparadenpop (MAINSTREAM) in der Rangliste unterrichtlich verwendeter Bereiche ganz unten. Hier sind mehrere Gründe denkbar: vielleicht ist

- die Bezeichnung MAINSTREAM [58] ungünstig
- die seltene unterrichtliche Berücksichtigung dieser Musik im Vorbereitungsaufwand begründet, der in diesem schnellebigsten Bereich populärer Musik immer wieder neu erforderlich ist.
- das Resultat ein Ausdruck dessen, was ich als die 'Un-Unterrichtbarkeit' aktueller Pop- und Rockmusik bezeichnet habe [59]

---

57 Vgl. Kap.III.2.4

58 Eine solche Bezeichnung kann sich als 'Sammelbecken' für völlig verschiedene Stilarten erweisen

59 Vgl. Kap. III.2.4 sowie TERHAG 1984

Wie zu vermuten, besteht eine Wechselwirkung zwischen der Auswahl unterrichtlich berücksichtigter Stilarten und der Tatsache, ob ein Pädagoge *sehr gern* oder *äußerst ungern* im populären Bereich unterrichtet:

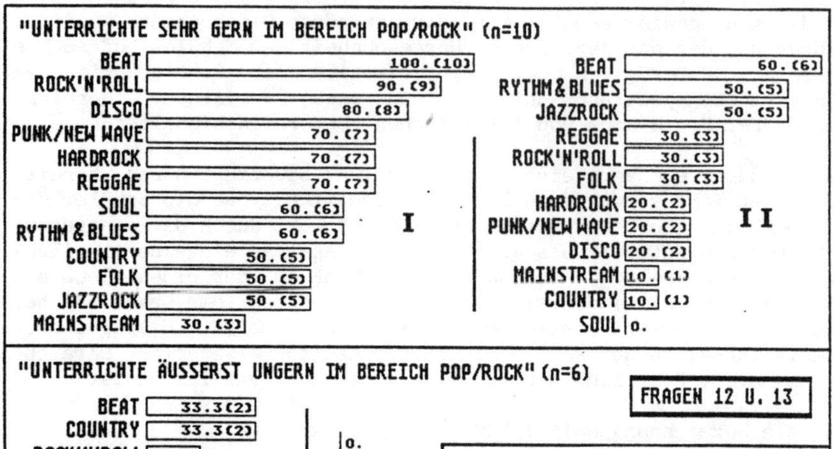

TAB.41: VERGLEICH VON BERUFLICHEM (I) UND PRIVATEM (II) VERHÄLTNIS ZUR POPULÄREN MUSIK; MEHRFACHNENNUNGEN

Neben dem nicht verwunderlichen Ergebnis, daß jemand, der sehr gern im populären Bereich unterrichtet, dies auch wesentlich häufiger tut als andere, wird durch den Vergleich der beiden letzten Tabellen (Tab.40 und 41) deutlich, daß diejenigen, die *sehr gern* im populären Bereich unterrichten, auch häufiger dazu bereit sind, Stilarten zu berücksichtigen, die ihnen privat weniger zusagen: So bevorzugt privat niemand in dieser Gruppe den SOUL, 60% haben ihn jedoch bereits unterrichtlich thematisiert, für DISCO, PUNK und HARDROCK gilt Vergleichbares.

Hier wird eine These der vorliegenden Arbeit gestützt, nach der eine generelle Aufgeschlossenheit gegenüber populärer Musik ein großzügigeres Umgehen mit dem Unterrichtsthema 'populäre Musik' und vermutlich eine höhere Berufszufriedenheit zur Folge hat.

3.10. Unterrichtsziele und Lehrermotivation beim Thema populäre Musik

Die Frage nach der Motivation für die Berücksichtigung populärer Musik wird im Fragebogen deutlich von den Zielen bei diesem Unterrichtsthema getrennt. Die Trennung ist ein Ergebnis der Prämisse, mit dieser Befragung schwerpunktmäßig die Situation der *Lehrenden* zu untersuchen, indem die auf das Schülerverhalten ausgerichteten, pädagogisch begründeten und somit eher in der beruflichen Hälfte des Lehrerdaseins anzusiedelnden Ziele der persönlichen, eher privaten Motivation der Befragten für das

Unterrichtsthema populäre Musik gegenübergestellt werden.

Die Werte in Tab.42 machen deutlich, daß die entscheidende Motivation für Unterricht mit populärer Musik dieser Musik selbst entspringt: Resignieren vor der Schülerhörgewohnheit (24,1%) oder bloßes Auflockern des Unterrichts (25,9%), welches populäre Musik strenggenommen definitorisch vom 'eigentlichen' Unterricht abtrennt, werden seltener als Beweggrund angegeben:

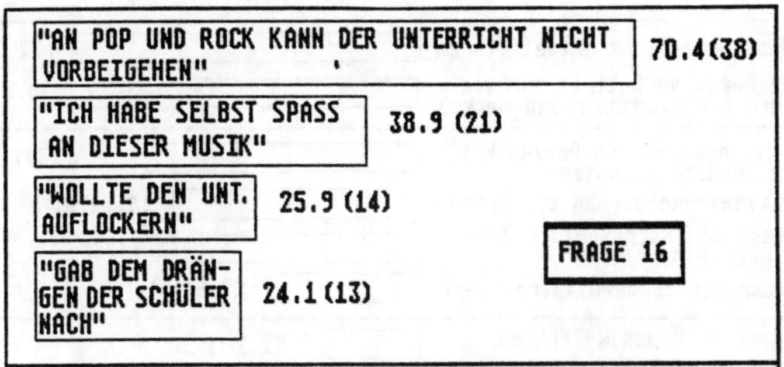

TAB.42: LEHRERMOTIVATION FÜR DEN EINBEZUG POPULÄRER MUSIK N=54; MEHRFACHNENNUNGEN

Wie die folgende Tabelle zeigt, gibt die Mehrzahl der Befragten an, gern mit populärer Musik zu unterrichten (missing cases: 2):

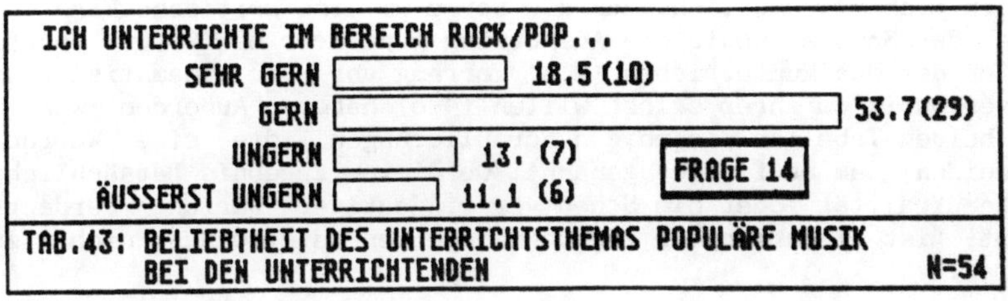

TAB.43: BELIEBTHEIT DES UNTERRICHTSTHEMAS POPULÄRE MUSIK BEI DEN UNTERRICHTENDEN N=54

Die durch die Auswertung des offenen Fragebogens gewonnenen Formulierungen verschiedener <u>Ziele</u> des Unterrichts mit populärer Musik transportieren auch mehr oder weniger deutlich wertende Einstellungen zum Thema. Bei der Analyse von Tab. 44 fällt zunächst auf, daß die aus der Sicht der populären Musik eher negativ formulierten Ziele (7-9) sehr selten und die eher wertfrei formulierten Ziele (1,2) am häufigsten angekreuzt wurden. Die eher positiven Ziele befinden sich im mittleren Bereich der Tabelle:

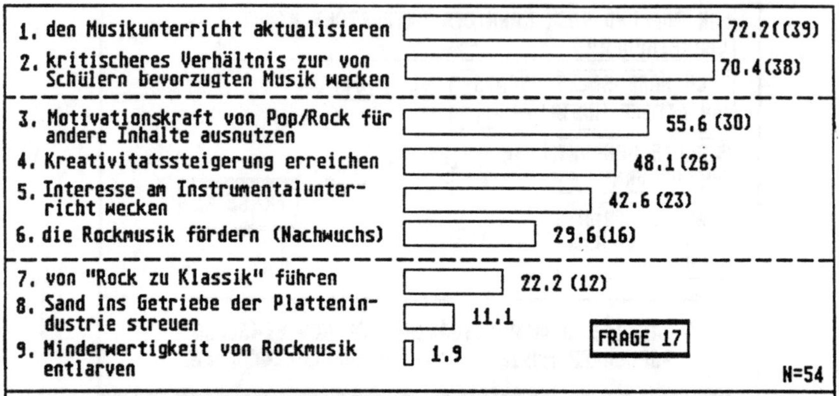

TAB.44: ZIELE DER UNTERRICHTENDEN BEIM THEMA POPULÄRE MUSIK; MEHRFACHNENNUNGEN

Im Gegensatz zur Motivation der Lehrer (Tab.42) wird bei ihren Zielen (Tab.44) deutlich, daß die Sorge um eine kritische Einstellung der Schüler sowie die Ausnutzung populärer Musik für andere Ziele des Musikunterrichts (2,3) Vorrang vor der Thematisierung dieser Musik um ihrer selbst willen (4-6) haben. Außerdem werden in beiden Tabellen diejenigen Formulierungen, die eine Wertung vermeiden, am häufigsten genannt. Ob dieses Ergebnis tatsächliche Wertneutralität oder die Scheu vor eindeutiger Wertung verdeutlicht, ist im Rahmen der zugrundeliegenden Untersuchung nicht zu klären.

3.11. Beobachtung der Schülerreaktionen

Zur ansatzweisen Beschreibung von Unterrichtsklima und -ergebnis beim Thema populäre Musik können die Befragten angeben, welche der vorgegebenen Schülerverhaltensweisen [60] ihnen bei diesem Unterrichtsthema auffallen. Hierbei sind fraglos andere Beschreibungen zu erwarten als bei der objektivierten Unterrichtsanalyse: So lassen die von den *Unterrichtenden* angestellten Beobachtungen nicht nur das Schülerverhalten, sondern bis zu einem gewissen Grad auch den subjektiven Blickwinkel verschiedener Beobachter deutlich werden.

---

60 Die Liste der Verhaltensweisen stellt das ergänzte Resultat der Antworten aus dem offenen Fragebogen dar.

Die Beschreibung der Schülerreaktionen aus der Sicht derjenigen, die im populären Bereich mit unter Umständen völlig verschiedenen Zielen unterrichten, transportiert - ähnlich der vorausgegangenen Beschreibung der Unterrichtsziele - im Zusammenhang dieser Befragung auch eine Wertung; diese Wertung ist in einer lehrerzentrierten Befragung mindestens ebenso interessant wie die an anderer Stelle [61] bereits beschriebenen Schülerreaktionen.

Im folgenden wird zunächst das Gesamtergebnis der Frage vorgestellt (Tab. 45,46), danach folgt die detailliertere Gegenüberstellung einzelner Aspekte (Kap.IV.3.11.1 bis IV.3.11.3) und als letztes zur Verdeutlichung des Zusammenhangs zwischen Beobachtung und Wertung sowie zwischen Schüler- und Lehrerverhalten ein Vergleich der Beobachtung derjenigen, die gern bzw. ungern im populären Bereich unterrichten (Kap.IV.3.11.4). Insgesamt wurden folgende Schülerreaktionen bestätigt:

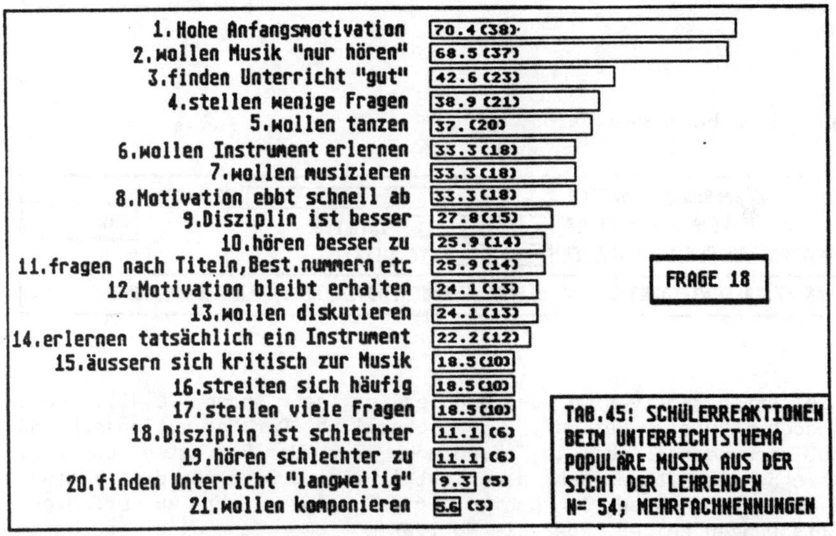

TAB.45: SCHÜLERREAKTIONEN BEIM UNTERRICHTSTHEMA POPULÄRE MUSIK AUS DER SICHT DER LEHRENDEN N= 54; MEHRFACHNENNUNGEN

Bedenkt man, daß nicht alle der 54 Fragebogenbeantworter mit populärer Musik unterrichten, daß sich die Prozentwerte in Tab. 45 und 46 jedoch auf die Gesamtstichprobe (n = 54) beziehen, kann man davon ausgehen, daß die beiden am häufigsten genannten Reaktionen (Hohe Anfangsmotivation; wollen 'nur hören') von nahezu all denen beobachtet werden, die tatsächlich im Popbereich unterrichten. Die Reaktionen 3-8 werden noch von einem Drittel aller Befragten beobachtet. Das zeigt, daß die im offenen Fragebogen angegebenen Erfahrungen von einer größeren Gruppe geteilt werden, wobei die eindeutig als positiv einzustufenden Schülerreaktionen im Durchschnitt häufiger genannt werden als eindeutig negative:

---

[61] Vgl. u.a. LUGERT 1981/2; PAPE 1973; PAPE/BECK 1987; WIECHELL 1975; ZIMMERSCHIED 1971

EINDEUTIG NEGATIVE REAKTIONEN	**DURCHSCHNITT:**	**16.7(9)**
Motivation ebbt schnell ab		33.3 (18)
streiten sich häufiger		18.5 (10)
Disziplin ist schlechter		11.1 (6)
hören schlechter zu		11.1 (6)
finden Unterricht "langweilig"		9.3 (5)
EINDEUTIG POSITIVE REAKTIONEN	**DURCHSCHNITT:**	**38.9(21)**
hohe Anfangsmotivation		70.4(38)
finden Unterricht "gut"		42.6 (23)
Disziplin ist besser		27.8 (15)
hören besser zu		25.9 (14)
Motivation bleibt erhalten		24.1 (13)

FRAGE 18 — MEHRFACHNENNUNGEN

TAB.46: GEGENÜBERSTELLUNG POSITIVER UND NEGATIVER REAKTIONEN N=54

3.11.1. Schülermotivation

HOHE ANFANGSMOTIVATION	70.4(38)
MOTIVATION EBBT AB	33.3 (18)
MOTIVATION BLEIBT ERHALTEN	24.1 (13)

FRAGE 18

TAB.47: BESCHREIBUNG VON SCHÜLERREAKTIONEN: MOTIVATION; MEHRFACHNENNUNGEN N=54

Die <u>Anfangsmotivation</u> der Schüler ist sehr hoch (70,4%), ebbt jedoch in vielen Fällen (33,3%) schnell ab. Der Motivationsschwund muß verwundern, weil in Tab.46 noch 42,6% der Befragten angeben, ihre Schüler fänden den Unterricht 'gut'; Gründe für den Motivationsschwund sind im Rahmen der Befragung nicht zu erfahren. Erfahrungen zeigen, daß die Motivation immer dann einen spürbaren Bruch erfährt, wenn populäre Musik nur als Einstieg in *andere* Inhalte des Musikunterrichts dienen soll. Eine solche 'Motivation' - von Kritikern häufig als 'Rattenfängermethode' oder Bauernfängerei [62] bezeichnet - stellt ein abzulehnendes methodisches Prinzip dar, das in der Regel von Schülern schnell durchschaut wird und spätestens dann seine zweifelhafte didaktische Intention verfehlt.

Ein anderer Motivationsbruch entsteht beim Zusammenprallen der freizeitorientierten Atmosphäre populärer Musik mit einer arbeitsorientierten Schulatmosphäre. Dieser Bruch kann nur durch die ansatzweise Überwindung der Trennung von Schule und Freizeit verhindert werden, wobei Unterrichtende ihren Schülern von Anfang an durch eine *offene Motivation* deutlich machen sollten, wann der Musikunterricht von freizeitorientierter Musik bestimmt wird und an welchen Stellen die Musik ihrer Freizeit Anlaß und Material für 'Arbeit' ist. Der häufige Versuch, den *Freizeitcharakter* populärer

---

62 v.SCHOENEBECK 1982, S.8

Musik als Motivation zur *Arbeit* zu mißbrauchen, ist problematisch und auf lange Sicht zum Scheitern verurteilt: Um sinn- und wirkungsvoll zu motivieren, müßte den Schülerinnen und Schülern deutlich gemacht werden, daß einerseits im Musikunterricht keinesfalls nur rational analysiert wird und mit populärer Musik andererseits 'richtige Arbeit' verbunden sein kann.

Bei konsequenter Einhaltung dieser Bedingungen für eine *offene Motivation* mit populärer Musik dürfte einerseits das Abebben der Motivation deutlich eingeschränkt werden; ebenfalls konsequenterweise wird natürlich andererseits die starke Anfangsmotivation vor allem jener Schüler nachlassen, die populäre Musik ausschließlich mit Freizeit verbinden.

Die Schülermotivation beim Unterrichtsthema populäre Musik ist an anderer Stelle des Fragebogens Thema einer detaillierteren Einzelfrage, bei der die Befragten angeben können, ob sie bei diesem Thema eine Motivationssteigerung beobachten, was bei einer großen Mehrheit der Fall ist (Tab.47a). Auch dieses Bild würde sich bei der beschriebenen *offenen Motivation* vermutlich ändern.

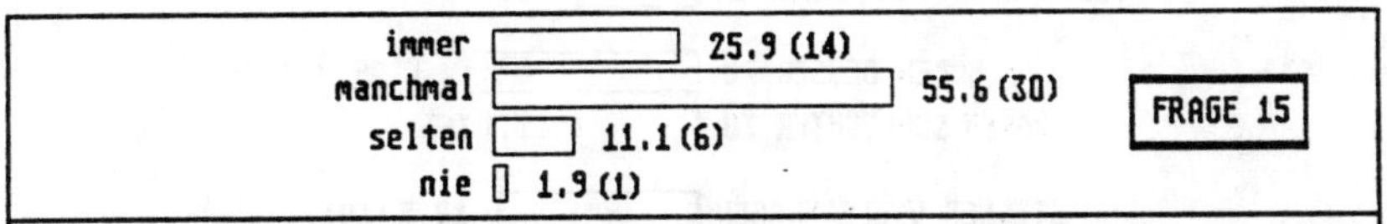

TAB.47a: MOTIVATIONSSTEIGERUNG DURCH UNTERRICHT MIT POPULÄRER MUSIK N=54

Der hier deutlich werdenden Tatsache, daß populäre Musik im Musikunterricht in hohem Maße motivierend wirkt, wobei diese Motivation sich im wesentlichen auf den Anfang des Unterrichts bezieht, kommt im argumentativen Zusammenhang der vorliegenden Arbeit entscheidende Bedeutung zu.

3.11.2. Unterrichtsklima

Insgesamt betrachtet scheint sich die Berücksichtigung populärer Musik positiv auf das Unterrichtsklima auszuwirken. Die diesem Ergebnis zugrundeliegenden Aussagen müssen jedoch aus erwähnten Gründen der Subjektivität zurückhaltend interpretiert werden, da sie auf die Beobachtungen der *Unterrichtenden* beschränkt bleiben, die wohl bewußt oder unbewußt davon ausgehen, daß ein schlechtes Unterrichtsklima auch auf ihre Person zurückzuführen ist. Die Antworten lassen daher lediglich die Aussage zu, die im populären Bereich Unterrichtenden *empfänden* das Unterrichtsklima bei populären Themen als angenehmer bzw. sie *gäben solches an*:

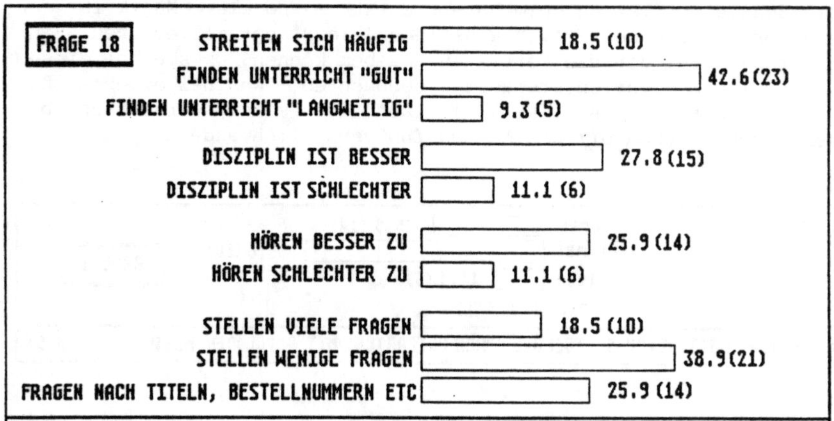

TAB.48: BESCHREIBUNG VON SCHÜLERREAKTIONEN: UNTERRICHTSKLIMA; N=54; MEHRFACHN.

So streiten sich Schüler bei populären Themen offenbar nicht so häufig (18,5%), wie es Bemerkungen im offenen Fragebogen befürchten ließen; sie haben Spaß am Unterricht, die Disziplin ist besser als bei anderen Themen; sie hören besser zu, stellen jedoch weniger Fragen, was als Interesselosigkeit oder als im populären Bereich häufig anzutreffender Informationsvorsprung der Schüler [63] gedeutet werden kann.

---

[63] Vgl. u.a. SCHÜTZ 1982, S.174; WIECHELL 1975, Vorwort

3.11.3. Schülerwünsche

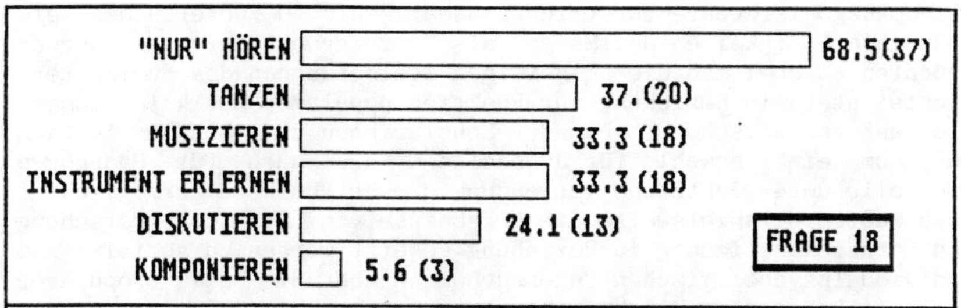

TAB.49: SCHÜLERREAKTIONEN: WÜNSCHE ZUR UNTERRICHTSGESTALTUNG BEIM UNTERRICHTSTHEMA POPULÄRE MUSIK; N=54; MEHRFACHNENNUNGEN

Die Rangfolge der angegebenen Schülerwünsche spiegelt vermutlich den von den meisten Jugendlichen in der Freizeit praktizierten Umgang mit populärer Musik wider. Die von Pädagogen häufig gewählte Formulierung, Jugendliche wollten populäre Musik 'nur' hören, soll meist die Tatsache bezeichnen, daß diese Jugendlichen ihre Musik von Diskussionen unbehelligt genießen oder sich von ihr berauschen oder berieseln lassen wollen. Diese bereits den offenen Fragebogen durchziehende Aussage wird durch die Ergebnisse in Tab.49 bekräftigt: Das 'bloße' Hören stellt den Hauptwunsch dar (68,6%), der Wunsch nach Diskussion ist relativ selten (24,1%).

Geht man davon aus, daß beim schülerzentrierten Unterricht ein Zusammenhang zwischen den hier angegebenen Wünschen und der Schülermotivation bestehen sollte, wobei diese Motivation nur dann bruchlos wirken kann, wenn sie als *offene Motivation* zu einem Unterricht motiviert, der hinterher auch tatsächlich stattfindet, erscheint das deutliche Nachlassen der Motivation beim Thema populäre Musik als ein Hinweis auf das Zusammenprallen verschiedenster 'Wünsche' an dieses Unterrichtsthema: RICHTER wünscht sich, daß populäre Musik im Unterricht "sich in die Ziele und Arbeitsweisen des Musikunterrichts voll integriert (...) und - wie alle anderen Bereiche - mit hohen Ansprüchen daherkommt." [64] Viele Schüler wollen diese Musik jedoch 'nur hören' oder dazu tanzen.

Diskrepanzen zwischen den Wünschen der Lehrer und denen ihrer Schüler sind bei jedem Unterrichtsthema zu finden. Bei populärer Musik jedoch machen die Unterschiede zwischen den Vorstellungen, die Jugendliche einerseits und Musikpädagogen andererseits mit diesem Thema verbinden, grundsätzliche Probleme bei der schulischen Berücksichtigung freizeitorientierter Musik deutlich. Zur Lösung solcher Probleme bedarf es der vergleichenden Analyse der verschiedenen <u>Ansprüche an das Unterrichtsthema populäre Musik</u>, wobei das Ziel dieser Analyse nicht die Ersetzung eines Anspruchs durch den jeweils anderen sein kann. Die Analyse könnte vielmehr Kern einer Didaktik der populären Musik sein, in der ein Versuch unternommen wird, die Grenzen und Berührungspunkte verschiedener Ansprüche an das Unterrichtsthema populäre Musik auszuloten. [65]

---

[64] RICHTER 1984, S.339
[65] Vgl. Kap.II.3.6

Ein Ziel dieser Didaktik könnte beispielsweise darin bestehen, die der populären Musik innewohnenden Kräfte sowohl auf ihre Eignung als pädagogisierbare Unterrichtsthematik hin zu untersuchen als auch ihre Fähigkeiten und Mängel als Motivierungsfaktor zu durchleuchten, wobei man die allgemeinen Zielsetzungen des Musikunterrichts stets in Beziehung zur Funktion populärer Musik im inner- und außerschulischen Leben der Schülerinnen und Schüler setzen muß, um eine sowohl für Jugendliche als auch für Pädagogen sinnvolle unterrichtliche Verwendung dieser Musik zu ermöglichen. Dazu müßten beispielsweise die Ergebnisse von Curriculumforschung und Lernzielbestimmung in Beziehung gesetzt werden zu sozial- und individualpsychologischen Untersuchungen über die Rolle populärer Musik im Leben Jugendlicher. [66]

Nach diesen Ausführungen ist RICHTER zu widersprechen, wenn er anführt, es "sollte der Eindruck vermieden werden, als ob eigens eine Rockmusikdidaktik zu entwickeln sei." [67] Diese spezielle Didaktik ist schon allein deswegen erforderlich, weil sich bei keinem anderen Unterrichtsthema Motivation, Unterrichtsgegenstand und -ziele dergestalt beeinflussen, daß sie sich in der Praxis häufig gegenseitig blockieren. So müßte strenggenommen das immer wieder im populären Bereich angesiedelte Ziel 'Kritikfähigkeit' durch seine Erreichung konsequenterweise dazu führen, daß eine erneute Motivation mit und zu Teilen dieser Thematik nicht mehr funktionierte. Die (Anfangs-) Motivation gelingt jedoch scheinbar immer wieder, läßt jedoch durch den oben [68] beschriebenen Schutzmechanismus verständlicherweise rasch nach.

In ähnlichem Zusammenhang benutzen viele Musikpädagogen das Verhältnis ihrer Schüler zur populären Musik als erfolgversprechende Einstiegsmotivation in einen Unterricht, dessen Thema häufig eben jenes Verhältnis ist; besteht das Ziel des Unterrichts nun für die Schüler in einer Verhaltensänderung, tritt aus verständlichen Gründen die paradoxe Situation ein, daß ein zur Motivation benutztes Verhalten die Arbeit am Unterrichtsthema unmöglich macht.

Im Hinblick auf diese Verflechtung von Unterrichtsinhalt und -methode ist RICHTER zwar zuzustimmen, wenn er ausführt, es gäbe keine so gravierenden Unterschiede zwischen verschiedenen Unterrichtsgegenständen, die es rechtfertigten, "von einer Operndidaktik,einer Didaktik der Neuen Musik,einer Didaktik der Renaissancemusik o.a. zu reden" [69], er irrt jedoch, wenn er populäre Musik in diesen Sachverhalt einbezieht: Keiner der von ihm aufgezählten Unterrichtsgegenstände erfordert einen vergleichbar geringen Motivierungsaufwand, dennoch hat keiner hinsichtlich der meist mit ihm verbundenen Ziele bisher sowenig Wirkung gezeigt, da die verschiedenen Ansprüche, die Musikpädagogen und Schüler mit dem Unterrichtsgegenstand verbinden, häufig entgegengesetzt sind.

---

[66] Vgl. Kap.II.3.7
[67] RICHTER 1984, S.339
[68] Vgl. Kap.III.2.4.6
[69] RICHTER 1984, S.339

3.11.4. Abhängigkeiten zwischen Lehrer- und Schülerverhalten

Die hier zugrundeliegenden Aussagen können wie erwähnt nicht an die Aussagekraft direkter Schülerbefragungen und objektivierter Unterrichtsanalysen heranreichen, was allerdings auch nicht Ziel dieser explizit lehrerzentrierten Untersuchung ist. Im Zentrum des Interesses ist vielmehr die Art der Beschreibung von Schülerreaktionen durch jene Musiklehrer, die gern bzw. ungern im Popbereich unterrichten. Durch das Verdeutlichen der in diesen Beschreibungen liegenden Beobachtung kann untersucht werden, ob die Lehrereinstellung zum Unterrichtsgegenstand in Beziehung zu Unterrichtsklima und -erfolg und damit letztlich zur Berufszufriedenheit [70] von Musiklehrerinnen und -lehrern steht.

Zunächst soll der von den Befragten beobachtete Motivationsverlauf im Unterricht derjenigen, die unterschiedlich gern im populären Bereich unterrichten, verglichen werden. Bei den Ursachen sei ausdrücklich auf eine *wechselseitige* Beeinflussung der einzelnen Faktoren hingewiesen: So kann die Tatsache, ob jemand gern oder ungern im populären Bereich unterrichtet, Auswirkungen auf den Erfolg des Unterrichts haben, umgekehrt beeinflussen unterschiedliche Unterrichtserfahrungen natürlich auch das Verhältnis eines Unterrichtenden zum Unterrichtsgegenstand. Wie aus den folgenden Tabellen [71] hervorgeht, bestehen solche Wechselwirkungen sowohl beim Verlauf der Schülermotivation (Tab.50) als auch bei den Schülerwünschen (Tab.51) und beim Unterrichtsklima (Tab.52):

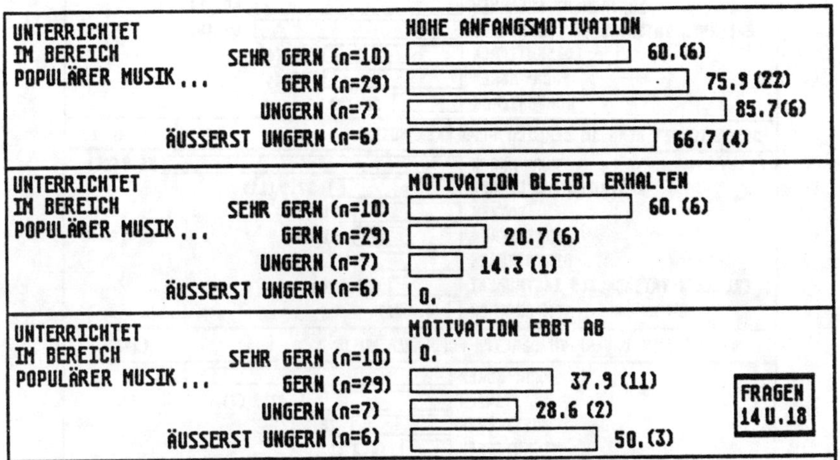

TAB.50: ZUSAMMENHANG ZWISCHEN MOTIVATIONSVERLAUF UND LEHREREINSTELLUNG

Es fällt auf, daß diejenigen, die sehr gern im populären Bereich unterrichten, seltener (60%) eine hohe Anfangsmotivation beobachten als alle anderen. Diese Motivation bleibt jedoch im selben Maß erhalten (60%), was die Interpretation zuläßt, daß hier eine *offene* Motivation stattfindet.

---

[70] Vgl. LUTTMANN 1982

[71] Bei allen Fragen waren Mehrfachnennungen möglich

Die im Vergleich hohe Anfangsmotivation bei den Schülern derjenigen, die eher ungern im Popbereich unterrichten, ist sicherlich auch damit zu erklären, daß das Thema Rock/Pop bei diesen Musiklehrern seltener thematisiert wird und damit für die Schüler eine Abwechslung darstellt. Es wäre in diesem Zusammenhang interessant, zu untersuchen, wie sich der Motivationsverlauf bei 'klassischen' Themen in jenen Klassen darstellt, in denen vorwiegend populäre Musik thematisiert wird.

Von diesen grundsätzlichen Überlegungen abgesehen ist es eigentlich nicht erstaunlich, daß gerade die eher skeptisch Eingestellten angeben, meist eine hohe Anfangsmotivation und deren schnelles Abebben zu beobachten, kann doch die Angabe dieses allgemein als negativ geltenden Motivationsverlaufs Ursache für eine skeptische Grundhaltung gegenüber dem Thema Rock/Pop sein oder begründen, warum man sich dieses Themas nur selten annimmt.

Beim folgenden Vergleich der Schülerwünsche (Tab.51), die an die verschiedenen Gruppen von Befragten herangetragen werden, fällt auf, daß diejenigen, die sehr gern im populären Bereich unterrichten, nicht nur insgesamt mehr, sondern auch aktivere und kreativere Wünsche beobachten:

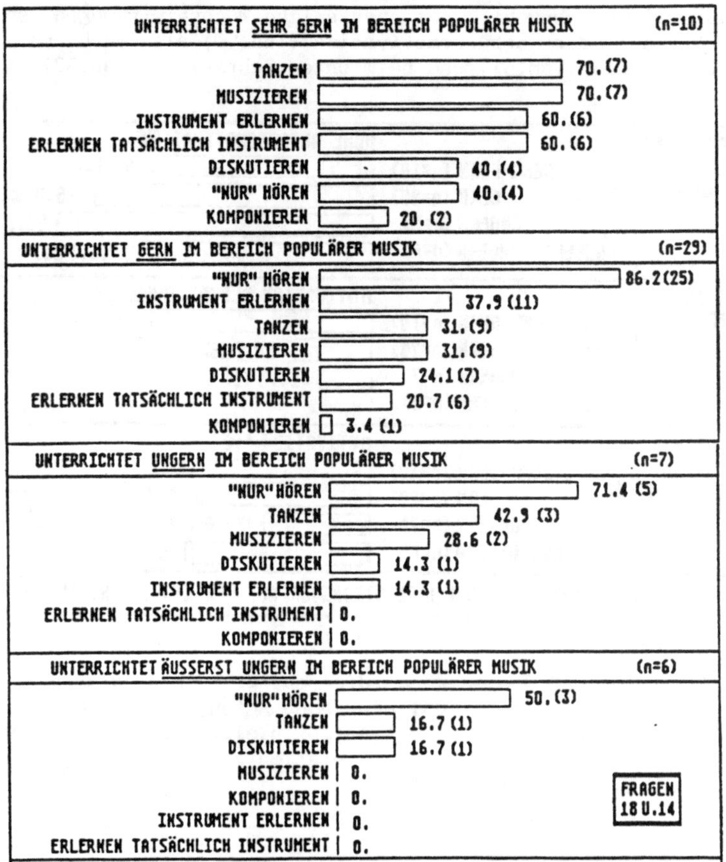

TAB.51: ZUSAMMENHANG ZWISCHEN SCHÜLERWÜNSCHEN UND LEHREREINSTELLUNG; MEHRFACHN.

Wie Tab. 52 zeigt, verschlechtert sich das allgemeine Unterrichtsklima durch fehlende Begeisterung der Unterrichtenden für die anstehende Thematik. Wie bereits erwähnt, können diese Beobachtungen sowohl Ursache als auch Wirkung der Unterrichtserfahrungen sein.

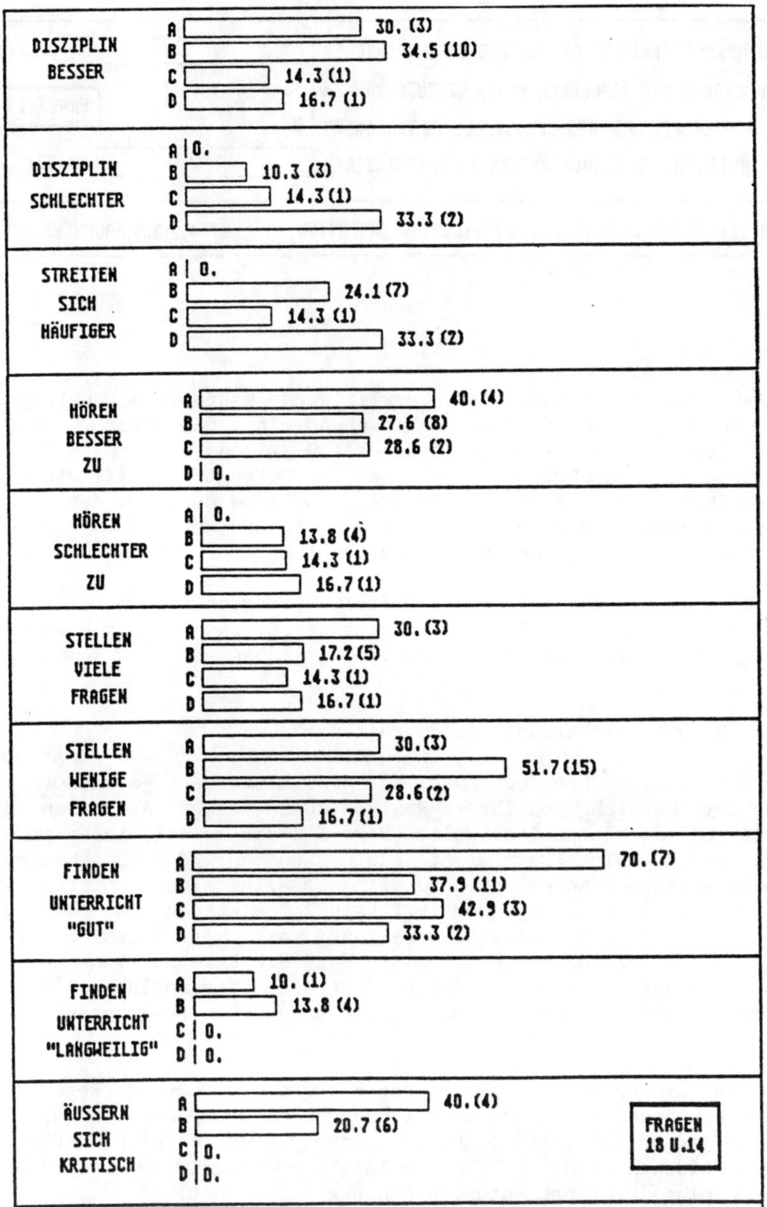

TAB.52: ZUSAMMENHANG ZWISCHEN UNTERRICHTSKLIMA UND LEHREREINSTELLUNG: UNTERRICHTET SEHR GERN (A; n=10), GERN (B; n=29), UNGERN (C; n=7) ODER ÄUSSERST UNGERN (D; n=6) IM BEREICH POPULÄRER MUSIK; MEHRFACHNENNUNGEN

3.12. Einschätzung der Fragebogenintention

Bei der nächsten Frage können die Befragten angeben, welche Intention ihrer Meinung nach hinter dieser mit dem Fragebogen verbundenen Arbeit steht. Dabei ergibt sich das folgende Ergebnis:

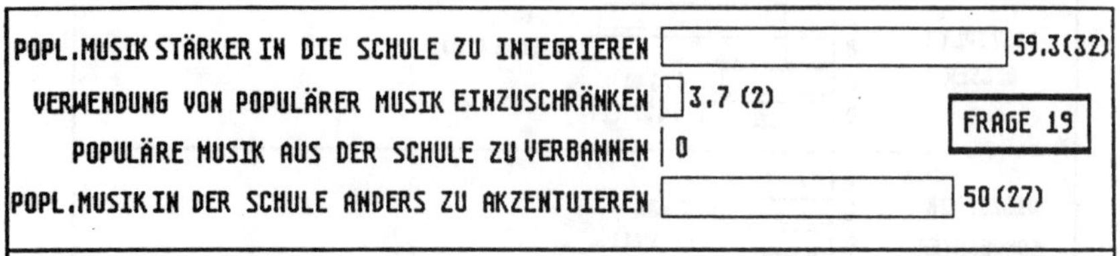

TAB.52a: EINSCHÄTZUNG DER UNTERSUCHUNGSINTENTION; N=54; MEHRFACHNENNUNGEN

Wie zu erwarten, schätzt die überwältigende Mehrheit der Befragten die Intention dieser Arbeit dahingehend ein, daß hier versucht werden soll, populäre Musik stärker (59,3%) oder anders (50%) in die Schule zu integrieren. Nur zwei der Befragten (3,7%) glauben, diese Arbeit verfolge die Intention, populäre Musik in der Schule einzuschränken und niemand unterstellt die Absicht, Rock und Pop sollten hier aus dem Unterricht verbannt werden.

Man kann also davon ausgehen, daß die Befragten in dem Verfasser des Fragebogens einen Rockbefürworter sehen, was bei der Ergebnisanalyse berücksichtigt werden muß.

3.13. Selbsteinschätzung der Befragten

Den Abschluß des Fragebogens bildet eine Liste von Fachausdrücken aus dem Bereich populärer Musik, durch deren Ankreuzen die Befragten angeben sollen, welche Begriffe sie zu definieren in der Lage wären. Die Frage dient jedoch nicht nur der Beschreibung popmusikalischer Kompetenz, sondern vor allem einer Untersuchung der Selbsteinschätzung der befragten Musikpädagogen. Bei der Auswertung dieser Selbsteinschätzung soll vor allem deutlich werden, ob die Befragten bereit sind, die Existenz von für den populären Bereich immer wieder konstatierten Wissenslücken [72] bzw Informationsrückständen im Rahmen eines anonymen Fragebogens zuzugeben.

Die zu diesem Zweck vorgegebenen Begriffe reichen deswegen von allgemein bekannten Ausdrücken (GEMA,BREAK) über Begriffe aus dem Musikerjargon (AMP,TAKES) und Insiderbegriffen (GIMMICK, ARPS) bis zum erfundenen Ausdruck CYPE. In Tab.53 werden die Begriffe in der Reihenfolge ihrer prozentualen Nennung aufgeführt.

---

[72] Vgl. die Zusatzbemerkungen am Ende des offenen Fragebogens sowie SCHAFFRATH e.a. 1982 und ZIMMERSCHIED 1971

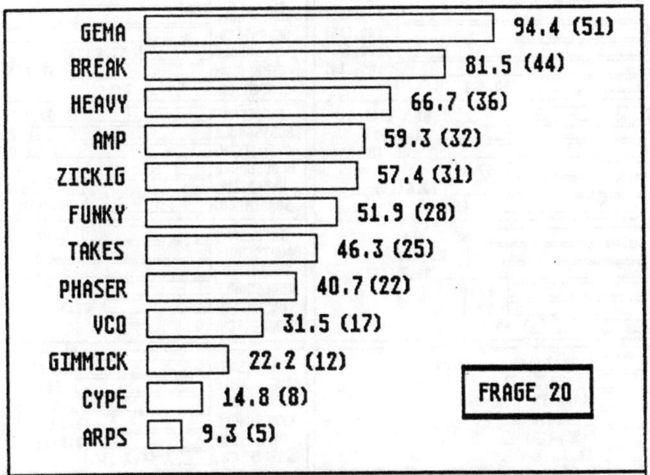

TAB.53: SELBSTEINSCHÄTZUNG DER POPMUSIKALISCHEN FACHKOMPETENZ; N=54; MEHRFACHNENNUNGEN

Die Rangfolge spiegelt ein vermutlich realistisches Bild der von Musikpädagogen definierbaren bzw. nicht definierbaren Ausdrücke wider, wobei jedoch in mehreren Bereichen einige Prozentwerte abzuziehen sind, da auch der nicht existierende Begriff CYPE von immerhin acht Befragten (14,8%) 'erkannt' wurde. Diese Befragten sind strenggenommen nicht in der Lage, erfolgversprechenden Unterricht mit populärer Musik durchzuführen, da in diesem Bereich das Vertauschen der Rollen von Lehrenden und Lernenden immer wieder als eine Bedingung dargestellt wird.

Auch bei dieser Frage ist die folgende schultypspezifische Auswertung ergiebig, die einen insgesamt höheren Informationsstand über populäre Musik (bzw. dessen höhere Selbsteinschätzung) an Haupt- und Gesamtschule vor Gymnasium, Real- und Sonderschule verdeutlicht. Dieser Informationsvorsprung hat seine Ursache vermutlich in der an anderer Stelle (vgl. Kap.IV.3.2) beschriebenen schultypspezifischen stärkeren Affinität zur populären Musik. Hierzu seien einige Einzelaspekte verdeutlicht (vgl. folgende Seite):

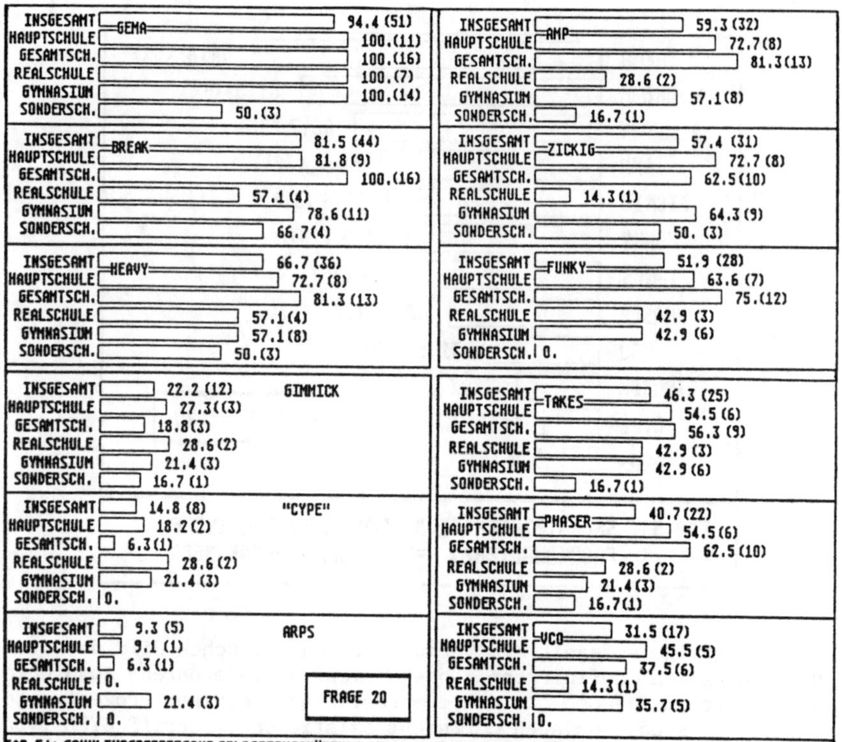

TAB.54: SCHULTYPSPEZIFISCHE SELBSTEINSCHÄTZUNG (INSGESAMT: GESAMTSTICHPROBE; N=54)
(HS: n=11; GS: n=16; RS: n=7; GY: n=14; SON: n=6) MEHRFACHNENNUNGEN

In Tab. 54 steht in der obersten Zeile (INSGESAMT) für jeden Begriff die Auswertung der Gesamtstichprobe (n = 54) und darunter die Werte für die verschiedenen Schulformen. Dabei sind GEMA, BREAK, HEAVY fast allen Befragten bekannt; die Begriffe aus dem Musikerjargon (AMP, ZICKIG, FUNKY) sind bekannter als die eher technischen Bezeichnungen TAKES, PHASER, VCO. Am unbekanntesten sind GIMMICK, ARPS und 'CYPE'.

Ist bei den meisten Begriffen die Selbsteinschätzung bei Haupt- und Gesamtschullehrern wesentlich höher - der in fast allen modernen Lehrwerken erläuterte Begriff BREAK ist nur 57% der Realschul- und 78% der Gymnasiallehrer bekannt - so nimmt mit zunehmender Spezialisierung der Begriffe die 'Kenntnis' an Realschulen und Gymnasien zu (vgl. ARPS, GIMMICK, 'CYPE'), obwohl das allgemeine Interesse an populärer Musik an diesen Schulformen geringer zu sein scheint als an Haupt- und Gesamtschulen. Hier ist zu vermuten, daß die befragten Gymnasial- und Realschullehrer sich schwertun, Wissenslücken zuzugeben.

Insgesamt betrachtet steht die Auswertung dieser letzten Frage eindeutig im Widerspruch zur angeblich hohen Verwendung von populärer Musik im Unterricht: Wer Begriffe wie BREAK, AMP, FUNKY oder PHASER nicht kennt, kann beispielsweise nur über höchst ungenügende praktische Kenntnisse im wesentlichen Teilbereich Rockmusik verfügen und damit keinen insgesamt erfolgversprechenden Unterricht im Gesamtgebiet populärer Musik durchführen. Letzteres gilt auch für diejenigen, die nicht bereit sind, zuzugeben, daß sie vermeintliche Spezialausdrücke oder Modewörter nicht kennen.

4. Die Bedeutung der Ergebnisse für die schulische Berücksichtigung populärer Musik

Da die wesentlichen Ergebnisse bereits in Kap.IV.3 analysiert wurden, seien hier lediglich einige abschließende Bemerkungen angeführt: Im Zusammenhang mit Stichprobengröße und Rücklauf fällt auf, daß hauptsächlich die *Befürworter* populärer Musik ihren Fragebogen zurückgeschickt haben. So wurde beispielsweise deutlich, daß die hier häufiger vertretenen Altersgruppen der populären Musik besonders aufgeschlossen gegenüberstehen, wohingegen sich die Altersgruppe mit der niedrigsten Präsenz am deutlichsten ablehnend äußert. [73]

Bei der genaueren Betrachtung einzelner Fragebogen wird dann zusätzlich deutlich, daß die 'Gegner' unter den Beantwortern ganz besonders negativ geurteilt haben. Einige strichen alle Fragen, die sich mit populärer Musik befassen, demonstrativ durch oder beantworteten lediglich die Frage nach der Intention dieser Arbeit dahingehend, daß sie versuche, populäre Musik stärker in die Schule integrieren. Die Masse der eher 'Gleichgültigen' wurde anscheinend nicht zum Antworten motiviert, was wiederum als ein Zeichen dafür angesehen werden kann, daß der Umgang mit populärer Musik in hohem Maße von der privaten Einstellung dieser Musik gegenüber abhängig ist.

Trotz dieser einschränkenden Überlegungen kann der an mehreren Stellen deutlich werdende, scheinbar selbstverständliche Umgang mit populärer Musik angezweifelt werden, besonders vor dem Hintergrund seines krassen Widerspruchs zu statistischen Angaben über den VDS [74] und zum Tenor musikpädagogischer Veröffentlichungen. Auch wenn diese Widersprüche durch die schultypspezifische Interpretation teilweise abgemildert werden [75], sind hier kritische Fragen an die Konstruktion des Fragebogens und die Zusammensetzung der Stichprobe angebracht. Da diese Fragen auch meine persönlichen Vorbehalte empirischen Untersuchungen gegenüber widerspiegeln, seien sie kurz erläutert:

Zum einen bleiben Multiple-choice-Vorgaben ohne einen für die Befragten abschreckenden Differenzierungsaufwand häufig ungenau, da Begriffe wie 'selten' oder 'Rockmusik' nicht einheitlich definiert und folglich die durch sie gewonnenen Ergebnisse auch nicht verallgemeinert werden können. Aus diesem Grund wurden bei allen Fragen die wesentlichen Interpretationsversuche nur innerhalb des jeweiligen Fragerahmens unternommen: So kann das Verhältnis von *häufigem Tanzen* zu seltenem *Tanzen* bzw. zu *häufigem* Konzertbesuch gültiger und damit genauer beschrieben werden als das Gesamtergebnis einzelner Fragen im Vergleich zum Resultat anderer Fragen.

---

73 Vgl. Kap.IV.3.1.1

74 Vgl. MuB 2/83, S.51

75 55% der VDS-Mitglieder unterrichten am Gymnasium, 10% an der Hauptschule und nur 1% an Gesamtschulen; Gymnasiallehrer beschäftigen sich jedoch deutlich weniger mit populärer Musik (vgl. Kap.IV.3.2.1)

Andererseits ist zu bedenken, daß eine große Mehrheit der Befragten die Intention der vorliegenden Arbeit dahingehend einschätzt, daß diese für den stärkeren Einbezug populärer Musik plädiere. Es läßt sich nun vermuten, daß die Beantworter eines Fragebogens, der ihrer Meinung nach von Befürwortern und vermutlich Experten der populären Musik ausgewertet wird, eher eine zu hohe als eine zu niedrige Affinität zu dieser Musik angeben, um der gängigen Einschätzung von Musikpädagogen etwas entgegenzusetzen oder um zu verhindern, daß sie durch empirisch belegte Defizite im populären Bereich dazu beitragen, die pädagogische Präsenz dieser Musik zu verstärken. So gaben Skeptiker bereits beim Empfang des Fragebogens sinngemäß zu bedenken, wenn heute jemand ihr Verhältnis zur populären Musik untersuche, müßten sie es morgen ändern. Die hier wieder deutlich werdende Diskrepanz zwischen teilweise recht skeptischer Grundhaltung beim Austeilen der Fragebogen und einigen Teilergebnissen ihrer Auswertung bestätigt erneut die Vermutung, daß viele der Skeptiker den Fragebogen gar nicht erst ausgefüllt haben.

Selbst wenn alle diese generellen Probleme statistischer Erhebungen zufriedenstellend gelöst wären, müßte jedoch bei der Frage nach der 'Unterrichtbarkeit' populärer Musik angezweifelt werden, daß Musikpädagogen, die beispielsweise *früher einmal* Rockmusik gehört und dies zudem nur *selten* getan haben, heute in der Lage sind, das Verhältnis ihrer Schüler zur gerade aktuellen populären Musik besser zu verstehen. [76] Anders verhält es sich mit aktiveren Beschäftigungen wie TANZEN und SPIELEN, die ein stärkeres Maß an Identifikation verlangen und dadurch die häufig beschriebene Andersartigkeit von Rockmusik eher erfahrbar machen.

Ein durchgängiges Ergebnis läßt sich in der Befürchtung ausdrükken, in bezug auf populäre Musik entwickelten sich zwei völlig verschiedene Lehrertypen für die Sekundarstufe I und II, oder für die Haupt-, Real- und Gesamtschulen auf der einen und das Gymnasium auf der anderen Seite.

Besonders bedenklich stimmt hier die scheinbar völlig unterschiedliche Behandlung populärer Musik an den verschiedenen Schulformen. Unter Berücksichtigung der grundlegenden Bemerkungen zur Stichprobe (Kap.IV.3.1) lassen die Ergebnisse konträre Interpretationen und hypothetische Folgerungen zu:

Die Vermittlung populärer Musik in der Schule ist wesentlich deutlicher schichtspezifisch bestimmt als das Ausmaß jugendlichen Konsums dieser Musik. So gehen Gymnasiallehrerinnen und -lehrer seltener auf Schülerbedürfnisse ein; Haupt- und Gesamtschullehrerinnen und -lehrer orientieren sich am deutlichsten an den Schülerbedürfnissen. Gymnasiasten erhalten also im Musikunterricht häufiger Angebote, die von ihren Hörgewohnheiten abweichen; für Haupt- und Gesamtschüler wird populäre Musik zunehmend zur allseits akzeptierten musikalischen Ausdrucksform. Motivationspsychologischen Erkenntnissen zufolge müßten letztere daher stärker für den Musikunterricht motiviert sein. Falls sich die hier skizzierte Entwicklung weiter festschreiben sollte, werden viele Haupt- und

---

[76] Vgl. das Gespräch mit Michael RÜSENBERG in Kap.VI.1.5 (ANHANG)

Gesamtschüler künftig authentischer und gründlicher als Gymnasiasten und Realschüler über populäre Musik informiert; das musikalische Weltbild von Absolventen verschiedener Schultypen würde sich immer deutlicher unterscheiden.

Im Hinblick auf die Person der Lehrerin und des Lehrers läßt sich vermuten, daß deren Berufszufriedenheit [77] eng damit zusammenhängt, inwieweit private und berufsbezogene Einschätzung der im Unterricht behandelten Musikarten übereinstimmen. Der entscheidende Zusammenhang zwischen der Berufszufriedenheit [78] von Musikpädagogen und populärer Musik läßt sich in folgende These fassen:

> Die Berufszufriedenheit von Musiklehrerinnen und -lehrern wächst mit dem Grad der Übereinstimmung von privater und berufsbezogener Einstellung zum Unterrichtsgegenstand.

Übertragen auf aktuelle Herausforderungen bedeutet dies, daß beispielweise populäre Musik sich nur dann sinnvoll und gewinnbringend in den Unterricht integrieren läßt, wenn die private und die berufliche Einschätzung dieser Musik durch Lehrende möglichst ähnlich sind; zumindest dürfen die beiden Einschätzungen keinen unlösbaren Konflikt verursachen. Je weiter sie auseinanderklaffen, desto problembeladener wird der Unterricht im populären Bereich.

Hierbei spielt die *Richtung* des Auseinanderklaffens keine Rolle: Wenn beispielsweise die berufsbezogene Einsicht in die Notwendigkeit der Berücksichtigung populärer Musik mit den privaten musikbezogenen Wertvorstellungen eines Lehrers nicht in Einklang zu bringen ist, entsteht ein ebensolcher Konflikt wie im umgekehrten Fall, wenn die berufsbezogene pädagogische Einsicht, die Musik der Schülerinnen und Schüler unbehelligt zu lassen, mit der privaten Vorliebe eines Lehrers für bestimmte Bereiche der populären Musik kollidiert.

---

77 Zur Berufszufriedenheit von Musiklehrerinnen und -lehrern vgl. LUTTMANN 1982

78 LUTTMANN stellt die "Gesamthypothese" auf, "daß das Verhältnis von Studium, Vorbereitungsdienst und Lehrerrolle (im Unterrichtsfach Musik) so desintegriert (sei), daß Zufriedenheit die Ausnahme (sei), bzw. von persönlichen Faktoren außerhalb der engeren beruflichen Qualifikation bestimmt" werde (LUTTMANN 1982, S.50); dieser Zusammenhang ist direkt auf den hochschulischen Umgang mit populärer Musik zu beziehen.
Weiterhin beschreibt er "eine Aufspaltung der Studenten in verschiedene Typen, die das Verhältnis der Studenten untereinander belastet" (LUTTMAN 1982, S.39); auch diese Aufspaltung läßt sich u.a. am hochschulischen Umgang mit populärer Musik festmachen.
Im Zusammenhang mit der Lehrerpersönlichkeit versucht LUTTMANN, die verschiedenen Typen in die Dimensionen "arrangiert - engagiert" sowie "allgemein pädagogisch orientiert - musikorientiert" einzuordnen. (Vgl. LUTTMANN 1982, S.53ff; vgl. auch: JANK/MEYER/OTT 1986; KEMMELMEYER 1979; MEYER-DENKMANN 1988; PROSS 1969; PÜTZ 1986; SCHÜTZ 1982)

V. EINIGE BEDINGUNGEN FÜR DIE ENTWICKLUNG EINER DIDAKTIK DER POPULÄREN MUSIK

In dieser Arbeit soll versucht werden, Reaktionsmöglichkeiten der Pädagogik auf aktuelle Herausforderungen zu untersuchen. Obwohl Rock, Pop und Jazz am Ende der 80er Jahre längst nicht mehr als 'aktuelle' Herausforderungen gelten können, ist eine angemessene, sowohl die Musiker als auch die Pädagogen zufriedenstellende Didaktik dieser Genres bisher nicht in Sicht. Im Zusammenhang mit der *aktuellen* Herausforderung 'Populäre Musik' hat die Musikpädagogik in der Vergangenheit weitgehend versagt: Das Thema muß weiterhin als *unbewältigte* Herausforderung an die Pädagogik gelten; diese Musik hat es trotz gegenlautender Versicherungen immer noch besonders schwer an Hochschulen und Schulen.

Aus diesem Grund bietet es sich an, am Beispiel der populären Musik die Bedingungen für eine angemessenere Bewältigung aktueller Herausforderungen zu untersuchen: Durch die pädagogisch bestimmte Definition der mit dem Thema verbundenen Begriffe [1] und die vor diesem Hintergrund analysierte geschichtliche Entwicklung einer Didaktik populärer Musik [2] wird deutlich, daß nicht die Schülerinnen und Schüler, sondern die Lehrerinnen und Lehrer das Hauptproblem bei der Berücksichtigung aktueller Herausforderungen darstellen.

Aus dieser Erkenntnis heraus habe ich in der stichprobenartigen Untersuchung zu demonstrieren versucht, wie man das Verhältnis von Pädagogen zu aktuellen Herausforderungen näher untersuchen könnte. Im Falle der populären Musik wird dieses Verhältnis besonders kompliziert - nicht umsonst wird hier seit mindestens 20 Jahren [3] diskutiert, gestritten und polemisiert -, da es eng mit dem Selbstverständnis der Musikpädagogik und zusammenhängt:

Die Musiklehrerausbildung hat im Laufe ihrer Entwicklung zahlreiche analysegewohnte, sensibel musizierende und musikbegeisterte Fachleute hervorgebracht, die im alltäglichen Musikunterricht auf Schülerinnen und Schüler treffen, für die Musik zwar auch ungeheuer wichtig ist, die aber in der Mehrzahl völlig anders mit ihr umgehen. Für viele Pädagogen ist es eine berufliche Überlebensfrage, inwieweit es ihnen gelingt, ihre eigene musikbezogene Sozialisation mit der ihrer Schüler in Einklang zu bringen.

Gelingt dies nicht, kann ein *Konflikt zwischen berufsbezogenem und privatem Umgang mit Musik* entstehen, der die Musiklehrerinnen und -lehrer der aktuellen Herausforderung gegenüber völlig hilflos

---

1 Vgl. Kap.II
2 Vgl. Kap.III
3 Vermutlich jedoch bereits wesentlich länger (vgl. RITZEL 1979)

gegenüberstehen läßt, was im Hinblick auf die musikalischen Elemente der Rockmusik wie folgt beschrieben wird:

> "Aus den Schulen ist bekannt, daß der Musiklehrer meist mehr oder weniger hilflos dem Wunsch der Schüler gegenübersteht, Rockmusik in den Unterricht zu integrieren. Man behilft sich damit, das Unterichtsthema 'Rockmusik' in Referaten von Schülern abhandeln zu lassen, die zumindest über Werdegang und Plattenerfolge ihrer Stars gut informiert sind. Doch da eine umfassende Untersuchung über die musikalischen Aspekte nicht vorhanden ist, wird dann bald wieder mit recht wenig befriedigenden Bemerkungen wie: 'Alles, was im Rock musikalisch vorkommt, ist Jahrhunderte früher schon dagewesen' zu besser aufbereitetem Terrain zurückgeführt." [4]

Der Autor dieser Zeilen, der in seiner "Harmonieanalyse der Rockmusik" versucht, die harmonischen und melodischen Besonderheiten von Folk, Blues, Rock'n'Roll, Beat und Rock systematisch zu beschreiben, deutet in diesem Zusammenhang einen Grund für die "fast völlige Ignorierung der harmonischen Besonderheiten von Beat und Rock" [5] an; danach sind "sicher nicht böser Wille oder Fragen des Geschmacks", sondern die mangelnde musiktheoretische Beschäftigung mit populärer Musik als Grund dafür anzusehen, daß diese in Musikwissenschaft und -pädagogik meist als soziales Phänomen und damit als Schüler-Musik untersucht worden ist.

Im Zusammenhang der vorliegenden Arbeit bedeutet dies: völlige Vernachlässigung und verkrampfte Berücksichtigung populärer Musik sind in vielen Fällen das Resultat mangelnder Aufbereitung dessen, was in der vorliegenden Arbeit als Schul-Musik bezeichnet wird. Diese Aufbereitung macht sowohl in der 'etablierten' als auch in der 'alternativen' Musikpädagogik Probleme:

- Die Forderung der 'etablierten' Musikpädagogik nach breit angelegtem Musikunterricht erscheint so lange halbherzig, wie den Musikstudenten und später den Unterrichtenden keine Möglichkeiten angeboten werden, diese Forderung auch im populären Bereich zu erfüllen. Hier fehlt die Analyse der Schul-Musik.

Angesichts der Situation bei der Aus- und Fortbildung sowie im Bereich der Lehrwerke ist es den Unterrichtenden nicht zu verübeln, wenn sie rasch zu 'besser aufbereitetem Terrain' (KRAMARZ) zurückkehren; hier erscheint Musikunterricht *ohne* populäre Musik besser als ein gegen die innere Überzeugung nur widerwillig durchgeführter Unterricht mit Pop, der lediglich der Beruhigung des schlechten Gewissens bezüglich des breit angelegten Unterrichts dient.

- Die 'alternative' Musikpädagogik versucht bisher lediglich, das Versäumte mit Fortbildungen, Unterrichtsmaterialien oder

---

[4] KRAMARZ 1983, S.9; (wie in Gespräch II [vgl.ANHANG] deutlich wird, muß die Einordnung von Rock und Pop in die Geschichte populärer Musik durchaus nicht immer mit vergleichenden Wertungen einhergehen)

[5] ebd.

in privaten Musikschulen aufzuholen, wobei sie Aspekte der Schüler-Musik vernachlässigt.

Diese 'alternativen' Sofortmaßnahmen sind angesichts der immer wieder konstatierten Aus- und Fortbildungsmängel [6] zwar sehr wichtig, die umfassende didaktische Analyse populärer Musik muß jedoch weitergehen und auch Aspekte der Schüler-Musik einschließen. Dies können 'alternative' Pädagogen jedoch nicht allein leisten: Die didaktische Analyse populärer Musik und künftiger aktueller Herausforderungen muß daher *die Person der Lehrer bewußt und zentral mit einbeziehen*, wenn nicht von ihr ausgehen:

So bedürfen vor allem die Probleme, die angesichts der Sozialisation und Ausbildung von Musikpädagogen bei Konflikten zwischen privaten und berufsbezogenen musikalischen Einstellungen entstehen, der besonderen Aufmerksamkeit. Bei allen pädagogischen Bemühungen um populäre Musik drängt sich der Eindruck auf, daß man entweder

- die Werte der Erwachsenenkulturen oder der erwachsenen Jugendkulturen als unumstößliche Normen setzt oder

- den Schülerinteressen, die letztlich den Ausschlag für die Behandlung populärer Musik im Unterricht darstellen, hinterherläuft.

Statt aktualitätsheischend hinter dem letzten Modetrend herzulaufen, sollte eine Didaktik der populären Musik, wie in der Literaturanalyse [7] exemplarisch verdeutlicht, eher den Versuch darstellen, Reaktionsmöglichkeiten der Institution Schule auf aktuelle Herausforderungen und auf das Phänomen Popularität zu untersuchen.

Eine Didaktik der populären Musik darf selbstverständlich weder in den Versuch ausarten, lebendige Musik in ein starres Schema zu pressen noch die Folge haben, die populäre von anderen Formen der Musik abzugrenzen.

Es müßten vielmehr mögliche Konflikte aufgespürt und analysiert werden, um anschließend Lösungsmöglichkeiten zu entwerfen. Deutlich geworden sind bisher Konflikte zwischen

- pädagogischer Einsicht in eine bestimmte Notwendigkeit und privaten musikbezogenen Wertvorstellungen,

- dem an der Hochschule Vermittelten und dem im Unterrichtsalltag geforderten,

- dem, was Lehrerinnen und Lehrer gerne machen <u>möchten</u> und dem was sie machen <u>können</u> (instrumentale Fertigkeiten im populären Bereich),

- <u>Lehrer</u>- und <u>Schülergeschmack</u> sowie zwischen verschiedenen Hörgewohnheiten,

---

6 Vgl. SCHAFFRATH et al. 1982 sowie Kap.IV

7 Vgl. Kap.III

- dem modischen Charakter populärer Musik und dem statischen Charakter von Lehrwerken,
- dem Freizeitcharakter populärer Musik und dem Arbeitscharakter des Schulsystems (Schulpflicht),
- den übergeordneten Zielen der Traditionsvermittlung und der Funktion aktueller Popmusik.

Bei einer Lösung dieser Konflikte, zu der ich mit der vorliegenden Arbeit Impulse geben möchte, sind auch die Grenzen der wissenschaftlichen Analyse von Alltagsphänomenen zu beachten: So führt beispielsweise die wissenschaftliche Erfassung des 'Phänomens populäre Musik' an die Grenzen der Wissenschaftlichkeit und die Prämisse, dem Forschungsgegenstand und der Wissenschaft gleichermaßen gerecht zu werden, an den Rand einer notwendigen Persönlichkeitsspaltung. [8] Besonders die wissenschaftliche Pädagogik muß bei der Analyse des Forschungsgegenstands 'Populäre Musik' vor, während und nach dessen wissenschaftlicher Berücksichtigung feststellen, daß nicht nur die Wissenschaft auf die allgemeine kulturelle Entwicklung reagiert, sondern daß sich umgekehrt auch der Gegenstand des Forschungsinteresses *durch seine Erforschung* verändern kann:

Das kulturelle Umfeld der populären Musik reagiert auch auf seine wissenschaftliche Berücksichtigung, besonders wenn diese zu einer vergröbernden Fixierung führt. Das kann beispielsweise bei der didaktischen Analyse von Rockmusik zum paradoxen Versuch führen, wissenschaftlich nicht Faßbares faßbarer machen zu wollen und als Resultat dieser Bemühungen u.U. konstatieren zu müssen, daß das Fixierte längst keine genuine Rockmusik mehr darstellt.

Rock, Pop und Jazz sperren sich ihrer pädagogischen 'Fixierung' auch deswegen, weil das erkenntnisleitende Interesse an der *wissenschaftlichen* Berücksichtigung dieser Genres stets von Erwachsenenkulturen ausgeht, obwohl zuvor der *musik-kulturelle* Impuls zum Entstehen populärer Musik häufig von Jugendkulturen [9] bestimmt ist. Wie oben erläutert, besteht ein wesentlicher Kern der hier deutlich werdenden pädagogischen Zwiespältigkeiten in Generationsproblemen: Sogar eine extrem 'verflachte' und nicht protestgebundene Popmusik kann als Identifikationsmöglichkeit für Kinder und Jugendliche dienen, mittels derer sich Heranwachsende von anderen Gruppen absetzen können.

Zwei dieser Gruppen sind in der Regel die Erwachsenenkulturen und die erwachsenen Jugendkulturen. Sobald Kinder und Jugendliche spüren, daß die Mitglieder dieser Gruppen versuchen, ihr Grundbedürfnis nach Identifikation und Abgrenzung zu beeinflussen, beginnen sie, dieses Bedürfnis mit anderen (musikalischen) Inhalten zu füllen. Da populäre Musik ein "allgemeines Medium kapitalistischer Kultur ist" [10], kommt dieser Wechsel der 'Moden' einer "Logik der

---

[8] Vgl. hierzu KNEIF 1975
[9] Zu diesen Begriffen vgl. Kap.II.3.6 und Kap.II.3.6.1
[10] FRITH 1981, S.16

Massenproduktion mit dem beherrschenden Ziel eines möglichst großen Marktes" [11] entgegen und hilft der Musikindustrie, die Erscheinung von Musikprodukten zeitabhängig zu machen, d.h. "die Konsumenten so zu beeinflussen, daß sie die Platten zum Zeitpunkt ihres Erscheinens kaufen, sie nach ein paar Wochen langweilig finden und durch Neuerscheinungen ersetzen." [12]

Pointiert formuliert beschleunigen Musikpädagogen diesen Abnutzungsprozeß, wenn sie aktuelle populäre Musik in die mit dem Druckmittel der Schulpflicht gefüllten Schulen integrieren und so den Prozeß unterstützen, Musik 'langweiliger' und 'älter' zu machen. Die häufig etwas hemdsärmelig argumentierenden jüngeren Musikpädagogen der erwachsenen Jugendkulturen neigen dazu, diesen Zusammenhang durch ihr vorgeblich 'anderes Verständnis von Schule' zu verharmlosen: Musik, die hauptsächlich der Identifikation dient, verliert diese Funktion zwischen Schulpflicht und Leistungsmessung.

Befürworter und Gegner populärer Musik neigen dazu, *ihr* musikalisches Weltbild auf die Schule zu übertragen und werden dadurch ihren Schülern nicht gerecht: Für die 'Klassiker' unter den Musiklehrern war klar, populäre Musik gehöre *nicht* in die Schulen, für die 'Rockfans' war meist gleich klar, *welche* populäre Musik *wie* in den Unterricht einzubeziehen sei; in diesem Zusammenhang sind häufig auch die 'positiven' Statements über populäre Musik verräterisch.

Sowohl bei den 'Klassikern' als auch bei den 'Rockfans' bleiben Schülerinnen und Schüler die 'Ungebildeten'. Beim Unterrichtsthema 'Populäre Musik' ist jedoch das Ausgehen von diesen 'Ungebildeten' entscheidend - das macht die angemessene Berücksichtigung dieser aktuellen Herausforderungen in der allgemeinbildenden Schule so schwierig.

---

[11] FRITH 1981, S.10
[12] FRITH 1981, S.12

VI. ANHANG

1. Interviews zur didaktischen Berücksichtigung populärer Musik

Die Gespräche dieses Kapitels dienen dazu, die in Kap.III vorgenommene Analyse der geschichtlichen Entwicklung einer Didaktik der populären Musik zu veranschaulichen.

Im ersten Gespräch mit Ilse STORB wird deutlich, daß in den 60er Jahren die pädagogische Berücksichtigung populärer Musik eher unqualifiziert und halbherzig geschah; so bezeichnet Frau STORB ihre eigene damalige Kompetenz als lückenhaft, obwohl die Autorin zumindest im Rahmen der musikpädagogischen Fachzeitschriften eine Pionierfunktion übernommen hatte. Der Verdacht liegt nahe, daß ihren trotz offensichtlicher Mängel (die Frau STORB heute selbst konstatiert) begehrten frühen Aufsätzen eher eine Feigenblattfunktion innerhalb der 'etablierten' Musikpädagogik zukamen. Das Gespräch macht deutlich, warum die Beschäftigung mit Beat, Pop und Rock in den 60er Jahren ein Problem darstellte.

Das Dreiergespräch mit Wulf-Dieter LUGERT und Volker SCHÜTZ beleuchtet die heutige und die Situation während der späten 70er und 80er Jahre näher. In diesem ausführlichen Gespräch werden auch einige Thesen der vorliegenden Arbeit diskutiert.

Die pädagogischen Bemühungen der 'alternativen' Musikpädagogik werden exemplarisch veranschaulicht in den Gesprächen mit Franz FIRLA und Charly RINNE. Im Gespräch mit FIRLA werden im Vergleich zu dem mit STORB einige Unterschiede zwischen 'etablierter' und 'alternativer' Musikpädagogik deutlich. Charly RINNE beschreibt u.a. die Rolle des erwachsenen Lehrers und die Schwierigkeiten, die durch generationsbedingte Unterschiede entstehen.

Diese Schwierigkeiten beschreibt auch der Rundfunkredakteur und Musikpublizist Michael RÜSENBERG im fünften Gespräch: Welcher Zusammenhang besteht zwischen populärer Musik und der Entwicklung von Jugendlichen und Erwachsenen?

Im Gespräch mit Sigi BUSCH wird deutlich, wie sehr die Schulerfahrungen die musikbezogene Sozialisation prägen können. BUSCH betont, daß pädagogische Theorie und Praxis sich unbedingt durchdringen müssen und schlägt an Beispielen vor, wie das geschehen könnte. In diesem Gespräch wird auch die Vergleichbarkeit der pädagogischen Berücksichtigung von Jazz auf der einen und Rock/Pop auf der anderen Seite erkennbar.

Im letzten Gespräch mit Hermann RAUHE werden sowohl die Anfänge der Popularmusikdidaktik (frühe 60er Jahre) als auch ihre heutige und zukünftige Rolle in der Hochschulausbildung angesprochen. RAUHE, der als einer der wichtigsten Vertreter der 'Initiatorengeneration' von Popularmusikdidaktik gelten kann, zieht in diesem Gespräch auch eine Bilanz der Entwicklung dieser Didaktik.

1.1. Gespräch I mit Ilse Storb

Ilse Storb kann als eine Pionierin musikpädagogischer Beschäftigung mit populärer Musik gelten, da einige der frühesten musikpädagogischen Aufsätze, die sich mit populärer Musik befassen, damals noch unter 'Beat' zusammengefaßt, aus Ihrer Feder stammen. Frau Storb ist Begründerin und Betreuerin des in die Musiklehrerausbildung integrierten 'Jazzlabors' an der Universität Duisburg.

> Frau Storb, wie ist es zu Aufsätzen wie 'Informationen zur Popmusik' [1], 'Beat im Musikunterricht der Hauptschule' [2] und 'Beat - soziologisch gesehen'[3] gekommen und was war ihr Ziel?

Zu meiner Beschäftigung mit Rock und Pop ist es durch ein Schlüsselerlebnis gekommen. Das war bei den 'Internationalen Essener Songtagen' (1968) im Essener Jugendzentrum. Ich war damals Assistentin und mein Chef sagte, da müsse ich eigentlich mal hin, die Sache mal ansehen, was da von Amerika so rüberkommt. Der hatte zwar keine Ahnung davon, war aber sehr tolerant.

Ja, und bei den Songtagen war dann von DEGENHARDT bis ZAPPA alles vertreten. Ich muß gestehen, daß das Ganze für mich als Klassikerin damals in einem kreativen Chaos ablief, es war ein ziemliches Tohuwabohu, muß ich sagen. Mir wurde dann plötzlich klar, daß diese Musik ja von einer riesigen Masse Jugendlicher gehört wird und ich überhaupt keine Ahnung davon hatte. Und es gab überhaupt kein Informationsmaterial. Was nun? Nun informier dich doch mal selbst.

Doch mein Background war Null zu dieser Zeit. Ich hatte also wirklich keine Ahnung davon und habe krampfhaft versucht, in den dreimonatigen Semesterferien möglichst viele Platten zu hören und aus den USA ein paar Artikel zu ergattern. Außerdem habe ich mich bei Soziologen informiert, weil ich den ganzen soziologischen Hintergrund so wichtig fand.

Es war damals schon so etwas wie eine 'mutige Heldentat', als Klassikerin überhaupt etwas zu schreiben und tatsächlich stürzten sich auch sofort ein paar Verlage auf meine Aufsätze. Da gab es noch Riesenärger, weil ein Verlag meinen Aufsatz exklusiv haben wollte und ich ihn auch woanders angeboten hatte.

Dann habe ich mich noch eine Weile mit Pop beschäftigt, nur merkte ich dann schnell, daß diese ganze Sache uferlos ist und alles so schnell wechselt in der Szene. Da ich den Jazz für insgesamt anspruchsvoller hielt, habe ich mich dann mehr dieser Musik zugewandt.

> Bleiben wir noch bei Rock und Pop. Als Sie diese Aufsätze verfaßten, besuchte ich gerade die Mittelstufe des Gymnasiums, war also ein Mitglied der Zielgruppe Ihrer pädagogischen Bemühungen. Hätten ich und meine Klassenkameraden uns damals für 'Musik und Bildung' interessiert, hätten wir Ihnen

---

[1] STORB (1969), S.434ff
[2] STORB (1972), S.543ff
[3] STORB (1972), S.189ff

sicherlich Inkompetenz vorgeworfen. Wie wären Sie diesem Pennäler-Vorwurf begegnet?

Ich finde das ausgesprochen ehrlich und mutig und hätte vermutlich sofort gefragt, inwiefern ich von diesen Schülern etwas lernen kann; eine andere Möglichkeit hat man nicht als Lehrer. Durch aufmerksames Zuhören kann man auch von Schülern lernen, nicht immer nur umgekehrt. Darauf ist ein Lehrer auch angewiesen in einem Bereich, in dem Schüler mehr wissen als unsereins.

Ich habe auch durch Schüler und Studenten gelernt. Ich wurde ja ständig zu Fortbildungstagungen eingeladen, weil ich im Verhältnis zu anderen Kollegen immer noch als informiert gelten konnte. So habe ich an der Uni Frankfurt mal einen Vortrag über 'Tendenzen und Richtungen der Pop- und Rockmusik' gehalten; da saß dann jedoch ein Student in der Zuhörergruppe, der unheimlich gut informiert war, weil er eine Examensarbeit über populäre Musik geschrieben hatte. Der hätte mich fast 'geschlachtet', weil ich seiner Meinung nach das Wichtigste vergessen hatte. Ich habe dann gesagt, er solle mir doch mal seine dicke Arbeit zuschicken, was er auch getan hat und ich habe versucht, durch die 500 Seiten durchzukommen. Ich habe so eine Menge gelernt und ich muß sagen, das geht nach meiner Erfahrung meist gut, wenn man nicht aggressiv, sondern sensibel reagiert und sich als lernwillig zu erkennen gibt. Man braucht sich ja auch nicht zu schämen: Woher sollte man das bei der Ausbildung denn bekommen haben? Es gab halt einen riesigen Nachholbedarf.

Der wurde jedoch zunächst nicht gerade fachmännisch befriedigt. Die ersten musikpädagogischen Gehversuche im populären Terrain hätten bei uns Schülern eher den Verdacht bestärkt, daß von der Schule im Bereich 'unserer' Musik nicht allzu viel zu erwarten sei. Können Sie solche Gedankengänge nachvollziehen?

Das ist ein wenig schwierig nachzuvollziehen. Ich weiß, daß die Schüler sehr froh waren, ihre eigene Protestmusik zu haben - der Protest war ja enorm wichtig und dann kam da so ein 'blödes Monstrum' von Lehrer und nahm ihnen diese ihre Musik auch noch weg. Ich weiß heute noch nicht, wie man sich da verhalten soll; ich finde es immer noch schwierig. Wir versuchen immer wieder 'den Schüler abzuholen', wie es so schön heißt, doch letzten Endes ist das natürlich immer wieder eine Manipulation.

Ob deswegen jedoch aktuelle Popmusik nun tatsächlich 'un-unterrichtbar' ist oder nicht hängt wirklich von der Persönlichkeit des Lehrers und von der jeweiligen Klassensituation ab. Vielleicht ist der Ort Schule schon nicht so geeignet; man müßte die Schüler nach Hause einladen und mal in Ruhe darüber reden.

Glauben Sie, daß es einem Erwachsenen überhaupt möglich sein kann, von pubertierenden Spezialisten einer schnellebigen Popmusik als Gesprächspartner akzeptiert zu werden?

Das kommt immer wieder auf einen Versuch an, für möglich halte ich es. Der Musiklehrer hat eine der schwierigsten und interessantesten Aufgaben zu erfüllen, aber er ist natürlich ein Sisyphos.

1.2. Gespräch II mit Wulf-Dieter Lugert und Volker Schütz

W.D.Lugert und V.Schütz sind Gründer des *Instituts für Didaktik Populärer Musik* und Herausgeber der Zeitschrift *Populäre Musik im Unterricht*; beide sind derzeit tätig an der Hochschule Lüneburg. Abkürzungen: L.: Lugert; S.: Schütz; T.: Terhag

T. Sie haben lange Zeit für den Einbezug populärer Musik in Schule und Musikunterricht gestritten. Ihre Position befand sich m.E. dabei genau zwischen 'etablierter' und 'alternativer' Musikpädagogik. Können Sie sich unter diesen Begriffen etwas vorstellen?

L. Ich kann mir nur unter 'etabliert' etwas vorstellen, weil es eine als 'alternativ' zu bezeichnende Musikpädagogik heute gar nicht mehr gibt. Selbst die Reformansätze, die sich Ende der 60er Jahre in 'Sequenzen' oder 'Musik aktuell' abzeichneten, würde ich nicht als alternativ bezeichnen, da die von 'etablierten' Hochschullehren ausgingen, die sich zwar mit diesen beiden völlig unterschiedlichen Ansätzen gegen die herkömmliche Musikpädagogik wandten, sich jedoch aus einem durchaus wissenschaftlichen Musikbegriff definierten.
Unter 'etabliert' habe ich emotional immer die 'Mächtigen' in der Musikpädagogik verstanden, die ihre Macht teilweise auch brutal benutzt haben. Sie sind zwar gegen Ende der 70er Jahre umgeschwenkt und toleranter geworden, damit haben sie jedoch bloß ihr Fähnlein in den Wind gehängt: Sie haben sich den veränderten, liberaleren Zeiten angepaßt; heute jedoch, wo sich der politische Wind wieder gedreht hat, sind auch viele Konzeptionen wieder rückwärts gewandt. Neuere Unterrichtswerke beispielsweise haben wieder ganz deutlich einen konservativen Tenor, lediglich die optische Präsentation ist neu und der Versuch, ansatzweise handlungsorientiert zu arbeiten.

T. Was wäre denn unter 'etablierter' Musikpädagogik im Zusammenhang mit populärer Musik zu verstehen?

L. Hier ist mit RITZEL [4] zu betonen, daß es solche Phänomene immer schon gegeben hat. Die schulische Berücksichtigung musikalischer 'Neuerungen' ging meist nicht von den Hochschulen, sondern von den Schulpraktikern aus. Im Falle der populären Musik waren das vor allem die teilweise nicht einmal in Musik ausgebildeten Lehrer, die Musikunterricht gegeben haben, weil sie selbst privat Musik gemacht haben.

T. Das sind genau die, die ich mit 'alternativ' bezeichnet habe.

L. Die haben sich jedoch nie *konzeptionell* als Alternative verstanden, sondern einfach das gemacht, was sie konnten und was ihnen selbst und ihren Schülern Freude machte, wobei mittlerweile schon zu beobachten ist, daß hier ein bestimmter Bildungsauftrag des Musikunterricht auf der Strecke bleiben kann. Aber das ist eine ganz schwierige Diskussion.

---

[4] Vgl. RITZEL 1979

T. Eine Diskussion um Schulpop?

S. Um den Bildungsauftrag, um die allgemeine Verantwortung der Schule gegenüber Schülerinnen und Schülern.

T. Wie sieht denn dieser Bildungsauftrag im Lichte von populärer und unpopulärer aktueller Musik aus? Gehören die Befürworter Neuer Musik nun zur 'etablierten' Musikpädagogik?

L. Das ist deshalb schwierig, weil es 'die' Neue Musik nicht gibt. Man muß da genau differenzieren: Wenn man die meist angesprochene Phase meint, geht es da m.E. um eine Musik, die sich *bewußt* den traditionellen Rezeptionsweisen gegenüber sperrt, damit ein sehr hohes Anforderungsniveau hat und deshalb ernstgenommen eigentlich erst in der Sekundarstufe II behandelt werden kann. Der Musikunterricht hat sicherlich die Verantwortung, Neue Musik vorzustellen, aber bestimmte musikalische Erscheinungen können erst aus einer geschichtlichen Distanz betrachtet werden.

T. Das muß doch dann auch für Rock und Pop gelten.

L. Nein, für die eben nicht, weil sie im Gegensatz zur Neuen Musik nicht in einem bruchhaften Verhältnis zur Musiktradition stehen. Populäre Musik hat nie mit der Tradition gebrochen, sondern im Gegenteil älteste Traditionen wieder ausgegraben.

T. Demnach sind diese beiden aktuellsten Musikbereiche didaktisch also völlig unterschiedlich zu behandeln?

L. Ja. Ich finde es beispielsweise völlig absurd, kleine Kinder Neue Musik improvisieren zu lassen.

S. Man müßte hier eines ergänzen: Es hat zwar ein Bruch mit der Materialbehandlung stattgefunden, nicht jedoch mit der Art und Weise, in der Musik präsentiert und gehört wird. Die Avantgardemusik verbindet traditionell gewachsene Konzertformen mit einem bestimmten kontemplativen Hören. Diese Rezeptionsform stellt eine Tradition dar, die bereits im 18. Jahrhundert entstanden ist.

T. Das scheint mir heute anders zu sein. Es ist doch zu beobachten, daß im Rahmen der Rock-, Pop- und Jazz-Fortbildungsszene [5] in den letzten Jahren häufiger die Neue Musik mit Rock, Pop und Jazz zu einer 'improvisierten Musik' zusammengefaßt wird, [6] daß neue Konzertformen mit 'gemischten' Programmen entstehen, bei denen die Rezeptionsform *nicht* aus dem 18. Jahrhundert stammt.

L. Solchen Konzerten hängt m.E. die irrige und unsinnige Vorstellung einiger Musiker an, Kreativität sei voraussetzungslos, die brauche man einfach nur zu 'haben'. Diese Musiker kommen doch nur auf solche Gedanken, weil Neue Musik sich nicht handwerklich *anhört*. Im Grunde fallen sie selbst auf eine falsche

---

5 Vgl. ORTMANN 1987; ders.1988

6 Vgl. die "Kölner Jazzhaus Schule für populäre und improvisierte Musik"

Rezeptionsweise herein, wenn sie glauben, Neue Musik einfach 'nachmachen' zu können, weil sie so 'zufällig' wirkt. Dabei wird einfach unterschlagen, daß diese Musik geschichtlich und in ihrer Materialstruktur überhaupt nicht zufällig ist.

T. Ich spreche wohlgemerkt nicht von Rockmusikern, die vielleicht ein wenig ungewöhnlich improvisieren, sondern denke an Verbindungen zwischen ernsthaften Neue-Musik-Komponisten und ernsthaften Rockmusikern, an Interviews mit Pierre SCHAEFFER und Tim HODGKINSON [7], ich denke an Leute wie HOLGER CZUKAY, FRANCO FABBRI usw. Ich denke auch an den ASPM [8] und an neuere Musikmagazine (Ré-Records Quarterly Magazine, Jazzthetik). Da bestehen doch Verbindungen.

S. Ich glaube, diese Verbindungen entstehen aus der Suche von Avantgarde-Komponisten nach neuen Energien. Die finden sie im Jazz- und Rockbereich und auch im Ethno-Bereich. Ihre eigene Tradition erscheint mir einfach ausgeblutet. Rockmusik dagegen ist trotz ihrer im traditionellen Sinn beschränkten musikalischen Mittel noch nicht ausgeblutet: Obwohl viele Rocktitel musikalisch-handwerklich allenfalls auf dem Stand des späten 18. Jahrhunderts sind, zeigt die Rezeption, daß diese Musik noch lebt. Das bemerken die Avantgardemusiker und suchen da neue Impulse, wo noch Energie und Vitalität vorhanden sind.

L. Das ist doch auch im Rock- und Jazzbereich so! Wo ist denn in der neuen Rockmusik noch Vitalität, wo im Freejazz? Ich halte Freejazz und auch manche Teile von Avantgarde - nicht negativ gemeint - für gruppendynamische Musik. Damit meine ich eine Musik, die mehr für das Machen als für das Zuhören bestimmt ist. Für die Musiker ist das eher ein Erlebnis als für Zuhörer.

S. Das ist ja vielleicht einer der Gründe, weswegen Avantgardemusiker zur Rockszene schielen: Wieso gibt es im Rock - vom kommerziellen Markt einmal abgesehen - eine derart lebendige Lifemusikszene? Die Avantgardemusiker scheinen zu spüren, daß in der Rockmusik etwas drin ist, was sie auch suchen, ein Stück Körperlichkeit, Sinnlichkeit, das Erlebnis eines Groove [9], lebendige Musikerfahrung. Avantgarde ist zwar oft sehr witzig, kann immer noch als Bürgerschreck gelten, aber sie hat für den einzelnen Spieler doch nicht so eine vitale Bedeutung für das körperliche Mitgehen wie die Rockmusik.

L. Ich bleibe dabei: die letzten zwei Jahre haben gezeigt, daß auch die Rockmusik in ihrer musikalischen Entwicklung am Ende ist. Vielleicht kommen bald wieder ganz andere Einflüsse, die wieder ganz andere Musikarten hervorbringen werden? In den letzten beiden Jahren wurde die Rockmusik doch durch die 60er Jahre bestimmt. Das ist doch auch eine Form des Ausblutens.

T. Es ist doch auch im populären Bereich schon viel länger so, daß

---

7 Vgl. HODGKINSON 1987 sowie Kap.II.1.2

8 Arbeitskreis Studium Populärer Musik

9 Beschreibend: rhythmisch-musikalische Figur; wertend: durch Rhythmus und Sound vor allem von Musiker/innen und Tänzer/innen 'gefordertes' Mitgerissenwerden

nicht immer nur 'Neues' produziert wird, sonden daß auch ältere Stücke reproduziert, interpretiert werden. Ich denke da im Jazz an die Realbooks [10], die es in ähnlichen Formen mittlerweile auch für Rockpop gibt. Vielleicht gehen Rock und Pop derzeit in eine reproduktive Phase über.

L. Das glaube ich eben nicht. Ich denke, daß in immer neuen Phasen immer wieder eine andere Musik entstehen wird, die ein unmittelbarer Ausdruck unmittelbarer Verhältnisse ist. Die Geschichte der populären Musik zeigt in den letzten 50 Jahren, daß so etwa in zehnjährigem Abstand das jeweils Alte ausgelaugt ist und plötzlich aus Richtungen, die man überhaupt nicht vorhersehen konnte, völlig neue Impulse kommen.

T. Wenn ich das richtig verstanden habe, halten Sie u.a. aus diesem Grund die Begriffe 'Popularmusik' und 'populäre Musik' für sinnlos. [11]

L. Ja, denn die werden uns noch eine ganze Menge Ärger einbringen, weil irgendwann durch diese Begriffe die Musikpädagogik wie schon so oft der musikalischen Entwicklung hinterherhinken wird. Am Anfang hielt man Dixieland für 'den' Jazz, jetzt hält man Rock und Pop für 'die' Popularmusik. Doch irgendwann wird eine andere Musik populär sein und dann machen die Pädagogen immer noch Pop und Rock.
Davon abgesehen kann man prinzipiell einen aus der Umgangssprache kommenden Ausdruck auch wissenschaftlich nur als fliessenden Begriff definieren. So müssen wir uns doch auch permanent mit diesem Begriff 'Neue' Musik herumschlagen, der streng-genommen in der Schule nicht zu verwenden ist, weil die Schüler mit Recht sagen: Wieso denn, Rock und Pop sind doch auch neue Musik, wieso ist denn nur das Neue Musik? Mit der Verabsolutierung der Avantgarde als Neue Musik hat man genausoviel Unheil angerichtet wie man es mit dem Begriff 'populäre Musik' anzurichten droht. Wir zimmern hier nur Schubladen, in denen wir uns ganz übel verfangen werden.

T. Didaktisch auf den Punkt gebracht wäre das alles doch unter dem Begriff der 'aktuellen Herausforderungen' an die Pädagogik.

L. Richtig auf den Punkt gebracht ist populäre Musik erst dann, wenn es gelingt, eine geschichtliche Kontinuität von Popularmusik aufzuweisen, die dann vom Volkslied über die Sinfonie mit dem Paukenschlag bis zu Prince reichen würde. Der Vorteil wäre dann, daß man Pop und Rock nicht mehr einfach als einen Modeakt ausgrenzen, sondern erkennen könnte, daß es neben der Geschichte der Kunstmusik noch die gesellschaftlich viel wichtigere geschichtliche Kontinuität bestimmter musikalischer *Funktionen* gibt, die nur durch populäre Musik erfüllt werden können. Falls überhaupt, müßte man Popularmusik dann definieren als eine Musik, die durch die gesamte Geschichte betrachtet bestimmte wichtige und unverzichtbare Funktionen von Musik erfüllt. Und diese zentralen Funktionen hat die 'etablierte' Musikpädagogik immer ausgeklammert, diffamiert und ignoriert.

---

[10] Sammelbände mit Jazzstandards
[11] Vgl. LUGERT 1983;2

T. Können Pädagogen die jeweils aktuellste Variante dieser Musik überhaupt je im Unterricht berücksichtigen? Sie werden doch zwangsläufig immer hinterherhinken.

S. Das Hinterherhinken ist nicht so wichtig wie die *Einstellung* gegenüber Musik: Ob der Lehrer nun den neuesten Hit kennt oder nicht, wird sekundär, wenn man fragt, was Musik anthropologisch bedeutet. Dann kann man die Anthropologen und die Ethnologen fragen, die hier viel bessere Antworten haben; so fragt beispielsweise SUPPAN gleich nach der *Funktion* und nicht nach der ideologischen oder traditionellen Wertigkeit.[12]

T. Aber eine wichtige Funktion populärer Musik ist doch die durch sie möglich werdende Abgrenzungsmöglichkeit, beispielsweise zwischen den Generationen.

S. Da sind keine strengen Grenzen zu ziehen: Musik hat offensichtlich in der Adoleszensphase eine zentrale Funktion für die Identitätsfindung. Da geschichtlich immer eine ganz bestimmte - und für jede Generation andere - Musik diese Bedeutung hat und diese von zentralen Erlebnissen der Selbstfindung begleitet ist, scheint diese Musik dann eine Präferenz bis ans Lebensende darzustellen.

L. Das kann man beispielsweise anhand der Allensbachuntersuchungen an den Altersgruppen sehr schön verfolgen. Funktional gesehen besteht überhaupt kein Unterschied zwischen dem 65jährigen, der zuhause Marschmusik hört, dem 35jährigen, der Stones hört und dem 15jährigen, der auf Michael Jackson steht.

T. Sie fordern immer wieder rockmusikalische Kompetenzen für Musiklehrerinnen und -lehrer. Wie sollen die aussehen und erreicht werden?

S. Die von mir bereits häufig umrissene[13] handwerkliche Kompetenz ist zusammen mit Grundkenntnissen historischer Zusammenhänge populärer Musik als Voraussetzung für Musiklehrer anzusehen, was inzwischen auch allgemein erkannt ist. Viel wichtiger erscheint mir derzeit jedoch die *Entwicklung von Sensibilität*, die Erkenntnis, daß populäre Musik bestimmte Funktionen - z.B. für Schüler während der Identitätsfindung - erfüllt, aus denen den Pädagogen wiederum eine bestimmte Verantwortung erwächst. Das müßte man in der Lehrerausbildung thematisieren.
Unter diesem funktionalen Aspekt müßten wir populäre Musik generell betrachten. Dadurch wird auch das leidige Problem der Aktualität plötzlich hinfällig, da man das, was aktuell auf den Markt kommt, auf seine Funktionen hin untersuchen kann, die sich über die Zeit hin kaum verändern. Man kann Schüler auch aus der Distanz heraus - beispielsweise an einem Musikstück der 50er Jahre - darüber aufklären, was populäre Musik für sie bedeutet: Man kann von damaligen Schülern reden und dann zur heutigen Situation überleiten. Dabei ist es dann völlig egal,

---

12 Vgl. SUPPAN 1984
13 Vgl. SCHÜTZ 1982

ob man jetzt den aktuellen Hit oder irgendeinen Evergreen spielt.

T. Lehrer müßten also vorrangig ein Gespür für Schüler entwickeln?

S. Für ihre Schüler und für sich selbst! Es war eine ganz wichtige Erfahrung auch in Lehrerfortbildungen, daß die Lehrer im praktischen Umgang mit Rock und Pop auch ein Gespür für *sich* entwickeln. Der traditionelle Instrumentalunterricht arbeitet hier häufig unglaublich unsensibel: Die Schüler oder Studenten spielen ihre Noten einfach so herunter, eben wie es in den Noten steht. Das klingende Ergebnis wird oft nur durch die musikalische Qualität des Reproduzierten gerettet, aber strenggenommen klingt das dann nur *wie* Beethoven...
In den Fortbildungen nun,wenn ein relativ einfaches Stück Musik ohne Noten gespielt, selbst gestaltet werden muß, merken die Kursteilnehmer häufig, daß das nicht klappt, was sie meist völlig verwirrt. So entsteht mit der Zeit die Erfahrung, daß auch bei einem simplen Hit eine gehörige Portion Sensibilität zu entwickeln ist, bis er nach was klingt.

L. Und das läßt sich dann im Idealfall wieder zurück übertragen, so daß die Studenten plötzlich auch an den Beethoven anders herangehen und den nicht so runterdonnern.

S. Lehrer und Studenten erfahren plötzlich Musik auf ganz andere Art: Viele haben bisher Musik nicht in dem Maße an sich herangelassen und spüren nun, daß sie auch zu einer strukturell einfachen Musik ohne jeglichen Kunstanspruch einen Kontakt bekommen können, der wiederum eine Öffnung auslöst. Ein Lehrer, der so die funktionale Vielfalt von Musik erfahren hat, kann diese Erfahrung auch eher auf seinen Unterricht übertragen.

T. Wie ist dieses Ziel denn hochschul- und fortbildungsdidaktisch zu erreichen? Kann man die Distanz zur Musik mit Musizieren durchbrechen?

S. Prinzipiell ja. Das Problem ist nur immer wieder, daß sich die Lust am Musizieren sehr schnell verselbständigt. Hier muß über das Musizieren hinaus ein Weg gefunden werden, allgemein die Bedeutung von *Musik* zu thematisieren. Wir haben stets versucht, auch den Kopf intensiv einzusetzen, es ist jedoch durchaus ein Problem, einen Mittelweg zwischen kopflosem und distanziertem Umgang mit populärer Musik zu finden.

L. Der richtige Weg für die Musiklehrerausbildung ist m.E. die *integrierte Veranstaltung*, in der Theorie und Praxis nicht getrennt werden: Ich halte es nach wie vor für völlig falsch, instrumentalpraktische Übungen o.ä. isoliert anzubieten. Diese Trennung bereitet doch allgemein in der Musiklehrerausbildung große Schwierigkeiten: Die Praxis verselbständigt sich gegenüber der ganzheitlichen Wahrnehmung von Musik. Man müßte beispielsweise auch in jedem musikgeschichtlichen Seminar die Instrumente benutzen können usw. Davon mußten wir jedoch letztlich aus Prüfungs- und Organisationsbedingungen abrücken.

T. Die innere *Haltung* scheint mir hier das größere Problem zu sein als die praktischen Fertigkeiten. Ist es in der Aus- und

Fortbildung schwieriger, Distanz und Nähe zur (populären) Musik auszubalancieren als Studentinnen und Studenten beispielsweise ein Bluesschema näherzubringen?

S. Ja. Das Wichtigste ist, den Zugang zu Musik zu finden, der in der normalen Hochschulausbildung weitgehend verstellt ist. Dort geht es neben der Beschränkung auf 'klassische' Inhalte viel zu sehr um technische Brillanz und Disziplin. All das hat ja mit Musik und mit dem, was sie für Menschen sein kann, zunächst wenig zu tun. Bei der Suche nach der Bedeutung von Musik habe *ich* erfahren, daß in bestimmten Zusammenhängen etwas bei Klassik und Kirchenmusik zu finden ist, in anderen bei der Tanzmusik, in wieder anderen beim Jazzrock und beim Rock. Es gibt in jeder Musik wichtige Momente. Offensichtlich gibt es keine Musik, die alle Bedürfnisse gleich gut erfüllen kann.

T. Dann müßte man verschiedene Musikarten auch unterschiedlich vermitteln. Oder kann man jede Musik auch spielen?

S. Viele Musikpädagogen versuchen, Musik über das Selbermachen zu vermitteln, weil sie selbst als Musiker erfahren haben, daß es dadurch möglich wird, tiefer in Musik einzudringen und mehr aus ihr herauszuholen. Auch lerntheoretisch liegt es nahe, daß Musik am besten über möglichst intensive Musik*praxis* vermittelt wird: Wer Musik über den Kopf verstehen will, begreift immer nur einen Teilaspekt, der m.E. nur sehr wenig mit dem Wesen von Musik zu tun hat. Das wird auch bestätigt durch andere musikalische Weltkulturen, die wir inzwischen immer besser kennenlernen: Da spielt bei der Musikvermittlung nicht die Theorie, sondern das eigene Tun die entscheidende Rolle.

T. Sie haben im Jahr 1979 das *Institut für Didaktik Populärer Musik* gegründet, geben seit 1980 die Zeitschrift 'Populäre Musik im Unterricht' heraus und führen seit Jahren Fortbildungen durch. Gibt es unter ihren zahlreichen Abonnenten auch solche, die das vertreten, was man boshaft als 'Schulpop' bezeichnen könnte?

L. Wir müssen darauf hinarbeiten, daß sich der handlungsorientierte Ansatz nicht zu etwas verselbständigt, das man als 'Schulpop' bezeichnen könnte. Dies ist derzeit durchaus eine Gefahr. Wir haben jedoch nie empfohlen, es beim Trällern irgendwelcher Popstückchen zu belassen. Uns geht es immer um ein *ganzheitliches* Begreifen von Musik. Das haben wir vielleicht, das will ich selbstkritisch einräumen, zu wenig deutlich gemacht.
Wir wollten uns hier jedoch auch nie als Oberlehrer aufspielen: Wir haben halt unheimlich schnell viele Beiträge von praktizierenden Lehrern erhalten, in die wir nicht jedesmal nach dem Motto eingreifen wollten: "Das geht so alles nicht, es ist uns zu wenig ganzheitlich." Prinzipiell ist in der Popularmusikdidaktik jetzt unbedingt darauf zu achten, daß die Handlungsorientierung auf dem Boden von Didaktik bleibt und nicht wieder zur musischen Erziehung wird.

S. Wir sind ja praktisch 'Lieferanten' für Unterrichsmaterial, das war und ist nötig. Dieses Material müßte jetzt einmal systematisiert und exemplarisch verdeutlicht werden, wie man mit ihm im Unterricht umgehen kann. Wir erwarten prinzipiell, daß Lehrer über das Nachspielen hinausgehen, obwohl auch beim 'bloßen' Nachspielen sich bestimmte Prozesse entfalten und Fragen von Schülern entstehen können, die auf ganz andere Zusammenhänge bringen usw.

T. Mehr kann eine solche Zeitschrift wohl auch nicht leisten; der wichtige Rest bleibt damit Aufgabe der Lehrerausbildung. Die müßte Studentinnen und Studenten befähigen, später mit einem solchen Material methodisch-praktisch umzugehen.

L. Hier habe ich in vielen Fortbildungen die Erfahrung gemacht, daß die an Musikhochschulen ausgebildeten Lehrer den didaktischen Ort eines bestimmten Stückes besser orten können als Hauptschullehrer. Sie erkennen eher, an welcher Stele der Einsatz eines bestimmten Stückes sinnvoll ist.

S. Wenn sie die vorhin erwähnte Sensibilität haben! Dann sind sie natürlich besser ausgerüstet für alles, weil sie handwerklich besser sind und einen ganz anderen Überblick haben: Sie können dann halt zu Schülern sagen, die Wirkung dieses Schlagers an jener Stelle beruht auf diesem und jenem.

T. Vermag das denn die Schüler zu beeindrucken?

L. Natürlich! Vor allem, wenn der Lehrer diese Wirkung selbst noch einmal reproduzieren kann, wenn er selbst ein eigenes Stück mit diesen Mitteln machen kann, verlieren Schüler die unsinnige Vorstellung, die mit Musik verbundenen Wirkungen seien mysthischer Natur, um stattdessen zu erkennen, daß hier handwerkliche und z.T. sogar einfach nachzumachende Tricks angewandt werden, mit denen man kreativ arbeiten kann.

S. Das ist ja auch von Komponisten meist so eingesetzt: Seit dem 18. Jahrhundert wurde meist auf Wirkung hin komponiert. Das kann man ja ruhig durchschaubar machen und den Schülern die Wirkung verdeutlichen, indem man eine andere harmonische Fortschreitung benutzt, bei der dann auch eine völlig andere Wirkung erkennbar wird.

T. Ist es nicht denkbar, daß einigen Schülern durch diese Bewußtmachung etwas verloren geht?

L. Das ist diese alte These, eine Blume sei nicht mehr schön, wenn man wisse, woraus sie besteht. Die stimmt einfach nicht. Die Genußfähigkeit wird wesentlich erhöht, wenn man um die Differenziertheit des Gegenstandes weiß.

T. Und wenn nun der Genuß eines besonders undifferenzierten Musikstückes besonders hoch ist?

L. Genuß läßt sich doch niemand nehmen: Auch ein Musiker in der Disco hört nicht ständig auf die Harmonienfolgen; trotzdem kann er sich darüber Rechenschaft ablegen, was eigentlich durch Musik mit ihm passiert. Das wäre doch ein anzustrebendes Ziel für alle: So gern ich hätte, daß jeder Arbeiter den Wirtschaftsteil der Süddeutschen lesen kann, so gern hätte ich, daß in wesentlichen Momenten des Lebens jeder sich darüber Rechenschaft ablegen kann, was Musik bei ihm bewirkt.

S. Der oben geforderte 'Genuß' ohne Kopf ist auch keiner.

T. Das läßt sich doch nicht verallgemeinern! Die Musikrezeption während der Indentitätsfindung ist doch häufig von nichtbewußten Prozessen gesteuert. Das weiß ich doch auch von mir selbst: Die Musik, die ich mit 15 mochte, ist rückblickend betrachtet nicht immer die spannendste. Trotzdem hätte ich mir da von niemandem 'hereinreden' lassen.

S. Dem liegt doch wieder eine grundsätzlich falsche Wertung zugrunde: Wenn jemand sagt, 'das' geliebte Stück Musik sei handwerklich ganz einfach aufgebaut, dann ist das doch noch lange kein Qualitätsmerkmal. Das ist doch der Fehler, den beispielsweise WIECHELL [14] immer machte. Die einfachsten Zusammenhänge können doch spannend sein.

T. Herr Lugert, Sie sind Herausgeber eines Musiklehrwerks; welchen Stellenwert hat dort die populäre Musik?

L. Ich war 1976 der erste, der populäre Musik wirklich intenisv in ein Lehrwerk integriert hat, was mit eingebracht hat, daß es vier Jahre lang in keinem Bundesland genehmigt war. Explizit deshalb. Es wird heute noch in einigen Ländern von den anonym bleibenden Gutachtern abgelehnt. Diese anonymen Schulbuchzulassungsverfahren sind noch ein Refugium der 'etablierten' Musikpädagogik, die hier unter dem Deckmantel der Anonymität noch einmal zeigen kann, welche Werte sie setzt.
Auch wenn ich hier ständig angegriffen werde, behaupte ich weiterhin, daß es unmöglich ist, Rockmusik in der 9. Klasse nur zweiwöchig zu behandeln: Die Musik der Schüler muß absolutes Unterrichtsprinzip sein. Das bedeutet für mich, daß etwa 30 Prozent des Musikunterrichts - nicht zeitlich gesehen, sondern als Prinzip - auf Rock und Pop verwandt werden müssen.

T. Wenn man von den Schülern ausgeht, müßten doch 98% statt 30% von Rock und Pop bestimmt werden. Kann denn die Musik der Schüler überhaupt in diesem Sinne Unterrichtsprinzip sein?

L. Wir können auch nicht bloße Quantität von Rezeption zum Unterrichtsprinzip machen: Five million fans *can* be wrong, wie wir zu oft in geschichtlich-politischen Zusammenhängen erlebt haben. Wir können aber auch nicht qualitative Maßstäbe geltend machen, weil die Qualität einer Musik losgelöst von ihrer Funktion überhaupt keine allgemeine Richtschnur darstellt. Die Musikwissenschaft müßte hier andere Betrachtungsmöglichkeiten entwickeln. Wie sagt doch BLAUKOPF so schön in seiner 'Musiksoziologie': "Wenn die Musikwissenschaft sich endlich der Musik annehmen würde, brauchten wir keine Musiksoziologie mehr." [15]

---

[14] Die Autorin versuchte beispielsweise, die harmonische Informationsdichte von Rockstücken mit der von klassischen Stükken zu vergleichen. Vgl. WIECHELL 1975

[15] BLAUKOPF 1972, S.8

T. Welche Konsequenzen hätten diese 'neuen Betrachtungsmöglichkeiten' von Musik denn in der Pädagogik?

L. Die Aufhebung der Trennung von klassischer und aktueller Popularmusik. Diese Aufhebung jedoch lassen beispielsweise die Schulbuchbegutachter nicht zu: Wenn man den Pachelbel-Kanon mit Popstücken vergleicht, die ähnliche musikalische Strukturen aufweisen, betrachten die Gutachter diese Verknüpfung von Geschichte und Gegenwart immer noch skeptisch, weil für sie unsinnigerweise ein Stück von den Bee Gees mit diesem Kanon prinzipiell nicht vergleichbar ist.
Es müßte doch möglich sein, den Schülern an mehreren Beispielen der unterschiedlichsten Unterhaltungsmusik von heute klarzumachen, daß hier ein harmonisches Prinzip angewandt wird, daß vor 300 Jahren schon einmal eine wichtige Rolle gespielt hat. Es ist für Schüler eine zentrale Erfahrung, daß eine bestimmte Grundstruktur von Stücken, die sie mögen, nicht eine Erfindung der Bee Gees oder von sonstwem darstellt.

T. Aber genau dieser Erkenntnis müssen sich Schüler doch widersetzen, wenn sie 'ihre' Musik als neueste Errungenschaft und als ein Mittel betrachten, sich von den Erwachsenen und 'deren' Musik abzusetzen: Für Schüler ist es dann doch gerade entscheidend, 'ihre' Musik als etwas Neues zu betrachten.

L. Es ist kein Problem, ihnen nachzuweisen, daß das nicht stimmt.

S. Aber was bringt dieser Nachweis den Schülern? Sie brauchen ja zunächst einmal das Gefühl, diese Musik sei ganz speziell für sie da, für ihre peergroup, für ihre Zeit. Die Möglichkeit des Abgrenzens - beispielsweise von den Erwachsenen - scheint offenbar wichtig zu sein. Die muß man ihnen auch lassen können.

L. Der Nachweis soll ja auch nicht wertend geschehen nach dem Motto "Eure Musik ist nur geklaut", es müßte vielmehr heißen: "Schaut mal, das ist doch interessant, dieses musikalische Mittel wird hier wie dort benutzt und es hier wie dort schön." Dann ist das doch methodisch und inhaltlich ein ganz anderer Kontext. So bin ich auch dagegen, von der Bearbeitung zum Original zu gehen: Ich fange immer mit dem Original an.
Das Aufgehobensein des Menschen in der (Musik-) Geschichte ist für seine Identitätsfindung eine ganz zentrale Erfahrung. Es kann auch für einen jungen Menschen interessant sein, seine Musik durch die Geschichte zu verfolgen und dadurch eine neue Sicherheit zu bekommen: Er erkennt, daß seine Musik nicht voraussetzungslos ist: die Harmonik kommt aus dem 18. Jahrhundert, die Rhythmik aus der afrikanischen Volksmusik usw. Das öffnet seine Weltsicht.

T. Wie sehen Sie die Zukunft einer Didaktik der populären Musik?

L. Unabhängig von Popularmusik bin ich der Meinung, daß sich die Musikdidaktik zunehmend aus der Rezeption begründen und dabei den Menschen statt der Musik, die Rezeption statt der Ideologie oder dem kulturellen Erbe in ihren Mittelpunkt stellen wird. Der 'etablierten' Musikpädagogik ging es meist weniger um den Menschen als um die Musik, weil man nicht begriffen hat, daß die Musik für den Menschen da ist und nicht umgekehrt.

Stattdessen hat sie die Schüler zum Mittel für die Musik gemacht. Das muß letztlich scheitern: Das lassen sich die Menschen auf die Dauer nicht gefallen.

S. Dabei bleibt natürlich der Einblick in die Tradition wichtig. Schüler werden in eine bestimmte Tradition geboren, wachsen auf in einer bestimmten Gesellschaft, diese ist geschichtlich entstanden.

L. Wir betonen doch seit Jahren, daß unser Ansatz sich nicht auf Popularmusik beschränkt, sondern Musik in all ihren Schattierungen und Möglichkeiten einschließt. Der Schwerpunkt Popularmusik ist entstanden, weil er in der Musikpädagogik zunächst das Dringlichste war und wir da Kompetenzen haben, die andere z.T. nicht hatten. Davon unbenommen bleibt die Tatsache, daß ein Musikcurriculum aus einer unglaublichen Vielfalt bestehen muß. Bestimmte Möglichkeiten der Musik sind nun einmal durch Pop und Rock nicht abgedeckt.

S. Wir haben den Schwerpunkt populäre Musik jedoch auch in Verantwortung für Schülerinnen und Schüler gesetzt und in der Gewißheit, daß es einfach unmöglich ist, die Hörwirklichkeit der meisten Schüler einfach zu ignorieren, um stattdessen eine fiktive 'Wirklichkeit' dagegenzusetzen und diese auch noch prinzipiell höher zu bewerten: Kein Mensch lernt irgendetwas von jemandem, der immer sagt "Du bist ja dumm und alles was du hörst ist minderwertig."

1.3. Gespräch III mit Franz Firla ('alternativer' Umgang mit Schul-Musik)

Franz Firla ist Musiklehrer in Mülheim/Ruhr, hat zu Beginn der 80er Jahre den Arbeitskreis für Rock und Pop in der Schule (ARPS) gegründet und über dessen Aktivitäten regelmäßig in der Zeitschrift 'spotlight' berichtet.

> Herr Firla, warum haben Sie damals die ARPS-Aktivitäten auf eigene Beine gestellt, statt sie in die Arbeit der existierenden Musikerzieherverbände und in deren Publikationsorgane zu integrieren?

Die ARPS-Aktivitäten haben eine längere Vorgeschichte. Ich bin 1969 in den Schuldienst eingetreten. In dieser Zeit habe ich mich vorwiegend an das angelehnt, was ich an der PH Bonn bei Professor NOLL mitbekommen hatte. Das waren vorsichtig formuliert auch schon Ansätze in Richtung populärer Musik, wenn man Folklore da mit einbeziehen kann.

Diese Folklore, und hier entsteht der Bezug zur populären Musik, wurde damals von einer studentischen Combo begleitet, in der ich den Kontrabass spielte. Wir haben damals versucht, Folklore 'modern' zu begleiten, d.h. also nicht in strengen Begleitsätzen, wie sie bis dahin in der Musikpädagogik üblich waren, sondern durchsetzt mit Merkmalen der Unterhaltungsmusik, also mit Schlagzeug, typischen Bassformen usw. Unsere 'Folklore' war mehr eine Mischung dessen, was jeder einbringen konnte: Eine Kommilitonin spielte Flöte, bei Shanties mußte ich mit dem Akkordeon einspringen, einige Jazzer brachten Klarinette und Posaune mit, also so ein richtig schönes Gemisch.

Von diesen hochschulischen Aktivitäten ging für mich ein prägender Einfluß aus: Ich wollte so etwas Ähnliches auch in der Schule versuchen und habe das dann auch in der ersten Zeit geschafft. Wir hatten damals in der Hauptschule noch Instrumentalschüler, die mich bei der Begleitung unterstützen konnten, sodaß wir immer einen Folklorechor mit instrumentaler Begleitung hatten.

Irgendwann ging das in der Schule jedoch mit dem Folkloresingen zuende. Der Hauptgrund hierfür war nach meiner heutigen Einschätzung das Verschwinden der stützenden, hellen, klaren Mädchenstimmen, die es bei uns immer weniger gab.

Haben Sie eine Erklärung für dieses Verschwinden der 'schönen' Stimmen und der Instrumentalisten?

Ich sehe das im Zusammenhang mit dem Verschwinden der Volksschule, die ja in der Mitte der 60er Jahre aufgelöst worden war. Die Hauptschule begann schnell, sich auszudünnen, sodaß wir immer weniger Schüler aus bürgerlichem Elternhaus hatten. Hier im Ruhrgebiet und speziell in Mülheim/Ruhr ist die Hauptschule heute immer mehr zur 'Restschule' geworden, wo leider nur noch die sind, deren Eltern sich wenig oder garnicht um die schulische Weiterbildung ihrer Sprößlinge kümmern. Wir haben also all diejenigen verloren, die früher sagten, Volksschule sei ein solides Fundament und damit in Musik leider auch die Instrumentalschüler.

Das ist sicherlich *ein* Grund für das Verschwinden der 'schönen' Stimmen; ein anderer hängt wohl damit zusammen, daß im Zuge der Popmusik diese Art des Singens zunehmend unattraktiver geworden war.

Der wichtigste Grund bestand jedoch in meiner Konzentration auf Neue Musik, mit der ich mich nach der Folklore mehrere Jahre lang intensiv in der Schule beschäftigt habe: Wir haben drei, vier Jahre lang alle möglichen Klangexperimente gemacht, Partituren geschrieben und verwirklicht. Ich war eine zeitlang wirklich überzeugt davon, daß diese Musik die Musik der Zukunft würde, ja ich war richtig verbissen in diese Vorstellung. Ich wollte deswegen natürlich diese Musik mit meinen Schülern behandeln, weil sie nach meiner damaligen Meinung zur allgemein wichtigsten Musik im Leben der Schüler werden würde. Und die Schüler machten da zunächst begeistert mit.

Wie ist es Ihnen gelungen, Ihre Schüler zum Umgang mit Neuer Musik zu motivieren?

Das lag u.a. wohl an der praxisnahen Form meines Unterrichts, die man heute als 'Projekt' bezeichnen würde, beispielsweise 'Wir komponieren eine Dosophonie': Wir sammelten alle möglichen Metallbehälter, brachten sie in irgendeine klangliche Reihenfolge, nagelten sie nach Größe und Stimmung auf Bretter, benutzten Ofenbleche als 'Gongs' usw. Dann wurden Partituren erstellt und am Schluß stand dann immer eine Aufführung, im Projektunterricht heute als 'Präsentation' bezeichnet. Sie sehen, es handelt sich bis zum Schluß um die Projektidee. Wer Projekte durchgeführt hat, der weiß, daß Schüler für solche praxisnahen Aktionen immer aufgeschlossen und zu begeistern sind, auch wenn sie sich gar nicht so besonders für diese Musik interessieren.

Fanden diese Aktivitäten ausschließlich im Klassenverband statt oder gab es auch Arbeitsgemeinschaften?

Später gab es auch Arbeitsgemeinschaften, aus denen dann sogar eine feste Musikgruppe mit dem Namen 'Cluster' entstand, die über mehrere Jahre hinweg solche Klanggestaltungen ausprobierte.

Die Mitglieder dieser Gruppe überraschten mich dann jedoch eines Tages durch die Übergabe einer selbstbespielten Cassette. Ich war erstaunt, daß meine Schüler auch außerhalb der Schule zusammen Musik machten. Noch erstaunter war ich beim Abhören der Cassette: In der Band wurden keine Klangexperimente gemacht, sondern mit großen Elan die Stücke der Beatles, Spotnicks, Shadows usw. nachgespielt. Insofern war Ihre erstaunte Frage nach der Schülermotivation für Neue Musik schon berechtigt: Die haben in Wirklichkeit unsere Klanggestaltung als eine Musik der Schule empfunden, was wohl auch ganz richtig war, da sie sich selbst nie freiwillig Kagel, Ligete oder Stockhausen angehört hätten. Mir wurde beim Abhören der Kassette schlagartig klar, daß meine Schüler die Zukunft ihrer Musik ganz woanders sahen.

Ihre Schüler haben dann in der Schule auf Blechdosen und gleichzeitig in der Garage die Beatles gespielt?

Ja, das lief dann parallel. Ich habe den Schülern gesagt: 'Bringt doch Eure Rockmusik mit in den Unterricht, wir machen das hier zusammen, denn ich bin ja gar nicht sehr weit entfernt von Eurer musikalischen Welt.' Obwohl ich nie Rockmusik - auch nicht die Musik der Beatles - gemacht hatte, sondern Tanz- und Schlagermusik in Unterhaltungskapellen, ergab sich dann so eine Art Wechselspiel: Wir machten sowohl das eine wie auch das andere.

Dosophonie und Shadows?

Ja. Ich habe dadurch den Schülern zeigen können, daß ich für alle musikalischen Richtungen offen bin: für das, was die Schule verlangt und für ihre Musik.

Erst die unabhängig von mir gegründete Band hatte mich eigentlich auf die Idee gebracht, populäre Musik in den Unterricht und allgemein in die Schule mit aufzunehmen. Wir haben dann die Band in der Schule öfter musizieren lassen, wir haben Ausflüge in den WDR unternommen und in anderen Schulen gespielt. Als dann andere Lehrer von diesen Aktivitäten erfuhren, entstand der erste Kontakt mit Kollegen, durch den ich feststellte, daß es an unseren Schulen eine Musikszene gibt, die in den damaligen Ausgaben der musikpädagogischen Zeitschriften nicht vorkam, was außer mir viele andere Kollegen als Manko beklagten.

Wie gestalteten sich die Kontakte zu diesen gleichgesinnten Kollegen?

Zunächst einmal brieflich. Später kamen kleinere Treffen anläßlich von Schülerbandtreffen an unserer Schule hinzu, bei denen immer deutlicher der Wunsch entstand, unsere Aktivitäten auch einmal in musikpädagogischen Zeitschriften und an Hochschulen, also in der 'etablierten' Musikpädagogik, darzustellen, weil wir alle übereinstimmend festgestellt hatten, daß das vereinzelte Agieren an der Schule sehr mühsam und frustrierend ist.

Ich habe dann so zwischen 1979 und 1981 versucht, den 'etablierten' musikpädagogischen Zeitschriften Aufsätze anzubieten, habe jedoch nur sehr wenig Resonanz gefunden.[16] Die meisten Manuskripte wurden wieder zurückgeschickt, teilweise auch auf meinen eigenen Wunsch, weil es mir immer zu lange dauerte und ich häufig den Eindruck gewann, als ob man zu verhindern versuchte, die Existenz einer solchen 'Szene' bekannt zu machen. Also mußten wir ein anderes Forum finden, über das wir unseren Kontakt aufrecht erhalten konnten.

> Aber es hatte doch bereits in den 60er Jahren auch 'etablierte' Veröffentlichungen über populäre Musik - beispielsweise in 'Musik und Bildung' - gegeben.

Es hat Veröffentlichungen gegeben, ich habe auch versucht, zu den verschiedenen Autoren Kontakt zu finden. Das waren jedoch so vereinzelt auftretende Ansätze ohne eine erkennbare Linie, daß es nicht möglich war, einen gemeinsamen Nenner zu finden. Zum Teil war vieles auch schlicht sachlich falsch und inhaltlich schief, kurz, es war nicht das, was ich suchte.

> Wie haben Sie das denn gefunden?

Durch den persönlichen Kontakt zu Lehrerinnen und Lehrern, der mich immer wieder in dem Wunsch bestärkte, diejenigen zusammenzuführen, die solche Schülergruppen betreuten. Dieses praktische Musizieren war unser Ausgangspunkt und nicht etwa der Einbezug populärer Musik in den Klassenunterricht.

> Ich möchte hier noch einmal bezüglich früher Veröffentlichungen in musikpädagogischen Zeitschriften, die sich ja eher theoretisch mit populärer Musik beschäftigten, nachfragen: Könnte es nicht auch sein, daß Ihre Aufsätze nicht veröffentlicht wurden, weil Sie das Thema *praktisch* angingen, weil Sie einfach zeigten, *wie* man mit dieser Musik umgehen kann und nicht, *ob* und *warum*.

Ja, das ist richtig. Die Aufsätze von STORB u.a. über den 'Beat' waren vorwiegend informativ angelegt. Da sollten Musiklehrer zunächst einmal über die Existenz und Hintergründe dieser Musik informiert werden, was nicht immer so sachgerecht gelang. Es gab wenig Anreiz zum praktischen Musizieren und es wurde kaum erwähnt, daß diese Musik von vielen Jugendlichen selber *gespielt* wurde: Meist ging es ums Hören oder ums 'bloße Konsumieren'. Das waren halt die Gründe, die mich zur Suche von etwas tiefergehenden Kontakten zu Leuten veranlaßt haben, für die auch klar war, daß das Spielen populärer Musik eine ganz normale Möglichkeit schulischen Musizierens ist. Das war mir sehr wichtig. Heute käme niemand auf die Idee, eine Schülerband habe bei einer Schulfeier

---

[16] Vgl. das Gespräch mit Ilse STORB, Kap.VI.1.1 (ANHANG)

keinen Platz, ganz im Gegenteil. Das war damals eben nicht so; das war keine offiziell anerkannte, zugelassene Schulmusik. Es war immer eines meiner Ziele, hier Türen aufzustoßen.

Ein anderes Ziel bestand darin, die mit Rockmusik verbundene Motivation dafür auszunutzen, möglichst viele Schülerinnen und Schüler ans aktive Musizieren heranzuführen. Mein wichtigster Ansatz war immer das Selbermachen und weniger das Interpretieren und Analysieren. Letzteres schließe ich natürlich nicht aus, aber mein Ansatzpunkt war immer der praktische.

> Was sagen Sie denn zu dem Vorwurf, dies sei eine reine 'Praktikerdidaktik'?

Ich denke, die Musikpädagogik kann nicht nur von einem Pol ausgehen, weder vom praktischen noch vom theoretischen. Der Begriff 'Praktikerdidaktik' bedeutet ja wohl, man bewege sich zu sehr in Richtung des praktischen Pols. Das habe ich mit Sicherheit getan, weil ich die Sache ins Bewußtsein rücken wollte. Ich habe jedoch immer wieder betont, daß es mir nicht auf ein oberflächliches Draufrumhauen oder auf unreflektiertes Aufnehmen jugendlicher Freizeitgewohnheiten ankommt, sondern darauf, über Rockmusik hinausgehend auch zur Toleranz gegenüber anderer Musik zu kommen und eben nicht dabei zu bleiben.

Lassen Sie mich zu dem immer wieder geäußerten oder zumindest angedeuteten Vorwurf der 'Praktikerdidaktik' etwas weiter ausholen. Ich glaube, daß unabhängig von Pop oder Klassik einige schultypische Besonderheiten den Hauptschullehrer zu einer ganz anderen Gewichtung von Theorie und Praxis zwingen:

Der in den meisten Hauptschulrichtlinien vorgezeichnete Musikunterricht soll den hörenden und den musizierenden Menschen in gleicher Intensität umfassen, wodurch man in der Praxis jedoch leider nichts so richtig befriedigend zuende führen kann. Das würde in letzter Konsequenz die Karikatur eines Musiklehrers erfordern: einer, der alles kann, aber nichts richtig beherrscht. Wer im Hauptschulmusikunterricht den größten Teil der verbalen Hörerziehung durch Analyse und Interpretation einräumen möchte, wird zwangsläufig scheitern,da er seine Schüler sozusagen 'auf dem linken Bein erwischt': Man kann nicht das den meisten Hauptschülern eher fremde Verbalisieren zur Grundlage des Musikunterrichts machen. Wenn man Hauptschüler in die für sie fremde Kultur der gehobenen Mittel- und Oberschicht einführen möchte, geht das nur über den Ehrgeiz, praktisch etwas zu leisten. Vor diesem Hintergrund erscheint eine 'Praktikerdidaktik' vielleicht in etwas anderem Licht.

> Hier wäre es erforderlich, noch andere Hauptschulmusiklehrer zu befragen, da man sicherlich nicht *die* Hauptschulen über einen Kamm scheren kann. Zurück zum Thema: Sie haben dann den ARPS gegründet. Wie kam es zu dieser Gründung?

Die Vorgeschichte des ARPS begann mit meiner Serie 'Rock in der Schule' in der Zeitschrift 'spotlight'. Als ich in einem Kiosk verschiedene Magazine für populäre Musik durchblätterte, kam mir die Idee, daß 'spotlight' sich als das von mir gesuchte Forum für Kontakte zwischen rockengagierten Musikpädagogen anbot, weil die

Zeitschrift mir als eine der ganz wenigen erschien, in der es besonders auf das Selbermachen der Amateure ankam und nicht so sehr auf das Anbeten der Rockheroen. Lange vor anderen Zeitschriften gab es da Baß-Schulen, Gitarren-Workshops usw. Das hat mir imponiert, hat mir Spaß gemacht und dann habe ich eines Tages den Herausgeber Merlin Frank angerufen und ihn gefragt, ob man denn in seiner Zeitschrift nicht auch eine Rubrik für das praktische Musizieren von populärer Musik an den Schulen einrichten könne. Daraus entstand dann meine Serie, in der ich zu Beginn meine Schülerbandaktivitäten beschrieben habe, dann andere Schülerbands und später auch freie, von der Schule unabhängige Rockbands besucht habe. Da gab es dann das erste Mißverständnis, ich wolle die Amateurszene fördern. 'Rock in der Schule' war dagegen einfach der Versuch, das, was ich in 'etablierten' Publikationsorganen nicht geschafft habe, jetzt mit Hilfe einer solchen 'alternativen' Zeitschrift doch noch in die Wege zu leiten.

Ich habe die ganze Sache mit 'spotlight' zunächst als unheimlichen Glücksfall empfunden, weil diese Zeitschrift an jedem Kiosk erhältlich war und nicht den Geruch der Pädagogisierung hatte, der meist eher störend ist: An dieser Musik dürfen wir Pädagoggen nicht zuviel herummanipulieren, sondern müssen sie so nehmen wie sie ist. Dafür war 'spotlight' ideal.

Nach einem Jahr etwa waren mir die Kontakte für meine privaten Verhältnisse zuviel geworden. In einem Gespräch mit dem Herausgeber ist dann die Idee entstanden, einen Verein zu gründen, der sich speziell mit der Pädagogik der Rockmusik beschäftigen sollte. Durch eine Vereinsgründung versprachen wir uns u.a. auch Unterstützung von seiten der Industrie. Das ist dann nachher jedoch nicht so gelaufen, weil ich verschiedene Rückzieher gemacht habe.

> Das interessiert mich. Könnten Sie das Verhältnis von Schule und Musikindustrie näher erläutern? Welche Bedeutung hat die Musikindustrie für populäre Musik in der Schule und welche Gefahren sind da Ihrer Meinung nach zu sehen?

Das ist sehr schön abzulesen an der Entwicklung meiner Serie: Im ersten Jahr konnte ich alles schreiben, die Artikel wurden ungelesen akzeptiert. Das war übrigens ganz neu für mich, denn alle Artikel, die ich vorher geschrieben hatte, bekam ich nochmal in einer redigierten Fassung, der ich dann zustimmen mußte oder auch nicht. Hier war jedoch plötzlich alles 'genehmigt'. Das hat mich fasziniert, das fand ich toll.

Später kam dann jedoch eine ganze Menge Wünsche von seiten der Redaktion. Frank hatte beispielsweise die Idee, der ARPS sollte doch einen Gitarrenbausatz mitherausgeben und Empfehlungen dazu schreiben. Hinter dieser Idee standen jedoch schon ganz handfeste Interessen der Industrie, mittels meiner Serie Produkte an den Mann zu bringen. Solche Zumutungen wurden immer häufiger; ich bekam zu hören, die Artikel müßten doch etwas mehr 'produktbezogen' sein, plötzlich erschien hinter meinem Artikel Werbung für die entsprechenden Firmenprodukte, ein Phänomen übrigens, das heute auch in den 'seriösen' Fachzeitschriften auftritt. Damals fand ich das sehr anrüchig und hatte von daher schon weniger Lust zu der ganzen Geschichte.

Dann hat man mich zu verschiedenen Vertriebsgesellschaften mit hingeschleppt. Da wurden dann Gespräche mit den Firmeninhabern geführt, wo denn unsere Entwicklung hinginge usw. Ich habe dann einfach darum gebeten, unsere Anfangsaktivitäten durch Leihgaben an Kollegen oder besondere Preisnachlässe bei Instrumenten- und Anlagenbeschaffungen aus den Schuletats zu unterstützen. Das hat vielen Kollegen zu billigen Instrumenten und Geräten verholfen. Mein Argument war, wenn wir Rockmusik in der Schule unterstützen wollen, dann können wir das aus eigener Kraft nicht leisten. Schulen haben viel zu wenig Geld, wir brauchen jedenfalls am Anfang so eine Art Spritze. Ich persönlich habe auch eine Menge davon profitiert und tue das auch eigentlich heute noch.

Ich hatte jedoch nicht geahnt, wie stark die unverbindlichen Beziehungen zur Industrie mit konkreten Absatzwünschen verbunden waren. Letzteres zeigte sich ganz deutlich dann 1984 beim Grefrath-Festival, das mit einer Instrumentenausstellung zahlreicher Hersteller verzahnt war, wodurch dann das Verhältnis von Pädagogik und Industrie schon nicht mehr stimmte: Die Industrie war weitaus augen- und ohrenfälliger bei diesem Festival vertreten, was letztlich dann auch dazu geführt hat, daß ich aufgegeben habe. Auch die Industrie zeigte wenig Interesse an solchen Festivals.

> Das verstehe ich nicht. Das Grefrather Festival hätte doch für die Industrie eigentlich sehr lukrativ sein können.

Ja, wenn genügend Kollegen da gewesen wären... Frank hatte die Firmen mit der Aussicht auf 'über 500 Lehrer' geködert, und im Endeffekt waren vielleicht zwei oder drei Dutzend dort, für die Industrie also ein Schlag ins Wasser. So wird das auch bleiben. Der pädagogische Bereich insgesamt ist halt finanziell knapp bemessen. Wir werden auch niemals konkrete Zahlen nennen können, du wirst dieses Jahr soundsoviele Schlagzeuge absetzen können, das geht einfach nicht. Und ohne eine Art Absatzgarantie ist mit der Industrie nicht ins Geschäft zu kommen.

> Das Grefrather Festival war also nicht so sehr in Ihrem Sinn. Ein Jahr vorher, 1983, hatte der ARPS ein bundesweites Rockfestival in Mülheim/Ruhr durchgeführt. Wie fällt denn ein Vergleich zwischen diesen beiden Veranstaltungen aus?

Das Festival in Mülheim/Ruhr war eine Zusammenarbeit zwischen dem städtischen Jugendamt und dem ARPS. Meines Wissens war dies das erste bundesweite Rockfestival für Schülerbands. Im Gegensatz zu solchen Veranstaltungen für Amateur- oder Nachwuchsgruppen ging es in Mülheim also nicht so sehr um die Chance, ins Plattengeschäft einzusteigen o.ä., sondern wirklich um die *Musik*, um einen fairen Wettstreit und um die Kommunikation der Bands untereinander.

> Der Begriff 'Schülerband' umfaßt doch völlig unterschiedliche Ensembleformen. Wie haben Sie denn da vergleichen und bewerten können?

Ja, das ist schwierig. Wir hatten derart unterschiedliche Gruppen, daß wir zum Zweck der Vergleichbarkeit schließlich zwischen lehrerbetreuten Bands und solchen, die ohne Betreuung arbeiten, unterschieden haben. Durch 'spotlight' war der Kontakt zu Bands ohne Lehrerbetreuung besonders groß, da meine Serie ja eher von

Schülern als von Lehrern gelesen wurde. Ich war immer schon der Meinung, daß auch die Bands, die sozusagen am Rande der Schule ohne Lehrerbetreuung existieren, einbezogen werden sollten.

Das Mülheimer Festival ist sehr gut gelaufen: Der Kultusminister des Landes NRW hat damals das Festval eröffnet, viele Firmen hatten enorme Preise gestiftet, die Veranstaltung war vom organisatorischen Ablauf und vom inneren Konzept her der Höhepunkt der drei bis dreieinhalb Jahre ARPS-Arbeit.

Warum ist es dann nicht so weitergegangen?

Da gibt es eine Menge von Gründen. Erstens mußte ich den Kompromiß der Industriebeteiligung machen, der ja dann letztlich zum Scheitern des ARPS geführt hat. Ein anderer Grund war der, daß die hervorragende Zusammenarbeit mit dem Jugendamt in Mülheim/Ruhr nicht weitergeführt werden konnte, weil der Mitarbeiter, der die Sache im wesenlichen getragen hatte, versetzt wurde.

Warum hat denn kein anderer die Zusammenarbeit fortgesetzt?

Es gab innerhalb des Jugendamtes einige Widerstände gegen unsere Zusammenarbeit, die ich eigentlich gerne weitergeführt hätte: So ein Amt stellt sich am liebsten natürlich aus eigener Kraft dar; außerdem hat die ganze Sache die Stadt einige Tausend Mark an Verwaltungsaufwand gekostet, von daher gab es auch Widerstände.

Ein dritter Grund dafür, daß es nicht so weitergegangen ist, entstand durch Widersprüche zwischen Rockszene und Schule. Einigen aus der 'offiziellen Rockmusik' und aus der Rockjugendarbeit der Jugendämter schwebten andere - schulfernere - Modelle eines solchen Festivals vor.

Was störte die denn an Ihrem Festival?

Das war denen nicht professionell genug und zu pädagogisch; der Kultusminister gefiel denen nicht. Sie sahen Rockmusik nur im Zusammenhang des Jugendprotestes gegen das Establishment, daher war jede Zusammenarbeit mit Schule und Kultusbürokratie natürlich suspekt. Die wollten gern immer Gelder haben, aber die Geldgeber sollen doch möglichst nicht erscheinen.

Auch der Widerstand in der Jury gegen mein Modell war sehr groß. Ich wollte ursprünglich viel musikbezogener werten, da waren einige Jurymitglieder ganz und gar dagegen. Allein meine Forderung, die Bands müßten auch einen Titel nachspielen können, war vielen ein Dorn im Auge: Da gelten dann nur die 'eigenen' Stücke etwas. Ich wollte jedoch eine Vergleichsmöglichkeit für das Können einer Gruppe haben und da bietet sich ein nachgespielter Titel einfach an. Wenn eine Gruppe nur eigene Stücke spielt, kann sie auch auf einem Akkord rumschrubben und sagen, das ist halt unsere Musik. Das ist ja alles so schwierig meßbar. Bei diesem Punkt wird auch der ganze Widerspruch zwischen Rockmusik und Musikkultur allgemein deutlich.

Worin besteht dieser Widerspruch?

Ja, die ganze Geschichte mit dem Mülheimer Festival ist für mich als Lehrer nicht einfach gewesen. Meist saß ich zwischen mindestens zwei Stühlen: Einerseits wurde gesagt, man wolle zwar die Rockmusik förden, aber nicht in pädagogisierter Form, weswegen die Schule sich da gefälligst raushalten solle; andere, die meiner Einstellung näher sind, wollten die Musik der Jugendlichen als *eine* Art von Musik in die Schule mit einbeziehen. Zwischen diesen beiden Stühlen immer hin und herzurutschen war manchmal wirklich unendlich schwer. Das war nicht nur beim Festival selbst zu spüren, sondern auch bei den Vorbereitungen. Es gab immer wieder Anlässe zu Mißverständnissen durch völlig unterschiedliche Forderungen, sowohl in der 'spotlight'-Redaktion, als auch in der Kultusministerbürokratie und im VDS - ich war z.Zt. des Festivals zwar im Landesvorstand, hatte dort jedoch überhaupt keine Lobby, was übrigens auch ein Grund für meinen Alleingang mit dem ARPS war.

Welche Mißverständnisse gab es denn in der 'spotlight'-Redaktion? Wurden Sie von den anderen spotlight-Redakteuren überhaupt ernstgenommen?

Oft nicht: die haben immer ein wenig über den Lehrer gelächelt, der da auch was machte. Man hat mich wohl nur geduldet, weil der Herausgeber sich von meinem Mitmachen bei der Zeitschrift etwas versprach. Aber alle Mitarbeiter von spotlight standen da immer sehr skeptisch. Ich habe das oft bei Gesprächen und Besuchen in der Redaktion gemerkt. Zwischen Szene und Schule gibt es halt soviele Widersprüche, die teilweise bis in den Musikunterricht hineinreichen.

Damit wären wir bei generellen Problemen für den Einbezug populärer Musik in die Schule.

Ja, das Unternehmen Rockmusikpädagogik wird letztlich sehr schwierig, wenn man sich das klarmacht, was ich mir nicht oder zu spät klargemacht habe: Rockmusik ist ja nur zum kleinsten Teil *musikalisches* Anliegen. Sie ist nicht dafür gemacht, allen Jugendlichen ein musikalisches Ausdrucksvermögen zu geben. Die Jugendlichen akzeptieren ihre Bands ja nicht deshalb, weil sie Musik machen, sondern weil sie die richtigen Ausdrucksformen gefunden haben und weil sie sozusagen stellvertretend für alle Fans ein bestimmtes Lebensgefühl auf der Bühne zelebrieren.

Insofern ist ein pädagogischer Ansatz, der davon ausgeht, mit Jugendlichen, womöglich einer ganzen Klasse, Rockmusik zu machen äußerst problematisch, weil diese Musik nur dann von Jugendlichen akzeptiert wird, wenn sie von wirklich anerkannten Musikern in großen Konzerten oder auf Platte gebracht wird. Mein pädagogischer Ansatz des Selbermachens mit möglichst vielen war natürlich falsch, obwohl ich im Gegensatz zu anderen immer wieder betont habe, daß es mir nicht primär um Musizieren *im Klassenverband* ging, sondern um die ca. fünf Jugendlichen pro Stufe, die eine Rockband gründen wollten.

Aber auch da habe ich den Widerspruch erfahren, daß bei Auftritten in der Schule diese Bands von ihren Mitschülern selten so richtig akzeptiert, sondern eher etwas belächelt wurden, da die Zuhörer besonders die nachgespielten Titel natürlich in großer Perfektion kannten. Das war ganz anders, wenn dieselben Bands in anderen

Schule auftraten: Die dort unbekannten Schüler wirkten in der Fremde eher wie die großen Stars. Auch für die Bands war durch diese Akzeptanz die Spielfreude viel größer und die Auftritte waren oft tatsächlich besser.

> Kann man das weitergehend so interpretieren, daß zum Produzieren von Rockmusik nicht das beschauliche Image von Selbermachen oder gar Hausmusik gehört? Muß eine von Schülern akzeptierte Rockmusik etwas Glattes, Gestyltes, vielleicht sogar etwas Anonymes haben?

Das kann ich voll unterstreichen. Rockmusik in der für Jugendliche gewohnten Form ist nur aus diesem Abstand heraus zu verstehen. Es muß eine gewisse Distanz da sein. Hier liegt natürlich auch der ganze Widerspruch in der Philosophie einer Jugendmusik, die ihre Stars ja nach dem Erfolg häufig in eine ganz andere soziale Schicht katapultiert.

Von heute aus gesehen war es wohl ein Fehler, mich zu sehr auf Rockmusik zu versteifen. Ich habe mir am Anfang auch mehr von ihr versprochen. Man sollte im Zusammenhang mit Schule nicht von Rockmusik, sondern von populärer Musik sprechen. Dann kann man viel mehr einbeziehen. Es ist wohl immer falsch, sich in der Musikpädagogik nur auf etwas Spezielles zu werfen. Das habe ich mit Folklore, mit Neuer Musik und mit der zu eng gefaßten Rockmusikdidaktik erleben müssen.

Eines möchte ich noch zum Widerspruch zwischen Schule und Rockmusik erwähnen. Wenn man Rockmusik wirklich im Klassenverband unterrichten will, dann kann man eigentlich nur zwei Dinge tun: Entweder, man erklärt sie wie Charly RINNE [17] zur Jugendkultur und zum fächerübergreifenden Unterrichtsinhalt, dann können wir jedoch die Schulen zugunsten eines Zelebrierens dieser Jugendkultur schließen, oder man läßt eigentlich ganz die Finger davon und sagt, Rockmusik sei nicht unterrichtbar. Erst in einer pädagogisierten Form - und jetzt muß ich mir selbst teilweise widersprechen - eines mit Rockelementen angereicherten Musizierens ist Rockmusik überhaupt für die Musikpädagogik verwendbar.

> Sie sprechen jetzt sehr allgemeine Dinge an. Das veranlaßt mich zu der Frage, wie Sie sich heute die optimale Gestaltung des Studiums der Musikpädagogik vorstellten. Was würden sie ändern?

Der Musiklehrer muß heute ganz andere Sachen können als noch vor einigen Jahren. Früher war er vielleicht Chorleiter, spielte Geige, hatte einen Orff-Kursus besucht oder war Kunstkenner mit riesiger Plattensammlung. Der heutige Musiklehrer muß dagegen vor allem *mit den Schülern* zusammen Musik machen können. Wenn populäre Musik eines geschafft hat, dann ist dies die Entwicklung eines

---

[17] RINNE fordert eine "verstärkte Behandlung der Themenbereiche 'Rockmusik und populäre Kultur' in Schule und Bildungsarbeit (...) Dies kann unabhängig von einander geschehen in verschiedenen Fächern oder Lernbereichen wie Musik, Englisch Deutsch, Geschichte-Politik bzw. Sozialwissenschaft." (RINNE 1982/5)

weltweiten Standards an musikalischen Formen. Es ist kaum übertrieben, hier von einer Art Weltmusik zu sprechen, die natürlich eher die Masse der Bevölkerung erreicht hat als jene elektronische Weltmusik, die einem Stockhausen vorschwebte. Damit gibt es bestimmte Wendungen, Formen, Musizierweisen, die inzwischen unabhängig von Modeströmungen zum allgemeinen praktischen Musikwissen gehören. Dieses Wissen sollte meiner Meinung nach in den Hochschulen mehr gefördert und gelehrt werden.

So müßte beispielsweise jeder Schulmusiker alle Arten von Liedern begleiten können. Das Singen ist für mich nach wie vor eine der am langfristigsten praktizierbaren Formen des schulischen Musizierens, wenn es *angemessen* begleitet wird. Das umgangsmäßige Musizieren und Begleiten will jedoch gelernt und gekonnt sein. Es dürfte also keinen Musikstudenten mehr geben, der nicht in seiner Studienzeit zusammen mit Kommilitonen in einer Musikgruppe auch im populären Bereich musiziert hat. Durch dieses gemeinsame Musizieren wird ein zukünftiger Musiklehrer besser auf die spätere Arbeit mit seinen Schülern vorbereitet als nur durch Harmonielehre im stillen Kämmerlein. Man kann nichts vermitteln, was man nicht auch selbst *gemacht* hat. Dieses Machen müßte stärkeren Einzug in die Hochschulen halten.

Weiterhin müßte die Musiktheorie um moderne Harmonielehre [18] erweitert werden: Ein Musiklehrer sollte doch wissen, was das für Buchstaben sind, die in den Liederheften als Gitarrenbegleitung angegeben werden. Er sollte ein paar einfache Gitarrengriffe und alle gängigen Akkorde auf Tasteninstrumenten beherrschen, um interessant begleiten und seinen musizierenden Schülern weiterhelfen zu können. Der Instrumentalunterricht müßte auch erweitert werden, am besten durch grundlegende Übungen an verschiedenen Instrumenten. Früher nannte man so etwas 'Liedbegleitung mit verschiedenen Instrumenten'.

> Sie schlagen also aus Sicht der populären Musik vor, im Instrumentalunterricht statt der Kombination von Haupt- und Nebenfach ein Hauptfach und eine Art praxisnaher, erweiterter Instrumentenkunde mit Arrangementübungen etc. einzurichten?

Vielleicht nicht immer in einem solchen Fächerdenken, aber im Prinzip ist das meine Meinung. An der Hochschule fehlen Initiatoren wie REBSCHER in Frankfurt, der seit geraumer Zeit schon dieses Musizieren seiner Studenten für das allerwichtigste hält und der lange vor anderen bereits damit begonnen hat, spezielle Instrumentallehrer in seine Hochschule zu holen und dadurch Musizierkreise aller stilistischen Formen und Gattungen zu initiieren. An der Hochschule sollte nicht nur möglichst viel Wissen unter Studenten gebracht, sondern möglichst oft mit Studenten musiziert werden. Für die Sekundarstufe I - nur hierfür kann ich kompetent reden - gibt es für mich nichts Wichtigeres als das spontane Musizieren.

> Würde das in letzter Konsequenz nicht auf zwei völlig unterschiedliche Typen von Musiklehrern hinauslaufen, verkürzt gesagt auf den allseitig informierten Kunstkenner und

---

[18] Gemeint ist hier die Jazz- und Rockharmonielehre (Akkordsymbole, II-V-I-Verbindungen usw.)

scharfsinnigen Analytiker für die Sekundarstufe II und andererseits den 'Animateur' für die Sekundarstufe I?

Das klingt in dieser Trennung nicht sehr glücklich. Ich finde schon, daß ein Musiklehrer in seiner besten Ausprägung von allem etwas haben sollte. Ein Musiklehrer sollte sich souverän zwischen den beiden Polen 'Klassik' und Pop, sowie zwischen Theorie und Praxis bewegen können. Hier kann man jedoch nicht zuviel erwarten: Es wird immer bestimmte Typen von Musiklehrern mit bestimmten Fähigkeiten geben, obwohl eigentlich die Mischung aus beiden das wäre, was uns allen unabhängig von Sekundarstufe I oder II gut täte. In dieser optimalen Form wird Musikpädagogik jedoch dann zu einer unheimlich umfangreichen Sache, alles können kann ja keiner. Ich bewundere diejenigen, die besser als ich eine Bachfuge analysieren können und möchte das auch so souverän können, andererseits weiß ich auch, daß solche Leute unsereins manchmal um unsere musikalische Spontaneität im Umgang mit Schülern beneiden.

Der Unterschied zwischen 'Praktikern' und 'Theoretikern' ist ein sehr altes Problem in der Musikpädagogik. Hat dieses Problem nach Ihrer Einschätzung durch das Vordringen populärer Musik an den Schulen einen neuen Akzent oder Stellenwert bekommen?

Ich meine, ja. Das Vordringen der populären Musik hat wohl den Stand der 'Theoretiker' erschwert, obwohl sich offiziell eigentlich sehr wenig bewegt hat. Es gab ja von Anfang diejenigen, die der Popmusik so kritisch gegenüberstanden, daß sie die 'Popdidaktiker' einfach ignorierten, in der Überzeugung, längerfristig die 'Sieger' zu bleiben. Ich behaupte, daß sich an dieser Haltung einflußreicher Musikprofessoren auch heute (1987) noch nicht allzuviel geändert hat. Die einseitig theoretisch fixierten *Lehrer* jedoch hat das Vordringen der Popmusik gezwungen, nachzudenken, sich gegenüber ihren Schülern zu rechtfertigen, also ist deren Stand heute tatsächlich schwerer. Es gäbe eigentlich nichts Schöneres, als sich irgendwo in der Mitte zu treffen: Wenn die Popmusikdidaktik das geschafft hätte, dann hätte sie allerdings meiner Meinung nach einen großen Erfolg errungen.

Damit wären wir eigentlich schon bei einem Fazit. Wie sehen Sie Ihre Arbeit rückwirkend?

Ich glaube, daß unsere Arbeit keinesfalls umsonst war, auch wenn es diesen ARPS jetzt nicht mehr gibt. Es gibt die Kollegen noch, es gibt die Unterlagen noch, den Willen, mit Schülern zusammen weiter zu musizieren. Ich weiß auch, daß 'spotlight' auch von den sog. 'Verbandsfunktionären' der Musikpädagogik gelesen wurde, die auf diese Art versucht haben, die Zeichen der Zeit zu sehen und in ihr Ausbildungsangebot aufzunehmen: Heute gibt es kaum noch eine Pädagogische Hochschule, in der nicht zumindest eine Übung in Richtung populärer Musik angeboten wird. Für Lehrwerke und musikpädagogische Fachzeitschriften gilt Vergleichbares.

Sie haben eben die 'Verbandsfunktionäre' der Musikpädagogik als gelegentliche 'spotlight'-Leser gekennzeichnet. Ich könnte mir vorstellen, daß manchen dieser Leser sowohl der Stil als auch der Inhalt Ihrer Serie unangenehm aufgefallen sind. Wie sehen Sie heute Ihre stilistisch-inhaltlichen

> Gratwanderungen zwischen Rockmusik und Schule? Stellte es für Sie ein Problem dar, für Musikpädagogen und gleichzeitig für 'spotlight'-Leser zu schreiben und von beiden gleichermaßen ernstgenommen zu werden?

Ja, das ist immer ein Problem. Die ersten Artikel zeigen sehr deutlich, daß ich versucht habe, einen möglichst großen Kreis jugendlicher Leser anzusprechen. Dabei sind mir verschiedentlich auch Dinge durchgegangen, die ich heute nicht mehr so anbiedernd und angepaßt an die Sprache jugendlicher Freaks und einfacherer Rockanhänger schreiben würde. Ich habe mich um eine lockere Sprache bemüht, das ist nicht immer einfach, dann habe ich mich aber zunehmend auf die Musiklehrer konzentriert und versucht, so zu formulieren, daß der Ernst meiner Absicht auch in den Formulierungen wiederzufinden war. Ich weiß, daß mir das nicht immer gelungen ist. Gelegentlich habe ich auch Spitzen untergebracht, die nicht an jugendliche 'spotlight'-Leser, sondern an die 'Mitleser' aus der Musikpädagogik gerichtet waren.

Dies alles entstand aus der Möglichkeit, daß ich hier ein Organ hatte, das mich ohne Zensur übertrug. Das wäre mir nirgendwo anders möglich gewesen. Ich würde heute vielleicht vorsichtiger formulieren, mich mit Sicherheit nicht mehr anbiedern, weder an Jugendliche noch an musikpädagogische Funktionäre. Eines muß ich doch noch sagen: Diejenigen, die einem heute so jovial auf die Schulter klopfen und sagen 'Das habt ihr doch großartig gemacht', das sind genau die Leute, die damals versucht haben, uns den Hahn abzudrehen bzw. erst garnicht zu Wort kommen zu lassen. Man muß also sehr vorsichtig in der Auswahl der Leute sein, von denen man sich auf die Schulter klopfen läßt.

> Sie beschäftigen sich heute nicht mehr soviel mit Rockmusik, sondern mehr mit Keyboards im Unterricht. Ist das auch ein Zeichen der Zeit?

Meine Arbeit mit Schülerbands war für mich musikalisch die schönste Arbeit. Das Beschränken auf Schülerbands hat mich jedoch insofern nicht befriedigt, als ich gerne auch den Klassenunterricht aktiver gestalten wollte. Es gibt natürlich Modelle wie die von SCHÜTZ/LUGERT [19] nach denen man auch mit ganzen Klassen populäre Musik realisieren kann, ich bin jedoch der Meinung, daß das als Musiziererlebnis mehr im unverbindlichen Rahmen bleibt und man nicht das Gefühl hat, richtig Musik gemacht zu haben. Solche Modelle sind eher für vorbereitende Analysen oder Demonstrationen sinnvoll, richtige Rockmusik kann man nicht mit ganzen Klassen machen.

Trotzdem ist auch die Keyboardgeschichte indirekt eine Fortsetzung und Weiterentwicklung der ARPS-Aktivitäten, da ich erst durch den Arbeitskreis mit modernem Instrumentarium in Berührung gekommen war und durch die Verbindungen zur Musikindustrie zahlreiche Instrumente leihweise von den Herstellern zur Verfügung gestellt

---

[19] Vgl. LUGERT/SCHÜTZ (Hrsg.): "Zeitschrift für Populäre Musik im Unterricht", Lüneburg: In zahlreichen Heften befinden sich Spielmodelle, die ausdrücklich für das Musizieren mit ganzen Klassen ausgewiesen sind.

bekommen hatte, die ich dann gründlich ausprobieren konnte.

Mit Keyboards kann man schnell Musik machen. Über die Tastatur kann ich alle Schüler zumindest an ein Instrumentalsystem, die Taste nämlich, heranführen. Gitarre ist aus verschiedenen Gründen zu umständlich für den schnellen Einsatz. Zahlreiche Gitarrenkurse an unserer Schule führten allein aus grifftechnischen Gründen zu keinem besonderen Ergebnis. Bei anderen Instrumenten ist das noch schlimmer, während man bei Keyboards ziemlich schnell zu einem befriedigenden Gesamtergebnis kommt. Auch mit Orff'schen Instrumenten habe ich jahrelang gearbeitet, sehe aber bei Keyboards den Vorteil, daß man mit diesen Instrumenten durch die Möglichkeit der Kopfhörer im Unterricht richtig üben kann.

Mit Hilfe der Keyboards kann ich im Musikunterricht mit allen musizieren, aber auch Musiklehre betreiben, d.h. die Instrumente als methodische Mittel beispielsweise zur Analyse eines Werkes benutzen. Ich kann im schwierigen Bereich der Hauptschule das allgemeine musikalische Verhalten fördern, also überhaupt erstmal ein richtiges Interesse an der Musik wecken, auch an Kunstmusik, die wir ja laut Richtlinien vermitteln sollten. Zusammenfassend kann man sagen, daß ich von der Musik, die man hört, weil man sie selbst macht, zu einer Musik führen möchte, die um ihrer selbst willen gehört werden will, damit meine ich also die Kunstmusik.

Nach meiner Erfahrung ist dieser Weg für meinen Bereich, die Hauptschule, der einzig gangbare. Die Keyboards haben mir bisher auf diesem Weg wie kein anderes Instrumentarium geholfen. Sie sind natürlich auch problematisch, einige Warnungen habe ich jedoch bereits an anderer Stelle [20] geäußert.

Das hört sich alles so an, als hätten Sie sich durch die Keyboards wieder mehr in Richtung der 'E'-Musik bewegt. Stimmt dieser Eindruck?

Ja und nein. Keyboards sind ja stilistisch nicht festgelegt und somit für mich ein ideales musikpädagogisches Werkzeug, besonders wenn man ein Sample-Keyboard [21] nimmt. Von diesem sozusagen 'neutralen' Instrument aus läßt sich viel leichter der Weg zur E-Musik wie auch zu allen anderen Musikarten ebnen.

Könnte diese Neutralität vielleicht auch ein Grund für zahlreiche Vorbehalte gegenüber elektronischen Keyboards sein?

Ich glaube eher, daß die Vorbehalte daher kommen, daß man glaubt, ein Keyboard mache alles selbst. Das gilt im wesentlichen jedoch nur für Begleitautomatiken o.ä. in solchen Keyboards. Andere Bedenken richten sich gegen vorgefertigte Klangfarben, die ja tatsächlich in bisherigen Keyboards meist in Richtung der 'U'-Musik oder in Richtung Rock/Pop gingen. Heute ist man da jedoch

---

[20] Vgl. FIRLA 1986/1

[21] Bei einem Sample-Keyboard wird jedes akustische Ereignis (beispielsweise der Klang eines Naturinstruments) über ein Mikrofon speicher- und anschließend über die Tasten spielbar.

freier und variabler, die Instrumente klingen viel lebhafter, sind dynamisch spielbar usw. Ich glaube, daß bezüglich 'U' und 'E' hier eher das Gegenteil eintreten könnte, daß also ein 'Klassiker' durch ein solches Instrument eher einen Zugang zu populärer Musik finden könnte. Aber im Prinzip haben Sie mit der Beobachtung Recht, daß 'U' und 'E' durch das Keyboard enger zusammenrücken.

1.4. Gespräch IV mit Charly Rinne ('alternativer' Umgang mit Schüler-Musik)

Karl-Heinz ('Charly') Rinne ist Hauptschullehrer in Gelsenkirchen und hat zu Beginn der 80er Jahre den *Arbeitskreis Rockdidaktik* (AK Rockdidaktik) gegründet. Das folgende Gespräch wurde im Jahr 1983 von Michael RÜSENBERG (freier Mitarbeiter des Westdeutschen Rundfunks, Köln) anläßlich der WDR-II-Sendung 'Budengasse' aufgenommen (Sendung: 2.6.1983)

> Wer gehört dem Arbeitskreis Rockdidaktik an, welche Ziele verfolgt dieser Arbeitskreis?

Der Arbeitskreis wurde vor zwei Jahren in Gelsenkirchen gegründet. Ihm gehören Lehrer aller Schulformen und an Rock und Pop interessierte Hochschullehrer an. Unser Ziel ist es, Rockmusik in verschiedenen Schulfächern stärker zu integrieren.

> Man liest in Ihren Publikationen häufig von 'emanzipatorischer Medienpraxis'. Was ist darunter zu verstehen?

Wir wollen Schüler zu einem kritischen Medienverhältnis befähigen, das sich auch auf die Musik erstreckt, die nahezu jeder Schüler täglich konsumiert. Sie sollen der unüberschaubaren Medienszene mit einem kritischen Verständnis gegenüberstehen.

> Wie könnte das konkret aussehen? Sollen die Musiklehrer versuchen, den Schülern ihre Favoriten auszureden und sie durch kritisches Hinterfragen auf andere Bereiche der Rockmusik zu lenken, die Ihr Arbeitskreis vielleicht ästhetisch höher einstuft?

Solche Normierungen lehnen wir ab, weil wir glauben, daß es unmöglich ist, über den ästhetischen Wert oder Unwert von Popmusik zu befinden. Was brigt es, einen Schüler beispielsweise von AC/DC zu Weather Report zu bringen? Egal, *was* man konsumiert, zunächst einmal handelt es sich um Konsumverhalten, wenn man Platten kauft und diese zuhause anhört. In diesem Zusammenhang besteht unser Ziel darin, Jugendliche zum eigenen Musikmachen anzuleiten, damit sie selbst im Rahmen von Freizeit und Schule aktiv werden.

> Haben Sie auch Ziele, die sich nicht auf den Unterricht beziehen? Verfolgen Sie beispielsweise eine Zielrichtung gegenüber den Kultusbehörden im Hinblick auf Richtlinien o.ä.?

In Schulbüchern und Fachzeitschriften sind die Bereiche Rock und Pop unterrepräsentiert. Es gibt zwar einige Schulbücher, die sie am Rande erwähnen, aber wir wünschen uns, daß darüber hinaus in baldiger Zukunft Rock und Pop einen *sicheren* Platz in Richtlinien und damit auch in Schulbüchern erhalten, daß Lehrer mehr Freiheiten und Möglichkeiten gewinnen, sich in verschiedenen Fächern mit Rockmusik zu beschäftigen.

> Auf welcher Grundlage wird denn Rockmusik heute unterrichtet? Ist es aufgrund der Richtlinien dem Lehrer freigestellt, Rock oder Klassik oder was auch immer zu unterichten?

Der Lehrer hat hier sicherlich große Freiheiten. So bedarf ein Thema wie Harmonielehre keiner bestimmten Musikrichtung, hier sind Rock und Klassik gleichberechtigt einsetzbar.

> Gibt es heute noch den alten Konflikt zwischen Rock und Klassik? Früher wurde Rock ja häufig als Mittel zur Hinführung zur Klassik mißbraucht, mit dem man die Schüler köderte, um sie auf die 'wirkliche' Musik hinzuweisen. Hat sich die Beschäftigung mit Rock inzwischen durchgesetzt?

Unser Arbeitskreis würde die von Ihnen beschriebene 'Bauernfängerei' ablehnen, ganz davon abgesehen, daß Schüler schnell merken werden, daß ihre elementaren Bedürfnisse nur mißbraucht werden.

Nun zu Ihrer Frage: heute gibt es sowohl Lehrer, die im Unterricht fast ausschließlich Klassik behandeln, weil sie nicht willens oder durch mangelhafte Ausbildung nicht in der Lage sind, Rock und Pop zu behandeln, als auch Lehrer, die fast ausschließlich oder zum größten Teil Rock und Pop behandeln.

> Man hört in der letzten Zeit immer häufiger, daß Musiklehrer nicht in der Lage seien, Rockmusik zu unterrichten, was mich sehr überrascht, da doch viele vor allem junge Musiklehrer zumindest mit den Beatles oder mit den späteren Folgen der Rockmusik aufgewachsen sind. Hapert es da an der Musiklehrerausbildung?

Es hapert sicherlich auch an der Ausbildung: Nur an wenigen Hochschulen und lehrerbildenden Instituten werden theoretische oder praktische Aspekte der Rockmusik thematisiert. Wir sind der Meinung, daß dies in weit stärkerem Maße geschehen müßte. Auf der anderen Seite kann man auch oft beobachten, daß für die mit der Rockmusik aufgewachsenen Lehrer irgendwann in den 70er Jahren der Faden abgerissen ist und sie mit aktueller Rockmusik wenig anzufangen wissen. Hier setzt dann beispielsweise die Arbeit des Arbeitskreises Rockdidaktik an, indem wir Materialien herausgeben, die der Lehrer im Unterricht verwenden kann.

> Ihr Arbeitskreis gibt eine Zeitschrift heraus. Wieviele Lehrer erreichen Sie mit diesem Heft?

Wir drucken in einer Auflagenhöhe von 5000 Exemplaren. Bisher sind zwei Hefte erschienen, im Juni 1983 soll das dritte folgen. [22]

> Die Zeitschrift heißt im Untertitel 'Zeitschrift für populäre Musik und Kultur in der Schule'. Richtet sich 'Rockpaed' auch an Schüler?

---

[22] Dieses dritte Heft ist nicht mehr erschienen

Nein, wir richten uns in erster Linie an Lehrer der Fächer Musik, Englisch, Deutsch, Politik, Sozialwissenschaften und Religion. Für Schüler ist die Zeitschrift zu teuer und vom Inhalt her zu anspruchsvoll.

> In diesem Zusammenhang sind mir zwei Ebenen in Rockpaed aufgefallen: Die sehr gefällige, fast poppige Aufmachung und auf der anderern Seite eine teilweise sehr wissenschaftliche Sprache, die manches eher verdeckt als transparent macht. Sind dies keine Verständigungsschranken?

Sie sprechen da ein schwieriges Problem an. Wir müssen einerseits versuchen, vom 'Teeniegeschwätz' der Jugendzeitschriften abzugehen, wollen andererseits jedoch nicht zu streng wissenschaftlich sein. Das Layout entspricht durch seine lockere Aufmachung dem Inhalt Rockmusik, durch die Bandbreite der Artikel vom wissenschaftlichen Aufsatz bis hin zum lockeren Szene-Report glauben wir einen goldenen Mittelweg gefunden zu haben.

> Nun gibt es auch andere Organisationen mit ähnlichen Zielsetzungen. Besteht hier eine Konkurrenz oder wäre es nicht sinnvoll, im Hinblick auf gemeinsame Ziele zusamenzuarbeiten?

Wir sehen das nicht als Konkurrenz. Der ARPS [23] in Mülheim/Ruhr hat beispielsweise eine völlig andere Zielsetzung als wir. Die Mülheimer fördern in der Hauptsache Schülerbands. Das halten wir für eine gute und wichtige Sache. Wir sind jedoch auch über die Musik hinaus an Rock und Pop interessiert, daher wenden wir uns auch an Lehrer verschiedener Fächer. Nur Schülerbands reichen unserer Meinung nach nicht aus, um Rock in der Schule ernsthaft zu behandeln.

> Noch eine persönliche Frage: Sie sind jetzt 30 Jahre alt und haben noch 20 Berufsjahre vor sich. Ist Unterricht im Bereich Rock an den jungen Lehrer gebunden, oder können Sie sich auch den Fünfzig- oder Sechzigjährigen als interessierten und kenntnisreichen Lehrer im Bereich Rock vorstellen?

Ich hoffe, daß ich auch mit 50 noch Rockmusik hören werde; es gibt Leute, die sind 50 Jahre jung und solche, die sind 25 Jahre alt. Wir halten es für wichtig, daß Schüler erfahren, daß sich ihr Lehrer auch in seiner Freizeit mit der im Unterricht behandelten Musik beschäftigt. Die Schüler werden schnell merken, daß der Lehrer, der im Bereich Rock unterrichtet, obwohl er diese Musik ablehnt, in der Schule nicht das vorlebt, was er in Wirklichkeit ist.

> Kann der Unterricht im Bereich Rock so vonstatten gehen wie herkömmlicher Unterricht?

Im Bereich Rock bringen die Schüler oft eine breitere Kenntnis mit als ihre Lehrer, deswegen soll hier auch partnerschaftlicher unterrichtet werden, in dem Sinne, daß Lehrer und Schüler voneinander lernen. Es soll eine wechselseitige Kommunikation entstehen, bei der zum einen auch Schüler den Unterricht gestalten können und

---

[23] Arbeitskreis für Rock und Pop in der Schule

bei der zum anderen der Lehrer sich auch einmal selbst in Frage stellt. Der Unterricht sollte in keinem Fall nach dem Motto vonstatten gehen: 'Heute besprechen wir den Rock'n'Roll. Ich habe drei Songs mitgebracht, hört Euch die mal an und dann reden wir darüber. Als Hausaufgabe lest ihr dann bitte das Textblatt durch und beantwortet folgende Fragen...'

Wir haben bisher nicht über den Schlager geredet. Hat sich seine Stellung durch die Beschäftigung mit Rock im Unterricht geändert? Wird er jetzt noch mehr geächtet, oder wird er jetzt vielleicht sogar wertfrei behandelt?

Der Schlager hat sich gewandelt: Heute haben Nena und Hubert Kah Peter Alexander abgelöst. Die Neue Deutsche Welle [24] ist teilweise nichts anderes als Schlagermusik und die ist heute beliebter denn je.

Was bedeutet das für den Unterricht? Werden Schlager analysiert, kritisch hinterfragt oder wie werden sie einbezogen?

Wir versuchen zwar, Schlager im Unterricht kritisch zu hinterfragen, lehnen es jedoch ab, den Schülern die Lieblingsstars madig zu machen oder sie durch Udo Lindenberg oder BAP zu ersetzen, die wir besser finden. Das ist durchaus problematisch.

Mit welcher Erkenntnis würde ein Schüler diesen Unterricht verlassen? Würde er den Schlager immer noch genau so gut finden, würde er ihn mit anderen Ohren hören oder was ist Ihr Ziel?

Er würde ihn schon mit anderen Ohren hören, wenn man ihm erzählte, wie sehr gerade bei Nena die Technik dominiert, wie glatt und perfekt die Musik ist und wie sehr sie mit den Texten an der Oberfläche bleibt.

Also steht doch das Wegbringen vom analysierten Gegenstand im Vordergrund?

Das wäre garnicht möglich: Es gibt in Bezug auf Rockmusik nicht *den* Schülergeschmack oder *das* jugendliche Verhalten, daher treten in fast jeder Diskussion völlig unterschiedliche Schülermeinungen zutage. Auch ich würde meine Meinung deutlich machen, aber von den Schülern nicht erwarten, daß sie diese übernehmen. Vor allem durch die Diskussion unter den Schülern kann so ein Prozeß entstehen, von dem alle nur lernen können.

Eine letzte, prinzipielle Frage: ist Rockmusik lehrbar und vollständig darstellbar wie klassische Musik lehrbar war und lehrbar ist?

Rockmusik ist sicherlich vermittlungsrelevant, d.h. man muß diese Musik im Unterricht behandeln, man sollte es jedoch nicht nach den Maßstäben und mit den Methoden des herkömmlichen Unterrichts tun. Man kann Rockmusik auch im Unterricht zerreden und durch zuviel Theoretisieren diesen Freizeitbereich der Schüler zerstören.

---

[24] Vgl. hierzu Kap.III.5

1.5. Gespräch mit Michael Rüsenberg (Westdeutscher Rundfunk Köln)

Michael RÜSENBERG ist freier Mitarbeiter beim WDR und anderen ARD-Anstalten, Publizist und Mitautor verschiedener musiksoziologischer [25] Studien.

> Sie arbeiten in jener Abteilung des WDR, die mit dem großen 'U' überschrieben ist und machen hier seit 16 Jahren eine Sendung, in der vorwiegend 'Unpopuläres' zu hören ist. Die Musik Ihrer Sendungen - angesiedelt zwischen Jazz und avanciertem Rock - würde von Musikpädagogen ungeachtet ihrer Unpopularität vermutlich in die Schublade 'Populäre Musik' sortiert. Wie finden Sie die Musik Ihres täglichen Umgangs in der Pädagogik aufgehoben?

Die Musik, mit der ich mich täglich befaße, taucht mehrheitlich wohl in keiner Pädagogik auf, ein Teil in der Jazzpädagogik, der geringste Teil in der Rockpädagogik, weil diese Musik eine Mischung aus Jazz und Rock ist. Jenachdem, aus welchem Blickwinkel man diese Musik betrachtet, kann man sie dem Jazz zurechnen oder dem Rock, wobei die reinen Rockstücke in meinen Sendungen den avancierteren Formen zuzurechnen sind, die meiner Einschätzung nach in der Schule kaum eine Rolle spielen dürften. Ohne die Musikpädagogen hier kritisieren zu wollen, schätze ich sie so ein, daß sie sich doch meist auf jene Art von Rockmusik konzentrieren, die bei Schülerinnen und Schülern gerade gefragt ist. Ich glaube, daß dies nicht unbedingt die avanciertesten Arten sind, weil man auf avanciertere Formen meist erst in einem Alter stößt, in dem man die Schule bereits verlassen hat. Wenn man älter als 20 ist, findet man eher einen Zugang zu der Musik, die in meinen Sendungen vorkommt, als mit 15 oder 16 Jahren.

> Sie haben vor fünf Jahren geschrieben, eine Didaktik der populären Musik renne offenen Türen ein. Hat sich dieser Eindruck inzwischen bestätigt?

Ich glaube, damals ging es mehr darum, überhaupt eine Begründung für eine Rockdidaktik zu liefern und das hatte mich damals schon sehr überrascht. Ich nahm an, daß man seitens der Pädagogik nun wirklich keine Begründung mehr braucht, um sich mit Rock und Pop zu befassen. Ich habe sowieso den Eindruck, die Schulpädagogik läuft der allgemeinen Musikentwicklung hinterher, ein Phänomen, das Tibor KNEIF einmal mit 'richtigem Rock' und 'Schulpop' zu kennzeichnen versuchte. [26]

> Stichwort 'Schulpop': können Sie sich auch eine Verschulung der Rockmusik vorstellen?

Ich weiß nicht recht, was ich mir darunter vorstellen soll.

> Denkbar wäre da beispielsweise der Versuch, Rock oder Pop mangels geeigneter Instrumente auf dem herkömmlichen Schul-

---

[25] U.a. 'Demoskopie im Konzertsaal' (Vgl. Literaturverzeichnis unter DOLLASE/STOLLENWERK/RÜSENBERG)

[26] Vgl. KNEIF 1979

instrumentarium zu realisieren. Überspitzt formuliert: Rock auf Xylophonen.

Das kann ich mir allenfalls als Karnevalsnummer vorstellen. Es erscheint mir völlig sinnlos, weil doch bestimmte Stilarten von Rockmusik ausdrücklich nur mit bestimmten Instrumenten realisiert werden können; wenn man die auf andere Instrumente überträgt, verlieren sie doch ihre entscheidenden Wesensmerkmale!

Jetzt taucht in den Schulen häufig die Situation auf, daß eben nur wenige Orff-Instrumente, vielleicht ein Drumset und ein Keyboard vorhanden sind, häufig weniger. Dann sagen die rockengagierten Pädagogen: Lieber mit den Instrumenten als garnicht.

Nein, dann lieber garnicht! Oder allenfalls mit diesem vorhandenen Instrumentarium etwas improvisieren, das keiner Gattung nachläuft. Man kann ja auch klassische Musik nicht mit Orff-Instrumenten spielen.

Das wird in der Pädagogik auch versucht.

Das ist eine Auffassungssache, aber ich finde, man sollte jede Musik schon auf dem angemessenen Instrumentarium realisieren. Sonst wird das eine Karikatur. Ich kann mir auch nicht vorstellen, daß man Schüler dazu bewegen kann, populäre Musik auf Orff-Instrumenten zu spielen, es sei denn aus analytischen Gründen.

Erst kürzlich schreibt ein Musiklehrer, daß die Schüler diesen 'Orff-Rock', wie er das nennt, garnicht so schrecklich fänden wie er selbst. [27] Also scheint das doch machbar zu sein.

Mag sein. Vielleicht handelt es sich bei diesem Lehrer um eine so charismatische Persönlichkeit, daß die Schüler ihm aus der Hand fressen. Ich bin jedoch nicht Pädagoge, sondern beschäftige mich mit der Ästhetik der Rockmusik. Aus dieser Sicht meine ich: Das kann nur die Züge einer unfreiwilligen Karikatur annehmen. Es mag immer einige Schüler geben, die so etwas aus welchen Gründen auch immer akzeptieren, aber die Mehrheit wird es sicherlich ablehnen, weil sie das, worum es in der Rockmusik geht, im 'Schulpop' überhaupt nicht wiederfindet.

Sie sind Vater von zwei Kindern. Welche musikalischen Erfahrungen wünschen Sie sich für die beiden?

Ich *wünsche* mir natürlich, daß sie möglichst früh möglichst viele Arten von Musik kennenlernen. Ich möchte nicht behaupten, daß dies bei uns gewährleistet ist. Wir verfolgen in dieser Hinsicht auch keine zielstrebigen Aktionen; die beiden bekommen das mit, was so zwischen Tür und Angel bei mir aus dem Arbeitszimmer weht. Ich rede selten mit meinen Kindern über Musik, weil sie m.E. noch zu jung sind. Ich weiß nicht, das ist eigentlich kein Thema für die. Manchmal sage ich in bestimmten Situationen, wenn ich mit den Kindern beispielsweise im Auto auf meine Frau warte, "Hör mal, das

---

[27] Vgl. DANE 1988

gefällt mir gut, das ist toll" oder "Das ist wichtig" und "Hört Euch das mal an." Ich hatte gerade heute eine solche Szene; ich wartete mit meiner Tochter im Auto, als gerade 'Sport und Musik' im WDR lief - man kennt diese Art von Musik. Da hat dann meine Tochter mich gebeten, mal etwas lauter zu machen. Das hat mich nun sehr überrascht: Das ist genau *nicht* die Musik, die bei uns zuhause läuft.

Ich glaube, die Kinder werden sowieso auf eine Art geprägt, die mich hinterher letztlich total überraschen wird; wenn die vierzehn oder fünfzehn sind, werden die sich natürlich wie alle anderen für Hitparaden und Stars interessieren. Ich werde das auf keinen Fall unterdrücken; außerdem halte ich das für eine vorübergehende, harmlose Sache.

Was die danach machen, weiß ich natürlich nicht. Es kommt auch darauf an, wie man das musikalische Talent einschätzt: Bei meinem Sohn (8) schätze ich es relativ gering ein, bei meiner Tochter (5) etwas höher. Bei ihr würde ich durchaus den Versuch unternehmen, leicht mal zu forcieren, ob sie nicht Klavier lernen möchte.

Also doch Intentionen?

Ich habe da keine ausgeprägten Intentionen, weil ich fürchte, das Ganze könne eine gewisse Lächerlichkeit bekommen.

Das verstehe ich nicht.

Wenn man seine Kinder zwingt, in einer bestimmten Richtung, sei es Sport, Ballett, Musik o.ä. aktiv zu werden, ergibt sich schnell der peinliche Eindruck mobiler kleiner Statusträger der Eltern. Ich kenne genug Fälle von Kollegen, die beruflich mit Musik zu tun haben und dann von ihren Sechsjährigen bereits behaupten, die hätten so schöne lange Finger und könnten bestimmt bald mit dem Klavierunterricht anfangen. Ich finde das eher lächerlich, vielleicht auch, weil ich selber kein Musiker bin und daher auch nicht so strikte Ambitionen gegenüber meinen Kindern habe. Es sind eher leise Wünsche, bei denen nicht so tragisch ist, wenn sie unerfüllt bleiben. Ich halte es für wichtiger, daß meine Kinder Literatur kennen- und schätzen lernen.

Welche musikalischen *Schul*erfahrungen wünschen Sie Ihren Kindern?

Daß nicht irgendwelche Lehrer - wie bei meinem Sohn geschehen - abkommandiert werden und Lieder singen lassen, sondern daß der Musikunterricht eine Lust an Tönen und Klängen wachkitzelt.

Welche musikalischen Erfahrungen haben Sie selbst in der Schule machen könnmen?

Die schlechtesten! Während der Musiklehrer sich bei einigen wenigen bereits mit dem absoluten Gehör befaßte, gehörte ich zu einer kleinen Fraktion, die sich mit dem einen oder anderen auswendig hergesagten Liedtext noch auf eine Vier retten konnte: "Es war ein König in Thule" konnte ich zum Beispiel ganz gut... Heute glaube ich: das war eine gewisse Nachsicht des Musiklehrers. Er hatte eine kleine Elite um sich geschart und kümmerte sich um die anderen überhaupt nicht.

Aber das war in den frühen 60er Jahren eine Zeit, in der wir auch ganz andere Interessen hatten. Damals brach gerade das Beatlesfieber aus und wir wagten nicht zu hoffen, daß diese Interessen jemals im Unterricht berücksicht werden könnten. In der Schule ging es nur um Klassik. Das, was heute zumindest als Problem erkannt wird, war damals überhaupt kein Thema.

> Auch nicht im negativen Sinn? Wurden die Interessen auch nicht schlechtgemacht?

Nein. Das war auch nicht nötig; es herrschte common sense auf beiden Seiten, daß Beatmusik nicht ans Gymnasium gehört. Wir haben uns für die Rolling Stones und Beatles 'im Geheimen' interessiert: Ich weiß, daß ich nachts, als meine Eltern schon schliefen, in die Küche geschlichen bin - ich hatte mir den Wecker gesetzt -, um die 'Top Twenty' zu hören. Jugendspezifischer Musikkonsum war nicht so selbstverständlich wie heute. Ich erinnere mich, daß meine Eltern es mir verboten hatten, ein Konzert von Cliff Richard zu besuchen oder 'Love me Do' von den Beatles zu kaufen, obwohl ich die Platte mit meinem knappen Taschengeld bezahlt hätte.

Das war ein verbotener Bereich; und da wir genügend andere Probleme in der Schule hatten, haben wir diesen Bereich dort überhaupt nicht angesprochen. Wir erlebten die Musik und alles, was damit zusammenhing, nur unter Gleichaltrigen. Das war etwas von der Erwachsenenwelt völlig Verschiedenes und man konnte keinesfalls damit rechnen, daß die Lehrer dafür das geringste Verständnis hatten.

> Ist das denn heute in jedem Fall ein Vorteil, diesen verschwiegenen Bereich in die Schule aufzunehmen und ihm damit sicherlich einen Teil der Verschwiegenheit zu nehmen? Vielleicht war es ja spannender, damals nachts um zwei die 'Top Tewnty' zu hören als heute morgens um zehn mit dem Musiklehrer?

Da ist etwas dran. Aber dennoch war das, was wir damals erlebt haben, aus heutiger Sicht ein krankhafter Zustand: Ich glaube nicht, daß es sinnvoll ist, wenn die Schule sich vom Leben abschottet; und das würde es bedeuten, wenn ein Lehrer heute noch glaubt, sich nicht mit populärer Musik beschäftigen zu brauchen.

Das, was heute in der Pädagogik diskutiert wird - die Frage nach der Didaktik der Rockmusik, nach ihren methodischen Bedingungen, nach Instrumentarium usw., das sind ja aus damaliger Sicht schiere Luxusprobleme.

> Sie verdienen mit der 'Sache Musik' ihr Geld. Hat die Schule diese Berufsentscheidung mit beeinflußt?

Überhaupt nicht, die war völlig unabhängig davon! Ich kann mir bis heute nicht erklären, warum mein Interesse an Musik, zunächst an Beat, dann an Rock und erst später an Jazz, länger angehalten hat als bei anderen, warum es so vital war, daß ich den Wunsch hatte, im Radio Platten auflegen zu können - das war tatsächlich ein alter Traum von mir - und eine Chance sah, diesen Traum zu verwirklichen.

Unter meinen gleichaltrigen Bekannten - ich werde in diesem Jahr vierzig - gibt es praktisch niemanden mehr, der auch nur ab und zu in die Konzerte gehen würde, die ich besuche. Ich habe meistens mit Jüngeren zu tun und rede auch mit Gleichaltrigen, beispielsweise Freunden, kaum über Musik. Ich dränge mich nicht mit Fragen auf, die sie nicht interessieren - so wie ich auch von ihnen erwarte, nicht mit Fragen ihres Berufes bedrängt zu werden. Ich bin also bereits ein Fossil, was mein Alter und die Musikgattung betrifft.

> Sind denn Rock und Pop Ihrer Meinung nach so stark generationsgebunden? Nach zwanzig Jahren im fossilen Alter?

Sie sind, was den 'aktiven Konsum' betrifft, auf das Jugendalter bezogen. Davon bin ich überzeugt, insbesondere auch durch die Forschungsarbeiten, die ich mich den Kollegen DOLLASE und STOLLENWERCK [28] gemacht habe: Wir haben festgestellt, daß das generelle Interesse an Musik, an Musikhören, Konzertbesuch mit zunehmendem Alter abnimmt. Das ist natürlich eine sehr allgemeine Aussage - im Klassikbereich sieht das etwas anders aus, aber die Ausprägung musikalischer Aktivität im Hinblick auf Schallplattenkauf, Konzertbesuch, vielleicht auch Fan-Sein, hat wohl auch eine Menge mit der Pubertät zu tun und mit den chemikalisch-hormonellen Vorgängen zu dieser Zeit. Das Erregungspotential, das eine Musik bewirken kann, ist vielleicht während der Pubertät am höchsten. Wir glauben nicht, daß es soziale Gründe sind, die dazu führen, beispielsweise Protest gegen Erwachsene. Das geht heute nicht mehr, es wäre lächerlich, heute mit Rockmusik protestieren zu wollen. Nein, es scheint auch so etwas wie 'natürliche' Ursachen für das überaus große jugendliche Interesse an Musik zu geben.

> Ist diese Funktion der Musik mit der festen Freundin oder dem festen Freund also bereits überholt?

Der bekannte englische Rockmusiker Ian Anderson hat das ja einmal genau auf den Punkt gebracht: Rockmusikkonzerte sind eine Sache von ledigen jungen Männern. Er hat damit die Mehrheitsgruppe ganz genau skizziert. Ich glaube, wenn diese jungen Männer eine feste Freundin haben oder anderweitige erotische Interessen, dann gibt es wichtigere Bereiche als die Rockmusik, dann ist 'das Leben' einfach wichtiger als die Musik, insbesondere wenn man in den Beruf gekommen ist.

Nimmt man nur die Altersverteilung in Rock- und Jazzkonzerten, dann sieht man,daß das immer nur ein ganz bestimmtes Bevölkerungssegment ist, das sich für solche jugendbestimmten Konzertinhalte interessiert.

> Kann denn dann der 'ältere' Musiklehrer über fünfunddreißig die aktuelle Musik noch verstehen oder mögen?

Das ist durchaus möglich. Auch unter den Rockmusikern gibt es ja demnächst eine Menge Fünfzigjähriger, die Musik für ihre Enkel

---

[28] Vgl. Literaturliste unter DOLLASE/RÜSENBERG/STOLLENWERK

machen und von denen durchaus ernst genommen und als authentisch erlebt werden - die Enkel zahlen ja schließlich Eintritt. Ich glaube also nicht, daß Rockmusik, nur weil sie hauptsächlich von Jugendlichen gehört wird, auf die Dauer ein absolut jugendliches, pubertäres Image haben wird.

Natürlich wird niemand wie ein Opa die Bühne betreten, sondern sich eine gewisse Jugendlichkeit anschminken, aber ich glaube nicht, daß dies die einzige Voraussetzung ist, um in der Rockmusik Erfolg zu haben. So glaube ich durchaus, daß ein Musiklehrer, der über fünfunddreißig ist, einigermaßen glaubwürdig, authentisch und sachgerecht über Rockmusik sprechen könnte. Er muß natürlich einen gewissen Draht dazu haben und aufgrund seines Alters eine gewisse Barriere überspringen; um sachgerecht mit aktueller Musik umgehen zu können, muß er in jedem Fall einen größeren Aufwand treiben als jüngere Kollegen: Sich als Erwachsener dezidiert mit Rockmusik zu beschäftigen ist etwas, was dem allgemeinen Trend zuwiderläuft. Das bedeutet nicht, daß man dann keine Rockmusik mehr hört - die umhüllt einen ja, wo immer man hinkommt - ich denke an *aktive* Beschäftigungen, also nicht nur an Plattenkauf, sondern auch daran, sich einen allgemeinen stilistischen Überblick zu verschaffen und den zu halten. Hier werden ältere Lehrerinnen und Lehrer zwangsläufig mehr Aufwand treiben müssen als jüngere.

> Wie stellt sich ein Rundfunkredakteur die Berücksichtigung populärer Musik ins Schule und Unterricht vor? Haben Sie da irgendwelche Vorschläge?

Zunächst stelle ich mir vor, daß populäre Musik überhaupt behandelt wird, und zwar nicht nur als Vorstufe zur Klassik. Ich halte es für wichtig, in der Schule mehr musikalisch-ästhetisches Denken zu erlernen. Nicht nur bei Rock, Jazz oder Klassik, das ist eine viel zu kleine Welt, sondern auch beispielsweise bei ethnischer Musik. Ich sage das nicht, weil diese Musik unter dem ganz falschen Etikett 'Weltmusik' gerade en vogue ist, sondern weil ich gerade durch meine Arbeit erfahre, welche unterschiedlichen ästhetischen Ansätze man beim Musikmachen verfolgen kann und welch unglaublich unterschiedliche Arbeitsweisen es gibt.

Über diese Arbeitsweisen müßte der Musikunterricht informieren und sich mit ihnen auseinandersetzen, ohne die eine gegen die andere auszuspielen. Zu sehen, wie und mit welcher Intention Rockmusik gemacht ist und damit zu vergleichen, welche Funktion und Ästhetik hinter afrikanischer Musik steckt oder einer Oper oder einem Chanson, fände ich hilfreich, um toleranter gegenüber jedweder Musik zu werden.

Diese Toleranz könnte im Idealfall verhindern, daß ich bestimmte Leute nur deswegen geringschätze, weil sie eine Musik mögen, die mir nicht genehm ist. Eine solche Koppelung von Musikhören und einem bestimmten sozialen Status müßte endlich aufgebrochen werden. Das ist wahrscheinlich eine Utopie, aber es gibt ja Tendenzen, das alles ein wenig aufzulockern. Das ist für mich ein erstrebenswertes Ziel des Musikunterrichts.

> Ein Ziel, das nach Ihren bisherigen Beschreibungen auf recht theoretischem Wege erreicht werden soll: Musik hören, darüber sprechen, vergleichen...

Ich will dabei nicht vergessen, daß man Musik selber machen kann, aber man muß sich gleichzeitig eingestehen, daß man in der Schule einige Sachen einfach nicht realisieren kann. Ich finde sehr wichtig, wenn ich beispielsweise an afrikanische Musik denke, daß man auch und gerade bei Musik, die man nicht reproduzieren kann, begreifen lernt, wie komplex diese Musik ist, daß diese Musik völlig andere Ziele als Jazz, Rock und jede europäische Musik hat usw. Die Schüler sollten nicht denken 'Da trommeln ein paar Leute wild drauflos', sondern begreifen - ohne es im einzelnen analysieren zu können, daß das ganz eigene Ansprüche sind, die teilweise so hoch sind, daß wir sie gar nicht einlösen können. Das zu erfahren, ist für mich ein erstrebenswertes Ziel. Wie das nun im Unterricht zu realisieren ist, kann ich natürlich nicht sagen.

Generell würde ich begrüßen, wenn die Musikpädagogik nicht mehr so beckmesserisch an Musik heranginge. Ich gebe ja zu, daß ich das auch eine ganze zeitlang gemacht habe, daß ich zu wissen glaubte, was 'gute' und 'schlechte' Musik sei, aber je älter ich werde, desto mehr zerrinnen mir die Kriterien wie Sand zwischen den Fingern. Natürlich kritisiere ich auch heftig, dann jedoch bei jeder Gattung mit ihren je eigenen Ansprüchen, wobei auch das relativ rasch an gewisse Grenzen stößt.

Ganz generell: die Musikpädagogik sollte die lächerliche Rolle des Warnenden aufgeben. Ich beobachte immer wieder, daß in großen Teilen der Musikpädagogik und -wissenschaft mit dunklen, nicht ausformulierten Verdächtigungen und Ängsten gearbeitet wird: Da werden Warnungen ausgesprochen, aber wovor? Welche negativen Folgen kann es haben, wenn man 'schlechte' Musik hört? Da bin ich ganz Ohr! Es handelt sich hier doch meist nur um eine Musik, die der Warnende selbst nicht mag. Die Musikpädagogen sollten einmal versuchen, dieses 'Schlechte' oder die angeblich negativen Auswirkungen klar zu definieren. Ich glaube, es wird keine Form des Musikkonsums irgendeine 'dramatische' Konsequenz haben. Vor einer Fahrt auf der Autobahn ist allemal mehr zu warnen als vor 'schlechter' Musik.

1.6. Gespräch mit Sigi Busch

Sigi BUSCH ist Musiker, Komponist, Pädagoge und Autor. Er spielt in verschiedenen Jazzgruppen, (u.a. Manfred Schoof-Quartett), nahm mehrere Platten mit international bekannten Musikern auf und war Bassist der Folkgruppe 'Zupfgeigenhansl'. Er unterrichtete an Konservatorien und Hochschulen in Bremen und Oldenburg, hat am Hamburger 'Modellversuch Popularmusik' mitgewirkt und ist regelmäßig Dozent bei Jazzworkshops und -fortbildungsveranstaltungen; er veröffentlichte im Bereich popularmusikbezogener Harmonielehre (Notenlesen Jazz Pop Rock, Jazzschulen, Jazzbaßkompendium, Gehörbildung).

Seit 1988 hat BUSCH eine Professur für Jazzpädagogik an der Hochschule der Künste in Berlin. Das folgende Gespräch fand 1983 im Rahmen eines Jazzworkshops statt.

- Sie sind Jazzmusiker und haben natürlich auch eine allgemeinbildende Schule besucht. Hat das zweite das erste befruchtet?

Ja. Wir hatten großes Glück mit unserem Musiklehrer, weil er schon zu einer Zeit Jazzmusik in den Unterricht hereingenommen hat, als diese vielen noch als Urwaldmusik galt. Das war in der zweiten Hälfte der 50er Jahre: Irgendjemand hatte spitzgekriegt, daß er gut Swing-Klavier spielen konnte und ihn gefragt, ob er uns nicht etwas vorspielen könne. Das war dann für uns ein großes Erlebnis, als er auf einmal mitten im Unterricht selber Jazz spielte: Da passierte etwas, es entstand ein direkter Draht zwischen ihm und uns. Dieser Lehrer wurde dadurch schnell eine Art natürlicher Autorität für uns. Das hat mich persönlich sehr beeindruckt; es ist durchaus einer der Gründe dafür, daß ich heute selber Musik mache.

Wir haben dann auch im Schulorchester eine Jazzkomposition gespielt. Das kam natürlich gut an. So ist mir durch meine eigene Schulerfahrung bereits deutlich geworden, daß man unbedingt eine Verbindung zwischen Theorie und Praxis herstellen muß: Schülerinnen und Schüler müssen in die Praxis der Vermittlung und Produktion von Musik mit eingeschlossen werden, um nicht nur Konservenmusik aus zweiter Hand vorgesetzt zu bekommen, sondern Musik direkt hautnah zu erleben. Das halte ich heute noch für ganz wichtig.

- Nun geht es an den allgemeinbildenden Schulen nicht um die Ausbildung von Musikerinnen und Musikern. Musikmachen findet hier in der Regel allenfalls rudimentär statt, schwerpunktmäßig geht es um die sogenannten 'Konsumenten'. Im Musikunterricht wird also u.a. auch Ihr zukünftiges Publikum über Musik informiert. Was würden Sie sich hier als Jazzmusiker von der allgemeinbildenden Schule wünschen?

Ich finde gut, daß Sie 'sogenannte Konsumenten' sagen. Von vielen Leuten aus der Musikbranche werden die jungen Hörer als 'Verbraucher' angesehen, die man ganz platt ausgedrückt richtig 'beackern' kann. In dem Zusammenhang finde ich es wichtig, daß Kinder und Jugendliche an den allgemeinbildenden Schulen vieles hören und erfahren, was in den offiziellen Medien meist unter den Tisch fällt.

Ich sehe das ja bei meiner fünfzehnjährigen Tochter. Die haben sich vor kurzem beispielsweise im Musikraum auf den Teppich gelegt und dabei Minimal-Music gehört, sozusagen meditiert. Das war für manche zwar langweilig, für die meisten aber ein Erlebnis, ein tiefer Eindruck; die sind ziemlich ausgeflippt. Über Jazzmusik haben sie auch gesprochen. Das sehe ich jedoch sehr kritisch, weil das genau nach schematisiertem Lehrplan durchgezogen wurde: Um die Zensuren verteilen zu können, mußten die Schüler beispielsweise in einem Test soundsoviele Musiker auflisten usw.

Um auf die Frage nach den 'Konsumenten' zurückzukommen: die Erziehung zum bewußten oder kritischen Hören funktioniert bisher m.E. nicht so richtig. Ich finde, daß es sinnvoller wäre, eine Musik daraufhin zu untersuchen, wofür sie konzipiert wurde: Ist sie als eine Art Gebrauchsmusik komponiert oder ist sie direkt für Menschen gemacht, sozusagen von Menschen für Menschen?

Das persönliche Erleben von Musik hilft m.E. beim Differenzieren: "Diese Musik ist für diesen Zweck komponiert worden und jene für einen anderen." Dann können die Hörer weiter unterscheiden, ob sie eine bestimmte Musik *persönlich* etwas angeht, ob sie - es klingt immer ein wenig hochgestochen - Kunst ist, ob eine Musik sie persönlich anspricht. Wenn das nicht der Fall ist, wenn eine Musik so in der Unverbindlichkeit steckenbleibt, dann ist die Intention meist eine andere.

Beim 'Modellversuch Popularmusik' in Hamburg haben wir über dieses Thema auch mit Plattenproduzenten und Leuten aus der Musikindustrie gesprochen, die knallhart sagten, Musik als solche interessiere sie nicht so sehr: "Wir haben von unserem Arbeitgeber den Auftrag, Geld zu verdienen; wenn ich dann dreimal mit einer Band komme, die ein Flop ist, bin ich draußen." Das müßte man Schülerinnen und Schülern begreiflich machen: Wie wird diese Musik produziert, wie entstehen solche Mechanismen? Dann könnten sie vielleicht hinterher sagen, diese und jene Musik geht mich etwas an bzw. diese benutze ich hierzu und jene dazu.

Das ist natürlich ein sehr hoher Anspruch. Musik hat ja auch eine soziale Funktion. Beim Jazz war damals z.B. ein entscheidender Protestanspruch mit dabei, er war Teil des Abnabelungsprozesses von den Erwachsenen, von den Eltern und Lehrern. Das ist ja bei Rock und besonders Punk teilweise heute noch so.

- Auf eine Bewußtmachung solcher Mechanismen hat sich zunächst auch die Didaktik populärer Musik konzentriert. Weniger entwickelt sind dagegen *praxisbezogene* Modelle für den Musikunterricht. Was schlagen Sie als Praktiker den Musikpädagogen vor, die Musikunterricht praktisch gestalten wollen?

Einfach einmal mit der ganzen Klasse in eine Probe oder ein Konzert einer Rockgruppe zu gehen und daran teilzunehmen!

- Hätten denn Ihre Kollegen aus Rock und Jazz an einer solchen Aktion Ihrer Meinung nach ein Interesse?

Ich glaube, das kann man denen durch ein bißchen Vorbereitung ganz einfach klar machen: Das sind ja die zukünftigen Hörer und

Konzertbesucher, an deren Sensibilität jedem ernsthaften Musiker gelegen sein müßte. Wir sind bereits mehrfach mit Bands in Schulen gegangen. Ich könnte mir auch bei einigen Rockmusikern vorstellen, daß die so etwas machen würden. Das braucht ja nicht so großartig durchstrukturiert zu sein. Beim einfachen Zuhören passiert ja schon einiges; ob danach noch diskutiert wird oder nicht, halte ich gar nicht für so entscheidend. Die Schüler können vielmehr aus nächster Nähe erfahren, wie hier etwas produziert wird. Diese Erfahrung des direkten Umgangs mit Musik ist so wichtig, daß ich jedem Musiklehrer empfehlen würde, einmal über den eigenen Schatten zu springen und mit seinen Schülerinnen und Schülern einem solchen Entstehungsprozeß beizuwohnen, auch wenn er selbst nicht auf Rock oder Jazz steht.

Dasselbe gilt für Rock- und Jazzkonzerte. Die laufen zwar meist nach einer bestimmten Dramaturgie ab, aber auch hier ist wesentlich mehr zu erkennen als beim 'normalen' Unterricht über diese Musik. Hier müßten Musiklehrer Verbindungen knüpfen. Es gibt sicher jede Menge Musiker, die an solchen Aktionen ein Interesse hätten. Ich könnte mir vorstellen, daß auch Manager - ich denke da an Leute wie Fritz Rau - an so etwas interessiert wären.

- Sie unterrichten zur Zeit eine Woche lang auf einem Workshop.[29] Wie verträgt sich das mit dem eigenen Musikmachen? Widersprechen oder befruchten sich diese Tätigkeiten?

Da gibt es viele Parallelen. So muß ich bei solchen seminarähnlichen Kursen wie beim Musikmachen auf den Punkt genau etwas bringen, damit das allgemeine Interesse nicht abflaut. Ein Workshop läuft wie ein Konzert nach einer eigenen Dramaturgie ab. Da kann ich als Musiker durchaus etwas herausziehen. Weiterhin muß ich alles, was ich musikalisch mache, genau untersuchen, um es hier vermitteln zu können. Dabei sehe ich dann manchmal auf diesem oder jenem Gebiet Mängel oder Defizite bei mir selbst, die ich bisher noch nicht bemerkt habe. Manchmal muß ich auch durch bestimmte Fragen der Teilnehmer einige für mich selbstverständliche Dinge neu durchdenken, die dann die eigene Arbeit wieder befruchten.

Die drei Ebenen Musiker, Musikautor und Pädagoge sind bei mir ineinander verwoben und befruchten sich gegenseitig. Natürlich ist es beim hohen handwerklichen Standard speziell der Jazzmusik so, daß mir durch den einwöchigen Ausfall beim Üben Defizite entstehen, die ich hinterher wieder ausgleichen muß. Das bedrückt mich jedoch nicht.

- Würden Sie auch unterrichten, wenn es vom finanziellen Standpunkt aus völlig unnötig wäre? Wie wird das bei erfolgreichen, gutverdienenden Popmusikern sein?

Ich glaube, daß auch bei den Rock- und Popmusikern längst eine Art Fortbildungsszene besteht. Auf einigen Jazzkursen kommen über die

---

[29] Das Gespräch wurde während eines Jazzkurses der MJD ('Musikalische Jugend Deutschlands', Sektion Bundesrepublik Deutschland der 'Federation Internationale des Jeunesses Musicales') in Weikersheim aufgenommen.

Hälfte der Teilnehmer aus Rock und Pop. Da sind die Grenzen längst fließend. Für mich selbst ist das Honorar bei solchen Kursen ein angenehmer Nebeneffekt: Das Unterrichten halte ich unabhängig davon für sehr wichtig. Mir machen auch die Kontakte zur sogenannten 'Basis' Spaß, weil dort immer irgendetwas brodelt.

- Das andere Extrem, nur zu unterrichten, wäre dann auch nur die Hälfte.

Weniger als die Hälfte. Das würde ich nicht machen. Da sind mir die Erfahrungen, die ich als Musiker machen kann, zu wichtig. Außerdem muß das, was ich erzähle, immer aus erster Hand kommen. Erst dann bin ich überzeugend.

- Das müßte ja dann auch für Musiklehrerinnen und -lehrer gelten.

In jedem Fall. Gleichgültig, in welchen Bereich jemand sich pädagogisch engagiert - sei es alte Musik, Neue Musik, Rock oder Jazz -, halte ich die eigene praktische Erfahrung für unabdingbar: Was passiert, wenn ich mit anderen Leuten zusammenspiele, was, wenn ich für andere Leute spiele? Hier kommt so eine Qualität ins Spiel, die mit Worten nicht zu fassen ist, die sicherlich auch eine Ausstrahlung auf den Unterricht haben wird. Jemand, der über etwas erzählt, das er nur vom Hörensagen kennt, kann nicht überzeugend sein.

- Sie sind bekannt als Jazzmusiker, machen aber auch Folk? Wie sinnvoll sind für Sie solche Gattungsbezeichnungen innerhalb der sogenannten 'Popularmusik'?

Es gibt ja allein tausend verschiedene Jazzarten, die J.E.Behrendt ja bereits wunderbar in Schubladen reingedrückt hat. Solche Kategorien sind dafür da, mißachtet zu werden. Ich glaube, dies kann durchaus als Übereinkunft zwischen den verschiedensten Musikern gelten. Diese Schubladen brauchen meist die Wissenschaftler und die Publizisten für ihre Überschriften. Da sind Etiketten dann teilweise kommunikationserleichternd, aber sie müssen immer wieder auf ihre Gültigkeit hin überprüft werden.

- Der Jazz ist mittlerweile an den allgemeinbildenden Schulen akzeptiert. Sie haben die Entwicklung von der frühen skeptischen Ablehnung bis zur heutigen Verankerung in den Lehrplänen miterlebt. Sehen Sie Parallelen zu schulischen Reaktionen auf Rock und Pop?

Heute scheint dasselbe abzulaufen wie damals: Die Bezeichnung einer Musik als wertvoll ist meist von musikalisch-handwerklichen Aspekten abhängig. So versichert inzwischen jeder, dem Jazz liege wohl eine komplexe Harmonik und Rhythmik zugrunde, Jazzmusiker könnten alle gut und ungeheuer schnell spielen, sie hätten ja oft auch eine klassische Ausbildung usw., um nur einige der herkömmlichen 'Qualitätsurteile' zu benennen. Das sind 'faßbare' Kriterien, deswegen ist der Jazz immer mehr akzeptiert worden.

Hier liegt jedoch eine prinzipielle Zweischneidigkeit: Je mehr sich der Jazz etablierte, je mehr er aus den sogenannten Dreckslöchern der Jazzclubs herauskam und akzeptiert wurde, desto eher bestand die Gefahr, daß er steril wurde oder sogar abgetötet. Das haben die Jazzmusiker inzwischen als Gefahr erkannt: Die Musik wird immer standardisierter vermittelt, wobei sich die Vermittler natürlich meist auf 'Bewährtes' stürzen. Immer mehr Examensarbeiten werden über die sogenannte 'Populäre Musik' geschrieben. Mir kommt das manchmal vor wie die Sammelwut von Schmetterlingssammlern: Die haben irgendwo ein besonders schönes Exemplar entdeckt, das wird dann säuberlich aufgespießt, an die Wand gehängt und dort bleibt es hängen; für die Fortpflanzung der Sache ist dann nichts mehr getan.

Diese Gefahr der Verwissenschaftlichung und Pädagogisierung sehe ich auch für der Rockmusik, die ja auch längst als vermittelbar akzeptiert wird. Auch der Rock kann vor lauter Arriviertheit und durch lauter wohlwollende Akzeptanz durchaus einiges verlieren. Bei Rock und Pop spielt auch immer ein generationstypischer Absetzungseffekt durch Protest eine Rolle, den sollten Pädagogen stets im Auge behalten. Aber ich denke, Rockmusik ist lebendig genug, um allen Konservierungsbestrebungen kräftig entgegenzuwirken.

Bei der Konservierung und Neuschaffung spielen aber auch die Medien eine wichtige Rolle. So war ja beispielsweise der Punk ein Ausdruck des Protests.

- Nicht lange...

Richtig, er wurde umgehend kommerzialisiert. Das ist heutzutage durch die Vielfalt der Möglichkeiten und die Größe des Musikmarktes viel schneller passiert als vielleicht vor zwanzig Jahren, als eine Welle wesentlich länger brauchte, um sich durchzusetzen, dann aber auch wesentlich länger Bestand hatte.

- Glauben Sie aus Ihrer Sicht als Musiker, daß Schülerinnen und Schülern durch Musik*machen* innerhalb ihres Interessenhorizonts eine jenseits dieses Horizonts liegende Musik aufgeschlossen werden könnte, ohne daß dieses Ziel nach der als 'Rattenfängerdidaktik' abzulehnenden Methode bewußt angestrebt wird?

Wenn man schon einmal gelernt hat, sich mit Musik bewußt auseinanderzusetzen, sich in aller Ruhe hinzusetzen und etwas anzuhören, dann hat man auch schon die Bereitschaft entwickelt, andere Musik anzuhören. Ich glaube schon, das da was zu machen ist. Den Ansatz jedoch, das in den Musikunterricht zu nehmen, was die Schülerinnen und Schüler gerade gut finden und dann letztlich doch bei der 'qualitätsvollen' Musik zu landen, halte ich für total falsch.

1.7. Gespräch mit Hermann Rauhe

Hermann RAUHE ist Präsident der Hamburger Musikhochschule und Initiator des dortigen 'Modellversuchs Popularmusik'. Er kann als einer der frühesten Verfechter einer Didaktik populärer Musik gelten. In zahlreichen Veröffentlichungen (vgl. Literaturliste) hat er sich seit den frühen 60er Jahren zunächst mit Jazz, dann mit Beat, Pop, Rock usw. beschäftigt. RAUHE hat also die in Kap.III beschriebene Entwicklung einer Popdidaktik von Anfang an miterlebt und entscheidend mitgeprägt.

> Zunächst eine kritische 'historische' Frage: Sie haben in den 50er Jahren geschrieben, die Beschäftigung mit Jazz komme dem Musikunterricht vor allem deswegen zugute, weil durch sie die Behandlung der Kunstmusik wesentlich erleichtert werde [30] und den Musiklehrern zu bedenken gegeben, "daß jede Kritik am Jazz und jede Höherbewertung der abendländischen Kunstmusik zunächst nur von seiten der Schüler kommen darf, weil uns die Klasse sonst für voreingenommen und dem Jazz gegenüber ungerecht hält." [31] Nur sieben Jahre später prägten Sie den polemischen Begriff der 'Rattenfängermethode - Vom Beat zur Kunstmusik'. [32] Wie kam der in diesen Zitaten deutlich werdende Gesinnungswandel zustande?

Die frühen skeptischen Aussagen sind zeitbedingt zu sehen: Ich war damals ein ausgesprochener Jazzfan; meine musikalische Entwicklung wurde entscheidend durch den Jazz bestimmt. Ich wurde durch Jazz sozialisiert und habe ihn auch als Protestvehikel angewandt gegen die Musik, die meine Eltern machten: Kirchenmusik, Kammermusik, Streichquartett usw.

So war ich auch als Lehrer und während der Veröffentlichung der oben zitierten Schriften dem Jazz gegenüber ausgesprochen positiv eingestellt. Ich merkte jedoch, daß unter den Kollegen der damaligen Zeit eine Minimalakzeptanz gegenüber dem Jazz nur dadurch möglich wurde, daß ich dessen pädagogischen Wert u.a. auch darin beschrieb, ihn als Vehikel zur klassischen Musik zu benutzen. Für mich selbst hat der pädagogische Eigenwert des Jazz nie in Frage gestanden. Ich mußte jedoch den damaligen Kollegen dieses Thema überhaupt einmal schmackhaft machen. Die haben zunächst ganz energisch protestiert. Als mein Buch 'Musikerziehung durch Jazz' erschien, hat es eine ganze Welle von Protesten gegeben. Jazz galt als Negermusik.

> Dann ist der oben angesprochene Widerspruch also aus einer zunächst defensiven Haltung heraus zu erklären.

Ja, ich handelte rückblickend betrachtet zunächst aus der Defensive. Als dann der Jazz sich zunehmend etablierte und akzeptiert wurde, war diese defensive Haltung nicht mehr erforderlich und man konnte unbelasteter über diese Musik schreiben.

> Dann könnte man ja die deutliche Vokabel 'Rattenfängerme-

---

[30] RAUHE 1962, S.101
[31] RAUHE 1962, S.102
[32] RAUHE 1969, S.451

thode' im Zusammenhang mit Rock und Pop als ein Zeichen dafür ansehen, daß die Jazzdidaktik für die spätere Rock- und Popdidaktik den Weg bereits etwas geebnet hatte.

Ja, in diese Themen konnte man bereits eher ohne Umschweife einsteigen. So etwas wie 'von Rock zu Barock' habe ich von Anfang an vermieden.

Das hört sich ja fast an, als hätte es keine Probleme gegeben.

Dieser Eindruck täuscht! Probleme gab und gibt es genug.

Können Rock und Pop denn Ihrer Meinung nach inzwischen als voll in Schule und Hochschule integriert gelten?

Nein, leider immer noch nicht! Selbst die äußerst positiven Resultate unseres Modellversuchs (1981 bis 1985) haben nicht dazu geführt, daß der populäre Bereich voll akzeptiert und in die Hochschuldidaktik integriert wurde. Populäre Musik fristet hier immer noch ein Schattendasein. Das liegt u.a. an der Bewußtseinsstruktur erstens meiner Kollegen und zweitens der nach bestimmten Prinzipien ausgewählten Studierenden: Die Zulassungsvoraussetzungen sind zumindest im künstlerischen Bereich immer noch so definiert, daß auch die besten Jazz-, Rock- und Popmusiker im normalen Studienbetrieb nur dann einen Platz finden, wenn sie auch den 'klassischen' Anforderungen der Aufnahmeprüfungen genügen.

Gibt es nach der Hürde der Aufnahmeprüfungen im Hochschulalltag besondere Schwierigkeiten für Rock-, Pop- und Jazzfans unter den Studierenden?

Bei einigen besonders dogmatischen Kollegen haben sie Schwierigkeiten, aber die wirklich profilierten und kompetenten Kollegen sind dem populären Bereich gegenüber durchaus aufgeschlossen.

Eine gewagte Gegenüberstellung!

Sie spiegelt meine Erfahrungen: ich habe ganz generell festgestellt, daß bei 'Klassikern' der Grad ihrer Kompetenz unmittelbar mit der Toleranz gegenüber populärer Musik zusammenhängt. Bei jüngeren Musikern ist die unsinnige Trennung von 'U' und 'E' sowieso kaum noch zu spüren; da gibt es keine Schranken zwischen Jazz, Rock, Klassik und Pop: Bei Orchesterfreizeiten mit unserem Hochschulorchester wird abends ganz selbstverständlich auch Jazz-, Rock- und Popmusik gemacht; beim Bundesjugendorchester, der 'Jungen Deutschen Philharmonie' oder dem 'Schleswig-Holstein-Musikfestival-Orchester' ist dies nicht anders. In den Bewußtseinsstrukturen der älteren Generation jedoch und damit auch innerhalb der Kultusbürokratie sind die vermeintlichen Unvereinbarkeiten zwischen Pop und Klassik noch tief verwurzelt. Diese Strukturen sind nur schwer zu durchbrechen. Einige *reden* zwar heute etwas liberaler, aber es ist immer noch nicht so, wie ich es mir eigentlich vorstelle.

Das hört sich an, als würden irgendwann alle pädagogischen Probleme mit populärer Musik 'überlebt' sein. Ist es nicht denkbar, daß auch die rockmusikerfahrenen Erwachsenen als

Pädagogen ihre Schwierigkeiten mit Jugendlichen haben werden, weil heute nahezu alle drei bis vier Jahre eine neue musikgeprägte 'Generation' entsteht?

Das ist nicht nur denkbar, sondern wahrscheinlich. Ich kann diese Beobachtung nur bestätigen! Sobald erwachsene Pädagogen an Vermittlungsprozesse denken und diese zu systematisieren beginnen, entsteht auch eine Fixierung oder sogar Verkrustung. Eine pädagogisch determinierte Steigerung des Abstraktionsgrades birgt stets die Gefahr der Verschulung und der Reglementierung auf Kosten der Kreativität.

Diese Symptome sind in der Jazzpädagogik bereits zu diagnostizieren. Man kann nur immer wieder versuchen, sie zu unterdrücken, ein 'kreatives Chaos' zu schaffen: Studierende müssen in partnerschaftlicher, schöpferischer Teamarbeit zu neuen Wegen gelangen. Die große Gefahr ist hier die Verschulung und die Erstarrung populärer Musik in einem System. Das ist der Tod jeder kreativen, lebendigen, improvisierten Musik. Wir haben sowohl beim Modellversuch als auch im darauf aufbauenden 'Kontaktstudium Popularmusik' versucht, der pädagogischen Erstarrung vorzubeugen, indem wir Kompaktkurse und Teamarbeit verankerten.

Sind diese Modelle übertragbar auf andere Hochschulen bzw. auf die Musiklehrerausbildung?

Einiges ist an den Ort Hamburg gebunden: So sind beispielsweise fünfzig Prozent der deutschen Musikwirtschaft im Medienzentrum Hamburg angesiedelt, wodurch wir in idealer Weise mit Musikwirtschaft und Medien zusammenarbeiten konnten. Die didaktische Grundstruktur halte ich jedoch durchaus für übertragbar: Ich kann nur hoffen, daß man diese Verbindung von Kompaktkursen und betreuten Praktika an möglichst vielen Hochschulen übernimmt.

Die ganze Popularmusikdidaktik wird noch viel zu sehr verschult, in wöchentlichen Unterricht gezwängt usw. Ich halte es für völlig unmöglich, jeden Dienstag von acht bis zehn musikalisch zu improvisieren. Es bedarf eines gruppendynamischen, kreativen Vorlaufes, ehe man gemeinsam improvisieren kann.

Aber es treffen sich doch auch improvisierende Musikerinnen und Musiker zu regelmäßigen Proben?

Ich glaube, daß das eher bei Amateuren der Fall ist. Das professionelle Prinzip, sei es im Sinonieorchester oder in der Bigband, besteht m.E. darin, sich eben *nicht* jeden Dienstagabend zu treffen, sondern bis zu einem bestimmten Termin ein gewisses Programm zu erarbeiten. Der regelmäßige Unterricht sollte eher der musikalisch-handwerklichen Praxis wie Gruppenleitung, Timing etc. dienen. Wenn es jedoch darum geht, ein Projekt zu verwirklichen, dann wird eher eine Woche lang jeden Tag probiert.

Das klingt ideal, ist aber wohl sehr schwer zu realisieren.

Das stimmt. Ich plädiere trotzdem für das Kompaktkursprinzip, auch aus einem rein pragmatischen Grund: Anders können Sie ausübende Rockmusiker oder Medienvertreter garnicht zur Mitarbeit bewegen; die können nicht ein Semester lang jeden Dienstag in eine Hochschule kommen.

> Welche Probleme entstehen bei der Auswahl, sprich: bei der Qualifikation dieser Mitarbeiter? Wie wählen Sie die Instrumentallehrer und Dozenten für den populären Bereich aus? Diese Frage bezieht sich gleichzeitig auf Prüfungen: Ist die Qualität von (populärer) Musik meß- und bewertbar?

Sowohl bei der Qualifikation der Intrumentallehrer als auch bei Prüfungen ist zunächst einmal der handwerkliche Bereich von Bedeutung: Wie beherrscht jemand sein Instrument oder seine Stimme? Sobald ich jedoch die Qualität einer Improvisation, Komposition oder eines Textes bewerten und vergleichen will, wird es problematisch. Wir haben uns bemüht, auch dort einige Kriterien wie 'Originalität, Kreativität, Fantasie' o.ä. zu entwickeln. Wichtig ist auch die hinter Musik und Text stehende Botschaft: steckt eine Botschaft hinter einem Stück, ist diese glaubhaft, ist ein Text erfolgsorientiert oder sozial engagiert, klischeehaft oder innovativ? Aber das alles bleibt schwierig zu beurteilen, eine Schwierigkeit übrigens, die für jede Art von Musik gilt.

> Wie wurden denn konkret die Dozentinnen und Dozenten für den Modellversuch ausgewählt? Es gibt ja keine Zeugnisse oder Diplome für Rockmusiker.

Es gibt zunächst nur das eigene Urteil: das Hörurteil (beim Modellversuch in Form von über 700 Democassetten), die direkte Präsentation, das Konzert, Schallplatten. Dazu kommt auch die Ausstrahlung, die Körperlichkeit, die Botschaft, die Emotionalität.

> Bei über 700 Bewerbungen waren ja anscheinend viele Musikerinnen und Musiker an einer Dozententätigkeit beim Modellversuch interessiert. Glauben Sie, daß in der Musikerszene auch ein Interesse daran besteht, aktiv an der ***Musiklehrerausbildung*** mitzuwirken oder sind Rock- und Jazzmusiker generell nicht an der allgemeinbildenden Schule interessiert?

Wenn man die allgemeinbildende Schule nicht so bieder darstellt und die Musiker keine eigenen negativen Erinnerungen mit der 'schrecklichen Schule' verbinden, sind bestimmt Interessenten zu finden. Die von Ihnen vermutete Skepsis fällt dabei ja häufig auf die heutige Struktur der Schule zurück: Der Lernort Schule müßte humaner und weniger steril gestaltet werden. Das fängt schon beim Musikraum an. Die Schüler müssen sich dort wohlfühlen, dann gelingt auch ein spielerischer, freier Unterricht durch Musikmachen und Improvisieren.

Dieser freiere Unterricht müßte bereits in der Vorschulerziehung beginnen, auch mit populärer Musik, die als *der* Ausdrucksbereich unserer Zeit Überall berücksichtigt werden müßte. Wenn in fünfzig Jahren Musikgeschichte geschrieben wird, wird man sicherlich die populäre Musik einschließlich ihrer Einflüsse auf die sogenannte Kunstmusik als *das* Charateristikum unserer heutigen Zeit beschreiben. Es ist traurig, daß diese kreative Tonsprache unserer Zeit immer noch nicht in Früherziehung, Vorschule und allgemeinbildender Schule fest verankert ist. Projekte wie der Modellversuch setzen ja stets am falschen Ende, bei den Erwachsenen, an. Die

Basis fehlt jedoch. Deswegen weihen wir in Hamburg jetzt eine Popularmusikschule für Kinder ein.

> Besteht hier nicht die Gefahr des Auseinanderdriftens von populärer und 'anderer' Musik? Warum richten Sie nicht statt einer 'Popularmusikschule' eine musikalisch breitgefächerte Musikschule ein?

Das beste wäre in der Tat die Integration. Die ist jedoch sehr schwer zu realisieren, weil hier immer wieder das Problem der wechselseitigen Ausgrenzung besteht: Die 'Klassiker' grenzen sich gegenüber Rock und Pop ab, die Popularmusiker gegenüber der Klassik, die Jazzer gegenüber dem Pop usw. Man müßte versuchen, diese sezessiven Tendenzen zu überwinden, um das von Ihnen angesprochene Auseinanderdriften zu vermeiden.

> Heinz MEYER hat in diesem Zusammenhang kürzlich als pädagogische Sofortmaßnahme vorgeschlagen, den Bereich populärer Musik an den Schulen sozusagen einigen spezialisierten 'Reisenden in Sachen Pop' zu überlassen. [33] Steuern wir hier auf zwei verschiedene Musiklehrertypen zu?

Vom Ansatz her müßte eigentlich jeder Musiklehrer alles beherrschen, Klassik und Pop. Da die meisten Absolventen der Musikhochschulen aus dem 'klassischen' Umfeld stammen, versuchen wir an unserer Hochschule, die populäre Musik über den 'Schleichweg' des schulpraktischen Musizierens allen nahezubringen. Dies ist eine Pflichtveranstaltung, in der dann jeder auch einmal Jazz, Rock und Pop kennen- und spielen lernt. Musiklehrerinnen und -lehrer können heute an dieser Tonsprache nicht vorbeigehen. Auch unser Kontaktstudium Popularmusik ist ja nur ein Notbehelf, weil die populäre Musik nicht in anderen Studiengängen fest verankert ist.

- Tibor KNEIF [34] hat den Begriff 'Schulpop' geprägt, ich habe diesen Begriff später aufgenommen und erweitert; [35] können Sie sich unter 'Schulpop' etwas vorstellen?

Das ist vergleichbar mit dem, was Adorno seinerzeit mit 'musikpädagogischer Musik' umschrieben und mit Recht kritisiert hat. Die Trennung von Schulkultur und echter Kultur ist wohl das Ende jeder Musik. Das soll nicht bedeuten, daß man aus methodischen Gründen nicht auch einmal bestimmte Übungen, beispielsweise als Zwischenschritte, einfügen soll.

Man kann hier natürlich nicht erwarten, daß die mit dem begrenzten Schulinstrumentarium und den begrenzten Fähigkeiten der Schüler gemachte Musik nun in der Musikszene zu verkaufen wäre. Diese Musik jedoch als eine Art eigener Kultur zu etablieren, wäre töricht und sinnlos. Das gilt auch für das Orff'sche Instrumentarium: Solange es im Sinne seines Erfinders benutzt wird, ist es sinnvoll, wenn sich dieses Musizieren jedoch verselbständigt, wird es fürchterlich.

---

[33] Vgl. MEYER 1988
[34] KNEIF 1979
[35] TERHAG 1987

Hier stellt sich die Frage der Authenzität: Würden Sie Rockmusik auf Orff'schen Instrumenten gutheißen?

Das ist natürlich ein schwieriges Problem. Rockmusik ist auf elektronische Klangverstärkung angewiesen bzw. bereits dafür komponiert. Daher sollte man in der Schule auch solche Instrumente benutzen. Warum sollte man hier überhaupt auf typische Schulinstrumente zurückgreifen?

Weil beispielsweise an zahlreichen Schulen nichts anderes vorhanden ist.

Ja, das ist sehr schwer zu beurteilen. Wenn man den Schülerinnen und Schülern klarmacht, daß dies einfach ein Simulationsversuch ist und ihnen sagt, daß wichtige Merkmale fehlen, könnte man es zur Not versuchen. Doch problematisch ist es allemal.

Die pädagogischen Dimensionen der populären Musik sind in der wissenschaftlichen Pädagogik, wie mir scheint, noch nicht deutlich genug untersucht. Sie sind einer der drei Vorsitzenden des ASPM [36], in dem Wissenschaftler aus verschiedenen Bereichen der Popularmusikforschung zusammenarbeiten; springt bei dieser Arbeit auch etwas für die Pädagogik ab?

Im Grunde sind in diesem Arbeitskreis ja auch zahlreiche Inhaber pädagogischer Lehrstühle vertreten. Ich könnte mir dennoch vorstellen, daß die pädagogischen Konsequenzen der Forschungsergebnisse des ASPM noch stärker in das Bewußtsein gerückt werden, daß also auch die didaktische Forschung einbezogen wird. Ich hoffe, daß ich mich hier in Zukunft noch mehr einsetzen kann.

---

[36] Arbeitskreis Studium populärer Musik e.V.

2. TEXTE

2.1. 'Alternative' Musikschulen

2.1.1. Pädagogisches Konzept der Freien Musikschule Rodgau

Die "Freie Musikschule Rodgau e.V." hat sich zum Ziel gesetzt, Kindern, Jugendlichen und Erwachsenen mit Spaß musikalisches Verständnis, Wissen und Können zu vermitteln, sowie einen kreativen Umgang mit Musik zu ermöglichen.

Unsere Schule ist offen für

- alle kulturellen und sozialen Aktivitäten rund um die Musik
- alle Stilrichtungen von der alten bis zur neuen Musik, z.B. Klassik, Rock, Blues und Jazz im weitesten Sinne
- jede Mitarbeit von außen: Mitgliederversammlung, Lehrerkonferenz und Vorstand nehmen gerne Anregungen auf und sind dankbar für jeden Hinweis und jede Kritik

Unser Angebot umfaßt bisher:

- Im Elementarbereich: Eltern-Baby-Rhythmikgruppe (ab dem zweiten Lebensjahr); rhythmisch-musikalische Früherziehung (4.-5. Lebensjahr); Aufbaukurs (im Anschluß an die Früherziehung); rhythmisch-musikalischer Grundkurs (ab 6. Lebensjahr); Orientierungsmodell (vier Instrumente)

- Im Einzel- und Gruppenunterricht für Anfänger und Fortgeschrittene die Fächer: Klavier/Keyboard, Gitarre/E-Gitarre, E-Baß, Schlagzeug, Geige, Cello, Gesang, Akkordeon, Klarinette, Blockflöte, Querflöte, Saxophon, Trompete, Horn, Posaune, Tuba

- Jazz- und Rockabteilung (Unterricht und Band)

- Ergänzungsfächer: Chor, Orchester, Gitarrenspielkreis, Blockflötenspielkreis, Gehörbildung, allgemeine Musiklehre (Anfänger und Fortgeschrittene)

Folgendes pädagogische Konzept der Freien Musikschule Rodgau (FMR) unternimmt den Versuch, eine Vermittlung zwischen Spaß am Musizieren und fachlich-musikalischemn Können bzw. Lernen zu schaffen.

Von folgenden Grundsätzen gehen wir dabei aus:

1. Soziale Breitenförderung: Unter sozialer Breitenförderung verstehen wir die Berücksichtigung des sozialen Umfeldes eines Schülers. Musikalische Vorbildung soll keine Bedingung sein.

2. Angebot <u>aller</u> Stilrichtungen: Die FMR löst sich ab von dem Primat der komplexen Musik (Klassik = Ernste Musik). Musik aller Epochen hat immer schon direkten Bezug zur Gesellschaftsstruktur gehabt, dennoch hat es ernste wie heitere Musik gegeben. Aufgrund dieser Überlegung ist es uns ein Anliegen, Musik aller Arten und Möglichkeiten unter Berück-

sichtigung ihrer jeweiligen Qualitäten anzubieten.

3. Unterricht auf <u>allen</u> gewünschten Instrumenten: Die FMR ist bemüht, neben dem Unterricht auf traditionellen Instrumenten auch den auf modernen elektronischen Instrumenten anzubieten.

4. Angebot von Ergänzungsunterricht: Gehörbildung, Musiktheorie, Ensemblespiel, Orchester, Chor, Jazz- und Rockbands.

5. Musik als Partner anderer Kunstbereiche: z.B. darstellende Kunst, Tanz.

6. Erkennen und Fördern von Begabungen: Begabung ist entwicklungsfähig, nicht ererbt. Es ist Aufgabe des Lehrers, hervorstechende Merkmale der musikalischen Begabung seines Schülers zu erkennen und in entsprechende Bahnen zu lenken. Z.B.: Instrumentenauswahl nach spezifischer Begabung, optimale Förderung bis zu öffentlichen Wettbewerben, zum Hochschulstudium oder Laienmusizieren. Schülervorspiele und -konzerte dienen zur Vorbereitung.

7. Die folgende Struktur soll variabel bleiben; sie soll lediglich eine grobe Orientierung für den Lehrer darstellen:

   - 1 bis 2 Jahre Elementarbereich
   - 3 Jahre Unterstufe
   - 4 Jahre Mittelstufe
   - 3 Jahre Oberstufe

8. Schaffung von Voraussetzung für Einzel- oder Gruppenunterricht: u.E. ist es aus musikalischen, pädagogischen und sozialen Gründen vorteilhaft, den Anfangsunterricht auf einem Instrument in Gruppen zu erteilen. Hieraus kann sich dann je nach Bedürfnis oder Notwendigkeit der Einzelunterricht ergeben.

9. Berücksichtigung der Persönlichkeit des Schülers: der Lehrer sollte das soziale Umfeld des Schülers, sein psychisches und physisches Empfinden während des Unterrichts berücksichtigen. Stilistische Wünsche des Schülers sollen nach Möglichkeit berücksichtigt werden, dennoch sollte er auch andere Stilrichtungen kennenlernen. Charakter und Temperament des Schülers müssen erkannt und bedacht werden. Der Schüler sollte - auch unter Berücksichtigung des folgenden Punktes - zum Üben motiviert werden, bzw das Üben lernen.

10. Zusammenarbeit mit dem Schüler auf partnerschaftlicher Ebene: Wir wollen den Schüler nicht als unterstes Glied einer Hierarchie behandeln, sondern den Umgang <u>miteinander</u> förden und pflegen. Innerhalb dieser Konstellation muß die beratende Funktion des Lehrers analog zur Bedürftigkeit des Schülers stehen.

Die Lehrer der FMR begreifen Pädagogik nicht als starres, einseitig angewandtes Schema, sondern als Wechselwirkung zwischen Lehrer und Schüler. In diesem Sinne ist das obige pädagogische Konzept zu verstehen.

Auszüge aus der Geschäftordnung der FMR

Das Konzept der FMR e.V. basiert grundlegend auf der demokratischen Mitbestimmung und Mitverantwortung aller an ihr beteiligten Mitarbeiter. Daraus ergibt sich die Bildung einer Lehrerkonferenz, die sich als Team versteht: Dabei

- trägt jeder Lehrer Verantwortung gegenüber der FMR e.V.
- hat jeder die Pflicht, sich in die musikschulrelevanten Aufgabenbereiche einzuarbeiten und sich nach Fähigkeiten und Interessen an entsprechenden Arbeitsgruppen zu beteiligen.

Die Lehrerkonferenz gibt sich somit eine Geschäftsordnung laut §8, Abs.3 der Vereinssatzung der FMR e.V.

I Die Lehrerkonferenz umfaßt alle Lehrer, die mit mindestens einer Unterrichtsstunde an der FMR beschäftigt sind.

II Aufgaben der Lehrerkonferenz

Die Lehrerkonferenz bildet den organisatorischen Rahmen für die FMR, der eine kontinuierliche und flexible pädagogische Arbeit gewährleistet.

II.1 Zur Koordination aller anfallenden Probleme wird von der Lehrerkonferenz ein Schulleiterteam, bestehend aus vier Lehrern, für drei Jahre gewählt.
Kriterien für die Schulleiterwahl: Der Wahlkandidat sollte die Arbeit an der FMR als hauptamtlich betrachten, bzw. nicht hauptberuflich an einer anderen Institution beschäftigt sein.
Nach der Wahl muß der Gewählte (müssen die Gewählten) sich bis zum Ausscheiden des (der) Abgewählten ein halbes Jahr einarbeiten, d.h. sich an allen anfallenden Schulleitungstätigkeiten eigenverantwortlich beteiligen.
Aus Gründen der Funktionstüchtigkeit des Schulleiterteams dürfen pro Wahl nur bis zu zwei Schulleiter abgewählt bzw. neu gewählt werden.
Der Lehrerkonferenz bleibt das Recht vorbehalten, mit einer Zweidrittelmehrheit des bestehenden Lehrerkollegiums Neuwahlen zu beantragen.

II.2 Aus allen an der FMR vertretenen Unterrichtsfächern wird für jeden *Fachbereich* ein Fachbereichskoordinator gewählt.

Derzeitige Fachbereiche: Akkordeon, Blechbläser, elementare Musikausbildung, Flöten, Gesang, Gitarre, Holzbläser, Klavier, Streicher, Jazz und Rock.

Bei grundsätzlichen Meinungsverschiedenheiten in Fachkonferenzen und Schulleitung entscheidet die Lehrerkonferenz.

2.1.2. Das Rockmusikprojekt Krefeld [37]

Im Herbst 1986 begannen die Mitarbeiter der Beratungsstelle für jugendliche Aussiedler, (...) ein Angebot mit aktiver Rockmusik für Jugendliche zu entwickeln. Bisher gab es Erfahrungen in musikalischer Gruppenarbeit, Gitarrenkursen und in Improvisationsgruppen mit Orffinstrumenten. Diese Form musikalischer Gruppenarbeit verlief unbefriedigend. Entweder fanden sich nur wenige Teilnehmer, oder die Gruppen lösten sich frühzeitig auf. Das neue Konzept sah vor, an den musikalischen Interessen der Jugendlichen direkt anzusetzen, Rockmusik als jugendkulturelle Ausdrucksform für die Jugendarbeit zu nutzen.

Die Mitarbeiter der Beratungsstelle wollten Erfahrungen mit dem Medium sammlen und klären, ob sich ihre Erwartungen erfüllten, Rockmusik sei ein hervorragendes Mittel, jugendlichen Aussiedlern den Integrationsprozeß in die neue Gesellschaft zu erleichtern. Sie stellten sich folgende Fragen:

- Was erwarten wir vom Medium Rockmusik in der Jugendarbeit?

- Welche besonderen Hilfen kann das Rockmusik-Projekt dem einzelnen Jugendlichen bieten?

- Auf welche spezifische Problematik trifft unser Angebot und wie wirkt es?

- Wie muß der Rahmen eines Projekts aussehen, das Jugendlichen dazu verhilft, selbständig, reif und autonom zu werden?

- Gibt es einen Transfer von den Erfahrungen im Projekt zu Alltagsproblemen und wie kann er unterstützt werden?

Seit zwei Jahren arbeiten drei Musikpädagogen und ein Musiktherapeut an diesem Projekt. Sie sammelten Berichte, Notizen und Zeitungsausschnitte, protokollierten Mitarbeiterbesprechungen, schrieben die Erfahrungen mit den Jugendlichen und ihrer Musik nieder. Mit dem Versuch, Rockmusik in unsere Jugendarbeit zu integrieren, betraten wir Neuland. Es gab kaum sozialpädagogische Projekte, die beides zu verbinden suchen. Fehlende Hinweise über musikalische Arbeit mit Jugendlichen in Rockbands zeigen, daß es zu wenig Erfahrungen mit diesem Medium gibt. Das Angebot veränderte die Atmosphäre in der Einrichtung: Die Jugendlichen engagierten sich im langfristigen Entwicklungsprozeß ihrer Band und kamen häufiger in die Beratungsstelle; sie machten den anderen Besuchern vor, was es heißt, aktiv seine Interessen zu vertreten.

Konzept des Rockmusikprojekts

Die Beratungsstelle für jugendliche Aussiedler des Internationalen Bundes für Sozialarbeit (IB) in Krefeld betreut Jugendliche, die (...) häufig große Sprachprobleme und Schwierigkeiten (haben),

---

37 Aus: RIEGER 1988 ('Dokumentation über das Rockmusikprojekt des IB-Jugendsozialwerk e.V., Beratungsstelle für jugendliche Aussiedler')

sich in ihrer neuen Heimat zurechtzufinden. Die Beratungsstelle bietet daher verschiedene Angebote, die den Integrationsprozeß unterstützen sollen: Sprach- und Einführungskurse, Seminarreihen, Veranstaltungen zum Thema 'Übergang Schule - Beruf', Sport, Club-Abende und kulturelle Angebote.

Seit einigen Jahren haben wir musikalische Angebote im Programm: Gitarrenkurs, freie Improvisationsgruppe, Videoprojekt ('Aufstieg einer Rockgruppe'), mehrmediale Angebote. Schüler der Förderklassen und Teilnehmer des Jugendclubs äußerten den Wunsch, eine Rockband zu gründen und baten uns um Unterstützung. Da Spätaussiedler häufig Schwierigkeiten haben, ihre Wünsche zu äußern, griffen wir erfreut ihre Anregung auf.

Ziele des Projekts

Wir möchten die Jugendlichen motivieren, in ihrer Freizeit sinnvolle und gestalterische Erfahrungen zu machen. Wir wollen ihnen helfen, ihre Fähigkeiten zu entdecken, auszubauen und Stolz und Kompetenz vermitteln. (...) Das Rockmusik-Projekt kann eine Hilfe bei der Suche der Jugendlichen nach Identität und Lebensplanung bieten. Wir begleiten sie im Prozeß der Verabeitung ihrer Lebensgeschichte und Aneignung der neuen Lebensumwelt.

Rockmusik gehört zur Lebensumwelt der Jugendlichen: Die Hitparaden, der Walkman, der Wunsch nach lauter Musik im Autoradio, die Treffen in ausgewählten Aussiedlerdiscos. Rockmusik ist ständiger Gesprächsstoff, dient der Abgrenzung gegenüber anderen Gruppen, ist in Sprache, Kleidung und Verhalten ein Stilmittel der Jugendszene. In den musikalischen Wünschen spiegeln sich die Lebenserfahrungen, Probleme und Konflikte der Jugendlichen, aber auch Entwicklungschancen wider. Wir möchten die verbalen Schwierigkeiten durch künstlerischen Ausdruck kompensieren helfen. Gefühle von Stärke und positiver Beeinflussung der Umwelt fördern die Identität und Lebenszufriedenheit. In der Gruppe und im Verhältnis zum Publikum (einheimische Jugendkulturen) entwickelt sich eine Dynamik, in der Nähe und Distanz zu Partnern (Szene) gelebt und ausgehandelt werden kann.

2.1.3 Die Frankfurter Musikwerkstatt

Nach wie vor ist die musikalische Erziehung in der Bundesrepublik zu einseitig traditionell-klassisch ausgerichtet. Dies drückt sich nicht nur in der Vielzahl an entsprechenden Ausbildungstätten aus. Es wird nachgerade zum Kuriosum, daß in einem Land, das sich gerne als Musikland bezeichnet, für zeitlose und zeitgemäße Musik wie Jazz, Rock und Pop, die im Interesse nicht nur der jungen Generation ganz oben steht, auf kulturpolitischer, aber vor allem auf musikpädagogischer Ebene immer noch ein Vakuum besteht.

Zwar entwickelt sich die Situation der Aus- und Fortbildung für angehende und fortgeschrittene Jazz- und Rockmusiker zunehmend positiv, steigt die Zahl der angebotenen Workshops und Kurse an Wochenenden und in den Ferien: Für eine organisierte, umfassende Ausbildung jedoch gibt es in der BRD nur bescheidene Möglichkeiten.

Mit der Intention, die breite Lücke in der zeitgemäßen musikalischen Ausbildung von Laien- und Berufsschülern schließen zu helfen, wurde Anfang 1984 das Projekt 'Frankfurter Musikwerkstatt' (FMW) als Privatinitiative ins Leben gerufen.Im Rahmen eines integrativen Aus- und Fortbildungskonzepts werden in der FMW zeitgenössische Spieltechniken am gewählten Instrument unterrichtet, umfassende Kompetenzen auf musiktheoretischem Gebiet vermittelt und die für das Zusammenspiel im Ensemble relevanten Komponenten entwickelt, gefördert und intensiviert.

Für diese Aufgabe stehen auf der Basis eines breitgefächerten Angebotes erfahrene Musiker und Lehrkräfte aus dem Raum Frankfurt sowie - und dies ist eine Besonderheit - ein fester Dozentenkreis an nationalen und internationalen Spitzenmusikern zur Verfügung.

<u>Lehr- und Studienangebot</u>:

1. Instrumentalfächer

Trompete - Saxophon - Posaune - Gitarre - Piano/Keyboards - Baß - Schlagzeug - Congas/Percussion allg. Die Lerninhalte umfassen u.a. Instrumentaltechnik, Akkordstudien, Spiel von Arrangements, Analysieren von Stücken und praktische Improvisation.

2. Theoriefächer

Harmonielehre - Rhythmik - Polyrhythmik - Gehörbildung - Komposition - Arrangement - Notenkunde - Instrumentenkunde - Musikgeschichte etc. Ziel des Unterrichts ist der systematische Erwerb und die gezielte Erweiterung der Kenntnisse und Fähigkeiten auf dem Gebiet der angewandten Musiktheorie.

3. Ensemblespiel und Big Band Training

Im Vordergrund steht hier die Schulung von Blattspiel, Intonation, Phrasierung, Zusammenspiel und Improvisation sowie die Förderunmg verbaler und nonverbaler Kommunikation.

4. Kinderklassen - Werkstattmobil

'Spielend lernen - lernend spielen'; diese pädagogische Intention kennzeichnet den Kurs, der speziell für Kinder bestimmt ist. Erfahrene Pädagogen bemühen sich hier im Rahmen einer offenen und angstfreien Atmosphäre, den Kindern spielerisch und ohne Zwang Zugang zur Musik zu vermitteln. 'Werkstattmobil' bedeutet hierbei, daß die Kurse in den Kindergärten, -tagesstätten, Horts etc. durchgeführt werden.

5. Lehrerfortbildung

Die FMW bietet Musikpädagogen aller Schularten und Instrumentallehrern an Musikschulen die Möglichkeit der praxisorientierten Weiterbildung im Bereich der Jazz- und Popularmusik. Im Rahmen von Wochenend- und Ferienseminaren wird ein breitgefächerter Themenkatalog mit folgenden Schwerpunkten angeboten: Instrumentaltechnik, Harmonielehre, Rhythmik, Arrangement, Ensemblespiel, Didaktik/Methodik.

6. Body awareness

Ziel dieses Kurses ist die Entwicklung und Förderung von Körperbewußtsein durch Atem-, Entspannungs- und Konzentrationstechniken.

Studien- und Ausbildungsgänge:

Die FMW bietet verschiedene Möglichkeiten, das Lehr- und Studienangebot wahrzunehmen:

1. Die allgemeine Schule

Der Unterricht in der allgemeinen Schule umfaßt vom Anfänger bis zum Fortgeschrittenen alle Niveaustufen. Der Schüler hat die Wahl zwischen folgenden Kursen.

1.1 Instrumentalkurs A

Gruppenunterricht (drei - fünf Schüler), vier Stunden monatlich, Stundendauer: 45 Minuten, Kursdauer: sechs Monate, Beginn: monatlich

1.2 Instrumentalkurs B

Einzelunterricht (vier Stunden monatlich), Stundendauer: 45 Minuten, Kursdauer: sechs Monate, Beginn: monatlich

1.3 Kombinationskurs

Instrumentalunterricht, Theorieunterricht (Harmonielehre, Gehörbildung, Pianoklasse, Rhythmik, Rhythmustraining), Ensemblespiel, Kursdauer: sechs Monate, Beginn semesterweise. Im Kombinationskurs hat der Schüler die Möglichkeit, eine erste umfassende musikalische Ausbildung zu absolvieren oder vorhandene Grundlagen zu erweitern. Dieser Kurs ist auch für die Interessenten des Berufsstudiums gedacht, die noch nicht über die dafür erforderlichen instrumentalen und theoretischen Qualifikationen verfügen.

Neben den angeführten Kursen besteht in der Allgemeinen Schule die Möglichkeit, entsprechend dem persönlichen Interesse verschiedene Fächer zu einem individuellen Kurs zusammenzustellen.

2. Das Berufsstudium

2.1 Konzeption

Das Studium umfaßt eine instrumentale und theoretische Fachausbildung mit der besonderen Zielsetzung, dem Studenten professionelle Kenntnisse, Fähigkeiten und Fertigkeiten zu vermitteln. Ziel der begleitenden pädagogischen Ausbildung ist die Befähigung zur Lehrtätigkeit im Bereich von Jazz- und Popularmusik.

2.2. Aufnahmebedingungen

Über die Zulassung zum Studium entscheidet ein Vorspiel im Instrumentalhauptfach. Die Aufnahmeprüfung findet in den letzten beiden Semesterwochen statt

2.3 Studienfächer

2.3.1 Pflichtfächer: Instrumentalhauptfach (Einzel- oder Gruppenunterricht); Theoriefächer (Harmonielehre, Gehörbildung, Rhythmik, Arrangement, Komposition [Gruppenunterricht]); Ensemblespiel, Combospiel, Big Band Training

2.3.2 Nebenfächer: Instrumentalnebenfach, pädagogische Fächer, Body awareness, Jazzgeschichte etc.

2.4. Studiendauer

Es gibt keine festgelegte Studiendauer. Vielmehr ist die Verweildauer zum einen abhängig von den Initiativen, Absichten und Interessen des Studierenden, zum anderen vom persönlichen Ausbildungsstand, der über die Zugehörigkeit zu den entsprechenden Fachniveaustufen (I, II, III) und bestimmten Fächern entscheidet. Der aktuelle Ausbildungsstand wird am Semesterende durch Prüfungen ermittelt. Es können sich somit individuell unterschiedliche Gesamtstudienzeiten ergeben.

2.5. Studienabschluß

Das Berufsstudium schließt mit dem Zertifikat der FMW ab. [38]

---

[38] Aus: FRANKFURTER MUSIKWERKSTATT (Hrsg.) 1986

2.2. 'Alternativer' Umgang mit Schul-Musik

2.2.1. Entstehung der Schülerband 'Lafayette' [39]

"Ich treffe Dagmar, unsere Bassistin, auf einer Party, und wir unterhalten uns angeregt über Musik. Ich äußere den Wunsch, mal E-Gitarre spielen zu wollen. Am nächsten Tag leihen wir uns den Schlüssel zum Musikraum unserer Schule und legen los. Wir beschließen, eine Band zu gründen. Instrumente waren vorhanden, nur bedienen mußten sie noch einige. Bald fetzten wir mehr schlecht als recht unsere eigene Musik, ohne Gesangsanlage und ganz ohne musikalische Anleitung: Es gab viel Ärger, die Proben wurden abrupt abgebrochen, weil irgendein Lehrer unsere Musik schwachsinnig und zu laut (!) fand. Wir verlieren so tatsächlich die Lust. Es folgte jedoch eine Neubesetzung, die bis heute gehalten hat. Die 'Neuen' lassen durchblicken, daß sie schon mehr können als wir 'Alten'. Wir nennen uns nun 'Lafayette' und gehen alle in den Ferien arbeiten, um eine Anlage zu finanzieren. Wir wollten nicht länger von der Schule abhängig sein, denn da waren manche Nachteile:

1. Keine Betreuung durch einen toleranten Lehrer. Andere Personen, die uns hätten weiterhelfen können, durften den Musikraum nicht betreten!
2. Das Instrumentarium der Schule war fast immer defekt, und man kam schlecht dran, wenn man proben wollte.
3. Die Probe einmal pro Woche von 15.00 - 17.30 Uhr war uns zu wenig.
4. Selbst die eine Probe mußte oft ausfallen, weil andere Veranstaltungen nebenan sich gestört fühlten!

Im Augenblick proben wir in einem Pfarrheim. Vorteile: Keine vorgeschriebene Zeit, ein Saal steht für Konzerte zur Verfügung, jeder kann unsere Proben besuchen. Nachteil: Es fehlt an Musikalien! Konzerte sind deswegen nur selten möglich."

2.2.2. Bericht der Schülerband 'Pyramid' [40]

"Vor etwa zwei Jahren entschieden sich drei Schüler einer achten Klasse, eine Band zu gründen. Unser damaliges Instrumentarium bestand aus einer Orgel und zwei akustischen Gitarren. Wir spielten damals bekannte Songs von den Beatles und diversen anderen Gruppen. Wir spielten die Songs aber nur instrumental, da sich keiner so sehr für die Gesangsparts begeisterte.

Nachdem wir so einige Zeit gespielt hatten, hielten wir nach einem Drummer Ausschau, da uns der Hintergrund der Musik irgendwie fehlte. Schließlich begeisterten wir noch einen Klassenkameraden, der sich dann bereiterklärte, das Schlagzeug zu spielen. Doch diese Formation hielt nicht lange. Drummer und Organist verließen die Gruppe und wir Gitarristen standen alleine da - Was tun?

Wir standen da wie zwei begossene Pudel, doch mit dem Willen, eine

---

[39] Aus: FIRLA 1984, S.10
[40] Aus: FIRLA 1984, S.22f

neue Band zu formieren. Und das schafften wir dann auch. Wir gründeten die heutige Gruppe *Pyramid*, die seit der Gründung nicht mehr umbesetzt wurde.

Wir spielten nur bekannte Stücke und hatten dann auch bald ein Programm zusammen, mit dem wir drei kleinere Auftritte hatten. Jedoch nicht mit besonderem Erfolg. Zu allem Unglück verloren wir dann auch noch unseren Übungsraum, so daß wir gut zwei Monate nicht zusammen spielten. Doch dann sollten wir auf einem Schüler-Band-Festival spielen, das in einem Monat stattfinden sollte. In unserer Schule konnten wir vorher nicht üben, da diese total renoviert wurde. Doch aufgrund des eiligen Termins war die Schulleitung bereit, uns für kurze Zeit doch einen Probenraum zur Verfügung zu stellen. Vielen Dank!

Nun hatten wir noch zwei Wochen Zeit. Wir probten auf der Stelle vier eigene Stücke ein (die ersten) und spielten sie dann auch auf dem Festival. Dem Publikum schienen die Stücke zu gefallen und man sparte auch nicht mit Beifall. Auch nach unserem Auftritt erhielten wir gute Kritiken. Unser erster Erfolg war da.

Soweit bisher unsere 'Karriere'. Unser Stil ist zum größten Teil recht softig angehaucht, wir verschmähen allerdings auch manchmal einen fetzigen Hardrock nicht. Zum Schluß noch der Text des Liedes, das beim Festival den größten Anklang fand:

<u>Frankenstein-Reggae</u>

Ich bring' die Leute um und lach' mich dabei krumm!
Ich lutsch' die Augen aus und koch' 'nen Leichenschmaus!
Ich schlag' die Köpfe ein, brech' hier und da ein Bein!
Mein Name ist - Frankenstein.

Ich kenn' da noch'n Typ, der hat die Mädchen lieb.
Er haßt die Sonnenglut, doch dafür liebt er Blut!
Doch Mädchen sind sehr rar, es sind nicht viele da
für meinen Freund - Graf Dracula.

Man sagt, uns gibt es nicht. Ich sag', glaubt das nur nicht!
Uns gibt's auf jeden Fall, wir warten überall
Mensch, geht doch nie allein, ihr könnt die nächsten sein.
Schönen Gruß von mir - vom Frankenstein!"

2.2.3. Didaktische Position des ARPS [41]

Der Musikunterricht an den allgemeinbildenden Schulen muß von der objektiven musikalischen Realität in unserer Gesellschaft, der Funktion von Musik für verschiedene Gruppen und von dem Musikbewußtsein der jeweiligen Schüler ausgehen. Er soll dem Schüler adäquate Rezeptionsweisen für verschiedene Musikrichtungen vermitteln. Dabei muß die Differenzierung innerhalb der Jugendlichen wesentlich stärker als bisher Ausgangspunkt der didaktischen Überlegungen sein. Die von der "Großen Musik" ausgehende Didaktik

---

[41] Aus: FIRLA 1984, S.31

verlangt vom Lehrer an Hauptschulen geradezu bildungsmissionarischen Einsatz ohne Erfolgserlebnis und führt deshalb in der Regel zur Resignation.

Es stellt sich immer mehr heraus, daß die jeweilige Rezeptionsweise nicht altersbedingt (pubertär) oder als vom Wissensstand abhängig gesehen werden kann. Die musikalische Sozialisation außerhalb von Schule schafft hier praktisch unveränderliche Einstellungs- und Verhaltensmuster. Dieser Tatsache ist Rechnung zu tragen, wenn Musikunterricht überhaupt effektiv sein soll. Die musikalische Realität des weitaus größten Teils der Jugend wird heute und in Zukunft von der U-Musik bestimmt. Diesem Bereich kommt deshalb eine besondere Bedeutung zu. Die erzieherische Relevanz ergibt sich aus der gesellschaftlichen Relevanz von Pop und Rock.

Der Arbeitskreis lehnt jedoch Pop/Rock als Teil eines ideologischen, von einer Hierarchie der musikalischen Verhaltensweisen ausgehenden Musikunterrichts ab. Ebenso erscheint der informationstheoretische Ansatz als Wahrnehmungserziehung (Alles ist Schall) unzureichend. Unterricht in Pop/Rock darf auch nicht als Konzession an den Geschmack der Schüler verstanden werden. Mit Entschiedenheit wendet sich der Arbeitskreis gegen eine reine Verhütungsdidaktik, die am gesellschaftlichen Auftrag der Schule vorbeigeht, indem sie die U-Musik mit Ignoranz bestraft.

Wir setzen uns ein für einen Musikunterricht, der Musik als ein Phänomen erklärt, wobei handlungsorientierte Ansätze eine primäre Rolle spielen."

3. Fragebogen

3.1. Der offene Text

VORSPANN (handschriftlich, vervielfältigt)

Betr.: Rock- und Popmusik in der Schule???

An alle, die drei Fragezeichen nachvollziehen können!

Ich beschäftige mich seit geraumer Zeit mit einer Arbeit zum Verhältnis von populärer Musik und Musikunterricht. Ich stimme dabei in wesentlichen Punkten nicht mit der aktuellen, in den Fachzeitschriften geführten Diskussion überein, weil ich sehe, daß die Realität an den Schulen sich sowohl für Lehrer/innen als auch für Schüler/innen anders darstellt als in der 'Theorie' angenommen.

Sie werden bemerken, daß Widersprüche und vielleicht falsche Darstellungen auftreten; ich freue mich, wenn Sie welche finden! Da ich selbst in einigen Bereichen noch unsicher bin, würde ich mich freuen, wenn Sie die Vorlage aus der Sicht Ihrer Erfahrungen korrigieren oder bestätigen könnten. Ich interessiere mich dabei für jede, und sei es die kleinste Bemerkung.

Dieser Brief wird gleichzeitig an Musiklehrer, Musikdidaktiker, Musikwissenschaftler, Rockmusiker, Schüler und Studenten verschickt Ihre Antworten werden einen Teil meiner Arbeit bilden. Für weitere Informationen stehe ich gern zur Verfügung.

Über einen Anruf, eine Postkarte, einen Brief oder einen anderen Gedankenaustausch würde ich mich freuen!

(Unterschrift/handschriftlich)

TEXT (maschinenschriftlich)

Ich bin Musiklehrer an der Gesamtschule Leverkusen, Musiker und Student der Universität Köln und beschäftige mich seit dem Lehramtsstudium theoretisch und praktisch mit Rock- und Popmusik in der Schule.

Bereits während meiner eigenen Schulzeit nervte mich - und viele meiner Mitschüler - dieses Thema ganz gewaltig: Statt einer Erziehung zum 'kritischen Hören' durch eine zwar aufgeschlossene, die Popmusik im Prinzip jedoch ablehnende Lehrerin hätten wir *unsere* Musik eigentlich lieber für uns behalten; die Schule bot uns da doch nichts Neues...

Als Student lernte ich dann die künftigen Kolleginnen und Kollegen kennen: Rockmusik auf Xylophonen, beachtenswertes Geigenspiel und peinliche Improvisationsversuche in der 'Praxis', sachlich fehlerhafte und intentional fragwürdige didaktische Ansätze in der 'Theorie'. Dies alles verdeutlichte mir die ganze Hilflosigkeit der Musikpädagogik im gesamten Bereich der populären Musik.

Unter diesem Eindruck erschien es mir damals sinnvoll, Rockmusik ganz aus der Schule zu verbannen, Rock und Schule *voreinander* zu bewahren; andererseits empfand ich angesichts des Konsumterrors von ABBA bis BRAVO die zwingende Notwendigkeit, die gesamte sogenannte "Unterhaltungsmusik" (Rock, Pop, Jazz usw) in den Unterricht einzubeziehen, obwohl die Schule den Rock nicht braucht und letzterer auch ganz gut ohne die Schule auskommt. Hier entsteht das Problem, gleichzeitig Rockmusik vor einer Verschulung und Schüler vor industriell gesteuerter Verblödung zu bewahren.

Zum Zeitpunkt meines Studiums war die Discowelle auf ihrem Höhepunkt und Punk wurde gerade flott vermarktet. Angesichts dieser Entwicklung stellte sich mir die Beziehung zwischen Musikindustrie und Konsument als ein Teufelskreis von Konsumzwang und Hörgewohnheit dar, der eine immer flachere und kraftlosere Musik zur Folge haben würde: Der *Konsumzwang* geht von der Industrie aus, deren Strategie auf ständiger Neuproduktion einer schnell zu konsumierenden Ware beruht; der Konsum ist besonders hoch, wenn die *Hörgewohnheit* der Kunden möglichst einheitlich und berechenbar ist; nach dieser Hörgewohnheit richten sich dann wiederum die neuen Produktionen, sodaß jede Musik für den Massenmarkt immer glatter und einfacher werden muß.

Angesichts des beschriebenen Teufelskreises hatten die Rockfans unter den Musikstudenten, von denen es immer mehr gab, großes Verständnis für pädagogische Ansätze, die alle Schüler befähigen wollten, ihre Bedürfnisse *innerhalb* der populären Musik mit anspruchsvolleren Stücken zu befriedigen. Dieser Ansatz berücksichtigt die Persönlichkeit der Schülerinnen und Schüler so wenig wie der alte Versuch, sie von *ihrer* Musik in den Bereich der 'Klassik' zu locken. Die Schüler werden schnell bemerken, daß das erzieherische Ziel des Musikunterrichts gleich geblieben ist: Sie sollen von irgendetwas weg zu irgendetwas hingebracht werden, sei letzteres nun Mozart oder Jimi Hendrix.

Beim Thema 'populäre Musik im Unterricht' sollte sich die Musikpädagogik immer wieder die folgenden Fragen stellen:

- Welche Ziele *muß* der Unterricht angesichts der industriell gesteuerten Bedürfnismanipulation haben?

- Welche Ziele *sollte* er aus Achtung vor der Schülerpersönlichkeit *nicht* haben?

Bei der Beantwortung der widersprüchlichen Fragen wurden mir durch zahlreiche Gespräche mit Musiklehrern an verschiedenen Schulformen, mit Musikern, Schülern, Studenten, Musikdidaktikern etc sowohl die Notwendigkeit als auch die Grenzen schulischer Beschäftigung mit populärer Musik deutlich:

- Im aktiven Umgang mit Rock und Pop entsteht eine nahezu unbegrenzte Motivation für Schüler und Lehrer, die in der Lage ist, festgelegte Rollen von Lehrenden und Lernenden zu durchbrechen.

- Lehrerinnen und Lehrer, die Rock und Pop völlig ablehnen und solche, die weder emotionale Hörerfahrung noch aktive Musikpraxis mit dieser Musik verbinden, können rundum erfolgversprechenden Musikunterricht nicht mehr durchführen, egal ob sie in diesem Bereich unterrichten oder nicht: Sie können ihre Schüler und deren musikalisches Weltbild nicht verstehen.

- Musiklehrer sind gegenüber der Musikindustrie machtlos. Für viele Schüler ist jeder BRAVO-Redakteur prinzipiell kompetenter als alle Musikpädagogen.

- Rockmusik im Klassenunterricht ist kein Garant für Motivation. Es gibt keine Klasse, die einen einheitlichen Geschmack im Bereich Rock/Pop aufweist.

- Jene Lehrerinnen und Lehrer, die gegen inneres Empfinden Rock nur im Unterricht einsetzen, weil ihre Schüler dies wollen, werden auf lange Sicht Frustrationen oder eine musikalische Persönlichkeitsspaltung erleben, die zu einer gefährlichen Überheblichkeit ihren Schülern gegenüber führen kann.

An dieser Stelle ergibt sich ein entscheidender Einschnitt in der Diskussion um Schule und Rockmusik. Sämtliche Untersuchungen zur *Schüler*hörgewohnheit zeigen stets die altbekannten Ergebnisse; zur Erhellung der Problematik bedürfen jedoch die Person des *Lehrers* und damit hochschulpolitische Fragestellungen verstärkt der Aufmerksamkeit. Weder Musikdidaktiker noch Rockmusiker erleben populäre Musik in der Art, wie Lehrerinnen und Lehrer sie erleben. Folglich kann auch nur von letzteren Aufschluß darüber erwartet werden, ob und wie Rockmusik unterrichtbar ist. Da diese hiermit überfordert sein werden, bedarf es wiederum der Zusammenarbeit von Musikpädagogen, Musikwissenschaftlern und Rockmusikern.

In diesem Zusammenhang sind Rockmusiker, denen zwar die Bedürfnisse ihres Publikums wichtig sind, die jedoch Schule prinzipiell als 'Kinderkram' abtun, genauso unglaubwürdig wie Musiklehrer, denen die musikalische Kritikfähigkeit ihrer Schüler am Herzen liegt, die aber Rock und Pop rundweg ablehnen.

3.2. Der offene Fragebogen mit einführendem Brief (Pretest)

Einführender Brief:

Köln, im Dezember 1984

Liebe Kolleginnen und Kollegen! (handschriftlich/vervielfältigt)

populäre Musik stellt eine Herausforderung, eine Belastung, eine Chance (oder vielleicht etwas ganz anderes?) für viele von uns dar. Manche haben beim Unterricht ein schlechtes Gewissen, viele ein ein schlechtes Gefühl und einige sind 'frustriert'; andere erleben schöne Erfolge, die meisten Musiklehrerinnen und Musiklehrer sind jedoch nach eigenen Angaben verunsichert, wenn die Themen 'ROCK', 'POP', 'U-MUSIK' o.ä. angesprochen werden. Das Spektrum reicht von völliger Ablehnung bis hin zum "Rock-Musiklehrer".

Die häufigen Untersuchungen zur Schülerhörgewohnheit, zu musikalischen Präferenzen etc. zeigen stets dieselben, altbekannten Ergebnisse; um die Problematik näher zu beleuchten, bedarf meiner Meinung nach die *Person des Lehrers* der verstärkten Aufmerksamkeit.

Diese Aufmerksamkeit habe ich mir zur Aufgabe gemacht, weil ich glaube, daß Probleme mit populärer Musik nicht von Wissenschaftlern und erst recht nicht von Musikproduzenten, sondern von Lehrerinnen und Lehrern *erlebt* werden: Musiklehrer werden heute nahezu tagtäglich mit den Hörgewohnheiten ihrer Schüler konfrontiert; häufig stehen sie mit ihren ganz persönlichen Vorlieben und Gefühlen zwischen völlig unvereinbaren Forderungen ihrer Schüler und den vor diesem Hintergrund oft 'praxisfern' wirkenden Postulaten sowohl der 'konservativen' als auch der 'progressiven' Musikpädagogik.

Der beiliegende Fragebogen mit offenen Antwortmöglichkeiten ist ein Pretest, der die Konstruktion eines geschlossenen Fragebogens ermöglichen soll: Die im geschlossenen Fragebogen zu stellenden Fragen und vor allem die geplanten Multiple-choice-Vorgaben sollen ja nicht von mir, sondern von der zu befragenden Gruppe, den Lehrerinnen und Lehrern, entwickelt werden!

Ich hoffe, Sie betrachten einige Fragen nicht als 'Schnüffelei' und würde mich freuen, wenn Sie soviel wie möglich so offen wie möglich beantworten könnten. Selbstverständlich können Sie auch auslassen, was Sie als zu privat empfinden! Ich weiß von vielen Kollegen, daß Probleme mit Popmusik ins Privatleben hineinreichen. Ich selbst habe jedenfalls mehr Fragen als Antworten und bin für jede Anregung, für jeden Praxisbericht und jede Kritik dankbar.

Die Problematik ist meiner Meinung nach des bewußten Nachdenkens wert, zumal sie in manchem an das Selbstverständnis von Musikpädagogik rührt.

(Unterschrift/handschriftlich)

Offener Fragebogen:

Wie lange unterrichten Sie im Fach Musik? ______ Jahre

In welcher Schulform unterrichten Sie derzeit? ________________

In welchen Klassenstufen unterrichten Sie schwerpunktmäßig?

____

1. Welchen Bereich/welche Bereiche populärer Musik berücksichtigen Sie im Unterricht?

   ____

2. Welche Quellen benutzen Sie zur Unterrichtsvorbereitung im Bereich der populären Musik?

   ____

3. Welches Lehrwerk/welche Lehrwerke bevorzugen Sie im Bereich populärer Musik?

   ____

4. Mit welchen Methoden unterrichten Sie populäre Musik?

   ____

5. Welche Ziele verfolgen Sie mit Ihrem Unterricht im populären Bereich?

   ____

6. Welche Wünsche äußern Ihre Schüler?

   ____

   ____

7. Berücksichtigen Sie diese Wünsche? ________________

   Wie? ____

   ____

8. Bezeichnen Sie Ihren Unterricht mit populärer Musik als erfolgreich?

   ____

9. Welche 'Ergebnisse' hat Ihr Unterricht im Bereich populärer Musik?

   ____

   ____

10. Welche Unterrichtsdimension steht beim Thema populäre Musik im Vordergrund (Hören, Spielen/Musizieren, Diskutieren o.ä.) ?

____

____

11. Unterrichten Sie gern im Bereich populärer Musik? __________

12. Haben sich Ihre Unterrichtsinhalte im Laufe der Zeit verändert? __________

Wenn ja, in welche Richtung? ______________________

____

13. Glauben Sie, daß Ihre Schüler Sie akzeptieren? (Als Informant, Experte für Musik, Vorbild, o.ä.)? __________________

14. Gibt es an Ihrer Schule einen Chor, ein Orchester, eine Band, Musikarbeitsgemeinschaft o.ä.?

____

____

15. Was singen/spielen die Schüler in diesem Ensemble/ in diesen Ensembles?

____

____

16. Hören Sie privat auch populäre Musik? ______________

17. Welchen Bereich der populären Musik bevorzugen Sie?

____

____

18. Welchen Bereich der populären Musik lehnen Sie ab? __________

____

Warum lehnen Sie diese Musik ab? ____________________

____

19. Wo liegen Ihre sonstigen musikalischen Interessen? __________

____

20. Führen Sie im Fach Musik auch außerunterrichtliche Aktivitäten durch? ________________

Wenn ja, welche? ____

____

21. Fühlen Sie sich eher als Pädagoge, Musiker, oder als was sonst?

____

22. Wo liegen Ihre instrumentalen bzw. vokalen Interessen/Fähigkeiten?

____

____

23. Welches ist Ihr Zweitfach/sind Ihre Nebenfächer? ___________

____

24. Können Sie 'idealen' Musikunterricht kurz skizzieren? _______

____

____

____

____

25. Eventuelle Zusätze, Bemerkungen, Kritik am vorliegenden Fragebogen o.ä.:

____

____

____

____

____

____

____

____

____

____

____

3.3. Die stichprobenartige Befragung (geschlossener Fragebogen)

UNIVERSITÄT ZU KÖLN Erziehungswissenschaftliche Fakultät Seminar für Musik und ihre Didaktik	Jürgen Terhag Ulmer Strasse 21 5000 Köln 60 Tel.: (0221) 17 34 85

KREUZEN SIE BITTE DAS FÜR SIE ZUTREFFENDE AN, FALLS NICHTS ANDERES VERLANGT WIRD. VIELEN DANK!

A

männl.	
weibl.	

Wie alt sind Sie?
(Bitte ankreuzen)

A_1

2o-25	
25-3o	
3o-35	
35-4o	
4o-45	
45-5o	
über5o	

Wie lange unterrichten Sie bereits im Fach Musik (Bitte ankreuzen)

B

1 Jahr	
2 Jahre	
3 Jahre	
4 Jahre	
5-7 Jahre	
8-1o Jahre	
1o-15 Jahre	
15-2o Jahre	
über2o Jahre	

Wo haben Sie die meiste Zeit unterrichtet? (Bitte ankreuzen)

Schulform C

Grundschule	
Hauptschule	
Realschule	
Gesamtschule	
Gymnasium	
Sonderschule	

Klassenstufe D

1-4	
5-6	
7-8	
9-1o	
1-13	

Welches ist Ihr Nebenfach/sind Ihre Nebenfächer? Kreuzen Sie bitte den Bereich an, in dem Sie bereits unterrichtet haben bzw. unterrichten

E

Sprachen	
Naturwissensch.	
Sport	
Kunst	
Sonstiges	

Kreuzen Sie hier bitte alle Gattungen an, die in Ihren Unterricht in irgendeiner Form Berücksichtigung finden, z.B. als Hörbeispiele, Vorlagen zum Singen, Unt.thematik usw

F

Alte Musik	Barock	Klassik	Romantik	Moderne	Zeitgenöss. Musik	Jazz/trad.	Modern Jazz	Musical	Operette	Schlager	Chanson	Polit.Lied	Liedermacher	Rock/Pop

Hier geht es um Ihren Unterrichtsschwerpunkt.

Kreuzen Sie bitte an!

G

	Unterrichts-Schwerpunkt	Häufige Verwendung	Seltene Verwend.	Keine Verwend.
Alte Musik, Barock				
Klassik/Romantik				
Moderne/Zeitgen.Musik				
Jazz				
Musical/Operette				
Schlager/Chanson				
Polit.Lied/Liedermacher				
Rock/Pop				

Welche Quellen benutzen Sie zur Unterrichtsvorbereitung oder zur Unterrichtsgestaltung? (Bitte ankreuzen)

H

Schallplatten	
Schulfunk	
Fernsehen/Video	
Schülerreferate	
"Musik aktuell"	
"Resonanzen"	
"Sequenzen"	
"Musik um uns"	
"BANJO"	
"Ton und Taste"	
"Zugabe"	
"Klang und Zeichen"	
"Das musikalische Kunstwerk"	
"Musik hören, machen, verstehen"	

Musikpäd.Zeitschriften (Musik und Bildung etc)	
Allg.Musikzeitschriften (nmz, NZ etc)	
Rockzeitschriften (spotlight, sounds etc)	
Jugendzeitschriften (BRAVO etc)	
Hitparade/regelmäßig	
Hitparade/manchmal	
Partituren	
Allg.Zeitungen, Zeitschriften (SPIEGEL etc)	
"Populäre Musik im Unterricht"	
ARPS-Materialien	
Sonst.	

Wird an Ihrer Schule musiziert? Schreiben Sie bitte die <u>Anzahl</u> der Ensembles in die Spalte A und kreuzen Sie in B an, wer das entsprechende Ensemble <u>leitet</u>:

I

		Anzahl A↓	↓ B: Ensemble-Leitung ↓ SCHÜLER SELBST	ICH	FACHKOLLEGE (MUSIK)	KOLLEGE (NICHT MUSIKER)
Orchester/Kammerorchester klass.-romant.Repertoire						
Orchester (Musical, Folklore etc)						
Jazz-Bigband						
Jazz-Combo						
Jazzrockgruppe						
Rockband	(reproduz.)					
	(produz.)					
Unterhaltungsband (Tanz, Karneval etc)						
Orff-Spielkreis						
Blockflötenspielkreis						
Musik-AG's (Rhythmusgruppen, Folklore, versch.Instr.)						
Chor	(klass.-romant., Kirchenmusik etc)					
	(Musical, Operette)					
	(Pop, Rock)					
	(Schlager, Folklore)					

Welche Musik <u>machen</u> Sie selbst? Wie oft und mit wem machen Sie diese Musik? <u>Kreuzen</u> Sie bitte in der entsprechenden Zeile <u>mehrmals</u> an

J

	regelmässig	oft	selten	früher einmal	heute noch	in Ensemble	allein	ich leite	Hausmusik	Konzerte, Platten o.Ä.
Kirchenmusik										
Kammermusik										
Orchester										
Chor/geistl.										
Chor/weltl.										
Solo-Instrumentalmusik										
Jazz/Combo										
Jazz/Bigband										
Jazzrock										
Rock/Pop										
Tanzmusik										
Volksmusik Folklore										
Solo-Gesang										

Welche Musikgattung(en) bevorzugen Sie privat, im Konzert, auf Platten, im Rundfunk etc.

Kreuzen Sie bitte an →

K

	1	2	3	4
Alte Musik				
Barock				
Klassik				
Romantik				
Moderne				
Zeitgenöss. Musik				
Jazz/trad.				
Modern Jazz				
Musical				
Operette				
Schlager				
Chanson				
Polit.Lied				
Liedermacher				
Rock,Pop				

Ich höre...
1. regelmäßig
2. oft
3. selten
4. nie

Geben oder nehmen Sie Instrumentalunterricht?

↓ L

	Gebe	Nehme
Heute noch		
Früher		

Sind Sie privat mit Rockmusik befaßt? Wie? Bitte ankreuzen:

M

	regelmäßig	oft	manchmal	nie	früher einmal
Hören					
Tanzen					
Spielen					
Konzertbesuch					
Fernsehen					
Zeitschriften					

Welche Art von Rock/Pop bevorzugen Sie? Bitte ankreuzen.

N

Rock'n Roll	
Beat	
Hardrock	
Mainstream	
Punk/New Wave	
Rhythm & Blues	
Country	
Folk	
Jazzrock	
Reggae	
Soul	
Disco	

Welche Stilarten aus dem Bereich Rock/Pop haben Sie bereits in Ihrem Unterricht berücksichtigt bzw berücksichtigen Sie z.Zt.?
Bitte ankreuzen →

O

Rock'n Roll	
Beat	
Hardrock	
Mainstream	
Punk/New Wave	
Rhythm & Blues	
Country	
Folk	
Jazzrock	
Reggae	
Soul	
Disco	

Unterrichten Sie gern im Bereich Rock/Pop? ↓

P

sehr gern	
gern	
ungern	
äußerst ungern	

Beobachten Sie eine Motivationssteigerung durch Rock/Pop im Unterricht? ↓

Q

immer	
manchmal	
selten	
nie	

Was war Ihre Motivation, Rockmusik im Unterricht zu behandeln? In dieser Frage geht es nicht um Ihre Ziele, die Sie mit diesem Unterricht erreichen wollen; Kreuzen Sie also an, was Ihre Beweggründe waren, Rock/Pop in den Unterricht in irgendeiner Form einzubeziehen: ↓

R

Ich gab dem Drängen der Schüler nach	
Ich habe selbst Spaß an dieser Musik	
Ich wollte den Unterricht auflockern	
An Rock/Pop kann der Musikunterricht nicht vorbeigehen	

Welche Ziele verfolgen Sie mit Ihrem Unterricht im Bereich Rock?

S

Kritischeres Verhältnis zur von den Schülern bevorzugten Musik wecken	
Sand ins Getriebe der Plattenindustrie streuen	
Minderwertigkeit von Rockmusik entlarven	
Förderung der Rockmusik (Nachwuchs)	
Kreativitätssteigerung erreichen	
Interesse am Instrumentalunterricht wecken	
Motivationskraft der Rockmusik für andere Inhalte (Musiktheorie usw.) ausnutzen	
Von "Rock zu Klassik" führen	
Den Musikunterricht aktualisieren	

Wie verhalten sich Ihre Schüler beim Unterricht im Bereich Rock/Pop? Kreuzen Sie bitte an.

T

	↓
Disziplin ist besser	
Disziplin ist schlechter	
Anfangsmotivation sehr stark	
Motivation ebbt relativ schnell ab	
Motivation bleibt erhalten	
Schüler fragen nach Titeln,Bestellnr. etc	
Schüler wollen Musik "nur hören"	
Schüler wollen tanzen	
Schüler wollen musizieren	
Schüler wollen komponieren	
Schüler wollen diskutieren	
Schüler wollen Instrument lernen	
Schüler erlernen tatsächlich ein Instrum.	
Schüler streiten sich häufig untereinander	
Schüler hören besser zu	
Schüler hören schlechter zu	
Schüler stellen viele Fragen	
Schüler stellen wenige Fragen	
Schüler äußern sich kritisch zur Musik	
Schüler finden den Unterricht "gut"	
Schüler finden den Unt. "langweilig"	

Welche Intention liegt Ihrer Vermutung nach in der mit diesem Fragebogen verbundenen Arbeit?

U

	↓
Die Rockmusik stärker als bisher in die Schule zu integrieren	
Die Verwendung von Rockmusik in der Schule einzuschränken	
Die Rockmusik aus der Schule zu verbannen	
Rockmusik in der Schule anders zu akzentuieren	

Welchen der folgenden Begriffe könnten Sie definieren?

V

Phaser		zickig		VCO		Takes	
funky		heavy		GEMA		Cype	
Gimmick		ARPS		Break		Amp	

VIELEN DANK FÜR IHRE MÜHE!!!

VII LITERATURVERZEICHNIS

Verwendete Abkürzungen:

FidM: Forschung in der Musikerziehung

NZfM: Neue Zeitschrift für Musik

nmz: Neue Musikzeitung

MpF: Musikpädagogische Forschung

MuB: Musik und Bildung

ZfMP: Zeitschrift für Musikpädagogik

ABEL-STRUTH,S.: "Versuch über die Möglichkeiten einer Konvergenz von Musikwissenschaft und Pädagogik" in: FidM 1/69, S.3ff, Mainz 1969

ADORNO,TH.W.: Einleitung in die Musiksoziologie, Frankfurt 1975

ALLERBECK, K.R./HOAG,W.: Jugend ohne Zukunft? Neue Aspekte der Jugendsoziologie, München/Zürich 1985

ANTHOLZ,H./BAAK,L./VOLLMER,S.: "Zum Ausfall affektiver Zielvorstellungen in der Musikpädagogik der Siebziger Jahre" in: MpF/Bd.3, S.231ff, Laaber 1982

ARUNDEL,G.: "Weiße und schwarze Musik" in: Der weiße Lotos. Zeitschrift für geistige Entfaltung Hft.14, Apr.-Jun./85, S.11ff, München 1985

BAACKE,D.: Beat - die sprachlose Opposition, München 1968

ders.: "Beat und die Erfahrung im Medium der Kunst" in: MuB 10/69, S.430ff, Mainz 1969

ders.: Jugend und Subkultur, München 1972

ders.: Die 13- bis 18jährigen. Einführung in die Probleme des Jugendalters, München 1979

ders.: "Peer groups und Jugendkultur. Formen des Gruppenlebens und seine Funktionen" in: Neue Sammlung, 5/82, S.468ff, Stuttgart 1982

ders.: "'An den Zauber glauben, der die Freiheit bringt.' Pop- und Rockmusik und Jugendkulturen. Fünfzehn kondensierte Aussagen" in: MpF/Bd.6, S.17ff, Laaber 1985

BÄSSLER,H.: "Tendenzen des Humanen als Aufgabe der Schule" in: MuB 10/87, S.742ff, Mainz 1987

BALITZKI,J.: Rock aus erster Hand, Ostberlin 1985

BARTELS,R.D.: "Musikunterricht an der Hauptschule. Musikdidaktisches Ödland" in: ZfMP 9/82, S.50ff, Regensburg 1982

BASTIAN,H.G.: "Musik-Kultur-Konzepte Jugendlicher. Einstellungen 13-16jähriger zur 'offiziellen' Musikkultur" in: MpF/Bd.4, S.56ff, Laaber 1983/1

ders.: "Jugend zwischen Disco und Punk. Eine Herausforderung für Musikpädagogik" in: MuB 10/83, S.26ff, Mainz 1983/2

ders.: "Zur Alltags- und Lebenswelt musikalischer Begabung. Mit Bundes- und Landessiegern '*Jugend musiziert*' im narrativen Gespräch" in: MpF/Bd.7, S.233ff, Laaber 1986

ders.: "Schulmusiker werden? - nein danke! Ein Berufsbild in der kritischen Bewertung instrumentaler Talente" in: MuB 10/87, S.735ff, Mainz 1987

BATEL,G.: "Aspekte medialen Musikverhaltens in Avantgarde und Jazz" in: ZfMP 11/80, S.182ff, Regensburg 1980

ders.: "Zur Funktion und Wirkung von elektronischen Klängen in Rockmusik, Popmusik und im Jazz" in: ZfMP 9/84, S.29ff, Regensburg 1984

BAUER,K.O.et al.: Einstellungen und Sichtweisen von Jugendlichen,Weinheim 1983

BAUMANN,R.: Rock-Harmonielehre. "Theorie und Praxis" Frankfurt/M. 1987

BEHNE,K.-E.: "Der musikalische Andersdenkende. Zur Sozialpsychologie musikalischer Teilkulturen" in: MpF/Bd.4, S.11ff, Laaber 1983

ders.: "Zur Rezeption von Popmusik und Schlager" in: KLEINEN/KLÜPPELHOLZ/LUGERT 1985/1, S.49ff

ders.: Hörertypologien. Zur Psychologie des jugendlichen Musikgeschmacks, Regensburg 1986

BEHR,W.: Jugendkrise und Jugendprotest, Stuttgart 1982

BELL,R.R.: "Die Teilkultur der Jugendlichen" in: FRIEDEBURG,L.v. (Hrsg.): Jugend in der modernen Gesellschaft, S.79ff, Köln 1968

BERNIUS,V.: "Animation zum Musikmachen. Erfahrungen eines Schulfunkredakteurs mit der Sendung 'Rock praktisch'" in: MpF/Bd.7, S.195ff, Laaber 1986

BENJAMIN,W.: Das Kunstwerk im Zeitalter seiner technischen Reproduzierbarkeit, Frankfurt/M. 1963

BIELEFELDT,G.: "Rockmusik in Klasse 1c (=10;J.T.) des Gymnasiums" in: MuB 12/85, S.867ff, Mainz 1985

BÖHM/RINNE: "Dreiklangdimensionen zwischen Apokalypse, Weltuntergang und Depro-Feeling. Texte der Neuen Deutschen Welle" in: Rockpaed 0/82, S.42ff; Gelsenkirchen-Buer 1982

BLAUKOPF,K.: Musiksoziologie, Niederteufen 1972

ders.: "Die Medien und die neue musikalische Realität" in: MuB 6/77, S.326ff, Mainz 1977

BLÖSSER,H.: "Mode '82: Kids, Klamotten & Klischees. Lieber'n Punk im Schrank als 'n Ted im Bett" in: zitty 9/82, S.37ff, Berlin 1982/1

dies.: "Die Mode kommt, die Mode geht. Gedanken über Wandel und Beharrlichkeit im Treiben der Trends" in: zitty 9/82, S.44, Berlin 1982/2

BLÜCHER,GRAF v.: Die Generation der Unbefangenen. Zur Soziologie der jungen Menschen heute, Düsseldorf 1966

BONFADELLI,H. et al. Jugend und Medien. Eine Studie der ARD/ZDF-Medienkommission und der Bertelsmann-Stiftung, Frankfurt/M. 1986

BONTINCK,I. (Hrsg.): Neue musikalische Verhaltensweisen der Jugend, Mainz 1975

dies.: "Kritik der etablierten Kultur" in MuB 1/77, S.9ff, Mainz 1977

dies.: Die Rolle der Musik im Freizeit-Budget der Jugend und die sich daraus ergebenden Konsequenzen für die Musikpädagogik, Wien 1981

BORRIS,S.: "Pop - Gegenwelt im Upperground" in: MuB 4/73, S.174ff, Mainz 1973

ders.: "Musik in der Medienpolitik - Arbeitstagung des deutschen Musikrates" in: MuB 6/77, S.325ff, Mainz 1977

ders.: Popmusik. Kunst aus Provokation, Wiesbaden 1977

BRAHA,L.v.: Phänomene der Rockmusik, Wilhelmshaven 1983

BROCK,J./MOSER,J.: Pop-Musik mit Schülern, Mainz 1981

BRÖMSE,P./KÖTTER,E.: Zur Musikrezeption Jugendlicher. Eine psychometrische Untersuchung, Mainz 1971

BUSCH,S.: "Zu K.G.Waldinger, 'Schule und Rockmusik'", in: MuB 2/85, S.127f, Mainz 1985

CLARKE,J.et al.: Jugendkultur als Widerstand, Frankfurt 1979

CLEMENS,M.: "Amateurmusiker in der Provinz. Materialien zur Sozialpsychologie von Amateurmusikern" in: MpF/Bd.4, S.108ff, Laaber 1983

ders.: "'Warum so laut?' Über die Wahrnehmung körperlicher Ereignisse beim Hören von Rockmusik" in: MpF/Bd.7, S.285ff, Laaber 1986

COHN,N.: A Wop Bop A Loo Bop A Lop Bam Boom. Pop History, Reinbek b.Hamburg 1972

CUTLER,CHR.(Hrsg.): Ré-Records Quarterly Magazine, November Books/Ré-Records, London

ders.(Hrsg.): Ré-Records Quarterly Magazine 3/86, London 1986/1

ders.(Hrsg.): Ré-Records Quarterly Magazine 4/86, London 1986/2

ders.(Hrsg.): Ré-Records Quarterly Magazine 1/87, London 1987

DAHLHAUS,C.: Analyse und Werturteil, Mainz 1970

ders.: Musikästhetik, Köln 1976

DANE,CHR.: "Zu: Heinz Meyer: 'Einige Notizen zur Didaktik der Popmusik'" in: MuB 7-8/88, S.556f, Mainz 1988

DANIELOU,A.: "Magie und Popmusik" in: MuB 3/71, S.183f, Mainz 1971

DAVIDTS,J./VERLINDEN,A.: "Kritische Anmerkung zum Begriffspaar 'E- und U-Musik'" in: ZfMP 7/79, S.15ff; Regensburg 1979

DAVIES,H.: Alles, was Du brauchst, ist Liebe. München 1970

DE LA MOTTE-HABER,H.: "Das Triviale in Literatur, Musik und bildender Kunst" in: Studien zur Philosophie und Literatur des 19.Jahrhunderts, Bd.18, Frankfurt 1972

dies.: "Die Schwierigkeit, Trivialität in der Musik zu bestimmen" in: MuB 6/76, S.301ff, Mainz 1976

DEUTSCHE PHONO-AKADEMIE (Hrsg.): Lexikon Pop, Wiesbaden 1977

DOLLASE/RÜSENBERG/STOLLENWERK: Rock people oder Die befragte Szene, Frankfurt 1974

dies.: Demoskopie im Konzertsaal, Mainz 1986

DUVAL,J.: "Die neue Hexenjagd auf unbequeme Rocklyrics" in: musik spezial 2/86, S.51f, Grefrath 1986

EICKE,K.E.: "Experimentalforschung in der Musikerzeihung" in: FidM 1/69, S.27ff, Mainz 1969

EITNER,H.: "Das Hauptproblem war der Text. Über die Entstehung eines 'Rock-requiems'" in: nmz 8/9 82, S.15, Regensburg 1982

ENDERS,B.: "Substantielle Auswirkungen des elektronischen Instrumentariums auf Stil und Struktur der aktuellen Popularmusik" in: MpF/Bd.4, S.247ff, Laaber 1983

ENDERS,B./FIRLA,F./PLASGER,D.: "Erfahrungen mit dem Gruppeneinsatz von elektronischen Tasteninstrumenten im Untericht" in: MpF/Bd.5, S.316ff, Laaber 1984

ETZOLD,S.: "Laß uns mal 'ne Schnecke angraben. Schüler: Protest gegen die Gesellschaft; Forscher: Suche nach dem eigenen Ich" in: Kölner Stadt-Anzeiger v.18.10.1983, Köln 1983/1

dies.: "Eine Wand aus Worten" in: Kölner Stadt-Anzeiger v.29./30.10.1983, Köln 1983/2

EYSSEN,F.: "'Musikalischen Missionarstrieb an der Garderobe abgeben!'" in: Rockpaed 0/82, S.10, Gelsenkirchen-Buer 1982

FABBRI,F.: "Skill: The Positive Case" in: CUTLER 1987, S.37ff

FEDER,D.: "Kaum zu fassen: Die Welt rockt deutsch" in: Gong Heft Nr.17/82, S.15 und Heft 18/82, S.19, München 1982

FEHLING,R.: Manipulation durch Musik, München 1976

FINGER,H.: "Vergleich dreier Musik-Lehrbücher für die Orientierungsstufe" in: ZfMP 11/80, S.204ff, Regensburg 1980

dies.: "Persönliche Marginalien zu Justus Mahrs Bericht aus der Praxis" in: ZfMP 9/81, S.183ff, Regensburg 1981

FIRLA,F.: "Rock in der Schule" in: spotlight 10/82, S.31, Krefeld 1982

ders.: "Ganz offene Antwort auf einen offenen Leserbrief" in: spotlight 1/83, S.9, Krefeld 1983/1

ders.: "Rock in der Schule" in: spotlight 1/83, S.26, Krefeld 1983/2

ders.: "Musik in der reformierten Oberstufe - Reaktionen" in: MuB 2/83, S.44ff, Mainz 1983/3

ders.: "Arbeitskreis für Rock und Pop in der Schule" in: spotlight 9/83, S.30ff, Krefeld 1983/4

ders.: Aufbau und Beratung von Schülerbands. Erfahrungen, Materialien, Dokumentationen, Krefeld 1984

ders.: "Treffpunkt Taste. Erfahrungen mit dem Gruppen-Keyboard-System" in: MuB 2/86, S.96ff, Mainz 1986/1

ders.: "Fragen eines lesenden Arbeiters (der Musikpdagogik) an Herrn K." in: MuB 6/86, S.541, Mainz 1986/2

FISCHER,W.: "Das 'musikdidaktische Wunderland' und die schulpraktische Realität. Zur Weiterentwicklung der Konzeption eines handlungsorientierten Musikunterrichts" in: MuB 10/82, S.620ff, Mainz 1982

ders.: "'Didaktische Interpretation' und 'Handlungsorientierter Musikunterricht'" in: SCHMIDT,H.-CHR. (Hrsg.): Handbuch der Musikpädagogik, Bd.1 Geschichte der Musikpädagogik, S.297ff, Kassel 1986

FLUCK,W.: Populäre Kultur. Ein Studienbuch zur Funktionsbestimmung und Interpretation populärer Kultur, Stuttgart 1979

FRANK,M.W.: "Der Sound der Neuen Deutschen Welle (1)" in: spotlight 8/82, S.8ff, Krefeld 1982/1

ders.: "Breslau - Konzertbericht" in: spotlight 8/82, S.19, Krefeld 1982/2

ders.: "Der Sound der Neuen Deutschen Welle (2)" in: spotlight 9/82, S.14ff, Krefeld 1982/3

FRANKFURTER MUSIKWERKSTATT (Hrsg.): Projekt Frankfurter Musikwerkstatt. Schule für Jazz und Popularmusik, Frankfurt 1986

FRIEDERICHS,J.: Methoden empirischer Sozialforschung, Reinbek b. Hamburg 1973

FRISIUS,J.: "Eine dilettantische Streitrede wider die Musik des gehobenen Anspruchs" in: ZfMP 9/82,S.53ff, Regensburg 1982

FRITH,S.: "Wir brauchen eine neue Sprache für den Rock der 80er Jahre" in: HUMANN/REICHERT (Hrsg.) 1980 ders.: Jugendkultur und Rockmusik. Soziologie der englischen Musikszene, Reinbek b.Hamburg 1981

FUNK,V.: "Plattenbesprechung: Nachwuchs-Festival POP 80' - Deutsche Phonoakademie" in MuB 7-8/81, S.497f, Mainz 1981

BÖHNISCH,L./FUNK,H./LÖSCH,H.: "Schülerfreizeit: Freizeit ist gar nicht so frei" in: betrifft:erziehung 12/1979, S.20ff, Weinheim 1979

GIES,S.: "Gedanken über das gedankenlose Singen" in: MuB 9/87, S.664ff; hier: S.666, Mainz 1987

GIESELER,W.: Grundriss der Musikdidaktik, Ratingen 1973

ders.: "Verbalprogressismus und Realität: Vergleich von musikcurricularen Texten aus dem Sekundar- und Tertiärbereich" in: ZfMP Sonderheft 7/77, S.32ff, Regensburg 1977

ders.: (Hrsg.) Kritische Stichwörter zum Musikunterricht, München 1978

ders.: "Orientierung am musikalischen Kunstwerk oder: Musik als Ernstfall" in: SCHMIDT,H.-CHR. (Hrsg.): Handbuch der Musikpädagogik Bd.1, S.174ff, Kassel 1986/1

ders.: "Curriculum-Revision und Musikunterricht" in: SCHMIDT,H.-CHR. (Hrsg.): Handbuch der Musikpädagogik Bd.1, S.215ff, Kassel 1986/2

GIESELER,W./SCHULZ-KOEHN,D.: Jazz in der Schule, Wolfenbüttel 1959

GIESELER,W./HOFFMANN,R.: "Interview mit Udo Lindenberg" in: ZfMP 7/79, S.3ff, Regensburg 1979

dies.: "Interview mit Musikern des 'Le Nouveau Salon'" in: ZfMP 3/81, S.3ff, Regensburg 1981

GIESEN,N.: "Mit 15 in die Disco" in: Leben & Erziehen 9/83, S.36f, Aachen 1983

GILLET,CH.: The Sound of the City, Frankfurt 1978

GOEBEL,A.: "Mozarts 'Kleine Nachtmusik' und ihre Pop-Bearbeitungen im Musikunterricht" in: MuB 7-8/81, S. 471ff, Mainz 1981

GRAMLICH,H.: "Zu: Gottfried Küntzel: Welche Chance haben die traditionellen Lieder heute noch?" in MuB 12/85, S.871, Mainz 1985

ders.: "Zu 'Rockmusik im Unterricht' von Franz Niermann" in: MuB 12/86, S.1045, Mainz 1986

GRASSMANN,B.: "Wohin mit dem Kunstwerk? Der veränderte Werkbegriff und seine Rolle in der Schule" in: ZfMP 11/80,S.172ff, Regensburg 1980

GREVERUS,I.-M.: Kultur und Alltagswelt, München 1978

GRÖNING,C.H.: Unterhaltungsmusik in der Schule, Frankfurt 1970

GRÖSSEL,H.: "Die Beat-Musik" in MuB 10/69, S.438ff, Mainz 1969

GÜNTHER,H.: Die verwöhnte Generation, Köln 1982

GÜNTHER,U.: "Der Schüler als Medium im Musikunterricht" in: MuB 7-8/87, S.541ff, Mainz 1987

GÜNTHER,U./KAISER,H.J.: "Musikunterricht in der reformierten Oberstufe" in: MuB 7-8/82, S.452ff, Mainz 1982

HAHN,W.: "Popmusik im Unterricht" in: VALENTIN,E./HOPF,H.: Neues Handbuch der Schulmusik, S.207ff, Regensburg 1975

HAHN,W./RAUHE,H.: "Gesichtspunkte für die Entwicklung von Unterrichtssequenzen aus dem Bereich der Popmusik" in: MuB 5/74, S.289ff, Mainz 1974

dies.: "Zum didaktischen Problem kollektiver Identifikation mit kulturindustriellen Leitbildern, aufgezeigt an konkreten Unterrichtsbeispielen" in: MuB 11/74, S.601ff, Mainz 1974

dies.: "Deutschsprachige Popmusik im Unterricht der Sekundarstufe - Zu den Produktionen Udo Lindenbergs" in: MuB 11/74, S.628ff, Mainz 1974

HAHN,W./KLEIN,T./RAUHE,H.(Hrsg.): "Popmusik im Unterricht", Wiesbaden 1973

HANSEN,H.: "Geisterfahrer und Kinderlieder aus Beton. Die 'Neue deutsche Rockmusik' - nur eine Welle oder ein eigener Stil?", in nmz 8/9 82, S.14, Regensburg 1982

HARTWICH (HARTWICH-WIECHELL): Siehe auch WIECHELL

HARTWICH,D.: "Noch einmal: Jugend und Popmusik" in: MuB 4/72, S.180ff, Mainz 1972

HARTWICH-WIECHELL,D.: "Musikalische Verhaltensweisen Jugendlicher" in: FidM 1974, S.39ff, Mainz 1974

dies.: Pop-Musik. Analysen und Interpretationen, Köln 1974

HARTWIG,H.: Jugendkultur. Ästhetische Praxis in der Pubertät, Reinbek b. Hamburg 1980

HEINRICH,J.: "Musik in der reformierten Oberstufe - Reaktionen" in MuB 2/83, S.44ff, Mainz 1983

HEISE,W.: "Interview mit Jasper van't Hof" in: ZfMP 4/78, S.3ff, Regensburg 1978

HEISE,W./WEBER,R.: "Gespräch mit Hauptschullehrern" in ZfMP 11/83, S.3ff, Regensburg 1983

HELMS,S.: "Umfrage nach musikalischen Verhaltensweisen", in: MuB 10/69, S.453ff, Mainz 1969

ders.: Schlager in Deutschland, Wiesbaden 1972

ders.: "Interview mit Walter Gieseler" in: ZfMP 11/84, S.3ff, Regensburg 1984

HELMS,S. et al.: Handbuch der Schulmusik, Regensburg 1985

HENNEBERG,G.: "Popmusik in der Schule" in: MuB 11/74, S.618ff, Mainz 1974

HILSBERG,A.: "Neue Deutsche Wellen. Eine Discographie deutscher New Wave-Platten" in: HUMANN/REICHERT (Hrsg.) 1980

HODEK,J.: "Stationen der Rockkultur" in: HODEK/NIERMANN: Rockmusik-Rockkultur, Stuttgart 1984

HÖHNE,D.: "Musik in der reformierten Oberstufe - Reaktionen" in MuB 2/83, S.44ff, Mainz 1983

HÖHNE,P. et al.(Hrsg.): Lexikon Pop, Wiesbaden 1977

HODGKINSON,T.: "Interview with Pierre Schaeffer" in: CUTLER 1987, S.5ff

HOFBAUER,K.: "NDW live. WOM-Festival in München" in: spotlight, 1/83, S. 68ff, Krefeld 1983

HOFFMANN,B.: "Jazzmusik im Spiegel musikpädagogischer Publikationen" in: Jazzforschung, Heft 12, S.149ff, Graz 1980

HOFFMANN,R.: Zwischen Galaxis und Underground. Die neue Popmusik, München 1971

HOLLSTEIN,W.: "Der Untergrund. Subkulturen in der gegenwärtigen Gesellschaft. Jugendlicher Protest und sozialer Wandel." in: MuB 11/74, S.598ff, Mainz 1974

HOLTMANN,A./LUGERT,W.D.: Politische Didaktik 2/81: Pop und Rock, Stuttgart 1981

HOPF, H.: "Studenten fragen: Interview mit Helmuth Hopf" in: ZfMP 5/85, S.48ff, Regensburg 1985

HOPF,H./LIMBERG,H.: "Didaktische Konzeption und die Realität im MU (= Musikunterricht;J.T.) der Hauptschule von heute. Ein Podiumsgespräch" in: MuB 1/84, S.11, Mainz 1984

HORNSTEIN,W. et al.: Jugend ohne Orientierung? Zur Sinnkrise der gegenwärtigen Gesellschaft, Weinheim 1983

HUBER,H.: "Popularmusik an der Hochschule für Musik und darstellende Kunst in Wien" in: RÖSING et al. 1985, S.57ff;

HUMANN,K.et al.(Hrsg.): Rock Session 1-7. Magazin der Populären Musik, Reinbek b. Hamburg 1977/1983

HUMANN,K.et al.(Hrsg.): Rock Session 8. Magazin der Populären Musik, Hamburg 1985

INTERNATIONALE GESELLSCHAFT FÜR MUSIKERZIEHUNG (ISME).: Programmvorschau zum XVII. Weltkongress 6.-12.1986, Innsbruck 1986

IRMER,G.v.: "Oparetten, Musikells und Schläger" in: Kontakte 2/1967, S.54, Wolfenbüttel 1967

dies.: Jugend und Schlager, 3. überarbeitete Auflage, Bremen 1977

JANK,W./MEYER,H./OTT,Th.: "Zur Person des Lehrers im Musikunterricht. Methodologische Probleme und Perspektiven zu einem Konzept offenen Musikunterrichts" in: MpF/Bd.7, S.87ff, Laaber 1986

JARREAU,K.: The Rolling Stones Backgrounds - Politik & Sexismus, Trier 1985

JERRENTRUP,A.: Entwicklung der Rockmusik von den Anfängen bis zum Beat, Regensburg 1981

ders.: Rockmusik in der Sekundarstufe I, in: PMiU Sonderheft 1/82, Lüneburg 1982

ders.: Aushang am Seminarbrett des Seminars für Musikpädagogik der GHS/Universität Wuppertal, ms 1984

JERRENTRUP,A./TERHAG,J.: "Vom Schüleralltag zur Schülerfreizeit. Möglichkeiten der praktischen Auseinandersetzung mit den neuen kulturellen und musiktechnologischen Entwicklungen" Teile I u.II, in: MuB 2/87 u. 3/87, Mainz 1987

JOST,E.: Sozialpsychologische Faktoren der Popmusikrezeption, Mainz 1976

ders.: "Zum Thema Populärmusik" in: MuB 3/77, S.158, Mainz 1977

ders.: "Über einige Probleme der Popularmusikforschung" in: RÖSING,H. (Hrsg.): Beiträge zur Popularmusikforschung 1, Hamburg 1987

JUNGHEINRICH,H.K.: "Anders mit Musik umgehen" in: HENZE,H.W., Zwischen den Kulturen, Frankfurt 1979

JUGENDWERK DER DEUTSCHEN SHELL (Hrsg.): Jugend '81. Lebensentwürfe, Alltagskulturen, Zukunftsbilder, Hamburg 1981

dies. (Hrsg.): Näherungsversuche. Jugend '81, Opladen 1983

dies. (Hrsg.): Jugendliche und Erwachsene 1985. Generationen im Vergleich, Opladen 1985

JUGENDAMT DER STADT DÜSSELDORF (Hrsg.): Berichte aus der Praxis: Kinder erleben Musik, Düsseldorf 1987

KAISER,H.J.: "Zum Verhältnis von Alltagswelt und jugendlicher Musikkultur" in: MpF/Bd.4, S.35ff, Laaber 1983

ders.: 'Musiklernen und Musiklehren - Schlüsselbegriffe einer wissenschaftlichen Musikpädagogik' in: KAISER, Musik in der Schule? Gespräche über Musik und Erziehung mit Sigrid Abel-Struth u.a., S.169-189, Paderborn 1982

KAISER,J.: "Bankeinbruch und Grammophon. Abgründe eines Rechtschreibbuches" in: MuB 2/83, S.49, Mainz 1983

KAISER,R.U.: Underground? Pop? Nein! Gegenkultur! Köln/Berlin 1969

ders.: Das Buch der neuen Popmusik, Düsseldorf, 1969

KANDEL,J.: It's only Rock'n Roll but we like it. Überlegungen zur Behandlung von Rockmusik in der Erwachsenenbildung, Frankfurt/Main 1985

KEMMELMEYER,K.J.: "Traditionsanspruch und Hörwirklichkeit - eine unlösbare Antinomie für den Musiklehrer?" in: ZfMP 7/79, S.23ff, Regensburg 1979

KEMPER,M.: "Musik der Subkultur: 'Für wen ist diese Musik?'" in: MuB 11/74, S.614ff, Mainz 1974

KEMPER,P.: "Harlekin im Chip-Zeitalter - Laurie Anderson" in: Jazz Container. Jahrbuch für improvisierte Musik, S.34ff, Hofheim 1986

ders.: "Postmoderne Tendenzen in Jazz und Avantgarde-Rock" in: WESTDEUTSCHER RUNDFUNK KÖLN (Hrsg.): Rheinisches Musikfest Köln 1987, S.44ff, Köln 1987

KESTING,J.: "Salon- Thesen zu einem gesellschaftlichen Ort der Musik im 19. Jahrhundert" in: MuB 7-8/77,S.377ff, Mainz 1977

KEULER,M.: "Rockmusik, Jugendkultur und neuer Sozialisationstyp" in: Rockpaed 1/83, S.4f, Gelsenkirchen-Buer 1983

KIRKENDALE,W.: "Brief zur 'Pop- und Rockmusik'" in: PMiU Heft 20, 12/87, S.33f, Oldershausen 1987

KLEINEN,G.: "Entwicklungspsychologische Grundlagen musikalischen Verhaltens", in: SEGLER,H. (Hrsg): Musik und Musikunterricht an der Gesamtschule, Weinheim 1972, S.61ff

ders.: "Über die Durchdringung des täglichen Lebens mit Musik" in: MpF/Bd.6, S.35ff, Laaber 1985

KLEINEN,G./KLÜPPELHOLZ,W./LUGERT,W.D.(Hrsg.): Musikunterricht Sekundarsstufen, Bd.3 (Popmusik und Schlager), Düsseldorf 1985/1

dies. (Hrsg.): Musikunterricht Sekundarsstufen, Bd.4 (Rockmusik), Düsseldorf 1985/2

KLEPPEL,E.: "Im Mittelpunkt: Die Schnittstelle?" in: nmz 4/5 86, S.9, Regensburg 1986

KLINKHAMMER,R.(Hrsg.): Schnittpunkte Mensch Musik. Beiträge zur Erkenntnis und Vermittlung von Musik, Regensburg 1985

KLOSS,B.: "Musik in der reformierten Oberstufe - Reaktionen" in: MuB 2/83, S.44ff, Mainz 1983

KLÜPPELHOLZ,W.(Hrsg.).: Musikalische Teilkulturen, MpF/Bd.4, Laaber 1983

KNAUF,D./WICKERT,K.U.: The Story of Rock. Eine Unterrichtseinheit für die Sekundarstufe I, Tübingen 1983

KNEIF,T.: "Rockmusik und Wissenschaft - Aspekte einer zeitgenössischen Trivialkunst" in: Melos/NZ für Musik 1-2/75, S.19ff, Mainz 1975

ders.: "Die Eigenart des Trivialen in der Rockmusik" in: MuB 6/76, S.312ff, Mainz 1976/1 ders.: "'Roll Over, Beethoven' - zur Beethoven-Rezeption in der Rockmusik" in: MuB 10/76, S.535ff, Mainz 1976/2

ders.: Rockmusik, Mainz 1977

ders.: Sachlexikon Rockmusik, Reinbek b.Hamburg 1978

ders.: "Schul-Pop und wirklicher Rock heute" in: MuB 9/79, S.517ff, Mainz 1979

ders.: "U-Musik, ein falsches Streitobjekt" in: NZfM 1/80, S.30, Mainz 1980/1

ders. (Hrsg.).: Rock in den 70ern, Reinbek b.Hamburg 1980/2

KNEIF,T./SCHMIDT,H.CHR.: Rockmusik. 3 LP's mit didaktischem und historisch-analytischem Kommentar, Köln 1978

KNOLLE,N.: "Popmusik: Unterrichtsgegenstand oder Erfahrungsbereich der Schüler?" in: FidM 1975, S.120ff, Mainz 1975

ders.: Populäre Musik als Problem von Freizeit und Unterricht, Oldenburg 1979

ders.: "Populäre Musik als Problem des Musikunterrichts" in: MpF/Bd.1, S.257ff, Laaber 1980

KÖLLER,E./JANSEN-HECK,U.: "Zum Einfluß manipulierender Information auf die Beurteilung von Popularmusik" in: FidM 1977, S.134ff, Mainz 1977

KÖLNER STADT-ANZEIGER v. 19./20.4.1986: "Gute Schwingungen. Das Trio 'Blue Box' jazzte im Stollwerck."

KÖLNER STADT-ANZEIGER vom 2./3.5.1987: "Popular" (Glosse)

KOCH,W.A.: Perspektiven der Linguistik Bd.1+2, Stuttgart 1974

KOHLMANN,W.: "Schüler musizieren populäre Musik" in: MuB 12/79, S.528ff, Mainz 1979

KOMMA,K.M.: "Kriterien des musikalischen Kitsches" in: MuB 6/76, S.307ff, Mainz 1976

KOPERSKI,W.: "Nachmusizieren eines Rockmusiktitels" in: MuB 6/87, S.450ff, Mainz 1987

KOSLOWSKI/SPAEMANN/LÖW (Hrsg.): Moderne oder Postmoderne, Weinheim 1986

KRAMARZ,V.: Harmonieanalyse der Rockmusik, Mainz 1983

KRATZ,U. (Hrsg.): Pädagogisches Konzept der Freien Musikschule Rodgau (ms, vollständig abgedruckt in Kap.VI.2.1.1[ANHANG])

KRAUS,E.: "Der Beat ist mehr als ein musikalisches Phänomen. Zu einem Buch von D.Baacke" in: MuB 10/69, S.443f, Mainz 1969

KREFT,E.: "Interview mit Hugo Strasser - Dezember 1979" in: ZfMP 3/81, S.15ff, Regensburg 1981

KRÖHER,M.O.R.: "Schrei, wie Du kannst! Goldene Reiter auf der Neuen Deutschen Welle" in: Trans-Atlantik 7/82, S.44ff, München 1982

KRÜTZFELD-JUNKER,H.: "Buchbesprechung zu SCHNEIDER,E.K.: Original und Bearbeitung" in: ZfMP 11/85, S.66f, Regensburg 1981

KÜNTZEL,G.: "Die 'NEUE DEUTSCHE WELLE' schwappt aus den Schulklassen zurück. Tendenzen, die aus Umfragen sichtbar werden" in: PMiU 5/82, S.3ff, Lüneburg 1982

ders.: "Lieder im Unterricht. Welche Chancen haben die traditionellen Lieder heute noch?" in: MuB 10/85, S.660ff, Mainz 1985/1

ders.: "Replik" in: MuB 12/85, S.871, Mainz 1985/2

KUHNKE,K.et al.: Geschichte der Popmusik Bd.1, Bremen 1976

LEEB,H.: "Werkanalyse oder Gemütsbewegung? Überlegungen zur Popmusik im Unterricht" in: MuB 5/74, S.293ff, Mainz 1974

LEMMERMANN,H.: Musikunterricht, Bad Heilbrunn 1978

LEWANDOWSKI,Th.: Linguistisches Wörterbuch, Bd.3, Heidelberg 1976

LINDENBERG,U.: Rock'n'Roll und Rebellion. Ein panisches Panorama,Frankfurt/M. 1981

LINDNER,R.: "A propos S-T-I-L. Eine Polemik zum Bereich Subkultur, Medien und Kostümierung" in: Rockpaed 1/83, S.16ff, Gelsenkirchen-Buer 1983

LINKE,N.: "Das Elend der deutschsprachigen Schlagerindustrie" in: MuB 10/69, S.457f, Mainz 1969

LISSA,Z.: "Ebenen des musikalischen Verstehens" in: Faltin,P. et al (Hrsg.): Musik und Verstehen, Köln 1973

LUGERT,W.D.: Grundriß einer neuen Musikdidaktik, Stuttgart 1975

ders.: Musik Hören, Machen Verstehen, Stuttgart 1979/1980/1982

ders.: "DER 'ANDERE' BEETHOVEN - Ein Kommentar zum Kommentar" in: PMiU 2/81, S.4ff, Lüneburg 1981/1

ders.: "Manche mögens heiß. Über Präferenzen innerhalb der Pop- und Rockmusik und ihre didaktischen Konsequenzen" in: MuB 7-8/81, S.439ff, Mainz 1981/2

ders.: "Fred vom Jupiter - Neue deutsche Welle zum Nachspielen ab Klasse 4" in: PMiU 5/82, S.34f, Lüneburg 1982

ders.: Klassische Musik als didaktisches Problem. Eine Untersuchung zur Rezeption klassischer Musik durch Jugendliche, Mainz 1983/1

ders.: "Alter Wein aus neuen Schläuchen?" spotlight 1/83, S.9, Krefeld 1983/2 ders.: "Populäre Musik - ein untauglicher Begriff?" in PMiU 8/83, S.3f, Lüneburg 1983/3

ders.: "Rockmusik in der Schule. Stand, Probleme und Perspektiven" in: MuB 5/84, S.340ff, Mainz 1984

ders.: "The Beat goes on. Zum gegenwärtigen Stand einer Didaktik der Pop- und Rockmusik" in: Jazzforschung/17, S.24ff, Graz 1985;1

ders.: "Zur Sozialpsychologie und Didaktik populärer Musik" in: KLEINEN/ KLÜPPELHOLZ/LUGERT 1985/1, S.9ff

LUGERT,W.D./SCHÜTZ,V.: "Redaktionelles" in: PMiU 4/82, S.2f, Lüneburg 1982

dies.: "Editorial" in: PMiU 6/83, S.2, Lüneburg 1983

LUKSCH,E.: "Qualitätskriterien in der Popmusik?" in: MuB 6/87, S.459ff, Mainz 1987

LUTTMANN,H.P.: Beiträge zur Berufszufriedenheit im Unterrichtsfach Musik, Braunschweig 1982

MAAS,G.: "Die Geschichte der Rockmusik - Teil 2" in: spotlight 10/83, S.38, Krefeld 1983

MAHR,J.: "Schwierigkeiten mit der Popmusik" in: ZfMP 9/81, S. 180ff, Regensburg 1981

MEYER,H.: "Schlagerdidaktik und Musikpädagogik" in: MuB 11/74, S.624ff, Mainz 1974

ders.: "Einige Notizen zur Didaktik der Popmusik" in: MuB 5/88, S.399ff, Mainz 1988

ders.: "Antworten zu den Leserbriefen von Jürgen Terhag und Ansgar Jerrentrup" in: MuB 9/88, S.655ff, Mainz 1988

MEYER,W.: "Lernhindernis Schule" in: ZfMP, 4/78, S.45ff, Regensburg 1978

MEYER-DENKMANN,G.: "Pop und Avantgarde" in MuB 11/74, S.606ff, Mainz 1974

dies.: "Das Problem der Musikpädagogik mit der Neuen Musik als Problem des Musiklehrers mit der Neuen Musik" in: MuB 1/88, S.11ff, Mainz 1988

MILLER,J.(Hrsg.).: Rolling Stone - Bildgeschichte der Rockmusik, Bd. 1 und 2, Reinbek b.Hamburg 1979

MILLER,M.: "Ein E für ein U vorgemacht - Musikpädagogik und Rockmusik" in: Anschläge 1/78 (Archiv für populäre Musik) S.132ff, Bremen 1978

MÜLLER,R.: "Poptanz im Unterricht" in: PMiU 6/83, S.17ff, Lüneburg 1983

NEUHÄUSER,M.et al.: Resonanzen, Sekundarstufe I, Bd.2, Fankfurt/M. 1977

NEUMANN,F./SCHNELLE,F.: "Der aktuelle Hit: TRIO: Da Da Da ich lieb dich nicht, du liebst mich nicht" in: PMiU 4/82, S.4ff, Lüneburg 1982

NIERMANN,F.: "'The Police' Does everyone stare - Eine Analyse zum Zweck der Unterrichtsvorbereitung" in: MuB 7-8/81, S.453ff, Mainz 1981

ders.: Rockmusik und Unterricht. Eigene Wege für den Alltag mit Musik, Stuttgart 1987

NIERMANN,F./ERNST-PÖRKSEN,M.: "Deutsch-Rock im Aufwind. Überlegungen zur 'Neuen Deutschen Rockmusik'" in: MuB 7-8/82, S.463ff, Mainz 1982

NIKETTA,R.: "Skalierung der Komplexität von Rockmusikstücken" in: MpF/Bd.6, S.235ff, Laaber 1985

OPASCHOWSKI,H.: Der Jugendkult in der BRD, Düsseldorf 1971

ORTMANN,P. (Hrsg.): Jazz-Fortbildungsatlas '87. Kurse, Workshops, Seminare, Fortbildung. Remscheid 1986

ders. (Hrsg.): Jazz-Fortbildungsatlas '88. Kurse, Workshops, Seminare, Fortbildung. Remscheid 1988

PAPE,W.: "Untersuchungen zur Popmusik" in: MuB 4/71, Mainz 1971/1

ders.: "Popmusik im Musikunterricht" in: MuB 12/71, S.616f, Mainz 1971/2

ders.: "Der Musikunterricht in der Sicht der Schüler" in: MuB 5/73, Mainz 1973

ders.: "Musikalisches Verhalten Jugendlicher" in: ZfMP 5/88, S.18ff, Regensburg 1988

PAPE,W./BECK,B.: "Anmerkungen zu musikalischen Verhaltensweisen Jugendlicher" in: MpF/Bd.7, S.219ff, Laaber 1986/1

dies.: "Musik und Jugend" in: MuB 12/86, S.1071ff, Mainz 1986/2

dies.: "Didaktische Notizen zum musikalischen Verhalten Jugendlicher" in: MuB 6/87, S.455ff, Mainz 1987

PAPE,W./VERHEES,P.: "Tabellarische Übersicht über die Entwicklung der Rockmusik" in: MuB 7-8/81, S.445ff, Mainz 1981

PETER,TH.: "Ganz normales Konzert einer jungen Band. Musik in einem Kinder- und Jugendheim" in: nmz 10-11/87, S.29, Regensburg 1987

PEINEMANN,ST.B.: Die Wut, die du im Bauch hast. Politische Rockmusik: Interviews, Erfahrungen, Reinbek b.Hamburg 1980

PFAFF,H.: "Pop, Jazz und E-Musik. Absichten, Aussagen und Bezüge" in: MuB 5/74, S.311ff, Mainz 1974

POLLOCK,B./WAGMAN,J.: The Face of Rock & Roll - Images of a Generation, New York 1978

PLASGER,U.: "'Musidacta' - Ein Keyboardsystem für den Musikunterricht" in: MuB 2/86, S.113ff, Mainz 1986

PRAMANN,U.: "Das Ende vom Lied ist da da da. Die Neue Deutsche Welle droht im eigenen Erfolg zu versinken" in: Stern Nr.31/82, Hamburg 1982

PROSS, H.: "Nachwort" in: SCHEFER,G. Das Gesellschaftsbild des Gymnasiallehrers, Frankfurt/M.1969

PROST,H.U./RÖCKL,G.: Die Rolling Stones, Bergisch Gladbach 1979

PÜTZ,W.: "Emotionalität und Musikunterricht" in: MpF/Bd.3, S.210ff, Laaber 1982

ders.: "Persönlichkeit und Unterrichtsverhalten - Fragen zur Person des Musiklehrers" in: MpF/Bd.7, S.133ff, Laaber 1986

PUYPLAT,L.: "Rund um Nürnberg wird gerockt. Eine Bestandsaufnahme der fränkischen Pop-Musik-Szene" in: nmz 8/9 82, S.15, Regensburg 1982

RAUE,J.: "Musikhören in der Hauptschule. Erfahrungsbericht über den Einsatz von Puppen beim Hören von Formverläufen und zum Ausdruck musikalischer Sinngehalte durch Bewegung" in: MuB 10/82, S.657ff, Mainz 1982

RAUHE,H.: Musikerziehung durch Jazz, Wolfenbüttel 1962

ders.: "Ansätze zu einer Methodik und Didaktik des Beat" in: MuB 10/69, S.445ff, Mainz 1969

ders.: "Schlager und Beat im Unterricht" in: SYDOW,K.(Hrsg.): Musikhören und Werkbetrachtung in der Schule, S.55ff, Wolfenbüttel 1970

ders.: "Aspekte einer didaktischen Theorie der Popmusik" in: ABEL-STRUTH,S. (Hrsg.): Aktualität und Geschichtsbewußtsein in der Pädagogik, S.84ff, Mainz 1973

ders.: Popularität in der Musik, Karlsruhe 1974

ders.: "Zur Trivialitätsproblematik im Musikunterricht der Sekundarstufe II" in: MuB 6/76, S.320ff, Mainz 1976

ders.: "Aspekte der Umweltverschmutzung durch Musik" in: MuB 1/77, S.12ff, Mainz 1977

ders.: "Hochschuldidaktische Fragen der Ausbildung von Popmusikern" in: KLINKHAMMER 1985, S.219ff

ders.: Grundprobleme der Ausbildung und Fortbildung von Künstlern und Pädagogen im Popularmusikbereich" in: RÖSING,H. et al.(Hrsg.) 1985, S.15ff

RAUHE,H./FLENDER,R.: Der Schlüssel zur Musik. Düsseldorf 1986

RAUHE/REINECKE/RIBKE (Hrsg.) Hören und Verstehen. Theorie und Praxis handlungsorientierten Musikunterrichts, München 1975

REBSCHER,G.: Materialien zum Unterricht in Popularmusik, Wiesbaden 1973

ders.: Natur in der Musik, Wiesbaden 1976

ders.: "Von der Schlauch-Band bis zum Jazz-Rock-Ensemble. Big Band-Musizieren in Schule und Hochschule" in: MuB 10/82, S.648ff, Mainz 1982

REINECKE,H.P.: "Die Rolle der technisch vermittelten Musik im kulturellen Prozeß" in: MuB 11/70, S.468ff, Mainz 1970

REINHARDT,K.: "Eine Ballade von Wolf Biermann" in: MuB 4/72, S.200f, Mainz 1972

RICHTER,CHR.: "Editorial" zum Themenheft 'Rockmusik', in: MuB 7-8/81, S.429, Mainz 1981

ders.: "Editorial" in: MuB 10/82, S.619, Mainz 1982

ders.: "Musik in der reformierten Oberstufe - Reaktionen" in: MuB 2/83, S.44ff, Mainz 1983/1

ders.: "Schulen musizieren wieder" Editorial in: MuB 2/83, S.2f, Mainz 1983/2

ders.: "Editorial" zum Themenheft 'Rockmusik' in: MuB 5/84, S.339 Mainz 1984

ders.: "Editorial" in: MuB 2/86, S.90, Mainz 1986/1

ders.: Freie Zeit - Erfüllte Zeit. Vorüberlegungen zur Bundesschulmusikwoche 1986, ms 1986/2

ders.: "Rockmusik und Musikunterricht" in: MuB 7-8/86, S.633, Mainz 1986

ders.: 'Versuch einer Antwort' in: MuB 4/87, S.260, Mainz 1987/1

ders.: "Gedanken zum Stellenwert der Pop- und Rockmusik in einer Fachzeitschrift für Musikerziehung" in: MuB 6/87, S.438 Mainz 1987/2

RIEGER,G. (Hrsg.): Dokumentation über das Rockmusikprojekt Krefeld, ms 1988

RIEGER,E.: "Musik in der reformierten Oberstufe - Reaktionen" in: MuB 2/83, S.44ff, Mainz 1983

RIEHL-HEYSE,H.: "Die Rasierklinge als Bekenntnis. Zu einer Studie über die Bedeutung von Accessoires in der Jugendkultur" in: Süddeutsche Zeitung v.5./6.2.1983

RIESMAN,D.: "Über das Hören Populärer Musik" in: MpF/Bd.1, S.284ff, Laaber 1980

RIETH,M.: "Von Branduardi bis zur Makkaroni-Maschine - Einige Anmerkungen zur italienischen Liedermacher-Szene" in: nmz 6/7 82, S.11, Regensburg 1982

RINNE,K.H.: "Wichtige Informationen für AK-Mitglieder und Abonnenten" in: Info-Dienst 3/82, S.6, Gelsenkirchen-Buer 1982/1

ders.: "Schon wieder eine neue Zeitschrift. Warum Sie ROCKPAED lesen sollten" in: Rockpaed 0/82, S.2, Gelsenkirchen-Buer 1982/2

ders.: "Neue (Alte) Deutsche Welle. Ursachen, Hintergründe, Marktmechanismen und Zukunftschancen einer neuen Musik-kultur" in: Rockpaed 0/82, S.33ff, Gelsenkirchen-Buer 1982/3

ders.: "Ich finde die Musik einfach geil..." in: Rockpaed 0/82, S.48ff, Gelsenkirchen-Buer 1982/4 ders.: "Didaktische Position des AK-Rockdidaktik" in: Rockpaed, 0/82, S.58, Gelsenkirchen-Buer 1982/5

RITZEL,F.: "'Dieser freche Blödsinn wird seit Jahren geduldet'. Über Improvisation in der Musikpädagogik" in: BRINKMANN,R. (Hrsg.): Improvisation und Neue Musik, Mainz 1979

RITZEL,F./STROH,W.M.: "Deutsche Tanzmusiker. Untersuchungen zu einer Sozialgeschichte der populären Musik in Deutschland" in: Jazzforschung 17 S.69ff, Graz 1985

RÖSING,H.et al. (Hrsg.): "Popmusik und Lernen. Beiträge einer Tagung" in: Jazzforschung 17, S.9ff, Graz 1985/1

ders.: "Jazz und Popularmusik. Aspekte der Ausbildung im Hochschulbereich" in: RÖSING et al. 1985/1, Graz 1985/2

ders.: "Zur Rezeption technisch vermittelter Musik" in: SCHMIDT,H.CHR. 1976, S.44ff

ders. (Hrsg.): Beiträge zur Popularmusikforschung 1, Hamburg 1987/1

ders. (Hrsg.): Beiträge zur Popularmusikforschung 2, Hamburg 1987/2

RÜSENBERG,M.: "Rock in der Schule: offene Türen einrennen?" in: Rockpaed 0/82, S.8, Gelsenkirchen-Buer 1982

RÜTHER,J.: "Neue Deutsche Welle" in: KLEINEN/KLÜPPELHOLZ/LUGERT (Hrsg.) 1985/2, S.55ff

RÜTHER,J./SCHOENEBECK,M.v.: "Rock in Deutschland - Deutschrock" in: KLEINEN/KLÜPPELHOLZ/LUGERT (Hrsg.) 1985/2, S.31ff

RUMMENHÖLLER,P.: Einführung in die Musiksoziologie, Wilhelmshafen 1978

ders.: "Unterhaltung in der Musik", in: NZfM 1/80, S.7, Mainz 1980

SALAZAR-BAÑOL,F.: Die okkulte Seite des Rock, München 1987

SALZINGER,H.: Rock Power, Frankfurt 1972

SANDNER,W.: "Der Einfluß von Drogen auf die Rockmusik. Zum Verständnis eines musikalischen sozialen Phänomens" in: Melos/NZfM 1/75, S.25ff, Mainz 1975/1

ders.: "Jazz- und Rockzeitschriften" in: MuB 2/75, S.92, Mainz 1975/2

ders.: "Zur Definition von Pop-Rock-Beat" in: MuB 5/75, S.266f, Mainz 1975/3

SCHÄFERS,B.: Soziologie des Jugendalters, Opladen 1982

SCHAFFRATH,H.: "Musik in der reformierten Oberstufe - Reaktionen" in: MuB 2/83, S.44ff, Mainz 1983

ders.: "Einflußfaktoren im Schülerurteil" in: FidM 1975,S.101ff, Mainz 1975

SCHAFFRATH,H. et al.: Studie zur Situation des Musikunterrichts und der Musiklehrer an allgemeinbildenden Schulen, Mainz 1982

SCHENGBER,H.: "AWopBopALooBopALoop-BammBoom" in: Frankfurter Rundschau v. 24.1.81

SCHELSKY,H.: Die skeptische Generation. Eine Soziologie der Jugend, Frankfurt 1975

SCHIRMER,A.: "Die neue Bohème. Jugend-Stil 1982" in: DER SPIEGEL Heft 17/82, Hamburg 1982

SCHLEUNING,P./STROH,W.M.: "Tätigkeitstheoretische Aspekte musikalischer Teilkulturen. Ein Beispiel aus der Alternativszene": in: MpF/Bd.4, S.81ff, Laaber 1983

SCHLIE,U.: "Arrangieren für die Schulband" in: ZfMP 3/81, S.23ff, Regensburg 1981

SCHMIDT,E.: "Musik für die 80er Jahre" in: HUMANN/REICHERT (Hrsg.) 1980, S.7ff

SCHMIDT,H.CHR.: "Musikalischer Umweltschutz" in: MuB 4/72, S.168ff, Mainz 1972

ders.(Hrsg.): Musik in den Massenmedien Rundfunk und Fernsehen, Mainz 1976

SCHMIDT-JOOS,S.: Geschäfte mit Schlagern, Bremen 1960

ders.: "Rock in der Kasse. Zur Situation der Popmusik" in: MuB 4/72, S.165ff, Mainz 1972

ders.: "Unterhaltung ist Kultur - Kultur ist Unterhaltung" in: MuB 12/77, S.657ff, Mainz 1977

SCHMIDT-JOOS,S./GRAVES,B.: Rocklexikon, Reinbek b.Hamburg 1975

SCHMIDT-KÖNGERNHEIM,W.: "Drei Jahre elektronische Tasteninstrumente" in: MuB 2/86, S.92ff, Mainz 1986

SCHOENEBECK,M.v.: "Rock in der Schule" in: betrifft:erziehung 11/80, S.56ff, Weinheim 1980

dies.: "Populäre Musik in der Schule - Anmerkungen zur Geschichte der Pädagogik und Didaktik der Popmusik in der BRD" in: Rockpaed 0/82, S.5ff, Gelsenkirchen-Buer 1982

dies.: Was macht Musik populär? Untersuchungen zu Theorie und Geschichte populärer Musik Frankfurt/M. et al. 1987, Europäische Hochschulschriften: Reihe 36, Musikwissenschaft, Bd.31

SCHÜTZ,V.: "Zur Methodik rockmusikalischen Musizierens im Klassenverband (1-3)" in: MuB 7-8/81, S.464ff; 9/81, S.553ff; 10/81, S.627ff, Mainz 1981

ders.: Rockmusik - eine Herausforderung für Schüler und Lehrer, Oldenburg 1982

ders.: "Musik in der reformierten Oberstufe - Reaktionen" in: MuB 2/83, S.44ff, Mainz 1983/1

ders.: "Eine Analyse der Einleitung von 'ASIA - Heat of the moment'" in: PMiU 6/83, S.23ff, Lüneburg 1983/2 ders.: "Zur Faszination des Rhythmischen in der populären Musik" in: MuB 5/84, S.352ff, Mainz 1984

ders.: "Rockmusik im Unterricht - eine neue Form der musischen Erziehung?" in: RITZEL/STROH (Hrsg.): Musikpädagogische Konzeptionen und Schulalltag. Versuch einer kritischen Bilanz der 70er Jahre, S.67ff, Wilhelmshaven 1984

ders.: "Pop- und Rockmusik im Unterricht" in: Helms/Hopf/Valentin (Hrsg.): Handbuch der Schulmusik, S.275ff, Regensburg 1985

ders.: "Thesen zur Didaktik der Rockmusik" in: KLEINEN/KLÜPPELHOLZ/LUGERT (Hrsg.) 1985/2, S.9ff

ders.: "Wildwuchs in vernünftige Bahnen lenken. Einige Erfahrungen im Umgang mit populärer Musik im Unterricht" in: nmz 6/7 86, S.27f, Regensburg 1986

ders.: "Ganzheitliche Erfahrung durch Rock- und Popmusik" in: ZfMP 5/88, S.9ff, Regensburg 1988

ders.: "It's good for your body, it eases your soul. Zur Funktion und Bedeutung von Rocktanz" in: Motorik. Zeitschrift für Motopädagogik und Mototherapie, 3/88, S.101ff, Schorendorf 1988

ders.: "Rockmusizieren in der Freizeit Jugendlicher. Funktionen eines Musiklehrers bei der Betreuung jugendlicher Amateurbands" in: BASTIAN,H.-G.: Schulmusiklehrer und Laienmusik, S.88ff, Essen 1988

SCHULMANN,J.: Rock und Pop in der Schule, Frankfurt 1986.

SCHULTE,B./TORKEL,W.: Teacher's Blues. Blues im Unterricht, Lilienthal/Bremen 1988

SCHULZE-REIMPELL,W.: "Weil Popularmusik eben nicht als Kultur gilt" in: nmz 10-11/87, S.15, Regensburg 1987

SCHUTTE,S.: "Musik in der reformierten Oberstufe - Reaktionen" in: MuB 2/83, S.44ff, Mainz 1983

dies. (Hrsg.): Ich will aber gerade vom Leben singen... Über populäre Musik vom ausgehenden 19. Jahrhundert bis zum Ende der Weimarer Republik, Reinbek b. Hamburg 1987

SCHWENDTNER,R.: Theorie der Subkultur, Köln 1973

SCHWERDT,A. et al.: "Krank oder gesund? Diagnosen der 'Berliner Szene'" in: zitty 9/82, S.48, Berlin 1982

SEIBOLD,W.: "Beat und Kunstmusik. Zwei unvereinbare Gegensätze für die Schulmusik?" in: MuB 4/72, S.172ff, Mainz 1972

SENATOR FÜR KULTURELLE ANGELEGENHEITEN (Hrsg.): Kultur in Berlin, Berlin 1986

SOUSTER,T.: "Rock, Beat, Pop - Avantgarde" in: MuB 4/72, S.177ff, Mainz 1972

SPEICHERT,H.: Schulangst, Hamburg 1977

SPENGLER,P.: Rockmusik und Jugend. Bedeutung und Funktion einer Musikkultur für die Identitätssuche im Jugendalter, Frankfurt 1987

STORB,I.: "Informationen zur Popmusik" in: MuB 10/69, S.434ff, Mainz 1969

dies.: "Beat im Musikunterricht der Hauptschule" in: MuB 12/70, S.543ff, Mainz 1970

dies.: "Beat - soziologisch gesehen" in: MuB 4/72, S. 189ff, Mainz 1972

STROH,W.M.: Leben ja. Zur Psychologie musikalischer Tätigkeit. Musik in Kellern, auf Plätzen und vor Natodraht, Stuttgart 1984

ders.: "Musik und Angst. Begründung eines neuen Ansatzes von Friedenserziehung im Musikunterricht" in: ZfMP 1/88, S.26ff, Regensburg 1988

SZADKOWSKI,D.v.: Grenzüberschreitungen, Jazz und sein musikalisches Umfeld der 80er Jahre, Frankfurt/M. 1986

SUPPAN,W.: Der musizierende Mensch. Eine Anthropologie der Musik, Mainz 1984

TAME,D.: "Voodoo - Jazz - Blues - Rock. Die Sklaverei fällt zurück" in: Der weiße Lotos. Zeitschrift für geistige Entfaltung, Hft.14 Apr.-Jun./85, S.27ff München 1985

TERHAG,J.: Konsumzwang und Hörgewohnheit. Über die didaktischen Möglichkeiten, den dadurch entstehenden "circulus vitiosus" aufzubrechen, (1.Staatsexamensarbeit), Köln 1979

ders.: Möglichkeiten der didaktischen Elementarisierung eines Unterrichtsinhalts (2.Staatexamenssarbeit), Bergneustadt 1980

ders.: "Die Un-Unterrichtbarkeit aktueller Pop- und Rockmusik. Gedankengänge zwischen allen Stühlen" in: MuB 5/84, S.345ff, Mainz 1984

ders.: "Populäre Musik in Schule und Unterricht. Ein Erfahrungsbericht" in: MuB 6/87, S. 436ff, Mainz 1987

ders.: "Fernando Salazar-Bañol: Die okkulte Seite des Rock" in: ZfMP 5/88, S.49f, Regensburg 1988/1

ders.: "Zu Heinz Meyers 'Notizen zur Didaktik der Popmusik" in: MuB 9/88, Mainz 1988/2

ders.: "Einfach gut. Zur Funktion des Werturteils bei Schülerinnen und Schülern" in: MuB 9/88, S.673ff, Mainz 1988/3

ders.: "Populäre Musik und Jugendkultur. Versuch einer pädagogisch bestimmten Terminologie" in: RÖSING,H. (Hrsg.): Beiträge zur Popularmusikforschung Bd.5, S.138ff, Hamburg 1988/4

THIELE,J./RITZEL,F.: "LA-LALALA-LA: Lass Dir danken, Pan! Anmerkungen zur ZDF-Hitparade" in: ZfMP 9/81, S.173ff, Regensburg 1981

THIESSEN,R.: "Rock als Erzählweise" in: Ästhetik und Kommunikation 3/78, S.28ff, Berlin 1978

THIESSEN,R.: It's only rock'n'roll, but I like it. Zu Kult und Mythos einer Protestbewegung, Berlin 1981

TSCHAKERT,I.: "Musikunterricht ohne Gefühl - Zur Affektwirkung von Musik" in: MuB 5/74, S.296ff, Mainz 1974

TWITTENHOFF,W.: Jugend und Jazz. Ein Beitrag zur Klärung, Mainz 1953

UNGER,F.: "Big Band-Arbeit im Schuldorf Bergstraße" in: MuB 10/82, S.651ff, Mainz 1982

URBAN,P.: Rollende Worte - Die Poesie des Rock, Frankfurt/M. 1979

VERLAG FÜR WIRTSCHAFTSINFORMATIONEN: "Zu wenig Pop im Radio?" in: Phono-Information Nr.11 Sept/Okt 1970, Hamburg 1970

VIERA,J.: "Grundlagen eines Jazzunterrichts an Musikhochschulen und Konservatorien" in: MuB 5/74, S.319ff, Mainz 1974

VIETH,U./ZIMMERMANN,M.: Reggae - Musiker, Rastas und Jamaika, Frankfurt 1981

VOULLIEME,H.: "Simon Frith:'The sociology of Rock.'" in: MuB 7-8/81, S.495ff, Mainz 1981

ders.: "Hörerlebnis oder Bildungsakt? Fragen und Perspektiven zur Rezeption von Rockmusik" in: ZfMP 9/84, S.26ff, Regensburg 1984

VULLIAMY,G./LEE,E.: Pop, Rock and Ethnic Music in School, Cambridge University Press 1982

WALDINGER,K.G.: "Schule und Rockmusik. Thesen zu einer ungeklärten Liaison" in: MuB 7-8/84, S.523ff, Mainz 1984

ders.: "Replik" in: MuB 2/85, S.128, Mainz 1985

WANJURA-HÜBNER,CHR.: "Möglichkeiten der Einbeziehung von Tasteninstrumenten in den Musikunterricht allgemeinbildender Schulen" in: MuB 2/86, S.104ff, Mainz 1986

WEHRLE,P.: "Popmusik, Beat und Musical in der Schule" in: MuB 7-8/71, S.361ff, Mainz 1971

WEISS,H.: "Rockig oder zickig? Die perkussiven Elemente in der Rockmusik" in: MuB 7-8/81, S.470ff, Mainz 1981

WEISS,W.: "Musik ist mehr als nur Musik. Ergebnisse einer Untersuchung über Jugendkultur und Musik" in: Der Bürger im Staat 4/82, S.246ff, Stuttgart 1982

WERNER,T.: "Musikpädagogik zwischen Tradition und Progressivität" in: ZfMP 11/79, S.15ff, Regensburg 1979

WIECHELL: Siehe auch HARTWICH-WIECHELL

WIECHELL,D.: Didaktik und Methodik der Popmusik, Frankfurt 1975

dies.: "Teilaspekte des musikbezogenen Konsumverhaltens Jugendlicher und seine Parallelen im politischen Verhaltensbereich" in: MuB 11/76, S.567ff, Mainz 1976

dies.: Musikalisches Verhalten Jugendlicher. Ergebnisse einer empirischen Studie, Frankfurt/M. 1977

WILDGRUBE,W.: "Gefühle beim Musikhören" in: FidM 1974, S.63ff, Mainz 1974

WILLAM,W.: "Rockmusik - ein Lehrgegenstand?" in: MuB 7-8/81, S.432ff, Mainz 1981

WONDRATSCHEK,W.: "John Lennon - Tod eines Epochen-Idols" in: DER SPIEGEL Nr.51/198

WURZBACHER,G.: Gesellungsformen der Jugend, München 1968

ZINKE,U.: "Antwort auf den Leserbrief von W.-D.Lugert" in: spotlight 3/83, S.6f, Krefeld 1983

ZIMMER,J.: "Die neuen Jugendbewegungen und die Jugendforschung. 'Punk rules, okay?!" in: Rockpaed 1/83, S.6ff, Gelsenkirchen-Buer 1983

ZIMMERSCHIED,D.: Beat-Background-Beethoven, Darmstadt 1971

ders.: "Musik als Manipulationsfaktor", in: MuB 2/72, S.80ff, Mainz 1972

ders.: "Schulmusik und öffentliches Musikleben" in: MuB 5/81, S.291ff, Mainz 1981

ZOON,C.: "Dit moet ieder jaar gebeuren" in: de Volkskrant v.15.7.1985, Amsterdam 1985